新文科背景下经管类专业系列教材

财务管理学

▶主　编◎张　鹏　赵　旋　章铖红

西南财经大学出版社
中国·成都

图书在版编目(CIP)数据

财务管理学/张鹏,赵旋,章铖红主编.—成都:西南财经大学出版社,2024.3
ISBN 978-7-5504-6059-1

Ⅰ.①财… Ⅱ.①张…②赵…③章… Ⅲ.①财务管理 Ⅳ.①F275

中国国家版本馆 CIP 数据核字(2024)第 027235 号

财务管理学
CAIWU GUANLIXUE
主编 张鹏 赵旋 章铖红

责任编辑:石晓东
责任校对:陈何真璐
封面设计:墨创文化
责任印制:朱曼丽

出版发行	西南财经大学出版社(四川省成都市光华村街 55 号)
网　　址	http://cbs.swufe.edu.cn
电子邮件	bookcj@swufe.edu.cn
邮政编码	610074
电　　话	028-87353785
照　　排	四川胜翔数码印务设计有限公司
印　　刷	四川煤田地质制图印务有限责任公司
成品尺寸	185mm×260mm
印　　张	18.875
字　　数	532 千字
版　　次	2024 年 3 月第 1 版
印　　次	2024 年 3 月第 1 次印刷
书　　号	ISBN 978-7-5504-6059-1
定　　价	48.80 元

前言

QIANYAN

党的二十大报告明确提出要“加强教材建设和管理”。本书编写组着眼于“培养什么人、怎样培养人、为谁培养人”这一根本问题，坚持正确政治方向，弘扬优良传统，推进改革创新，同时紧紧围绕立德树人根本任务，努力打造培根铸魂、启智增慧的适合于应用型本科高校的精品教材。

财务管理是以资金运动为核心，管理企业的基本财务活动，并协调在基本财务活动过程中形成的各类财务关系的综合性价值管理工作。1998 年，教育部颁布的《普通高等学校本科专业目录》将原来的“理财学”和“资产评估”两个本科专业归并，正式设立“财务管理”本科专业，此后财务管理属于管理学门类下的工商管理学科的二级学科。迄今为止，财务管理专业的设立已有二十多年。财务管理学课程是高等院校财务管理等经济管理类专业的主干课程，应用性和实践性都很强。

基于此，本教材设置并包含了学习任务、引入案例、章节内容、思政元素、专项练习以及中英文专业术语等内容，以努力凸显创新性、应用实践性、国际化的特征，助力财务管理专业特色与品牌的培育以及学科专业建设的内涵式发展。守正才能创新。首先，本教材的编写始终坚持政治性、思想性和教育教学理念相统一，以习近平新时代中国特色社会主义思想为指导，汲取中华优秀传统文化精华，提炼思政元素，讲好中国故事。其次，本教材在总结编者多年教学实践经验和吸收国内外相关教材、著作观点的基础上，按照中级会计专业技术资格考试大纲的相关要求编写章节内容。最后，为了使学生了解更多财务管理专业知识，本教材专门设置了财务管理中英文专业术语这一板块内容。

张鹏老师负责本教材编写的组织工作，并总纂定稿。具体分工如下：导论、第一章、第二章以及各章学习任务、引入案例、思政元素、专项练习和中英文专业术语等由张鹏老师执笔；第三章、第四章和第五章由赵旋老师执笔；第六章、第七章和第八章由章铖红老师执笔。

本教材在编写过程中参阅了大量的文献资料，在此向原作者致以诚挚的谢意。

由于水平有限，书中如有不妥之处，敬请批评指正，我们希望本教材的内容能够不断充实和完善。

张鹏

2023 年 10 月

目录

MULU

导 论

学习任务

1. 理解财务管理的概念
2. 掌握财务管理的内容
3. 掌握财务管理目标的主要观点
4. 了解财务管理环境

引入案例

T 集团业财融合实施路径

一、T 集团简介

T 集团是一家包括能源、化工、物资贸易、智能制造等业务的国有独资特大型能源化工企业。截至 2019 年年末，其总资产已破 2 800 亿元，化工产品产能约 1 000 万吨，煤炭产能约 8 000 万吨，员工约有 18 万人。2019 年，T 集团在世界 500 强企业排名中位列第 484 位、中国 500 强企业排名中位列第 119 位、中国石油和化工企业 500 强位列第 7 位、中国煤炭企业 50 强中位列第 11 位。

T 集团资源储量丰富，产业结构合理，发展后劲充足。其煤炭资源储量达 318 亿吨，已形成包括煤炭开发、洗选加工、产品销售等完整的一体化煤炭产业体系；电力产业除了覆盖多地矿区电网，正在加快推进煤电一体化发展，构建豫北地区、豫西地区电网。T 集团在多地建设循环经济园区，拥有高性能纤维的生产园区、煤制乙二醇生产园区。在智能制造和新材料产业方面，截至 2019 年年末，T 集团拥有约 150 万吨的铝金属资源储量、近 1 亿吨的国内铝土矿资源量、90 万吨氧化铝产能，拥有 1 000 万只/年铝合金轮毂生产线，铝产业拥有采选、冶炼、深加工直至消费终端的产业链。同时，T 集团正在积极借助信息技术手段，致力于由传统制造向智能制造方向的升级更新，向成为国内一流的高精度和高性能铝合金板材和汽车零部件制造商发展。

二、T 集团业财融合的实施背景

T 集团在进行业财融合前，虽然已经进行了财务共享的建设工作，但在财务管理上仍存在较多问题，这些问题使 T 集团产生了实施业财融合的财务管理变革需求。

T 集团在财务管理上存在的问题主要包括以下几个方面：

1. 财务管理成本高而效率低

通过对 T 集团进行调查分析发现，其财务管理成本高、效率低下的问题主要体现在以下几个方面：

首先，财务部门的日常业务大多是重复、缺乏技术性的基础工作内容；员工工作量也存在安排不均衡的问题，不合理的分工增加了公司的营运成本。其次，总公司和下属公司分布相对分散，又缺乏统一的信息传递系统，信息传递较为不便，增加了信息传输的成本。而信息传递延时会导致企业不能及时做出决策，这也在一定程度上增加了企业的营运成本。再次，T 集团在以往的财务管理模式中，财务和业务系统是独立的，财务人员依据业务人员传递的数据信息，得出财务信息，进行财务分析。在这个过程中，数据在传递、填制、计算和分析等操作下容易出现信息错误，且部分数据需要财务人员反复与业务人员沟通、核实后才能确定，这就使得工作效率变得更为低下。最后，T 集团尚未建设成完整的信息系统。大量的原始单据还无法全部直接传递到信息系统，仍然需要采用传统的核对方法，导致数据信息的可靠性降低。

2. 业财流程不完善且标准化制定欠缺

T 集团业务、财务流程不完善和标准化制定欠缺，加剧了业务和财务之间的分离。其业务和财务流程存在的问题主要集中在以下几个方面：

（1）采购流程：T 集团现有采购流程主要应用的是核算功能，但是在优化采购业务方面发挥的作用仍欠缺。

（2）销售流程：仅实现了基本的核算功能。

（3）应收账款流程：T 集团公司有多家下属公司，都是应收账款较多的公司。但是在日常经营中，由于财务部门职员缺少和公司其他部门职员之间的交流，对客户的实际情况、销售业务和合同管理等方面都缺少跟踪和全面详细的了解，更多的是通过业务人员递送来的数据对应收账款进行核算管理，缺少对业务活动存在的问题的认知，无形中也减小了财务信息对企业决策的支持力度。

（4）费用报销流程：缺少分级审批制度。

除上述问题之外，T 集团在流程标准化的制定上还存在不足。

3. 财务部门职能欠缺

在实际工作中，财务部门人员普遍对公司业务内容知之甚少，非财务部门人员对于财务工作的流程和内容同样缺乏了解，业务部门普遍认为财务部门为其提供的服务和帮助并不多。在公司管理中，T 集团财务部门的职能主要是事后报告，财务工作仅限于核算阶段，大大削弱了其在企业价值创造中的作用。

4. 缺乏信息交流平台

T 集团信息交流平台的缺乏，降低了信息传递的准确性和高效性，而信息交流的准确和高效决定了企业财务处理的效率。

三、T 集团业财融合的实现途径

1. 完善财务共享平台系统功能

T 集团的财务共享平台虽然集中了企业内部大量的数据信息，但是由于财务共享平台使用时间还较短，部分功能仍处于初步应用阶段。因此，T 集团应该在财务共享平台已有的功能之上逐步增加其他功能，完善财务共享平台的功能模块，搭建更完善的信息系统。

T 集团搭建和完善的系统功能主要包括以下方面：

（1）财务系统：财务核算系统主要是为公司提供财务和成本核算服务，整合传统财务核算功能和业务，在线进行数据处理，创建集约化、标准化的财务流程。T 集团的财务核算系统主要由以下模块组成：核算模块、费用模块、预算模块、结算模块和管理会计模块。

（2）资金管理系统：借助此系统，可以实现企业与银行资金数据的实时共享。

（3）评估系统：通过完善评估系统，防止在业财融合推进过程中业务与财务部门只关注自己的工作范围内事项，促进各部门之间的深入沟通和信息融合。

（4）影像系统：影像系统为财务核算和财务分析，以及经营管理决策提供比较准确完整的数据基础，有利于企业有效开展日常工作，提高工作效率，为集团实现业财融合提供良好的条件。

2. 流程优化再造

业财融合致力于打造高效、标准化的企业管理过程，流程作为构成企业日常经营活动的单元作业，要从根本上解决企业财务管理中的问题，就需要优化或者重造流程。流程再造是实现业财融合的核心步骤，规范化和标准化的设置是打造业财融合完整流程的关键点。因此，T 集团利用信息技术进行流程优化再造，其特点为：事件驱动流程、自动化流程控制、操作简单便捷、去掉复杂繁复的环节和删减不必要的人为干扰因素以保障数据信息真实可靠。

业财融合需要通过对流程的重新设计、建造、优化，来推进标准化管理的建设，帮助企业实现降本增效的目的。从业财融合的角度来看，T 集团可以借助财务共享平台已有的功能对业务流程和财务流程进行优化重组，促进业财融合。

T 集团的流程优化和再造过程主要集中在两个方面：第一，将财务和业务的信息流实现同步实时更新；第二，合理调整业财系统权限匹配制度。

3. 变革财务组织结构

T 集团对财务人员的工作岗位和内容进行了重新设置，安排工作经验不足的财务人员担任出纳、资料档案管理等基础岗位，安排经验丰富的资深财务人员担任公司财务控制、战略决策等方面的岗位。经过这一调整，T 集团逐渐形成财务前、中、后端全方位支持的财务管理人员结构，助力业财融合的实施。

4. 人才培养

T 集团一方面从下属公司中抽调了一部分工作能力强、经验丰富的财务人员进行统一的培训，并要求培训合格的员工负责对其所在公司的财务人员进行培训；另一方面积极招聘管理会计人才，并从计划、招聘、人员培训等方面制定了全方位的实施标准体系。T 集团对员工进行业财融合的职业技能培训并制定赏罚制度，以此提高员工的工作积极性。同时，T 集团建立线上学习平台，为员工在线学习和互动提供支持，使员工获取更多的知识储备。T 集团通过线上线下相结合的模式进行培训，及时为业财融合的顺利实施提供人才保障。

四、T 集团业财融合的实施保障

为了使业财融合的实施落到实处并达到预期效果，T 集团在进行业财融合建设的过程中采取了一些保障措施。

1. 完善企业管理制度和方法

T集团业财融合建设采取的是自上而下的推行模式。为了保障业财融合工作顺利推行，T集团不断完善自身的制度建设，从总部到下属公司制定统一的管理制度。

2. 提高员工业财融合意识

T集团意识到员工业财融合理念的培养是工作顺利进行的思想基础时，开始非常重视业财融合的文化氛围的营造。首先，T集团非常重视业财融合的宣传工作，通过多种形式在日常工作中引导员工重视业财融合工作。其次，T集团积极组织业务部门和财务部门的互动学习活动，让业务人员和财务人员在活动中体会业财融合的理念和具体实施方法，并交流学习彼此的工作内容，财务人员可以了解业务工作内容和流程，业务人员也可以了解财务工作的制度、要求以及方式方法等。最后，T集团制定了奖惩制度，对积极进行业财融合的员工给予肯定和物质奖励，对未完成业财融合工作任务的员工进行惩罚。通过以上方法，T集团增强了员工的业财融合的意识，使各部门更加积极地投入到业财融合的建设工作当中。

3. 完善快捷交流平台

由于T集团以往的交流平台比较单一，除通过已有的交流平台加强财务人员与业务人员沟通外，T集团还添加了一些即时沟通的方式，以增加业务人员和财务人员接触的机会，使员工随时随地进行移动办公，及时接收重要通知，便捷查询业务进展情况，实现不同部门和地区的信息高效流通。

五、T集团业财融合实施效果

1. 提高了财务信息质量和工作效率

财务信息的真实性和时效性对于业财融合至关重要，而业财融合平台的信息系统为信息传递提供了保障。实施业财融合后，一部分的记账凭证采用自动制单的方式，显著提高了记账的准确性，减少了人为记账引起的错误风险，更好地保障了业务数据与财务数据的匹配程度，有效改善了财务分析的数据基础准确度。财务人员可直接通过平台对获得所需的业务数据和信息进行更为精准的分析，使财务分析和经营决策更准确，价值更高。同时，财务人员还可以对关注的事项进行更便捷、直观的跟踪观察，从而能够更好地制定应对方案。

2. 提升了集团管控能力和风险应对能力

首先，业财融合增强了财务对业务数据准确性的把控。其次，数据和信息的传递和反馈更加迅速及时，在遭遇危机时为管理层赢得更多做决策的时间，不仅有助于更好地解决危机，更能规避一些因延误处理而可能出现的潜在风险。此外，在日常营运过程中，管理层利用平台中共享的信息，了解企业整体运营状况，及时改进风险管理薄弱的环节，并做好风险防范和控制，以及对企业未来的发展趋势作出预测，从而制定出更符合企业实际的规划。

3. 优化了财务组织结构

T集团在实施业财融合的过程中，为财务部门制定了新的职能定位，增加了财务人员在管理决策工作上的权限，优化了组织结构。

T集团通过岗位和工作内容的重新设置调整，将以往负责基础工作的会计人员从繁重的低价值工作中解脱出来，将更多的时间精力用来进行能够创造更高价值的财务管理工作，从而使财务会计和管理会计的职能逐步分离。T 集团与地方高校合作设立实训基地，增加公司员工与高校课程的互动，安排高校学生来企业参观和实习，从而增加公司会计人才的引进和培养的渠道，同时从绩效、晋升机制等方面激励员工向管理会计转变。这样一来，会计人员的综合素质得到提升，使其逐步由传统的核算型会计向复合管理型会计人才培育发展，从而增强财务部门的整体效能，坚实业财融合的根基。

思考题：请剖析 T 集团业财融合的必要性和实现路径。

第一节　财务管理概念

本教材讨论的财务管理是指公司财务管理。在理解财务管理的概念之前，我们需要理解企业和财务的概念。

一、企业的含义和作用

企业中的“企”表示企图，“业”表示事业，企业顾名思义是指企图事业，但专用于商业领域，表示企图冒险从事某项获取利润的事业。企业作为一种组织时是指“应用资本赚取利润的经济组织实体”。企业这一概念反映了两层意思：一是经营性，即根据投入产出进行经济核算，获得超出投入的资金和财物的盈余，企业的经营目的一般是追求营利性；二是反映企业是具有一定经营性质的实体。

由此可见，企业基本上属于一个经济概念，而不是法律概念。企业概念本身并没有反映出参与企业活动当事人之间的某种法律关系。在我国，企业被视为从事产品生产、流通或服务性活动等实行独立核算的经济单位。从法律的角度看，凡是经合法登记注册、拥有固定地址而相对稳定的经营组织，都属于企业。

学界对企业概念的基本理解如下：

（1）企业是在社会化大生产条件下存在的组织，是商品生产与商品交换的产物。

（2）企业是从事生产、流通与服务等基本经济活动的经济组织。

（3）企业属于追求盈利的营利性组织。

企业作为国民经济的细胞，发挥着越来越重要的作用。2020 年 7 月，习近平总书记在企业家座谈会上曾指出：“改革开放以来，我国逐步建立和不断完善社会主义市场经济体制，市场体系不断发展，各类市场主体蓬勃成长。到 2019 年底，我国已有市场主体 1.23 亿户，其中企业 3 858 万户，个体工商户 8 261 万户。这些市场主体是我国经济活动的主要参与者、就业机会的主要提供者、技术进步的主要推动者，在国家发展中发挥着十分重要的作用。”

国有企业是中国特色社会主义的重要物质基础和政治基础，是我们党执政兴国的重要支柱和依靠力量。党的十八大以来，国有企业在脱贫攻坚、疫情防控、抗震救灾、服务“一带一路”建设及维护国家安全中发挥了不可替代的作用。国有企业是国有经济的重要载体、是公有制的重要实现形式，掌握着国民经济命脉，在关键领域和关键行业中发挥着重要作用。国有企业是解放和发展生产力的主力军，是财富创造和财富分配的主力军。改革开放 40 多年以来，国有企业在党的领导下始终按照“三个有利于”原则推进自身改革，已成为先进生产力代表。国有企业不仅拥有一批高素质劳动者，而且掌握着土地、资本、技术、数据等重要生产要素和先进生产工具，不断推动着生产方式变革和高质量供给实现。国有企业不仅是重要的生产者，而且是收入分配的重要参与者。国有企业在初次分配和再次分配中发挥了重要作用，担负着保障就业、提高劳动者收入和福利待遇水平等重要社会责任，是国家财政收入的重要来源，为政府进行再分配提供了重要保障。国有企业通过参加社会公益活动、慈善捐赠等方式在第三次分配中发挥了重要作用。国有企业是以人民为中心立场的坚定拥护者，是满足人民对美好生活向往的重要践行者。习近平总书记指出，“江山就是人民，人民就是江山”。国有企业的生产资料归全体劳动人民所有，是全民所有制企业。生产资料归属关系决定了国有企业劳动者是企业的主人，在生产中具有平等地位，在分配上实行按劳分配。劳动人民掌握终极所有权的国有企业，其生产目的归根结底是满足全体劳动人民生活需要。

对于民营企业，习近平总书记在 2022 年年底召开的中央经济工作会议上指出，“党的二十大报告鲜明提出‘促进民营经济发展壮大’，这是长久之策，不是权宜之计”，并在多个重要场合强调“民营经济是我国经济制度的内在要素，民营企业和民营企业家是我们自己人”，彰显了中国共产党对民营经济基本方针的一贯立场和鲜明态度，为民营经济持续健康发展指明了方向。从我国经济发展的实际看，民营企业贡献了 50%以上的税收、60%以上的国内生产总值、70%以上的技术创新成果、80%以上的城镇劳动就业、90%以上的企业数量，已经成为保障民生、促进创新、活跃市场、推动高质量发展的主力军。如何提振民营企业信心，事关社会主义市场经济的存续和发展活力这个大局，事关 2023 年以及以后经济社会发展的可持续性，会影响新发展格局的构建以及产业链安全乃至国家经济安全①。

对于其中发挥重要作用的中小企业，习近平总书记在致 2022 全国专精特新中小企业发展大会的贺信中指出：“中小企业联系千家万户，是推动创新、促进就业、改善民生的重要力量。希望专精特新中小企业聚焦主业，精耕细作，在提升产业链供应链稳定性、推动经济社会发展中发挥更加重要的作用。各级党委和政府要坚决贯彻落实党中央决策部署，为中小企业发展营造良好环境，加大对中小企业支持力度，坚定企业发展信心，着力在推动企业创新上下功夫，加强产权保护，激发涌现更多专精特新中小企业。”

二、企业的组织形式

企业的组织形式是指企业存在的形态。目前我国企业的组织形式主要有三种，即独资企业、合伙制企业、公司制企业。创业者在选择企业形态的时候，主要考虑以下因素：

一是税收。独资企业和合伙制企业与公司制企业相比，不会缴纳企业所得税。一般情况下，独资企业和合伙制企业的税赋负担比公司制企业要轻。

二是利润和亏损的承担方式。独资企业的利润和亏损都归属于业主（投资人）个人所

① 蒲实. 提振民营企业信心至关重要 [N]. 学习时报，2023-03-17.

有；合伙企业的利润和亏损承担原则是共享利润、共担风险。各合伙人在合伙协议中约定清楚利润分配和亏损负担的比例，如果约定不明确的话，先由各合伙人协商补充；协商不成的，按合伙份额分享利润、承担亏损；合伙份额不清的，平均分担。公司制企业的利润一般按股权比例或股份数额分配；亏损也仅以投资人的股权或股份对应的金额为限。独资企业和合伙制企业的投资者对企业外债承担的是无限责任，公司制企业投资者对企业外债承担的是有限责任。

三是存续期限。从理论上讲，存续期限由短到长分别是独资企业、合伙制企业、公司制企业。公司制企业理论上可以无限存续。

四是投资人权利的转让。独资企业的投资者对外转让独资企业的，只需要投资者和受让人达成合意即可，书面或口头的合意都行。合伙制企业投资份额的转让，分为对内转让和对外转让。对内转让合伙份额，需要通知其他合伙人；对外转让合伙份额，需要其他合伙人一致同意。公司制企业投资者（股东）对内转让股权（股份）的，通知其他投资者即可；对外转让股权（股份）的，其他股东过半数同意即可转让。

五是投资人的权利范围。

六是资本和信用的需求程度。资本和信用的需求程度与行业和企业规模有关；独资企业和合伙制企业所属行业基本是服务业，且企业规模较小。我国公司制企业的投资者追求的目标基本是将企业做大做强，因此公司制企业为了实现快速发展，不可避免地要贷款融资。公司制企业组织结构稳定，治理机构健全，具有融资优势。

七是经营权和所有权的紧密程度。独资企业经营权和所有权完全统一在投资者手中，合伙制企业的各合伙人在一般情况下都是共同经营的，当然也可以共同指定一名合伙人为执行事务合伙人或外聘专业管理人员。公司制企业以所有权和经营权分离为原则，公司所有者通常会聘请专业人员管理和经营。

八是行业。独资企业主要集中在人数少、投入少、经营管理简单的服务行业；合伙制企业主要集中在劳务、智力投入较多的服务行业；公司制企业各行各业都有，但与独资企业和合伙制企业相比，资金投入和人员数量都较多。

最典型的独资企业是个人独资企业，个人独资企业最典型的特征是投资者只有一个自然人，且投资者以自己的个人财产对独资企业负债承担无限连带责任。与个人独资企业非常相似的一种组织形式是个体工商户，个体工商户的经营者也需承担无限连带责任。但个体工商户的规模一般没有个人独资企业大。

合伙制企业分为普通合伙企业和有限合伙企业。普通合伙企业的典型特征是共同出资、共同经营、共享收益、共担风险。合伙制企业与公司制企业相比有一个显著的特征，即合伙制企业合伙人可以用劳务出资。合伙制企业的合伙人可以分别执行合伙事务，也可以共同委托一名或数名合伙人对外代表合伙企业，执行合伙事务。合伙协议是约定合伙企业双方权利与义务的正式文件。合伙协议可以约定合伙企业利润分配和亏损不按照合伙份额比例负担，但不能约定将全部利润分配给部分合伙人或者由部分合伙人承担全部亏损。合伙制企业中的普通合伙人对合伙企业的债务承担无限连带清偿责任，有限合伙人以其出资额为限承担有限责任。

目前，我国的公司制企业包括有限责任公司和股份有限公司两种形式。不管是有限责任公司还是股份有限公司，投资者（股东）个人财产与公司财产是完全隔离的，投资者仅以其投资额为限承担有限责任。有限责任公司中有一种特殊的公司形式，即一人有限责任公司。一人有限责任公司指公司股东仅是一个自然人或法人的情形，一人有限责任公司的股东不能证明公司财产独立于股东自己的财产的，应当对公司债务承担连带责任。在实践中，一人有限责任公司的股东一般难以举证公司财产独立于股东自己财产，所以会对公司债务承担连带责任。股份有限公司的市场化程度比有限责任公司高，股份制公司的成熟阶段是在公开市场公开发行股票。

三、财务的含义

我国学术界对财务的认识主要有以下几种观点：

（一）货币关系论

货币关系论是指从历史上看，社会主义财务源于货币关系论的大财政体系。货币关系论反映了社会主义经济的脉络和体制改革的方向，所以它一直是财务本质论的主流。我们可以将货币关系论的财务概念表述为：社会主义财务是社会主义特有的经济范畴，是在社会主义商品经济条件下企业经营资金在形成、分配、使用以及监督过程中客观存在的货币关系体系，表现为企业生产经营过程中的资金运动。基于此，黄菊波教授认为“企业财务就是物质生产领域里利用价值形式来反映原材料采购、产品销售，计算生产耗费、成本、价格和盈利，进行社会产品和企业收入分配所形成的分配关系”。

（二）资金运动论

资金运动论源于对财政本质的探讨。这一观点认为，财政不仅是一种分配关系，而且是国家资金在形成、分配和使用的整个资金运动过程中形成的种种经济关系。这一观点把重点放在客观的资金运动上。后来人们从国有企业财务的角度，从企业微观角度出发，强调企业经营资金随着供产销过程不断地变换资金形态的特征（从货币资金的循环与周转过程），并最终通过体制的联结把企业经营资金的周转与国民经济的宏观资金运动联系起来。

基于此，该观点认为企业财务的本质是企业在生产过程中的价值运动和其所表示的经济关系。企业的资金运动被称为财务活动，资金运动所体现的经济关系被称为财务关系。

（三）价值分配论

价值分配论认为企业财务活动涉及筹资、投资及收益分配三个基本方面，企业财务的本质就是财务主体对企业资金的分配，这种分配不仅包括对生产成果的分配，而且包括对生产要素的分配。财务实质上是一个分配问题，它反映的是建立在价值分配活动及其相应管理活动基础上人们之间的责、权、利关系。

（四）所有者财务论

现代企业所有者构成的多元性和分散性，决定了作为个体的各个所有者通常不可能直接干预企业的日常经营与管理，而只能将其委托给职业经理。为了防止经理行为背离所有者意愿，企业所有者作为整体而非个体，就有必要对经营者财务行为施加必要的影响。这就是所有者财务的基本内容。

具体而言，所有者财务论的主要内容可概括为以下三大方面：

（1）保留重大财务事项决策权。

（2）建立与完善对经营者的激励机制。

（3）建立与完善对经营者的约束及控制机制。

基于此，该观点认为财务是以所有者为主体，对所有者投入的资本金和收益进行监督和调控，以实现资本金最大增值为目标的一种分配活动。

（五）本金理论

郭复初提出的本金理论是财务理论体系中最为基础的理论。他认为，财务活动包括资金筹集、资金投放、资金耗费、资金收入和资金分配，经济组织进行的本金筹集、投资、耗费（成本）三项可概括为本金投入；收入与分配两项可概括为本金的收益，整个财务活动由本金的投入和收益两大部分组成，财务是社会再生产过程中本金的投入与收益活动，并形成特定的经济关系。

（六）财权流理论

伍中信提出的财权流理论是本金理论的进一步拓展、深化，是现代企业制度下对财务本质、财务理论的全新表述。财权流理论认为，“财权表现为某一主体对财力所拥有的支配权，包括收益权、投资权、筹资权、财务决策权等权能”；“财权与产权是两个相近的经济学范畴，两者交叉的领域财权构成了产权中最核心的权能”；“‘财权流’作为现代财务的本质表述，贯穿了财务基本理论的始末，在现代财务的理论体系中占据了核心和统驭地位”。该观点认为财权是“财力”以及与之相伴随的“权利”之结合，有独立财权的企业才能成为财务主体，才能有自己的财务目标，才能独立地处理企业与外部的财务关系，并独立地行使企业的财务职能。

上述观点主要围绕着“资金、分配及关系”来阐述，都限定在企业财务范围内来论证。学者们从不同角度对财务本质进行探讨，各有其道理。

综上所述，结合财务的本质，我们认为，财务管理是以资金运动为核心，管理企业的基本财务活动，并协调在基本财务活动过程中形成的各类财务关系的综合性价值管理工作。

第二节 财务管理内容与财务关系

一、财务管理内容

（一）投资管理

投资是企业生存、发展及获取利润的基本前提。企业获取资金后，必须将其投入使用，以谋求良好的经济效益。在进行投资管理活动时，企业不仅需要考虑投资规模，而且需要通过投资方向和投资方式的选择来确定合适的投资结构，以提高投资效率并降低投资风险。不同的投资项目对企业价值和财务风险的影响程度不同，企业投资包括对内投资和对外投资。对内投资是指企业把筹集到的资金用于本企业的资产上，如购置固定资产、无形资产等；企业把筹集到的资金用于购买股票、债券，出资组建新公司或与其他企业联营等，便形成了对外投资。如果投资决策不科学、投资结构不合理，那么投资项目往往不能达到预期效益，会影响企业盈利水平和偿债能力。投资决策会直接影响企业的发展。

（二）筹资管理

企业要根据其生产经营、发展战略、投资和资本结构等的需要，通过筹资渠道和资本市场，运用筹资方式，依法、有效地筹集企业所需资金，进行筹资管理。无论是建立新企业，还是经营现有企业，都需要筹措一定数量的资金。在进行筹资活动时，企业一方面要科学预测筹资的总规模，以保证所需资金；另一方面要通过筹资渠道和筹资方式的选择，确定合理的筹资结构，降低资本成本，控制相关的风险。筹资管理是企业财务管理的一项重要内容。

（三）营运资金管理

企业在日常的生产经营活动中，会发生一系列流动资产和流动负债资金的收付。企业的营运资金在全部资金中占有较大的比重，是企业财务管理工作的一项重要内容。营运资金管理主要涉及：现金持有计划的确定，应收账款的信用标准、信用条件和收款政策的确定，存货周期、存货数量、订货计划的确定，短期借款计划、商业信用筹资计划的确定等。对于资金成本的节约利用、资金使用效率的提高、流动资产的投融资、流动负债的管理等问题，企业都需要提前做好规划。

（四）成本管理

成本管理是企业日常经营管理的一项中心工作。企业在竞争中需要努力开源节流，控制成本耗费，从而增加企业收益；通过标准成本控制与分析，满足有效经营条件下所能达到的目标成本；通过作业成本管理，对传统成本管理模式进行变革，为企业战略管理提供基础。企业需要明确责任成本，从而界定责、权、利关系。成本管理涉及从成本预测、成本决策、成本计划、成本控制、成本核算、成本分析到成本考核的全部过程。

（五）收入与分配管理

收入与分配管理是对企业收入与分配活动及其形成的财务关系的组织与调节，是企业进行销售预测和定价管理，并将一定时期内所创造的经营成果合理地在企业内外各利益相关者之间进行有效分配的过程。收入反映的是企业经济利益的来源，而分配反映的是企业经济利益的去向，两者共同构成企业经济利益流动的完整链条。收入的初次分配是对成本费用的弥补，这一过程伴随着再生产的进行而自然完成，而利润分配则是对收入初次分配的结果进行再分配。根据投资者的意愿和企业生产经营的需要，企业的净利润可以作为投资收益分配给投资者，也可以暂时留存企业并形成未分配利润，或者作为投资者的追加投资。企业的财务人员要合理确定分配的规模和结构，确保企业取得最大的长期利益。

企业财务管理的上述五部分内容是相互联系、相互制约的。筹资是基础，离开企业生产经营所需的资金筹措，企业就不能生存与发展；而且公司筹资数量还制约着公司投资的规模。企业所筹措的资金只有有效地投放出去，才能实现筹资的目的，并不断增值与发展；投资反过来又决定了企业需要筹资的规模和时间。投资和筹资的成果都需要依赖资金的营运才能实现，筹资和投资在一定程度上决定了公司日常经营活动的特点和方式。企业日常活动还需要对营运资金进行合理的管理与控制，努力提高营运资金的使用效率与效果。成本管理则贯穿投资、筹资和营运活动的全过程，渗透在财务管理的每个环节之中。

收入与分配影响着筹资、投资、营运资金和成本管理的各个方面。收入与分配的来源是企业上述各方面共同作用的结果，同时又会对上述各方面产生反作用。

综上所述，投资管理、筹资管理、营运资金管理、成本管理和收入与分配管理都是企业价值创造的必要环节，是保障企业健康发展、实现可持续增长的重要内容。

二、财务关系

财务关系是指企业在组织财务活动过程中产生的与各利益相关者的经济关系，可以概括为以下几个方面：

（一）企业同其所有者、受资者之间的财务关系

企业所有者主要分为以下四类：①国家；②法人单位；③个人；④外商。企业所有者要按照投资合同、协议、章程的约定履行出资义务，以便及时形成企业的资本金。企业利用资本金进行经营，实现利润后，应按出资比例或合同、章程的规定，向其所有者分配利润。企业将其所闲置的资金以购买股票或直接投资的形式向其他企业进行投资，按照约定履行出资义务并有权参与企业利润分配而形成的经济关系就是企业与受资者之间的关系。

上述的财务关系体现了所有权的性质，反映了经营权和所有权的关系。

（二）企业同其债权人、债务人以及往来客户之间的财务关系

企业在生产和经营过程当中需要购买材料、产品等，并且与购销客户发生贷款收支结算关系。在购销活动中一些企业有时需要延期收付款，由此便产生了商业信用问题。当企业资金不足或出现闲置时，需要向银行借款，及时收付货款，以免占用过多的使用资金。一旦形成债权债务关系，债务人不仅需要归还本金，而且需要支付利息，那么债权人、债务人之间的关系在某种性质上是属于债权关系、合同义务关系。

（三）企业内部各单位的财务关系

企业在实行内部经济核算制的条件下，企业供、产、销各部门以及各生产单位之间在相互提供产品和劳务时要进行计价结算。这种在企业内部形成的资金结算关系体现了企业内部各单位之间的利益关系。

（四）企业与职工之间的财务关系

企业的发展与企业内部职工的联系是最为紧密的。企业与职工之间还是要依据按劳分配的原则，将职工的具体收入和劳动成果结合在一起。因此，财务管理者要参与制定绩效考核制度，运用企业的激励机制和约束机制来协调好企业与职工之间的利益分配关系。

（五）企业与税务机关之间的财务关系

任何企业都要按照国家税法的规定缴纳各种税款，以保证国家财政收入的实现，满足社会各方面的需要。及时、足额地纳税既是企业对国家的贡献，也是对社会应尽的义务。因此企业与税务机关的关系反映的是依法纳税和依法征税的权利义务关系。

第三节　财务管理目标

有关财务管理目标的主要观点如下：

一、利润最大化

这种观点认为，利润代表企业新创造的财富，利润越多，企业财富增加得越多，越接近企业的目标。这一观点源于亚当·斯密的“经济人”假说。利润最大化作为财务管理目标，有其科学的成分，如简明实用、指标容易计量，但这种观点有四个显著的缺陷：①没有考虑货币时间价值因素；②没有考虑风险价值因素；③没有考虑所创造的利润与投入资本之间的关系；④容易导致短期行为，忽视企业的长期发展。

二、每股收益最大化

每股收益最大化，又称每股盈余最大化。这种观点认为，应该把利润和股东投入的资本联系起来，用每股收益来概括企业的财务管理目标。该种观点克服了利润最大化观点所没有考虑的创造利润与投入资本之间关系的缺陷，但这种观点仍存在三个显著的缺陷：①没有考虑货币时间价值因素；②没有考虑风险价值因素；③容易导致短期行为，忽视企业的长期发展。

三、股东财富最大化

这种观点认为，增加股东财富是财务管理的目标。持这一观点的人认为，股东创办企业的目的就是增加股东财富，因此，企业要为股东创造价值。股东财富可以用股东权益的市场价值来衡量，股东财富的增加可以用权益的市场增加值来衡量。每股股价的高低能够反映上市公司股东财富最大化目标实现程度，股东财富最大化就是公司总市值的最大化。当然，公司总市值能否反映股东的真正财富在很大程度上取决于股票市场的效率。以股东财富最大化作为财务管理目标，是近年来较为流行的一种观点，其优点表现在：①考虑了货币时间价值因素；②考虑了风险价值因素；③有助于避免企业的短期行为；④考虑了利润与投入资本之间的关系。

股东财富最大化观点虽然较前两种观点更为合理，但仍然存在三个缺陷：①股价的高低，只能源于资本市场，因此该观点一般只适合于上市公司；②即使是上市公司，由于股价的变动不是公司业绩的唯一反映，而是多种因素综合作用的结果，因此，股价的高低有时不能完全反映股东财富的多少；③由于该观点坚持股东至上原则，强调得更多的是股东利益，因此，有可能会导致所有者与其他利益主体之间的矛盾和冲突。

四、企业价值最大化

该观点站在企业整体角度，强调财务管理的目标应该是追求企业价值最大化。企业价值通常是指企业全部资产的经济价值，即企业资产预期未来现金流量的现值之和。企业价值最大化观点也是近年来较为流行的一种观点，但有人将其与股东财富最大化观点等同。事实上，如果假设债务价值不变，则增加企业价值和增加股东财富就具有相同的意义，也就是说，假设股东投入资本和债务价值不变，企业价值最大化与股东财富最大化，具有相同的意义。但若上述假设条件不成立，则不能简单地将企业价值最大化等同股东财富最大化。因为企业价值增加是股东财富增加和债务价值增加的合计，债务价值会随着市场利率的变化而变化。

企业价值最大化观点除了具有股东财富最大化观点的四个优点外，还具有以下优点：①用价值代替价格，克服了价格过多受外界市场因素干扰的弊端；②有效兼顾了企业利益相关者的利益。但是，这种观点也存在可操作性较差、企业价值较难计量的缺陷。

企业价值最大化观点和股东财富最大化观点相比较，具有更宽泛的意义，因此，本书以企业价值最大化作为财务管理目标，以给企业带来价值的增加作为财务决策的依据。

五、利益博弈方财富最大化

（一）财务公平理念下现行财务管理目标的反思

企业财务公平指企业开展财务活动时应该遵循的一种价值观，是企业财务信息产生的过程及企业财务信息结果对社会公平需求的一种满足。企业财务公平是社会公平的子概念，涉及财权配置、收益分配、财务信息和信任问题等方面。包括投资者在内的利益博弈方一直都在追求财务公平，但在推崇“股东利益至上”的财务价值导向下，除股东外其他利益博弈方的利益在财务管理目标中都没有得到体现，因而企业财务公平也就无从谈起。

对现行财务管理目标的剖析。当前理论界和实务界对财务管理目标主要有利润最大化等几种观点，具体剖析如下：①利润最大化。该观点认为，利润是企业创造财富的代表，所以企业的财务管理目标是追求利润最大化。该目标忽视了企业所创造利润的质量，也没有将企业利润与投入资本联系起来。②每股收益最大化。该观点认为，应将企业利润与投资者投入资本联系起来，以追求企业每股收益最大化。该目标从一定程度上修正了利润最大化目标，但依然没有考虑企业利润的质量问题。③股东财富最大化。该观点认为，股票总市值代表了企业市场价值，股票总市值最大意味着企业总价值最大、股东财富最多。④企业价值最大化。该观点认为，通过企业财务的合理营运，采取最优财务政策，在企业长期稳定发展的基础上不断增加企业的财富，使企业价值达到最大。作为财务管理活动的起点与终点，财务管理目标对财务公平能否实现影响巨大。从利润最大化到企业价值最大化，这些目标都没有将股东以外的利益博弈方的利益纳入考虑范围。可见，要想实现企业财务公平，就必须构建一个公平、合理的财务管理目标。

（二）利益博弈方财富最大化：财务公平视角下财务管理目标的重新定位

1. 利益相关者财务论：利益博弈方财富最大化的理论支撑

20 世纪 80 年代，美国学者布莱尔在其著作《所有权与控制：面向 21 世纪的公司治理探索》中全面分析了公司治理和利益相关者理论的关系；1984 年美国学者弗里曼从战略管理角度重新定义了利益相关者；威克斯与琼斯在前人研究的基础上共同提出了规范研究方法和实证研究方法相结合的综合利益相关者理论，为企业经营者提供了如何设计出既可以使企业成功运作又符合道德规范的范式。利益相关者理论的产生和发展为许多领域的研究开辟了一个全新视角，包括财务目标理论。利益相关者理论要求企业充分重视股东以外的利益相关者的利益，以实现企业财务公平。利益相关者财务论就是企业内部各经济利益主体以利益相关者财富最大化为基本目标，在资产运营过程中建立的、彼此利益促进与制约的财务运行机制。

2. 利益博弈方财富最大化目标与股东财富最大化目标的比较

（1）产权理论。股东财富最大化目标以新古典产权理论为基础，认为股东既是企业所有者也是风险主要承担者，其在企业中的地位“至高无上”；利益博弈方财富最大化目标以利益相关者理论为产权基础，追求企业市场价值总和最大化。

（2）公司治理结构。股东财富最大化目标依据“股东利益至上”模式，认为企业经理人员只是代表股东利益行使代理权；利益博弈方财富最大化目标依据“共同治理”模式，主张各利益相关者来共同治理企业。

（3）追求效益。股东财富最大化目标追求单纯经济效益，产生的外部不经济效应导致了财务不公平；利益博弈方财富最大化目标追求企业经济效益和社会效益的和谐统一。

（4）对资本的重视程度。股东财富最大化目标只重视拥有物质资本的所有者利益；利益博弈方财富最大化目标认为物质资本和人力资本都是企业必不可少的生产要素，应该以各生产要素的贡献大小为依据来分配收益。

3. 利益博弈方财富最大化目标的优势

通过上述比较可知，利益博弈方财富最大化目标具有如下优势：

（1）“共同治理”逻辑。“共同治理”模式使得利益博弈方财富最大化目标成为企业财务管理目标的更优选择。

（2）企业产权分享。随着社会分工日益细化、经营风险不断扩大，债权人、经营者等也成了企业的风险承担者。因此，该目标能更客观地反映现代企业所有权的分享状况。

（3）社会效益与经济效益的和谐统一。企业要实现可持续发展，一个好的社会环境是必需的。因此，实现了社会效益与企业经济效益和谐统一的利益博弈方财富最大化目标是现代财务管理目标的合理选择。

（4）知识经济时代人力资本重要性的凸显。利益博弈方财富最大化目标在肯定物质资本价值的同时对人力资本所有者的权利给予了充分重视，因而能最好地实现财务公平。

根据利益博弈方承受的风险大小及其与企业关系的密切程度，我们可以将利益博弈方分为以下三个层次：

（1）第一个层次：股东和债权人。作为资本提供者，股东和债权人为企业的价值增值提供了基础。因此，股东和债权人是企业最重要的利益博弈方。

（2）第二个层次：经营者和员工。经营者和员工都是企业人力资源的投入者，其自身利益都与企业息息相关。

（3）第三个层次：顾客、供应商、政府、社会等。他们处于企业边界之外，对企业的重要性相对低于前两个层次。

根据上述利益博弈方的三个层次，我们可以设定不同的分部目标：

（1）股东的分部目标是使投入的资本保值增值。

（2）债权人的分部目标是取得利息并在到期时收回本金。

（3）经营者的分部目标是自身效用最大化与工作稳定性之间的平衡。

（4）员工的分部目标是薪资收入最大化与工作稳定性之间的平衡。

（5）顾客的分部目标为满意度最大化。

（6）供应商的分部目标为保持稳定的、互惠互利的采购关系。

（7）政府的分部目标是企业对政府的贡献最大化。

（8）社会的分部目标是企业对社会的贡献最大化。

由此可见，针对不同利益博弈方的不同利益要求制定不同的分部目标，再将各分部目标整合成一个综合财务管理目标体系作为企业的整体财务管理目标，兼顾了其他利益博弈方的利益，能够很好地实现企业财务公平。考虑到我国社会性质与市场经济的特殊性，只有利益博弈方财富最大化目标才是我国企业财务管理目标的理性选择。具体原因如下：

（1）利益博弈方财富最大化目标符合我国国情。作为一个社会主义国家，我国企业应该更加强调社会财富的积累与共同富裕，而我国企业普遍偏高的资产负债率，客观上要求财务管理需要更多考虑债权人的利益。

（2）利益博弈方财富最大化目标有助于建立和完善现代企业制度。从现代产权制度理论的观点来看，企业是所有利益博弈方共同拥有的企业，利益博弈方财富最大化目标体现了产权分享思想，有助于建立和完善现代企业制度。

（3）利益博弈方财富最大化目标符合企业可持续发展的要求。利益博弈方财富最大化目标很好地兼顾企业的短期利益与长期利益，有利于实现当代人与后代人之间的财务公平，有利于企业的长期可持续发展。

六、财务管理目标的进一步拓展

1997 年，英国学者约翰·埃尔金顿首次提出了“三重底线”概念。他将企业所承担的责任划分为三类，即经济责任、社会责任和环境责任，三种责任相辅相成，缺一不可。繁荣富强、和谐社会、环境保护是这三种责任的具体体现，也是国家可持续发展战略的重要内容。传统财务学“利润至上”的理念，使得微观主体行为与国家宏观目标时常发生背离，如企业侵犯员工权益、逃废银行债务、严重污染环境等行为，这些行为违背了“三重底线”原则，严重影响了国家经济的可持续发展。干胜道等学者认为，根据“三重底线”思想，在传统效率财务学的基础上还应进一步拓宽财务学的内容，需要将公平、道德、环境等因素纳入考量范围，形成由效率财务（efficiency finance）、公平财务（equitable finance）、道德财务（ethical finance）、环境财务（environment finance）组成的“4E”财务学，从而拓宽传统财务学的疆域。

（一）公平财务

法国著名学者托马斯·皮凯蒂（Thomas Piketty）认为，21 世纪应该将分配问题置于经济学研究的中心地位。对我国而言，近几年来基尼系数已经达到 0.47 左右，分配中的公平问题已经到了亟待解决的时候。干胜道等学者认为，要解决社会公平分配问题，初次分配中的公平是突破口。一直以来传统财务学注重价值的最大化创造，忽视价值的公平分配，似乎效率可以脱离公平单独存在。公平和效率就像硬币的正反面，相互支撑而存在；效率决定公平，公平反过来会影响效率。比如，一个企业股东赚得盆满钵满，而员工长期不涨工资，则劳资关系会不和谐，不和谐的劳资关系又会影响员工工作的积极性，从而严重影响企业的价值创造活动，不利于企业的长期发展。因此，企业的“蛋糕”既要做大，也要分好。这一理念在财务学上体现为财务活动强调“效率”，财务关系强调“公平”，两者缺一不可。

（二）道德财务

道德财务指企业在经营和财务活动过程中，需要合乎社会基本的道德准则。道德财务具有以下几个特征：一是自律性。道德财务提倡企业自我约束，强调企业“应当怎样，不应当怎样”。二是变化性。道德财务的内涵随着社会经济的发展而变化，不同的时代对企业财务行为有不同的道德要求。三是普遍性。所有的企业都应当遵循道德财务的要求。现实中，在利润最大化的财务目标下，一些企业为了获取利润，可以说不择手段。

（三）环境财务

环境财务指企业在经营和财务活动过程中，应当对自然（或生态）环境的成本和效益加以考量，其特征为经济绩效和环境绩效并重。1997 年，党的十五大报告明确提出实施可持续发展战略，这就要求企业在经营过程中要负担起保护环境和改善环境的责任。近年随着“APEC 蓝”“阅兵蓝”以及之前的紫金矿业污染事件的发生，环境问题再次受到广泛的关注。国内关于环境财务的研究也逐渐增多，研究的视角具有多样化特征，包括可持续发展视角、利益相关观者视角、外部性视角、环境成本计量视角和信息披露视角等。研究方法既包括规范研究，也有实证研究。这些研究丰富了环境财务研究的内容，推动了经济增长与环境保护的和谐发展。但环境问题具有外部性特征，如果抛开政府因素而单一强调企业的责任会有失偏颇。

第四节　财务管理的基本观念

正确的观念有助于财务管理的成功，财务管理观念是财务管理人员从事财务管理工作必须具备的理念。财务理念在一定程度上决定企业的理财方法。因此，我们在本节要学习一些基本的财务管理观念。

一、货币时间价值观念

货币时间价值是客观存在的经济范畴，货币时间价值观念是财务管理最基本的观念。货币时间价值是指资金在周转使用过程中，由于时间因素而形成的差额价值。简单地讲，产生在不同时点的两笔等额货币，其价值是不相等的。货币会随着时间的推移而产生增值，增加的价值就是货币时间价值。

举例来讲，你和一个朋友路过一家甜饼店，一个特色甜饼 5 元，你身上刚好只有 5 元，而你的朋友身无分文。你的朋友向你借了 5 元用来买甜饼自己享用（不考虑两人分享），并答应下个星期归还。此外你的朋友坚持要为这 5 元支付合理的报酬。那么你所要求的报酬应该是多少呢？（不考虑通货膨胀和违约风险）这个问题的答案表明了货币时间价值的含义：对放弃当前消费的机会成本所给予的公平回报。

任何企业的财务活动，都是在特定的时空中进行的，不考虑货币时间价值，就无法正确计算不同时期的财务收支，也就无法正确评价企业盈亏。确立货币在不同时点的价值是不一样的观念，并通过货币时间价值原理将不同时点上的货币进行换算，有利于财务人员做出正确的财务决策。

二、风险价值观念

什么是风险价值观念呢？前例中已经隐含地假定小甜饼的预期价格不会上涨（也就是不存在通货膨胀），此外也不存在你的朋友不还钱的违约风险。如果我们预计到其中任何一种情况发生，那么我们就应该对今天借出的资金要求更多的偿还。其中体现的就是风险价值观念。

风险是客观存在的，风险和收益是相伴而生的。企业的财务决策，绝大多数是在风险和不确定的情况下做出来的。基于投资者的风险厌恶态度，投资者冒风险投资就需要有额外的收益作为补偿，因此，不考虑风险价值，就无法正确评价企业报酬的高低。投资者因为冒风险进行投资而获得的超过货币时间价值和通货膨胀补偿以外的额外报酬，就是风险价值。风险价值观念将风险和预期收益结合起来，否定了传统投资将预期收益最大化作为决策准则的思想。

风险价值原理解释了风险和收益的关系，即在风险和收益之间存在一个对等关系，投资人必须对风险和收益做出权衡，为追求较高预期收益而承担较大风险，或者为减少风险而接受较低的预期收益。解决风险和收益之间的关系是资产投资的首要问题和核心问题。人们只有在对资产的风险和收益进行分析后，才能做出是否进行资产投资或投资于何种证券的决策。

三、资本成本观念

资本成本是公司取得资金使用权的一种代价。公司向银行借款，利息就是资本成本；公司要赚最多的钱，利息是越低越好。假如公司向银行借款进行项目投资，项目投资的回报率至少要高于借款的利率。例如，A 公司打算投资一个项目，向银行借款 1 000 万元，年利率为 10%。如果这个项目一年赚 100 万元，那么刚刚够偿还银行利息，无利可图。而只有项目的回报率高于 10%，这一生意才有利可图。因此，资本成本是项目投资的“取舍率”，也是最低可接受的报酬率。

资本成本是影响企业筹资的一个重要因素，也是企业投资方案选择的一个重要参考数据。随着企业筹资数量的增加，资本成本不断变化。当企业筹资数量很大，资本的边际成本超过企业获利能力时，企业便不能再增加筹资数额。另外，资本成本是选择筹资方式的依据不同的筹资方案形成不同的资本结构，不同的资本结构会给企业带来不同的风险和成本。因此，企业在确定最优资本结构时，应选择综合资本成本最低的方案，因为综合资本成本最小的资本结构所对应的企业价值最大。资本成本也是投资者要求的最低收益率，通常是投资项目选择的取舍率。当投资项目的收益率高于资本成本时，投资项目可行；反之，当投资项目的收益率低于资本成本时，投资项目不可行。确立资本成本观念，并估算和利用资本成本的预测结果，有利于财务管理人员做出正确的筹资决策和投资决策。

四、现金流量观念

一个企业即使有良好的经营业绩，但现金流量不足也会造成财务状况恶化，会使企业举步维艰。传统的财务管理对现金流量的研究仅仅局限在投资方面，而忽视了从企业经营全过程的角度来研究现金流量规律。在当前资本市场迅速发展的情况下，一个企业拥有的现金状况往往是制约其经营活动的主导力量。对企业的经营者来说，均衡现金流动并使现金拥有量保持适当水平才能使经营活动正常进行，现金不足或过多都会给企业带来不利的影响。因此，财务决策应考虑现金流量，根据现金流量的变化，评估对财务决策的影响，而不应只凭借会计利润做出相应的选择。

五、机会成本观念

机会成本是指在决策时，因为选择最优方案而放弃次优方案所损失的潜在收益。机会成本不是实际付出的成本，是在决策时为选择最优方案而必须考虑的一项特殊成本。例如，你高中毕业之后，有两条路可供选择：一是上大学读书；二是外出务工，年收入 5 万元。权衡之后，你选择了上大学读书，那么由此你失去了外出务工的机会，一年损失 5 万元，这个就是你选择上大学读书的机会成本。

在考虑了机会成本后，如果所选方案的收益仍为正数，则该方案就是最优方案；如果考虑了机会成本后，所选方案的收益为负数，则该方案不是最优方案。可见，机会成本的存在将影响方案的选择。因此，财务人员应树立机会成本观念，以利于做出正确的财务决策。

六、投资分散化观念

投资分散化观念要求投资者不要把全部财富投资于一家公司，而要分散投资。投资分散化原则的理论依据是投资组合理论。马科维茨的投资组合理论认为，若干种股票组成的投资组合，其收益是这些股票收益的加权平均数，但其风险要小于这些股票的加权平均风险，所以投资组合能降低风险。假如你正在考虑在生物科技行业投资 10 万美元，因为你相信，由于发现了新的基因工程药物，以后几年中该行业将获利丰厚。对新投资的每种药物，如果成功，你将收回 4 倍的投资；如果失败，将损失全部投资。这样，如果只在一种药物上投资 10 万美元，你可能得到 40 万美元或者一无所有。假设每种药物成功的可能性是 0.5，失败的可能性也是 0.5。如果在两种药品上各投资 5 万美元，你仍然有可能获得 40 万美元（两种药物都成功），或者一无所有（两种药物均失败）。然而，还有一种中间可能，即一种药物成功了，而另一种药物失败。在这种情况下，你将获得 20 万美元（投资于成功药品的 5 万美元获益 4 倍，失败药品获益为零）。

这样，存在四种可能的结果和三种回报：

第一是两种药物均成功，获益 40 万美元。

第二是药品 1 成功，药品 2 失败，获益 20 万美元。

第三是药品 2 成功，药品 1 失败，获益 20 万美元。

第四是两种药品均失败，获益为 0。

因此，通过分散化，持有两种药物的投资组合，使损失全部投资的可能性比不进行多样化降低了一半。同时，获益 40 万美元的可能性也从 0.5 降到了 0.25，而另外两种结果可以使你获益 20 万美元，其发生的可能性为 0.5。所以投资分散化可以降低风险。

分散化原则具有普遍意义。分散化原则不仅仅适用于证券投资，公司各项决策都应注意分散化原则。比如，不应当把公司的全部投资集中于个别项目、个别产品和个别行业；不应当把销售集中于少数客户；不应当使资源供应集中于个别供应商；重要的事情不要依赖一个人完成；重要的决策不要由一个人做出；等等。投资分散化观念告诉企业财务人员，凡是有风险的事项都要贯彻分散化原则，以期降低风险。

思政元素

万事德先行

为贯彻落实党中央、国务院关于加强社会信用体系建设的决策部署，推进会计诚信体系建设，提高会计人员职业道德水平，根据《中华人民共和国会计法》《会计基础工作规范》，财政部研究制定了《会计人员职业道德规范》。具体内容如下：

一、坚持诚信，守法奉公。牢固树立诚信理念，以诚立身、以信立业，严于律己、心存敬畏。学法知法守法，公私分明、克己奉公，树立良好职业形象，维护会计行业声誉。

二、坚持准则，守责敬业。严格执行准则制度，保证会计信息真实完整。勤勉尽责、爱岗敬业，忠于职守、敢于斗争，自觉抵制会计造假行为，维护国家财经纪律和经济秩序。

三、坚持学习，守正创新。始终秉持专业精神，勤于学习、锐意进取，持续提升会计专业能力。不断适应新形势新要求，与时俱进、开拓创新，努力推动会计事业高质量发展。

专项练习

财务管理学专业大学生豆包在学校里学习了财务管理学相关知识。放假回家后，豆包到爸爸的公司参观。爸爸告诉他，他的公司出现了一些问题，主要体现在：① 公司是生产纺织品的企业，由于出口减少，产品产量减少；② 许多客户虽然采购了公司的产品，但迟迟不支付货款；③工厂的生产设备老化，但由于没有足够的资金更新设备，经常停工；④ 产品积压，资金周转困难，而供应商又在催讨货款；⑤公司的股东提出现金分红建议，但公司目前资金短缺。爸爸认为豆包学过财务管理学相关知识，能为他提供解决方案。确实，豆包给出了满意的答复。请你思考，如果你是豆包，你认为公司出现的这些问题中，哪些属于财务管理问题？这些财务管理问题具体属于哪个方面的财务问题？应如何解决？

分析与提示：

与企业资金运动相关的活动及其衍生的财务关系的管理属于财务管理的内容。案例中除问题①以外都属于财务管理问题。问题②和问题④属于日常营运资金管理，同时伴随着企业与往来客户之间财务关系的管理。问题③属于筹资管理和投资管理。问题⑤属于收益分配管理，同时伴随着企业与股东之间财务关系的管理。

中英文专业术语

财务管理（financial management）
财务管理目标（objective of financial management）
利润最大化（profit maximization）
股东财富最大化（stockholder wealth maximization）
代理问题（agency problem）
代理成本（agency cost）
财务管理环境（environment of financial management）
独资企业（sole proprietorship）
合伙企业（partnership）
股份有限公司（corporation）
有限责任公司（limited liability company）
财务经理（financial manager）
企业财务活动（corporate financial activities）
企业财务关系（corporate financial relations）
金融市场（monetary market）
利息率（interest rate）
纯利率（pure interest rate）
违约风险（default risk）
流动性（mobility）
再投资风险（reinvestment risk）

第一章 财务管理基本价值观念

学习任务

1. 掌握货币时间价值的概念和相关计算方法
2. 理解风险价值观念，并能够对风险报酬进行定量分析

引入案例

购房按揭款的计算

小张夫妇俩2019年年末已有积蓄20万元，以后每月的工资收入估计有6 000元，除去每月日常生活开支2 500元，每月还可积蓄3 500元。现在他们准备购置房产，房价总额为45万元，他们想首付一部分，余额实行银行按揭。已知银行按揭的月利率为0.5%，按揭从2020年1月开始。小张夫妇俩正在商量购房付款的事宜。他们俩现在有四个问题，请你帮助他们解决。

问题1：小张夫妇俩考虑在现有积蓄20万元中留下5万元准备装修之用，购房时首付15万元，按揭年限想短一点，初步确定为10年，采用按月等额还款方式贷款30万元，但不知未来能否有能力支付每月的按揭额，你能告诉他们吗？

问题2：小张夫妇俩决定购房时首付15万元，按揭年限确定为15年，采用按月等额还款方式贷款30万元，请你为他们计算每月应付的按揭额是多少？

问题3：在15年按揭的前提下，由于银行利率下调，银行规定从2022年1月起，按揭的月利率由原来的0.5%降低到0.45%。这样一来，小张夫妇俩每月的按揭额会比原来少，你能帮他们计算出每月少付多少元吗？

问题4：小张夫妇俩考虑，2020年和2021年他俩的收入可能会超过预期水平，他们想在2022年1月将剩余的13年房款一次付清。请你按下调后的利率计算，他们在2022年1月一次支付多少价款才能还清贷款？

第一节 时间价值分析

一、时间价值相关概念概述

（一）货币时间价值含义和表示方法

货币时间价值是指在没有风险和没有通货膨胀的情况下，货币经历一定时间的投资和

再投资所增加的价值，也称为“资金的时间价值”。

在实务中，人们习惯用相对数字表示货币的时间价值，即用增加的价值占投入货币的百分数来表示。用相对数表示的货币时间价值也称为“纯粹利率”，简称纯利率。纯利率是指在没有通货膨胀、无风险情况下资金市场的平均利率。没有通货膨胀时，短期国债利率可以视为纯利率。

由于货币随时间的延续而增值，不同时间单位货币的价值不相等，所以，不同时间单位的货币不宜直接进行比较，需要把它们换算到相同的时点进行比较才有意义。由于货币随时间的增长过程与复利的计算过程在数学上相似，因此，人们在换算时广泛使用复利计算方法。

货币时间价值可以用绝对数和相对数形式来表示。货币时间价值额是绝对数表示形式，货币时间价值率是相对数表现形式。在实务中，人们通常采用相对数形式，即用利息率来表示货币时间价值。从量的规定性来看，货币时间价值应等于在没有风险和没有通货膨胀条件下的社会平均资金利润或社会平均资金利润率。

需要注意的是，银行存款利率、贷款利率、债券利率和股票的股利率等都可以当作投资报酬率，实质上都是利息率，但它们与时间价值率是有区别的。必须明确，只有在没有风险和没有通货膨胀情况下，时间价值率才与上述各报酬率相等。但本章为了更好地讲解货币时间价值原理，例题中以利率代表了时间价值率，也就是假设没有风险和没有通货膨胀的发生。

在财务管理中，不同时点的资金不宜直接进行比较，只有把它们换算到相同的时间基点上，才能进行大小的比较。货币时间价值原理揭示了不同时点上资金之间的数量换算关系，便于对不同时点上的资金进行加总和比较。因此，货币时间价值原理常被认为是财务管理的基本观念之一，是财务决策的重要基础。

（二）现金流量时间线

计算货币资金的时间价值时，首先要清楚资金运动发生的时间和方向，即每笔资金在哪个时点上发生，资金流向是流入还是流出。现金流量时间线提供了一种重要的计算货币资金时间价值的工具，它可以直观、便捷地反映资金运动发生的时间和方向。典型的现金流量时间线如图 1-1 所示。

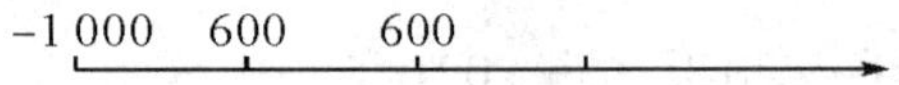

图 1-1　现金流量时间线

图 1-1 中横轴为时间轴，箭头所指的方向表示时间的增加。横轴上的坐标代表各个时点，假设最左边的起点 $t=0$ 表示现在，从左往右依次 $t=1$，2，…，分别表示从现在开始的第 1 期期末、从现在开始的第 2 期期末，依此类推。如果每期的时间间隔为 1 年，则 $t=1$表示从现在起第 1 年年末，$t=2$ 表示从现在起第 2 年年末。换句话说，$t-1$ 也表示第 2 年年初。

图 1-1 中的现金流量时间线表示在 $t=0$ 时刻有 1 000 单位的现金流出，在 $t=1$ 及 $t=2$ 时刻各有 600 单位的现金流入。

现金流量时间线对于更好地理解和计算货币时间价值很有帮助。

（三）两组概念：终值和现值、单利和复利

求终值与现值是货币时间价值最基本的计算问题。终值又称将来值、未来值、本利和，是指现在一定数额的资金折合成未来时点货币量的价值，通常用 F 表示；现值又称折现值，是指未来某一时期一定数额的资金折合成现在货币的价值，通常用 P 表示。计算货币时间价值，其实质就是进行不同时点上资金价值之间的换算，具体包括两方面内容：一是计算现在拥有的一定数额的资金，在未来某个时点将是多少数额，这是计算终值的问题；二是计算未来时点上一定数额的资金，相当于现在多少数额的资金，这是计算现值的问题。

无论求终值还是求现值，都涉及利率。利率表示每一期间的时间价值大小，一般用 i 表示，如无特殊说明，所给出的利率均为年利率。一定的货币量乘以利率就是每期货币增值量，可称为利息。计算利息一般有两种方式，即单利和复利。在单利方式下，每期都按初始本金计算利息，当期利息即使不取出也不计入下期本金，计息基础始终不变。复利方式下，以当期末本利和为下期计息基础来计算下期利息，即利上加利或利滚利。

复利的存在不仅让很多投资奇迹成为了现实，同时也给了投资者一个审视、比较投资产品的利器——很多微不足道的小投资，在时间的不断累积下，竟然能够成为“庞然大物”；而很多让投资者看着都抓狂的投资收益，实际上也只是平常的收益被时间积累施展的“魔法”。我们来看看下面两个例子。

一是印度舍罕王的故事。印度的舍罕王打算重赏国际象棋的发明人——宰相西萨·班·达依尔。国王问他有何要求，西萨·班·达依尔说：“陛下，请您在棋盘的第一个小格内，赏给我 1 粒麦子，在第二个小格内给 2 粒，第三格内给 4 粒，第四格放 8 粒，以此类推……照这样下去，每一个小格内的麦子都比前一小格加一倍。这样摆满棋盘上所有 64 格的麦粒，都赏给您的仆人我吧！”

国王一听，以为这区区赏金微不足道。于是满口答应。结果怎样呢？如果要计算到第 64 格，即使拿来全印度的粮食，国王也兑现不了他对西萨·班·达依尔许下的诺言了。因为按照宰相的要求，需要有 18 446 744 073 709 551 615 颗麦粒，约合 1 845 亿亿粒。这位宰相所要求的竟是全世界在 2 000 年内所生产的全部小麦。

这就是复利的惊人效果，开始时微不足道，利滚利后就能产生原子弹爆炸般的效应。正因为此，爱因斯坦将复利称为人类“第八大奇迹”，其他七大奇迹都是有形的建筑，而复利是无形的奇迹，左右世间万物的运行。

二是巴菲特的故事。巴菲特从 11 岁开始涉足股票投资，27 岁开始有业绩记录，从事股票投资 80 多年，有业绩记录 60 年，应该是有史以来最长投资业绩记录的保持者。

60 年达到 62 740 倍，年复利是 20.215%，1967 年后的业绩记录是其控股的伯克希尔-哈撒韦公司的每股净资产变动幅度。60 年 62 740 倍的增长，这就是财富增值的奇迹，而这个奇迹的背后就是复利效应。

在真正用到复利对投资产品进行比较和筛选时，我们还需要用到几个重要的概念，包括：终值（F）、现值（P）、年金（A）、利率（i）、期数（N）等。比如，你现在把 1 万元存入银行，银行的 1 年定期的年利率为 2%，一年以后你将拿到 10 200 元。在这个案例当中，1 万元就是现值，它是在整个投资事件中时间最靠前的资金的价值，可以理解为本金；10 200 元就是终值，它是整个投资事件中时间最靠后的资金的价值，可以理解为“本利和”；2%就是年利率，1 年就是期数。

在实际的投资当中，我们接触的很多投资产品都会用到现值、终值。例如，小李现在将 5 000 元存入银行，若年复利为 5%，5 年后，小李能一次性取出多少钱？

在进行价值计算时，为了方便，我们通常可以借助金融计算器或者是 Excel 财务函数，这时对于 P、F、N、i 这四个变量，确定其中任意 3 个，就能得出第 4 个，所以按照这个原则，我们只要将 $P=-5\ 000$，$i=5\%$，$N=5$，输入到计算器或者财务函数当中，我们就可以计算出 $F=6\ 381.41$，也就是到期后，小李能一次性取出本息和 6 381.41 元。这个案例是个典型的已知现值求终值的例子，而反过来，已知终值求现值的例子也非常多。

例如，小张准备 3 年后购车，预计购车款为 20 万元左右，当前有一个 P2P 的投资机会，年化复利率为 8%，那么小张可以一次性投资多少钱用来准备购车款？通过分析得到：$N=3$，$i=8\%$，$F=200\ 000$，可以计算出：$P=-158\ 766.45$，所以小张只需要现在一次性投入 158 766.45 元，就可以在 3 年后准备 20 万的购车款。这个案例就是典型的已知终值求现值的例子。

在现实生活当中，我们经常会遇到一些需要借助终值与现值进行计算的问题。我们只有精准地理解现值与终值的概念，才能在投资决策时，把它作为一种工具，帮助我们更加清晰、合理地做出选择。

二、复利终值和现值

（一）复利终值的计算

复利终值指现在的特定资金按复利计算方法，折算到将来某一定时点的价值，或者说是现在的一定本金在将来一定时间，按复利计算的本金与利息之和，简称本利和。

【例 1-1】某人将 100 万元存入银行，年利率为 10%，计算 1 年、2 年后的本利和。

1 年后的本利和：$F_1=100+100\times10\%=100\times(1+10\%)$

2 年后的本利和：$F_2=100\times(1+10\%)\times(1+10\%)=100\times(1+10\%)^2$

由此递推，可知经过 n 年的本利和为：$F=100\times(1+10\%)^n$。因此，复利终值的计算公式如下：

$$F=P\times(1+i)^n$$

式中，P 表示现值（或初始值），i 表示计息期利率，F 表示终值（或本利和），n 表示计息期数。$(1+i)^n$ 被称为复利终值系数，用符号 $(F/P, i, n)$ 表示，即：$F=P\times(F/P, i, n)$。互联网上搜索“复利终值系数表”。该表的第一行是利率 i，第一列是计息期数 n，相应的 $(F/P, i, n)$ 值在其纵横相交处。通过该表可查出，$(F/P, 10\%, 3)=1.331$。表明在利率为 10%的情况下，现在的 1 元和 3 年后的 1.331 元在经济上是等效的。

【例 1-2】某人将 100 万元存入银行，年利率 4%，半年计息一次，按照复利计算求 5 年后的本利和。本例中，一个计息期为半年，一年有两个计息期，所以，计息期利率 $=4\%/2=2\%$，即 $i=2\%$；由于 5 年共计有 10 个计息期，故 $n=10$。

5 年后的本利和：$F=P\times(F/P, 2\%, 10)=100\times(F/P, 2\%, 10)=121.90$（万元）

（二）复利现值的计算

复利现值是指未来某一时点的特定资金按复利计算方法，折算到现在的价值；或者说是为取得将来一定本利和，现在所需要的本金。

根据复利终值公式计算复利现值，是指已知 F、i、n 时，求 P。将复利终值计算公式 $F=P\times(1+i)^n$ 移项，可得：$P=F\times(1+i)^{-n}$。式中，$(1+i)^{-n}$ 称为复利现值系数，用符号 $(P/F, i, n)$ 来表示，即 $P=F\times(P/F, i, n)$。

【例 1-3】某人拟在 5 年后获得本利和 100 万元。假设存款年利率为 4%，按照复利计息，他现在应存入多少元?

$P=F\times(P/F, 4\%, 5)=100\times(P/F, 4\%, 5)=100\times0.8219=82.19$（万元）

需要说明的是，在复利终值、复利现值的计算中，现值可以泛指资金在某个特定时间段的"前一时点"（而不一定真的是"现在"）的价值，终值可以泛指资金在该时间段的"后一时点"的价值。我们可以按照要求将该时间段划分为若干个计息期，使用相应的利息率和复利计息方法，将某个时点的资金计算得出该笔资金相当于其他时点的价值是多少。

三、年金现值

本书所称年金（annuity，简写为 A），是指间隔期相等的系列等额收付款项。例如，间隔期固定、金额相等的分期付款赊购、分期偿还贷款、发放养老金、分期支付工程款以及每年相同的销售收入等，都属于年金。年金包括普通年金、预付年金、递延年金、永续年金等形式。在年金中，间隔期间可以不是一年，例如每季末等额支付的债务利息也是年金。

年金的特征如下：

（1）系列，一般是指有多笔款项，不是一次性款项。

（2）定期，指每隔一个相等时间发生一次（比如一年、半年等间隔期）。

（3）等额，指每次发生的金额相等。

年金主要包括以下几种：

（1）普通年金（后付年金）：从第 1 期起，每期期末收付的年金。

（2）预付年金（先付年金）：从第 1 期起，每期期初收付的年金。

（3）递延年金（延期年金）：不是从第 1 期开始，而是若干期之后才开始发生的每期期末等额收付款项。

（4）永续年金（永久年金）：无限期收付款项的年金。

提示：借助现金流量时间线更容易理解。

（一）普通年金现值

普通年金是年金的最基本形式。它的特征有三个：一是在一定时期内的系列收付款，二是从第一期开始等额收付，三是收付时间点发生在每期期末。

普通年金求现值的一般计算方法，就是对每一个收付款求现值，然后再对各现值求和。

$$P=A(1+i)^{-1}+A(1+i)^{-2}+\cdots\cdots+A(1+i)^{-n}$$

等式两边同乘以 $(1+i)$：

$$P(1+i)=A+A(1+i)^{-1}+A(1+i)^{-2}+\cdots\cdots+A(1+i)^{-(n-1)}$$

后式减前式，整理得到：

$$P=A\times[1-(1+i)^{-n}]/i$$

式中 $[1-(1+i)^{-n}]/i$ 称为“年金现值系数”，记作 $(P/A, i, n)$，其中的 i 是指利率，n 是指等额收付的次数，即 A 的个数。

【例 1-4】财务管理专业大一新生豆包有个愿望，他希望在他大学四年中每年末都能拿到等额奖学金 1 000 元，假定利息率为 5%，1 年复利 1 次，请问这四笔奖学金的年金现值是多少？

解：$P=1\ 000\times(P/A, 5\%, 4)$

> 1. 利息率和期数与年间现值系数的关系如何？
> 2. 如果把 1 年复利 1 次修改为 1 年复利两次，即 1 年 1 000 元奖学金分两次等额支付，你能计算出豆包这四年奖学金的现值吗？

（二）预付年金现值

预付年金，是普通年金的拓展形式。它的特征也有三个：一是在一定时期内的系列收付款，二是从第一期开始等额收付，三是收付时间点发生在每期期初。

$$P=A+A(1+i)^{-1}+A(1+i)^{-2}+\cdots\cdots+A(1+i)^{-(n-1)}$$

等式两边同乘以 $(1+i)^{-1}$：

$$P(1+i)^{-1}=A(1+i)^{-1}+A(1+i)^{-2}+A(1+i)^{-3}+\cdots\cdots+A(1+i)^{-n}$$

即 $P(1+i)^{-1}=A(P/F, i, n)$

等式两边同乘以 $(1+i)$ 得到：

$P=A(P/F, i, n)\times(1+i)$，其中的 i 可以理解为利率，n 指的是等额收付的次数，即 A 的个数。

【例 1-5】财务管理专业大一新生豆包计划每年年初存入银行 10 000 元，计划期为 10 年，假定银行存款利息率为 5%，1 年复利 1 次，请问这笔存款的年金现值是多少？

解：$P=A\times(P/A, i, n)\times(1+i)=10\ 000\times(P/A, 5\%, 10)\times(1+5\%)$

> 如果把 1 年复利 1 次修改为 1 年复利两次，即 1 年 10 000 元计划存款分两次等额存入，你能计算出豆包这笔存款的现值吗？

（三）递延年金现值

递延年金，是普通年金的又一拓展形式。它的特征也有三个：一是把整个期间分为两部分，一部分为递延期，另一部分为支付期；二是递延期无等额收付款发生；三是支付期开始收付，时间点发生在每期期末。

提示：递延期的终点是支付期的起点。

根据递延年金的特征，我们可以使用两种办法计算递延年金的现值。

一是直接法，即先对支付期的等额系列收付款按照普通年金的方法计算现值，由于此现值正好位于递延期终点，所以再对该现值进行复利现值的求解，即可得到递延年金的现值。

二是间接法，即先把递延期期末添加等额系列收付款，目的是使之符合普通年金的形式，这样单独看递延期等额系列收付款符合普通年金特征。递延期和支付期两个期间合二期为一期的年金也符合普通年金的形式，我们先计算大期间的年金现值，然后再计算递延期的年金现值，最后用大期间的年金现值减去递延期年金现值，即可得到递延年金的现值。

【例 1-6】某递延年金为从第 4 期开始，每期期末支付 10 万元，共计支付 6 次，假设利率为 4%，相当于现在一次性支付的金额是多少？

本例中，由于第一次支付发生在第 4 期期末，即 $m+1=4$，所以递延期 $m=3$；

由于连续支付 6 次，因此，$n=6$。

$P=10\times(P/A, 4\%, 6)\times(P/F, 4\%, 3)$

【例 1-7】某递延年金为从第 4 期开始，每期期初支付 10 万元，共计支付 6 次，假设利率为 4%，相当于现在一次性支付的金额是多少？

本例中，由于第一次支付发生在第 4 期期初，第 4 期期初与第 3 期期末是同一时点，所以 $m+1=3$，递延期 $m=2$。

$P=10\times(P/A, 4\%, 6)\times(P/F, 4\%, 2)$

> 三江集团 2019 年 12 月 10 日欲购置一批电脑，销售方提出三种付款方案，具体如下：
>
> 方案 1：2019 年 12 月 10 日付款 10 万元，从 2021 年开始，每年 12 月 10 日付款 28 万元，连续支付 5 次；
>
> 方案 2：2019 年 12 月 10 日付款 5 万元，从 2020 年开始，每年 12 月 10 日付款 25 万元，连续支付 6 次；
>
> 方案 3：2019 年 12 月 10 日付款 10 万元，从 2020 年开始，6 月 10 日和 12 月 10 日付款，每次支付 15 万元，连续支付 8 次。
>
> 假设三江集团计算时间价值使用的年利率为 10%，三江集团应该选择哪个方案？

（四）永续年金现值

永续年金是无限期定额收付的年金。在实践中，永续年金是不存在的，但通常将期限很长的年金，如普通股股利、优先股股利在计算中可以作为永续年金处理。由于永续年金没有终止时间，因此，没有终值，只有现值。永续年金现值的计算公式如下：

$$P=A\times[1-(1+i)^{-n}]/i=A/i\ (n 趋向于无穷大)$$

【例 1-8】某公司拟设立一个永久性奖励基金，希望以后每年年末从中提取 10 万元用于奖励有突出贡献的职工，假定利息率为 4%，每年复利一次，该公司需要一次性拨出多少款项来建立该项基金？

解：$P=A/i=100\ 000/4\%$

四、年金终值

（一）普通年金终值

对于等额收付 n 次的普通年金而言，其终值指的是各期等额收付金额在第 n 期期末的复利终值之和。

计算普通年金终值的一般公式为

$$F=A+A(1+i)+A(1+i)^2+\cdots\cdots A(1+i)^{n-1}$$

等式两边同时乘以 $(1+i)$：

$$F(1+i)=A(1+i)+A(1+i)^2+\cdots\cdots A(1+i)^n$$

上述两式相减，整理得到：

$F=A\times[(1+i)^n-1]/i$，式中 $[(1+i)^n-1]/i$ 称为“年金终值系数”，记作 $(F/A, i, n)$，其中的 i 可以理解为利率，n 指的是等额收付的次数，即 A 的个数。

【例 1-9】财务管理专业大一新生豆包有个愿望，他希望在他大学四年中每年末都能拿到等额奖学金 1 000 元，假定利息率为 5%，1 年复利 1 次，请问这四笔奖学金的年金终值是多少？

解：$F=A\times(F/A, i, n)=1\ 000\times(F/A, 5\%, 4)$

> 如果把 1 年复利 1 次修改为 1 年复利两次，即 1 年 1 000 元奖学金分两次等额支付，你能计算出豆包这四年奖学金的终值吗？

（二）预付年金终值

对于等额收付 n 次的预付年金而言，其终值指的是各期等额收付金额在第 n 期期末的复利终值之和。

计算预付年金终值的一般公式为

$$F=A(1+i)+A(1+i)^2+\cdots\cdots A(1+i)^n$$

等式两边同时乘以 $(1+i)^{-1}$ 得到：

$$F(1+i)^{-1}=A+A(1+i)^1+\cdots\cdots A(1+i)^{n-1}$$

即：

$$F\times(1+i)-1=A\times F/A, i, n)$$

两边同时乘以 $(1+i)$ 得到：

$$F=A\times F/A, i, n)\times(1+i)$$

（三）递延年金和永续年金终值

递延年金终值的求解本质上和普通年金终值的求解相同。永续年金计算公式中的 n 趋向于无穷大，所以其终值也趋向于无穷大。

【例 1-10】财务管理专业大一新生豆包计划每年年初存入银行 10 000 元，计划期为 10 年，假定银行存款利息率为 5%，1 年复利 1 次，请问这笔存款的年金终值是多少？

解：$F=10\ 000\times(F/A, 5\%, 10)\times(1+5\%)$

五、有关时间价值计算的几个特殊问题

（一）年偿债基金和年资本回收额

年偿债基金是指为了在约定的未来某一时点清偿某笔债务或积聚一定数额的资金而必须分次等额形成的存款准备金，也就是为使年金终值达到既定金额的年金数额（已知终值 F，求年金 A）。在普通年金终值公式中解出 A，这个 A 就是年偿债基金。

年资本回收额是指在约定年限内等额回收初始投入资本的金额。年资本回收额的计算实际上是已知普通年金现值 P，求年金 A。

【例 1-11】某家长计划 10 年后一次性取出 50 万元，作为孩子的出国费用。假设银行存款年利率为 5%，复利计息，该家长计划 1 年后开始存款，每年存一次，每次存款数额相同，共计存款 10 次。假设每次存款的数额为 A 万元，则有：

$A\times(F/A,\ 5\%,\ 10)=50$

【例 1-12】某人于 2019 年 1 月 25 日按揭贷款买房，贷款金额为 100 万元，年限为 10 年，年利率为 12%，月利率为 1%，从 2019 年 2 月 25 日开始还款，每月还一次，共计还款 120 次，每次还款的金额相同。

由于 100 万元是现在的价值，所以本题属于已知普通年金现值求年金，属于年资本回收额计算问题，不属于年偿债基金计算问题。【例 1-11】属于年偿债基金计算问题。

假设每次还款金额为 A 万元，则有：

$100=A\times(P/A,\ 1\%,\ 120)$

$A=100/(P/A,\ 1\%,\ 120)$

（二）特殊情况下利率的计算

1. 现值或终值系数已知的利率计算

首先查阅相应的系数表，如果能在表中查到相应的数值，则对应的利率就是所求的利率；如果在系数表中无法查到相应的数值，则可以使用内插法（也叫插值法）计算，假设所求利率为 i，i 对应的现值（或者终值）系数为 B，B_1、B_2 为现值（或者终值）系数表中与 B 相邻的系数，i_1、i_2 为 B_1、B_2 对应的利率。可以按照下面的方程计算：

$$(i_2-i)\div(i_2-i_1)=(B_2-B)\div(B_2-B_1)$$

解得：$i=i_2-[(B_2-B)\div(B_2-B_1)]\times(i_2-i_1)$

也可以按照下面的方程计算：

$$(i-i_1)\div(i_2-i_1)=(B-B_1)\div(B_2-B_1)$$

解得：$i=i_1+[(B-B_1)\div(B_2-B_1)]\times(i_2-i_1)$

列方程时应该把握一个原则：具有对应关系的数字在等式两边的位置相同（例如 i_2 在等式左边的位置与 B_2 在等式右边的位置相同）。按照这个原则还可以列出其他的等式，会发现不同等式计算的结果是相同的。

【例 1-13】已知 $(P/A,\ i,\ 5)=4.20$，求 i 的数值。

有些时候会出现一个表达式中含有两种系数，在这种情况下，现值或终值系数是未知的，无法通过查表直接确定相邻的利率，需要借助系数表，经过多次测试才能确定相邻的利率。测试时应注意：现值系数与利率反向变动，终值系数与利率同向变动。

【例 1-14】已知 $5\times(P/A,\ i,\ 10)+100\times(P/F,\ i,\ 10)=104$，求 i 的数值。

2. 实际利率计算

（1）一年多次计息时的实际利率

一年多次计息时，给出的年利率为名义利率，按照复利计算的年利息与本金的比值为实际利率。

假设本金为 100 元，年利率为 10%，一年计息 2 次，即一年复利 2 次，则每次复利的利率 $=10\%/2=5\%$，一年后的本利和（复利终值）$=100\times(1+5\%)^2$，按照复利计算的年利息 $=100\times(1+5\%)^2-100=100\times[(1+5\%)^2-1]$，实际利率 $=100\times[(1+5\%)^2-1]/100$

= （1+5%）^{2}-1，用公式表示如下：

$$i=(1+r/m)^m-1$$

式中，i 表示实际利率，r 表示名义利率，m 表示每年复利计息的次数。

从公式可以看出，在一年多次计息时，实际利率高于名义利率，并且在名义利率相同的情况下，一年计息次数越多，实际利率越大。

（2）通货膨胀情况下的实际利率

在通货膨胀情况下，央行或其他提供资金借贷的机构所公布的利率是未调整通货膨胀因素的名义利率，即名义利率中包含通货膨胀率。实际利率是指剔除通货膨胀率后储户或投资者得到利息回报的真实利率。

假设本金为 100 元，实际利率为 5%，通货膨胀率为 2%，如果不考虑通货膨胀因素，一年后的本利和 = 100×（1+5%）= 105（元）。如果考虑通货膨胀因素，由于通货膨胀导致货币贬值，所以一年后的本利和 = 105×（1+2%），年利息 = 105×（1+2%）-100 = 100×（1+5%）×（1+2%）-100 = 100×[（1+5%）×（1+2%）-1]，即名义利率 =（1+5%）×（1+2%）-1，1+名义利率 =（1+5%）×（1+2%）。名义利率与实际利率之间的关系如下：

1+名义利率 =（1+实际利率）×（1+通货膨胀率）

所以实际利率的计算公式如下：

实际利率 = [（1+名义利率）/（1+通货膨胀率）] -1

可以看出，如果通货膨胀率大于名义利率，则实际利率为负。

第二节 风险价值分析

一、有关风险的基本概念

（一）风险的由来

“风险”一词的由来，最为普遍的一种说法是，在远古时期，以打鱼捕捞为生的渔民们每次出海前都要祈祷，祈求神灵保佑自己能够平安归来，其中主要的祈祷内容就是让神灵保佑自己在出海时能够风平浪静、满载而归；他们在长期的捕捞实践中，深深地体会到“风”给他们带来的无法预测、无法确定的危险。他们认识到，在出海捕捞打鱼的生活中，“风”即意味着“险”，因此有了“风险”一词。

而另一种据说经过多位学者论证的“风险”一词的“源出说”称，风险（risk）一词是舶来品，有人认为源于阿拉伯语，有人认为源于西班牙语或拉丁语，但比较权威的说法是源于意大利语的“risque”一词。在早期的运用中，也是被理解为客观的危险，体现为自然现象或者航海遇到礁石、风暴等事件。大约到了 19 世纪，在英文的使用中，风险一词常常用法文拼写，主要用于与保险有关的事情。

现代意义上的风险一词，已经大大超越了“遇到危险”的狭义含义，而是“遇到破坏或损失的机会或危险”。可以说，经过两百多年的演义，风险一词越来越被概念化，并随着人类活动的复杂性和深刻性而逐步深化，并被赋予了从哲学、经济学、社会学、统计学甚至文化艺术领域的更广泛更深层次的含义，且与人类的决策和行为后果联系得越来越紧密，风险一词也成为人们生活中出现频率很高的词汇。

无论如何定义风险一词的由来，但其基本的核心含义是“未来结果的不确定性或损失”，也有人进一步定义为“个人和群体在未来遇到伤害的可能性以及对这种可能性的判断与认知”。如果采取及时而有效的防范措施，那么风险也可能带来机会，可能还会带来比例不等的收益。有时，风险越大，收益越高。

（二）风险的概念

学术界对风险的内涵没有统一的定义，由于对风险的理解和认识程度不同，或对风险的研究的角度不同，不同的学者对风险的概念有着不同的解释，但可以归纳为以下几种具有代表性观点：

1. 风险是指事件未来可能结果发生的不确定性

A. H. Mowbray 称风险为不确定性；C. A. Williams 将风险定义为在给定的条件和某一特定的时期，未来结果的变动；March 和 Shapira 认为风险是事物可能结果的不确定性，可由收益分布的方差测度；Brnmiley 认为风险是公司收入流的不确定性；Markowitz 和 Sharp 等将证券投资的风险定义为该证券资产的各种可能收益率的变动程度，并用收益率的方差来度量证券投资的风险，通过量化风险的概念改变了投资者对风险的认识。由于方差计算的方便性，风险的这种定义在实际中得到了广泛的应用。

2. 风险是指损失发生的不确定性

J. S. Rosenb 将风险定义为损失的不确定性，F. G. Crane 认为风险意味着未来损失的不确定性。Ruefli 等将风险定义为不利事件或事件集发生的机会。这种观点又分为主观学说和客观学说两类。主观学说认为不确定性是主观的、个人的和心理上的一种观念，是个人对客观事物的主观估计，而不能以客观的尺度予以衡量，不确定性的范围包括发生与否的不确定性、发生时间的不确定性、发生状况的不确定性以及发生结果严重程度的不确定性。客观学说则是以风险客观存在为前提，以风险事故观察为基础，以数学和统计学观点加以定义，认为风险可用客观的尺度来度量。例如，佩费尔认为风险是可测度的客观概率的大小；奈特认为风险是可测定的不确定性。

3. 风险是指可能发生损失的损害程度的大小

段开龄认为，风险可以引申定义为预期损失的不利偏差，这里所谓的不利偏差是对保险公司或被保险企业而言的。例如，若实际损失率大于预期损失率，则此正偏差对保险公司而言即为不利偏差，也就是保险公司所面临的风险（胡宜达等，2001）。Markowitz 在别人质疑的基础上，排除可能收益率高于预期收益率的情况，提出了下方风险（downside risk）的概念，即实现的收益率低于期望收益率的风险，并用半方差（sernivaviance）来计量下方风险。

4. 风险是指损失的大小和发生的可能性

朱淑珍在总结各种风险描述的基础上，把风险定义为：风险是指在一定条件下和一定时期内，由于各种结果发生的不确定性而导致行为主体遭受损失的大小以及这种损失发生可能性的大小。风险以损失发生的大小与损失发生的概率两个指标进行衡量。而王明涛在总结各种风险描述的基础上，把风险定义为：风险是指在决策过程中，由于各种不确定性因素的作用，决策方案在一定时间内出现不利结果的可能性以及可能损失的程度。它包括损失的概率、可能损失的数量以及损失的易变性三方面内容，其中可能损失的程度处于最重要的位置。

5. 风险是指由风险构成要素相互作用的结果

风险因素、风险事件和风险结果是风险的基本构成要素，风险因素是风险形成的必要条件，是风险产生和存在的前提。风险事件是外界环境变量发生预料未及的变动从而导致风险结果的事件，它是风险存在的充分条件，在整个风险中占据核心地位。风险事件是连接风险因素与风险结果的桥梁，是风险由可能性转化为现实性的媒介。根据风险的形成机理，郭晓亭、蒲勇健等将风险定义为：风险是指在一定时间内，以相应的风险因素为必要条件，以相应的风险事件为充分条件，有关行为主体承受相应的风险结果的可能性。叶青、易丹辉认为，风险的内涵在于它是在一定时间内，有风险因素、风险事故和风险结果递进联系而呈现的可能性。

在财务管理中用到的风险倾向于第三种观点，是指在一定条件下和一定时期内可能发生的实际收益与预期收益的偏离程度，即预期收益的不确定性。比如某人期望得到8%的投资报酬率，但由于多种因素的影响，实际可能获得的报酬率为6%，也可能为10%，实际可能的结果与期望的报酬产生了偏离，这种偏离的程度越大，风险越大；偏离的程度越小，风险越小。

（三）风险的分类

风险可以从不同的角度划分，最常见的是从风险产生的根源来划分，将风险分为系统性风险和非系统性风险。

1. 系统性风险

系统性风险，也称市场风险、不可分散风险，是指所有影响企业的因素导致的风险，如利率风险、通货膨胀风险、市场风险、政治风险等均是系统性风险。通常，系统性风险产生的根源是企业外部的变化，比如经济的周期性波动、战争、利率的变化、通货膨胀等非预期因素的影响。这些因素将影响市场中所有的资产，投资组合也不能分散掉系统性风险，因而，系统性风险是不可分散的。

2. 非系统性风险

非系统性风险，也称公司特有风险、可分散风险，是指发生于某个行业或个别企业的特有事件造成的风险，如信用风险、财务风险、经营风险等。通常，非系统性风险来自特定企业，是这些企业所特有的风险，不影响其他企业，比如罢工、诉讼、新产品开发失败、失去重要的销售合同等，这类事件是随机发生的，只影响一个或少数公司，不会对整个市场产生太大的影响。非系统性风险是可以通过多样化投资来分散的，即发生于一家公司的不利事件可以被其他公司的有利事件所抵消。当代证券组合理论认为，不同股票的投资组合可以降低公司的特有风险，但当组合中股票的种类增加到一定程度时，其风险分散化效应就逐渐减弱。如果是充分的有效投资组合，则可以分散掉全部非系统性风险。

将总风险分为系统性风险和非系统性风险，对研究风险的量化有着重要的意义。由于非系统风险可以通过分散化消除，因此一个充分的有效投资组合几乎没有非系统性风险。对于有效组合来说，非系统性风险可以被忽略，投资者只需关心系统性风险。通常我们假设投资者都是理智的，他们都会选择充分投资组合，非系统性风险将与资本市场无关，市场不会对非系统性风险给予任何价格补偿，但投资者必须承担系统性风险并可以获得相应的风险补偿。

（四）投资者的风险偏好

风险偏好的三种类型分别是：风险回避、风险追求、风险中立。风险回避的特征：中断风险源，使其不发生或遏制其发展；属于消极防范手段，回避风险的同时也放弃了获利的机会。风险追求的特征：主动追求风险，预期收益相同时，选择风险大的，这样会带来更大的效用。风险中立的特征：既不回避风险，也不主动追求风险，选择资产的唯一标准是预期收益的大小，而不管风险状况如何，即预期收益相同的资产将给他们带来同样的效用。

1. 风险回避

风险回避是指事先预测风险发生的可能性，分析和判断风险产生的条件和因素，在经济活动中设法避开它或改变行为的方向。在股票投资中的具体做法是：放弃对风险性较大的股票的投资，转而投资其他金融资产或不动产，或改变直接参与股票投资的做法。相对来说，风险回避原则是一种比较消极和保守的控制风险的原则。

2. 风险追求

风险偏好者，又称“风险追求者”，是指在风险中更愿意得到期望收入而不是风险的期望值收入的人。对于风险偏好者来说，期望值的效用大于风险本身的期望效用。面对具有相同预期收益价值的投机机会，风险偏好者倾向结果不那么确定的机会，而不在意较稳定但低收益的结果。

3. 风险中立

风险中立者的决策不会受到这种决策所导致的报酬不确定性的影响。也就是说，对于风险中立者而言，只要某两个选项的期望报酬相等，哪怕其中一个的报酬有特别巨大的不确定性，另一个是完全铁定的报酬结果，这个风险中立者依然对这两种选项具有相同的偏好。

（五）风险价值

风险是实际结果偏离预期目标的可能性，有向好的方向偏离的可能，也有向不好的方向偏离的可能，是机会与危险的组合。由于更多的人是风险厌恶者，比起可能获得的超额收益，他们更害怕发生额外的损失。因此，风险常常被理解为，实际结果不如预期结果而遭受损失的可能性。

对于理性投资者来说，其宁愿要肯定的某一报酬，也不愿意要不肯定的同一报酬。对他们来说，要冒风险投资，就需要有额外的补偿。风险价值就是投资者冒风险投资而获得的超过货币时间价值的额外报酬。风险价值，又称风险收益、风险报酬、风险溢价或风险溢酬，它是预期收益超过无风险收益的部分，反映了投资者对风险资产投资而要求的风险补偿。

风险价值有两种表示方法，即风险收益额和风险收益率。风险收益额是投资者因冒风险投资而获得的超过货币时间价值和通货膨胀补偿的额外收益，又称为风险报酬额；风险收益率是风险收益额与投资额的比率，又称为风险报酬率。由于风险收益率或风险报酬率是相对数指标，便于比较和计算，在财务管理中通常用风险收益率或风险报酬率来表示风险价值。

风险与收益相对应的原理，否定了传统投资将预期收益最大化作为决策准则的思想。现代投资理论所确立的风险价值观念，要求投资者在选择投资品种时，将风险和预期收益结合起来进行分析，在权衡这二者的关系后才能做出有利的财务决策。

二、有关收益的基本概念

风险价值观念是财务管理的重要观念，有人戏称财务管理第一观念是货币时间价值观念，排行第二的就是风险价值观念。风险价值观念的核心反映了风险和收益之间的关系，反映了投资者因冒风险投资而获得的额外补偿，这种额外补偿就是超额收益。上节我们了解了风险，说风险是实际结果与预期结果偏离的程度，本节我们结合风险的内涵了解一下收益的相关概念。

收益又称报酬，一般是指初始投资的价值增量。收益可以用利润来表示，也可以用现金净流量来表示，这些都是绝对数指标。在实务分析中，企业利用更多的是相对数指标，即收益率或报酬率。

对于大多数投资者而言，个人或企业在当前投入资金是因为期望在未来赚取更多的资金。报酬（return）为投资者提供了一种恰当地描述投资项目财务绩效的方式。报酬的大小可以通过报酬率来衡量。假设某投资者购入 10 万元的短期国库券，利率为 10%，一年后获得 11 万元，那么这一年的投资报酬率为 10%，即

投资报酬率＝（初始投资－投资所得）÷初始投资＝（11－10）÷10×100%＝10%

事实上，投资者获得的投资报酬率就是国库券的票面利率，一般认为该投资是无风险的。然而，如果将这 10 万元投资于一家刚成立的高科技公司，该投资的报酬就无法明确估计，即投资面临着风险（risk）。

公司的财务决策几乎都是在包含风险和不确定的情况下做出的。离开了风险，就无法正确评价公司投资报酬的高低。风险是客观存在的，按照风险的程度，我们可以把公司的财务决策分为三种类型。

1. 确定性决策

决策者对未来的情况是完全确定的或已知的决策，称为确定性决策。例如，前述投资者将 10 万元投资于利息率为 10%的短期国库券，由于国家实力雄厚，到期得到 10%的报酬几乎是肯定的，因此，一般认为这种决策为确定性决策。

2. 风险性决策

决策者对未来的情况不能完全确定，但不确定性出现的可能性——概率的具体分布是已知的或可以估计的，这种情况下做出的决策称为风险性决策。

3. 不确定性决策

决策者不仅对未来的情况不能完全确定，而且对不确定性可能出现的概率也不清楚，这种情况下做出的决策称为不确定性决策。

从理论上讲，不确定性是无法计量的，但在财务管理中，通常为不确定性规定了一些主观概率，以便进行定量分析。不确定性在被规定了主观概率以后，就与风险十分近似

了。因此，在公司财务管理中，对风险与不确定性并不做严格区分，当谈到风险时，可能是风险，更可能是不确定性。

投资者之所以愿意投资高风险的项目，是因为其获得的报酬率足够高，能够补偿其投资风险。很明显，在上述例子中，如果投资高科技公司的期望报酬率与短期国库券一样，那么几乎没有投资者愿意投资。

总而言之，收益率又称报酬率，是衡量企业收益大小的相对数指标，是收益额和投资额之比。收益率实质上就是利率，只不过是站在投资者角度上来衡量的利率。在财务管理中我们将用到很多收益率，它们的区分比较重要，一定要能够区别不同收益率的含义与作用。

三、有关收益率的分类

（一）名义收益率

名义收益率又称名义报酬率，在不同的情况下，名义收益率有不同的内涵。

（1）名义收益率是票面收益率，比如债券的票面利率、借款协议的利率、优先股的股利率等。这时的名义收益率是指在合同中或票面中标明的收益率。

（2）按惯例，一般给定的收益率是年利率，但计息周期可能是半年、季度、月甚至日。因此，如果以年为基本计息期，给定的年利率就是名义利率或名义收益率。如果一年复利计息一次，名义收益率就等于实际收益率；如果按照短于一年的计息期计算复利，实际收益率与名义收益率不同，名义收益率与实际收益率的换算关系是：

$$实际收益率=(1+r\div M)^{M}-1$$

式中，M 是一年复利的次数，r 是名义收益率。

（3）存在通货胀的情况下，名义收益率是实际收益率、通货膨胀补偿率和实际收益率与通货膨胀补偿率之积的和，用计算公式表示如下：

$$r_n=r_r+i+ir_r$$

式中，r_n 表示名义收益率；r_r 表示实际收益率；i 表示通货膨胀补偿率。

一般情况下，上式中的 ir_r 相对其他两项来说，数值较小。所以有时为了简化计算，也可以将上式写为

$$r_n=r_r+i$$

（二）预期收益率

预期收益率又称预期报酬率，也称为期望收益率，是指在不确定的环境中可能获得的收益率，是以相应的概率为权数的加权平均收益率，预期收益率 $=\sum W_iK_i$ 。预期收益是数学期望，并不代表将来可能获得的收益，它只是反映了我们在合理分析一切可能获得的有关信息后对资产未来平均获利能力的一种估计。

（三）实际收益率

实际收益率又称实际报酬率，是相对于名义收益率和预期收益率而言的，对实际收益率的理解如下：

（1）与预期收益率相对应，实际收益率是指已经实现或确定可以实现的收益率，是事后计算的收益率，是实实在在可以得到的收益率。

（2）与名义收益率相对应，在一年内多次复利计息的情况下，实际收益率，即

$$有效年利率=(1+r\div M)^{M}-1$$

式中，M 是一年复利的次数，r 是名义收益率。

（3）在存在通货膨胀的情况下，实际收益率是名义收益率与通货膨胀补偿率的差，即

$$r_n=r_r+i+ir_r$$

（四）必要收益率

必要收益率，也称为必要报酬率，是指投资者进行投资所要求的最低报酬率，表示投资者对某项投资要求的、合理的最低收益率。投资者进行投资是为了获得报酬，必要收益率是投资者根据市场使用资金的报酬率和风险因素预测的合理的、最低应得到的报酬。通常在计算时必要收益率只考虑因承担系统性风险而要求的风险溢价，不考虑因承担非系统性风险而要求的风险溢价，因为非系统性风险可以通过投资多样化减少甚至消除，因而不给予补偿。必要收益率是一个非常重要的收益率，因为它通常可以作为投资方案的取舍率。通常来说，如果某项投资的预期收益率高于投资者要求的必要收益率，投资者就应投资；反之，则不应投资。

（五）无风险收益率

无风险收益率是指不考虑风险因素时所确定的收益率，它是货币时间价值率（纯利率），例如：一年定期存款利率与通货膨胀补偿率之和一般用短期国库券利率来近似衡量。

（六）风险收益率

风险收益率是风险收益额与投资额的比率，又称为风险报酬率，是投资者进行投资因承担风险而要求超过无风险收益率部分的额外收益。考虑到风险收益，投资者的预期收益率就由无风险收益率和风险收益率两部分组成，即

$$预期收益率=无风险收益率+风险收益率$$

用公式表示为

$$\bar{K}=R_f+R_r$$

式中，K 表示预期收益率，R_f 表示无风险收益率，R_r 表示风险收益率。其中：

$$无风险收益率=货币时间价值率+通货膨胀补偿率$$

四、有关风险的定量分析

如前文所述，风险是指收益的不确定性。虽然风险的存在可能意味着收益的增加，但人们考虑更多的则是损失发生的可能性。企业风险是指对企业的战略与经营目标实现产生影响的不确定性。从财务管理的角度看，风险是企业在各项财务活动过程中，由于各种难以预料或无法控制的因素作用，使企业的实际收益与预计收益发生背离，从而蒙受经济损失的可能性。衡量风险的指标主要有收益率的方差、标准差和标准差率等。

（一）概率分布

在经济活动中，某一事件在相同的条件下可能发生也可能不发生，这类事件称为随机事件。概率是用来表示随机事件发生可能性大小的数值。通常，我们把必然发生的事件的概率定为1，把不可能发生的事件的概率定为0，而一般随机事件的概率是介于0与1之间的一个数。概率越大就表示该事件发生的可能性越大。随机事件所有可能结果出现的概

率之和等于 1。

（二）期望值

期望值是一个概率分布中的所有可能结果，是以各自相应的概率为权数计算的加权平均值。期望值通常用符号 $\bar{E}$ 表示。计算公式如下：

$$\bar{E} = \sum_{i}^{n} (X_i \times P_i)$$

式中，X_i 表示第 i 种情况可能出现的结果，P_i 表示第 i 种情况可能出现的概率。

（三）方差、标准差和标准差率

（1）方差。在概率已知的情况下，方差的计算公式为

$$\sigma^2 = \sum_{i}^{n} (X_i - \bar{E})^2 \times P_i$$

式中，$(X_i-\bar{E})$ 表示第 i 种情况可能出现的结果与期望值的离差，P_i 表示第 i 种情况可能出现的概率。方差的计算公式可以表述为：离差的平方的加权平均数。

（2）标准差。标准差也叫标准离差，是方差的平方根。在概率已知的情况下，其计算公式为

$$\sigma = \sqrt{\sum_{i}^{n} (X_i - \bar{E})^2 \times P_i}$$

标准差以绝对数衡量决策方案的风险，在期望值相同的情况下，标准差越大，风险越大；反之，标准差越小，则风险越小。

由于无风险资产没有风险，所以，无风险资产的标准差等于零。

【例 1-15】以表 1-1 中的数据为例，分别计算 A、B 两个项目投资收益率的方差和标准差，并比较 A、B 两个项目的风险大小。

表 1-1　项目 A 和项目 B 出现概率和投资收益率

项目实施情况	该种情况出现的概率		投资收益率	
	项目 A	项目 B	项目 A	项目 B
好	0. 2	0. 3	15	20
一般	0. 6	0. 4	10	15
差	0. 2	0. 3	0	-10

项目 A 投资收益率的方差 =（15%-9%）2×0. 2+（10%-9%）2+0. 6×（0-9%）2×0. 2
=0. 002 4

项目 A 投资收益率的标准差：$\sqrt{0.0024}$ = 0. 049

项目 B 投资收益率的方差 =（20%-9%）2×0. 3+（15%-9%）2×0. 4+
（-10%-9%）2×0. 3
=0. 015 9

项目 B 投资收益率的标准差：$\sqrt{0.0159}$ = 0. 126 1

由于项目 A 和项目 B 投资收益率的期望值相同（均为 9%），所以，标准差大的风险

大，计算结果表明项目 B 的风险高于项目 A。

（3）标准差率。标准差率是标准差同期望值之比，通常用符号 V 表示，其计算公式为

$$V = \frac{\sigma}{\bar{E}} \times 100\%$$

标准差率是一个相对指标，它以相对数反映决策方案的风险程度。方差和标准差作为绝对数，只适用于期望值相同的决策方案风险程度的比较。对于期望值不同的决策方案，评价和比较其各自的风险程度只能借助标准差率这一相对数值。在期望值不同的情况下，标准差率越大，风险越大；反之，标准差率越小，风险越小。

【例 1-16】假设项目 A 和项目 B 的期望投资收益率分别为 10%和 12%，投资收益率的标准差分别为 6%和 7%，比较项目 A 和项目 B 的风险大小。

由于项目 A 和项目 B 投资收益率的期望值不相同，所以不能根据标准差比较风险大小，应该计算各自的标准差率，然后得出结论。

项目 A 投资收益率的标准差率＝6%/10%×100%＝60%

项目 B 投资收益率的标准差率＝7%/12%×100%＝58.33%

计算结果表明，项目 A 的风险高于项目 B。

通过上述方法将决策方案的风险加以量化后，决策者便可据此做出决策。对于多案择优，决策者的行动准则应是选择低风险、高收益的方案，即选择标准差率最低、期望收益最高的方案。然而高收益往往伴有高风险，低收益方案的风险程度往往也较低，究竟选择何种方案，不仅要权衡期望收益与风险，还要考虑决策者对风险的态度。对风险比较反感的人可能会选择期望收益较低且风险也较低的方案，喜欢冒风险的人则可能选择风险虽高但收益也高的方案。一般的投资者和企业管理者都对风险比较反感，在期望收益相同的情况下，会选择风险较小的方案。

五、证券资产组合的风险与收益

两个或两个以上资产所构成的集合，称为资产组合。如果资产组合中的资产均为有价证券，则该资产组合也称为证券资产组合或证券组合。证券资产组合的风险与收益具有与单个资产不同的特征。虽然收益率的方差、标准差、标准差率是衡量风险的有效工具，但当某项资产或证券成为投资组合的一部分时，这些指标就可能不再是衡量风险的有效工具。以下首先讨论证券资产组合的预期收益率的计算，再进一步讨论证券资产组合的风险及其衡量。

（一）证券资产组合的预期收益率

证券资产组合的预期收益率是组成证券资产组合的各种资产收益率的加权平均数，其权数为各种资产在组合中的价值比例。

【例 1-17】某投资公司的一项投资组合中包含 A、B、C 三种股票，权重分别为 30%、40%和 30%，三种股票的预期收益率分别为 15%、12%、10%。请计算该投资组合的预期收益率。

该投资组合的预期收益率＝30%×15%+40%×12%+30%×10%＝12.3%

（二）证券资产组合的风险及其衡量

1. 证券资产组合的风险分散功能

两项证券资产组合的收益率的方差满足以下关系式：

$$\sigma_p^2 = w_1^2\sigma_1^2 + w_2^2\sigma_2^2 + 2w_1w_2\rho_{1,2}\sigma_1\sigma_2$$

式中，σ_p 表示证券资产组合的标准差，它衡量的是证券资产组合的风险；σ_1 和 σ_2 分别表示组合中两项资产收益率的标准差；w_1 和 w_2 分别表示组合中两项资产所占的价值比例；$\rho_{1,2}$ 反映两项资产收益率的相关程度，即两项资产收益率之间的相对运动状态，称为相关系数。理论上，相关系数介于区间［-1，1］内。

当 $\rho_{1,2}$ 等于 1 时，表明两项资产的收益率具有完全正相关的关系，即它们的收益率变化方向和变化幅度完全相同。这时，$\sigma_p^2=(w_1\sigma_1+w_2\sigma_2)^2$，即 σ_p^2 达到最大。由此表明，组合的风险等于组合中各项资产风险的加权平均值。换句话说，当两项资产的收益率完全正相关时，两项资产的风险不能完全相互抵消，所以这样的组合不能降低任何风险。

当 $\rho_{1,2}$ 等于-1 时，表明两项资产的收益率具有完全负相关的关系，即它们的收益率变化方向相反、变化幅度相同。这时，$\sigma_p^2=(w_1\sigma_1-w_2\sigma_2)^2$，即 σ_p^2 达到最小，甚至可能是零。

因此，当两项资产的收益率完全负相关时，两项资产的风险可以充分地相互抵消，甚至完全消除。这样的组合能够最大限度地降低风险。

在实务中，两项资产的收益率具有完全正相关和完全负相关的情况几乎是不可能的。绝大多数资产两两之间都具有不完全的相关关系，即相关系数小于 1 且大于-1（多数情况下大于零）。

因此，会有 $0<\sigma_p<(w_1\sigma_1+w_2\sigma_2)$，即证券资产组合收益率的标准差小于组合中各资产收益率标准差的加权平均值，也即证券资产组合的风险小于组合中各项资产风险之加权平均值。因此，大多数情况下，证券资产组合能够分散风险，但不能完全消除风险。

正如前文所述，在证券资产组合中，能够随着资产种类增加而降低直至消除的风险，被称为非系统性风险；不能随着资产种类增加而分散的风险，被称为系统性风险。下面对这两类风险进行详细论述。

2. 非系统性风险

非系统性风险是个别公司或个别资产所特有的，因此也称“特殊风险”或“特有风险”。由于非系统性风险可以通过资产组合分散掉，因此也称“可分散风险”。

值得注意的是，在风险分散的过程中，不应当过分夸大资产多样性和资产个数的作用。实际上，在资产组合中资产个数较少时，增加资产的个数，分散风险的效应会比较明显；当资产个数增加到一定程度时，风险分散的效应就会逐渐减弱。经验数据表明，组合中不同行业的资产个数达到 20 个时，绝大多数非系统性风险均已被消除掉。此时，如果继续增加资产个数，对分散风险已经没有多大的实际意义，只会增加管理成本。另外不要指望通过资产多样化达到完全消除风险的目的，因为系统性风险是不能够通过风险的分散来消除的。

3. 系统性风险及其衡量

不同资产的系统性风险不同，度量一项资产的系统性风险的指标是 β 系数，它告诉我们相对于市场组合而言特定资产的系统风险是多少。市场组合是指由市场上所有资产组成的组合，其收益率是市场的平均收益率，实务中通常用股票价格指数收益率的平均值来代替。由于包含了所有的资产，市场组合中的非系统性风险已经被消除，所以市场组合的风险就是市场风险或系统性风险，市场组合相对于它自己的β系数是1。

如果一项资产的β系数为0.5，表明其收益率的变化与市场收益率变化同向，波动幅度是市场组合的一半；如果一项资产的β系数为2，表明这种资产收益率波动幅度为一般市场波动幅度的两倍。极个别的资产的β系数为负数，当市场平均收益率增加时，这类资产的收益率却在下降。比如西方个别收账公司和个别再保险公司的β系数是接于零的负数。

总之，某一资产β系数的大小反映了该资产收益率波动与整个市场报酬率动之间的相关性及程度。

在实务中，企业财务人员或投资者并不需要去计算证券的β系数，一些证券咨询机构会定期公布大量交易过的证券的β系数。我国也有一些证券咨询机构定期计算和编制各上市公司的β系数，可以通过中国证券市场数据库等查询。

对于证券资产组合来说，其所包含的系统性风险的大小可以用组合β系数来衡量。证券资产组合的β系数是所有单项资产β系数的加权平均数，权数为各种资产在证券资产组合中所占的价值比例。计算公式如下：

$$\beta_p = \sum_{i}^{n} (\beta_i \times w_i)$$

式中，β_p表示证券资产组合的β系数，β_i表示第i项资产的β系数，w_i表示第i项资产在组合中所占的价值比例。

由于单项资产的β系数不尽相同，因此通过替换资产组合中的资产或改变不同资产在组合中的价值比例，可以改变资产组合的系统风险。

【例1-18】某投资者打算用20 000元购买A、B、C三种股票，股价分别为40元、10元、50元；β系数分别为0.7、1.1和1.7。现有两个组合方案可供选择：

甲方案：购买A、B、C三种股票的数量分别是200股、200股、200股；

乙方案：购买A、B、C三种股票的数量分别是300股、300股、100股。

如果该投资者最多能承受1.2倍的市场组合系统风险，那么他会选择哪个方案？

（1）甲方案

A股票比例：40×200÷20 000×100%=40%

B股票比例：10×200÷20 000×100%=10%

C股票比例：50×200÷20 000×100%=50%

甲方案的β系数=0.7×40%+1.1×10%+1.7×50%=1.24

（2）乙方案

A股票比例：40×300÷20 000×100%=60%

B股票比例：10×300÷20 000×100%=15%

C股票比例：50×100+20 000×100%=25%

乙方案的β系数=0.7×60%+1.1×15%+1.7×25%=1.01

该投资者最多能承受 1.2 倍的市场组合系统风险意味着该投资者能承受的 β 系数最大值为 1.2，所以，该投资者会选择乙方案。

六、资本资产定价模型（CAPM）

（一）CAPM 的提出

CAPM 是诺贝尔经济学奖获得者威廉·夏普（William Sharpe）于 1970 年在他的著作《投资组合理论与资本市场》中提出的。他指出在这个模型中，个人投资者面临着两种风险：系统性风险和非系统性风险。

系统性风险（systematic risk），指市场中无法通过分散投资来消除的风险。比如，利率、经济衰退、战争，这些都属于不可通过分散投资来消除的风险。

非系统性风险（unsystematic risk），也被称为特殊风险（unique risk 或 idiosyncratic risk），这是属于个别股票的自有风险，投资者可以通过变更股票投资组合来消除的。从技术的角度来说，非系统性风险的回报是股票收益的组成部分，但它所带来的风险是不随市场的变化而变化的。

现代投资组合理论（modern portfolio theory）指出特殊风险是可以通过分散投资（diversification）来消除的。即使投资组合中包含了所有市场的股票，系统性风险亦不会因分散投资而消除，在计算投资回报率的时候，系统性风险是投资者最难以计算的。

（二）资本资产定价模型公式

夏普发现单个股票或者股票组合的预期回报率（expected return）的公式如下：

$$R = R_f + \beta(R_m - R_f)$$

其中，R_f（risk free rate），是无风险收益率，β 是证券的 Beta 系数，R_m 是市场期望回报率（expected market return），$(R_m - R_f)$ 是股票市场溢价（equity market premium）。

CAPM 公式中的右边第一个是无风险收益率，比较典型的无风险收益率是 10 年期的美国政府债券。如果股票投资者需要承受额外的风险，那么他将需要在无风险收益率的基础上多获得相应的溢价。那么，股票市场溢价（equity market premium）就等于市场期望回报率减去无风险收益率。

（三）β 系数

按照 CAPM 的规定，β 系数是用以度量一项资产系统风险的指针，是用来衡量一种证券或一个投资组合相对总体市场的波动性（volatility）的一种风险评估工具。也就是说，如果一只股票的价格和市场的价格波动性是一致的，那么这只股票的 β 值就是 1。如果一只股票的 β 是 1.5，就意味着当市场上升 10%时，该股票价格则上升 15%；而市场下降 10%时，股票的价格亦会下降 15%。

β 系数是通过统计分析同一时期市场每天的收益情况以及单个股票每天的价格收益计算出的。1972 年，经济学家费歇尔·布莱克（Fischer Black）、迈伦·斯科尔斯（Myron Samuel Scholes）等在他们发表的论文《资本资产定价模型：实例研究》中，通过研究 1931 年到 1965 年纽约证券交易所股票价格的变动，证实了股票投资组合的收益率和它们的 β 间存在着线性关系。

当 β 系数值处于较高位置时，投资者便会因为股份的风险高，而会相应提升股票的预期回报率。举个例子，如果一个股票的β系数是2.0，无风险回报率是3%，市场回报率（market return）是7%，那么市场溢价（equity market premium）就是4%（7%-3%），股票风险溢价（risk premium）为8%（2×4%，用β值乘市场溢价），那么股票的预期回报率则为11%（8%+3%，即股票的风险溢价加上无风险回报率）。

以上的例子说明，一个风险投资者需要得到的溢价可以通过CAPM计算出来。换句话说，我们可通过CAPM来知道当前股票的价格是否与其回报相吻合。

（四）CAPM的意义

CAPM给出了一个非常简单的结论：只有一种原因会使投资者得到更高回报，那就是投资高风险的股票。不容怀疑，这个模型在现代金融理论里占据着主导地位，但是这个模型真的实用吗？

在CAPM里，最难以计算的就是β系数的值。法玛（Eugene Fama）和弗兰奇（Kenneth French）研究1963年到1990年期间纽约证券交易所、美国证券交易所和纳斯达克市场（NASDAQ）里的股票回报时发现：在这段时期里β系数的值并不能充分解释股票的表现。单个股票的β系数和回报率之间的线性关系在短时间内也不存在。他们的发现似乎表明了CAPM并不能有效地运用于现实的股票市场中。

事实上，有很多研究也提出了对CAPM正确性的质疑，但是这个模型在投资界仍然被广泛利用。虽然用β系数预测单个股票的变动很困难，但是投资者仍然相信β系数比较大的股票组合会比市场价格波动性大，不论市场价格是上升还是下降；而β系数较小的股票组合的变化则会比市场的波动小。

对于投资者尤其是基金经理来说，这点是很重要的。因为在市场价格下降的时候，他们可以投资于β系数较低的股票。而当市场价格上升的时候，他们则可投资β系数大于1的股票。对于小投资者的我们来说，我们没有必要花时间去计算个别股票与大市的β系数。

总之，CAPM不是一个完美的模型，但是其分析问题的角度是正确的。它提供了一个可以衡量风险大小的模型，来帮助投资者决定所得到的额外回报是否与风险相匹配。

思政元素

习近平总书记谈增强风险意识

当前，我国发展面临着前所未有的风险挑战，既有国内的也有国际的，既有政治、经济、文化、社会等领域的也有来自自然界的，既有传统的也有非传统的，“黑天鹅”、“灰犀牛”还会不期而至。要更好应对前进道路上各种可以预见和难以预见的风险挑战，我们必须从历史中获得启迪，从历史经验中提炼出克敌制胜的法宝。

——2021年2月20日，习近平总书记在党史学习教育动员大会上的讲话

总之，进入新发展阶段，国内外环境的深刻变化既带来一系列新机遇，也带来一系列新挑战，是危机并存、危中有机、危可转机。我们要辩证认识和把握国内外大势，统筹中华民族伟大复兴战略全局和世界百年未有之大变局，深刻认识我国社会主要矛盾发展变化带来的新特征新要求，深刻认识错综复杂的国际环境带来的新矛盾新挑战，增强机遇意识和风险意识，准确识变、科学应变、主动求变，勇于开顶风船，善于转危为机，努力实现更高质量、更有效率、更加公平、更可持续、更为安全的发展。

——2020年8月24日，习近平总书记在经济社会领域专家座谈会上的讲话

面对波谲云诡的国际形势、复杂敏感的周边环境、艰巨繁重的改革发展稳定任务，我们必须始终保持高度警惕，既要高度警惕“黑天鹅”事件，也要防范“灰犀牛”事件；既要有防范风险的先手，也要有应对和化解风险挑战的高招；既要打好防范和抵御风险的有准备之战，也要打好化险为夷、转危为机的战略主动战。

——2019年1月21日，习近平总书记在省部级主要领导干部坚持底线思维着力防范化解重大风险专题研讨班开班式上发表重要讲话

专项练习

1. 豆包公司准备租赁办公设备，期限是10年，假设年利率是10%，出租方提出以下几种付款方案：

（1）立即付全部款项共计20万元。

（2）从第4年开始每年年初付款4万元，至第10年年初结束。

（3）第1到8年每年年末支付3万元，第9年年末支付4万元，第10年年末支付5万元。

要求：请你采用现值比较方法为豆包公司进行选择。

2. 豆包拟分期付款购入住房，需要每年年初支付25 000元，连续支付15年，假定年利率为7%，如果该项分期付款现在一次全部支付，共需支付现金多少元?

3. 豆包于5年后一次还清所务1 000 000元假定银行利息率为4%，一年复利一次，则该公司应从现在起每年末等额存入银行的偿债基金应为多少元?

4. 甲公司持有A、B两种证券构成的投资组合，假定资本资产定价模型成立，其中A证券的必要收益率为21%，β系数为1.6；B证券的必要收益率为30%，β系数为2.5。公司拟将C证券加入投资组合以降低投资风险。A、B、C三种证券的投资比重为2.5∶1∶1.5。最终组合的β系数是1.75。

要求：

（1）计算无风险益率和投资组合险收益率。

（2）计算C证券的β系数和必要收益率。

5. 甲公司有一笔闲置资金，拟投资于某证券组合，由X、Y、Z三种股票构成，资金权重分别为40%、30%和30%，β系数分别为2.5、1.5和1。其中X股票投资收益率的概率分布如表1-2所示。

表1-2　X股票投资收益率的概率分布

状况	概率	投资收益率
好	30%	20%
一般	50%	12%
差	20%	5%

Y、Z预期收益率分别为10%和18%，无风险利率4%，市场组合必要收益率9%。

要求：

（1）计算 X 股票的预期收益率。

（2）计算证券组合的预期收益率。

（3）计算证券组合系数。

（4）利用资本资产定价模型计算证券组合的必要收益率，判断是否值得投资？

中英文专业术语

时间价值（time value）

终值（future value）

现值（present value）

复利（compound interest）

年金（annuity）

后付年金（ordinary annuity）

先付年金（annuity due）

延期年金（deferred annuity）

永续年金（perpetuity）

折现率（discount rate）

风险（risk）

报酬（return）

期望报酬率（expected rate of return）

标准离差（standard deviation）

风险报酬均衡原则（risk-return trade-off）

β 系数（beta coefficient）

证券投资组合（security investment portfolio）

非系统性风险（unsystematic risk）

系统性风险（systematic risk）

资本资产定价模型（capital asset pricing model，CAPM）

证券估价（security valuation）

风险报酬（risk premium）

第二章 财务分析

学习任务

1. 理解财务分析的目的、原则
2. 掌握财务分析的方法
3. 掌握哈佛分析框架

引入案例

截至2023年4月29日，沪市主板1 689家上市公司（除交大昂立外）全部完成2022年年度报告披露。数据显示，在党中央、国务院稳经济一揽子措施的有力支持下，沪市主板上市公司积极应对多重复杂因素影响，生产经营展现出较强韧性，修复态势不断巩固。

一、经营业绩顶住压力实现正增长

2022年，沪市主板上市公司合计实现营业收入50.55万亿元，同比增长6%；净利润4.16万亿元，同比增长2%；扣除非经营性损益后净利润3.95万亿元，同比增长3%。相较2019年，3项经营指标年均复合增长率分别为8%、6%和7%，上市公司经营质量持续稳步提升。2022年上下半年，营业收入同比增幅分别为9%、5%，净利润同比增幅分别为6%、-2%，上半年保持较快增速，下半年增速虽有所回落，但较上年同期基本持平。2023年第一季度，沪市主板整体业绩重拾上升通道，净利润同比增长5%。

分结构看，营业收入方面，6成公司营业收入增长，3成公司营业收入超百亿元。净利润方面，超8成公司实现盈利，近5成公司实现利润增长；311家公司发生亏损，亏损面较上年增加109家。分所有制看，国有企业合计实现营业收入41.91万亿元、净利润3.73万亿元，同比分别增长7%、4%。其中，国务院国资委下属央企上市公司营业收入、净利润同比增速分别为11%、14%，增长势头更为强劲。民企方面，全年合计实现营业收入8.65万亿元，同比增长5%，实现净利润4 328亿元，同比下滑12%。

实体类上市公司展现出更为良好的高质量发展势头，合计实现营业收入41.25万亿元、净利润1.90万亿元、扣除非经营性损益后净利润1.70万亿元，同比分别增长8%、3%、5%，3项指标增速均高于沪市主板整体水平；实现经营性现金净流入3.91万亿元，同比增长2%，覆盖2倍利润规模，体现出较强的经营造血能力；总资产周转率0.70次，较上年有所提升，资产负债率59.73%，同比下降0.2%。

在大盘整体调整的情况下，一批科技硬实力突出的头部公司实现市值攀升，沪市主板结构实现优化。沪市主板千亿以上市值公司近1年、近3年分别净增加8家、28家，百亿以上市值公司分别净增加81家、184家。其中，以电力设备、国防军工、医药生物、通信、交通运输等行业为代表的先进制造业和现代服务业估值提升较为明显，近3年千亿元以上市值公司家数由17家提升至33家，比重由29%提升至38%，百亿元以上市值公司数量由240家提升至342家，同比增长43%，比重提升至50%。

二、稳经济、稳就业作用凸显

2022年，沪市主板公司继续发挥大盘蓝筹企业在稳经济方面的关键性作用，全部营业收入占GDP比重超这40%，实体类公司营业收入增速和净利润增速分别较全国规模以上企业高出2.4%、6.7%。稳经济进一步带动稳就业。截至2022年年末，沪市主板公司合计容纳就业1 691万人，较去年增加18万人，其中近300家公司员工总数超1万人。以GDP占比测算，间接带动就业人口在2亿人以上，占全国就业人口比重近30%。2022年合计支付职工薪酬4.14万亿元，同比增长7%。

与业绩稳定增长相呼应，一批关乎国计民生的支柱型公司全力稳固经济大局，有力支持粮食、能源、运输、医疗等重要基础民生。粮食供应方面，北大荒全年播种面积1 043万亩，粮豆总产实现新突破，总产达607万吨；苏垦农发全年粮食总产126万吨，超额完成目标；养殖企业巨星农牧、神农集团、新五丰全年生猪销售量合计425万头，同比增长85%。能源供应方面，五大火电龙头全年发电量合计超1.46万亿千瓦时；10余家燃气企业天然气供销量合计约645亿立方米；中国神华、陕西煤业、兖矿能源、中煤能源商品煤产量合计6.9亿吨，同比增长3%；中国石油、中国石化、中国海油油气产量合计2 798百万桶，同比增长5%。物流运输方面，京沪高铁本线列车全年运送旅客1 723万人次，大秦铁路货物发送量6.8亿吨；圆通速递、德邦股份全年快递业务合计完成量182亿件，同比增长6%。医疗保障方面，在带量采购、医保目录谈判工作的带动下，医药公司积极控费降价、惠民让利。

三、产业链、供应链展现协同发展良好格局

沪市主板汇集了一批具有行业代表性的优质蓝筹企业，有力带动相关产业链上下游协同发展。以新型基础设施为例，以5G、特高压、城际高速铁路和轨道交通为代表的新基建，一头连着巨大的投资与需求，一头牵着不断升级的强大消费市场，逐渐成为经济增长新引擎。沪市主板三大通信运营公司以5G基站为基点，辐射了整条从系统设备到手机芯片再到终端设备的、具备完整性和竞争力的本土移动通信产业链，合计净利润增速达12%。作为目前世界能电压等最高的输电技术，特高压产业链中，国电南瑞、中国西电、平高电气、四方股份等公司精耕主要核心零部件环节，净利润同比分别增长14%、14%、200%、20%。轨道交通方面，轨道交通施工领域龙头中国铁建、铁路装备龙头中国中车占据绝对份额，净利润同比增长8%、13%，带动从零部件、整车制造到其他配套基建环节的协同发展。

受益于新能源格局加速布局，沪市主板公司从中上游光伏设备到下游光伏发电企业，实现产业链各环节的"全覆盖"。主要光伏发电公司全年合计完成发电量约507亿千瓦时，同比增长45%，带动全产业链业绩攀升，产业链整体营业收入和净利润分别增长81%、102%。产业链协同发展催生出一批龙头企业。上游硅料龙头通威股份的营业收入和净利润同比增长120%、217%；中上游单晶硅龙头隆基绿能的营业收入和净利润同比增长

60%、63%；下游浙江新能的营业收入和净利润同比增长42%、12%。

在稳增长、促消费的政策驱动下，沪市主板由89家汽车零部件、16家整车企业组成的汽车产业链扛住多重挑战，展现出强大的发展潜力。头部车企长城汽车、广汽集团净利润分别同比增长23%、10%。尤其是新能源汽车进入高速发展期，由此带来的增量环节配置，使汽车零部件公司广泛受益。福耀玻璃、旭升集团等一批实力强劲的零部件龙头企业分别实现净利润增长51%、70%。汽车产业链资源集聚的同时，也发挥细分行业外溢效应，新能源汽车带动半导体等相关产业实现联动增长。其中，绝缘栅双极晶体管（IGBT）龙头斯达半导体的新能源业务快速放量，净利润同比增长105%，连续两年实现业绩翻倍增长。

四、高端制造增速强劲，房地产出现企稳迹象

沪市主板以轨道交通装备、航天航空装备、通信设备、新能源电力设备为代表的高端装备制造业，已成为经济发展驱动力。轨道交通设备、工控设备、能源重型设备、航空航天装备产品附加值明显提升，净利润同比增长9%、12%、19%、17%。在数字经济发展浪潮下，通信线缆铺设加快推进，通信设备净利润同比增长113%。与此同时，光伏设备、电网设备受益于能源结构调整，净利润分别增长117%、59%，新能源消费也推动储能设备企业提质增效。南方电网储能聚焦抽水蓄能的技术攻关，净利润同比增长33%。

房地产行业业绩触底，经营情况出现边际改善。2022年，沪市主板房企的业绩整体承压，营业收入同比下降9%，净利润出现亏损。从杠杆情况看，剔除预收账款后资产负债率平均值为71%，较上年基本持平。2023年以来，金融支持房地产行业健康平稳发展"三支箭"政策持续发力，销售端出现明显反弹。保利发展、金地集团等大型房企销售签约面积分别同比增长14%、33%。2023年第一季度，房企净利润同比略有增长，环比2022年第四季度实现转正。总体看，沪市主板房企融资环境得到改善，投资意愿出现边际修复。

五、消费景气度持续提升，固定资产投资步入扩张区间

伴随各项扩大内需政策渐次落地见效，消费潜力渐进释放。2022年，沪市主板消费板块呈现明显复苏态势。必选消费方面，食品饮料业净利润同比增长11%，农林牧渔业净利润同比增幅达50%。可选消费方面，消费需求不断释放，家用电器、建筑装饰全年净利润增幅分别为21%、8%，促消费政策效果持续显现。值得一提的是，沪市主板一批生产性服务企业保持较快增长，邮政业、装卸搬运业、科学研究和技术服务业净利润增速分别为103%、19%、48%，对消费复苏形成了有力支撑。

在市场信心持续修复的过程中，固定资产投资亦步入扩张区间。2022年，沪市主板实体公司购建长期资产支出合计2.76万亿元，同比增长7%。其中，制造业增幅达18%，化工、电气机械、汽车表现较为突出，同比分别增长37%、24%、22%。同时，基础设施项目建设加快推进，中国建筑、中国铁建、中国中铁等9大龙头基建公司全年新签订单合超15万亿元，同比增幅超14%。2023年第一季度，沪市主板实体公司购建长期资产支出增幅达9%，龙头基建公司新签订单增幅达15%，投资保持较快增速。

六、科技创新成为推动高质量发展的决定性力量

2022年，沪市主板公司坚定贯彻创新驱动发展战略，实体类公司合计研发投入8 412

亿元，同比增长18%。其中，中国建筑、中国石油、中国移动、中国中车、长城汽车等19家公司研发投入超百亿元，96家公司研发强度超过10%，主要集中在医药生物、计算机、电子、通信行业。大额研发投入为相关公司带来不俗的市场表现。截至2022年年末，研发投入金额超1亿元且研发强度超5%的高研发投入公司平均市盈率、市净率分别达46倍、3.59倍，高于其他公司36倍、3.15倍的平均估值水平，研发创新实力已成为支撑企业市场价值的关键要素。

随着科技研发不断深入，各产业转型升级换挡提速，新兴动能日益提升。一方面，数字化、智能化转型加速，三大运营商移动用户5G渗透率突破60%，云业务均实现同比翻倍增长，为全社会多产业数字化提供技术保障；工业企业智能化布局更加深入，中远海运控股旗下集装箱码头"全流程自动化升级改造项目"全面投产运营，中铁工业研制的世界首台桩梁一体造桥机"共工号"成功实现了从工厂化预制到智能化架设的新型桥梁建造模式。另一方面，新技术突破持续涌现，中国海油年内完成国内首套深水水下油气生产系统应用，在深海油气开发领域实现关键技术突破，打破了境外企业的技术垄断；新能源领域亦频频出现技术革新，光伏龙头隆基绿能自主研发的硅异质结电池转换效率达26.81%，东方电气新型储能装备研制成功，建成全球首个"二氧化碳+飞轮"储能示范项目。

七、对外贸易保持稳定，外资保持净流入

2022年，稳外贸政策持续发力，沪市主板公司对外贸易实现较快增长。港口数据显示，上港集团、宁波港、青岛港等三大港口运营公司全年完成货物吞吐量22亿吨，同比增长3%；集装箱吞吐量11 475万标箱，同比增长6%。956家披露海外业务收入的企业在境外创收6.24万亿元，同比增长20%，创利5 919亿元，同比增长23%。一批公司积极践行"一带一路"倡议，海外业务持续发展壮大。上汽集团海外市场销量达到102万辆，同比增长46%，创历史新高；国机重装投资运营的柬埔寨达岱水电站年发电12亿度，碳减排57万吨，为完善共建"一带一路"国家的基础设施建设、改善当地民生做出了贡献。一批沪市公司依托扎实的核心技术积累实现产品出海、技术出海。万华化学坚持自主创新，已成长为全球最大的异氰酸酯（MDI）制造商，市场占有率达27%，全年海外业务收入突破800亿元，净利润破百亿元；隆基绿能深耕光伏行业，全年单晶硅片出货量达85GW，连续3年位列全球出货量第一。

伴随高水平对外开放不断实现新突破，外资保持对境内市场高关注度。一方面，境内资本市场对于境外资本的吸引力不减。2022年年末，沪市主板以沪港通、QFII、RQFII为代表的外资持仓规模达1.64万亿元，全年外资净买入合计约928亿元，外资增持公司数量达892家。另一方面，沪市主板公司积极拓展境外融资渠道。2022年，共有19家沪市主板公司合计发行海外债1 621亿元；16家沪市主板公司披露发行国际存托凭证（GDR）公告，明阳智能、杉杉股份、科达制造和健康元等公司先后完成GDR发行并分别在英国和瑞士成功上市，共募集资金13亿美元，起到了积极的引领示范作用，"走出去"步伐稳步加快。

八、直接融资保持稳定，并购重组推动优化产业布局

2022年，沪市股票、债券市场持续发挥积极作用，为沪市主板公司融资提供保障。首发融资方面，全年新增上市公司合计31家，融资规模1 068亿元；再融资方面，全年非公开发行股票公司合计 104 家，融资规模 2 706 亿元，发行可转换公司债券公司合计 54 家，融资规模 1 361 亿元；债券融资方面，上海证券交易所债券市场全年为沪市主板实体公司发债融资规模约 3 020 亿元。在多元融资渠道的有力支撑下，沪市主板实体公司融资规模保持稳定增长，全年合计融资 12.95 万亿元，同比增长 6%，其中直接融资金额 1.32 万亿元。

与此同时，沪市主板公司有效利用资本市场做优做强。2022 年，沪市主板公司共计披露 56 个重大资产重组方案，合计交易金额 2 366 亿元。传统产业通过并购重组积极布局新业态，高端制造、节能环保、新能源等新兴产业的重组标的占比约 23%。同时，多家央企集团公司加快资源整合步伐，通过重组改善经营效率。例如，中航电子吸收合并中航机电，实现航空电子系统和航空机电系统的深度融合；中国建材旗下的宁夏建材和祁连山分别通过资产出售和置换方式调整各板块业务，推动“两材重组”后的业务整合并解决同业竞争问题。

九、现金分红大幅创新高，增持回购成为稳定市场重要手段

2022 年，沪市主板公司持续用真金白银将发展成果惠及广大投资者，全年共有1 194 家公司推出分红方案，占全部盈利公司家数的 87%，现金分红总额 1.67 万亿元，同比增长 13%。具体来看，分红金额方面，161 家公司派现 10 亿元以上，26 家派现 100 亿元以上。其中，工商银行、建设银行、中国移动现金分红总额分别为 1 082 亿元、973 亿元和 821 亿元。分红比例方面，864 家公司现金分红比例超过 30%，占比 72%；287 家公司分红比例超 50%；635 家公司连续 3 年分红比例超 30%。股息率方面，以整体法下的年末收盘价为基准，2022 年平均股息率 3.6%，较上年增长 0.5 个百分点。其中，113 家公司股息率超过 5%，34 家公司连续 3 年股息率稳超 5%，现金分红的市场文化日益浓厚。

回购增持保持高位，成为上市公司提振市场信心的重要手段。2022 年，沪市主板公司新增披露回购计划 174 次，拟回购金额上限合计逾 679 亿元，新增计划实施金额合计约 348 亿元。其中，中国平安、宝钢股份、中国联通、中国石化等 11 家公司回购斥资超 10 亿元。增持方面，全年新增重要股东增持计划 129 家次，拟增持金额上限合计超 342 亿元。中国移动、上汽集团、贵州茅台、恒力石化等行业龙头公司大股东纷纷实施大额增持，体现对公司未来发展前景和长期价值的信心。从效果来看，回购增持信息对公司股价起到了有效提振作用，在公告发布后的 5 个、10 个交易日，公司股价相对大盘的累计涨幅偏离度均值分别达 1.7%、2.1%。近 7 成公司在公告发布后的下一个交易日股价上涨，平均涨幅 3.2%。

十、绿色发展成效显著，ESG 理念助力乡村振兴

2022 年，沪市主板公司贯彻绿色发展理念，着力推动降碳、减污、扩绿、增长。全年有 870 余家公司披露 ESG 报告、可持续发展报告或社会责任报告，披露数量再创历史新高。超 1 300 家公司建立环境保护相关机制，报告期内投入资金合计近 1 500 亿元，超 1 200家公司积极采取减碳措施，减少排放二氧化碳当量超 8 亿吨。化工、装备、汽车等工业行业减碳降碳取得明显成效。中国化学优化绿色生产流程，能源消耗总量 60.37 万吨标准煤，同比减少 9%；中国中车研发绿色生产装备，节省底漆用量约 30%；广汽集团、上汽集团等五大乘用车企业实现新能源汽车销量约 170 万辆，同比增长 57%。此外，绿色金融亦发挥了积极作用，2022 年沪市债券市场共发行绿色债券 752 亿元，同比增长 9%。

沪市主板公司结合自身的资源禀赋与所处行业的特点，助力实现乡村振兴。2022 年年度报告显示，约有 750 家公司深入扶贫一线，合计投入近 800 亿元，通过资金帮扶、消费帮扶、产业帮扶、就业帮扶、人才振兴等多种举措，促进当地产业的可持续、高质量发展。在这之中，各行业龙头公司各施所长，中国联通在定点帮扶地区选派帮扶干部 1 552 人，投入无偿帮扶资金 2.3 亿元；东航物流为双江、沧源两地提供 520 吨免费航空运力额度，无偿运输 8 021 件物资；中国建筑建立清华大学乡村振兴远程教学站，为基层干部、乡村振兴带头人、企业专业技术人员提供线上培训 15.6 万人次。

十一、常态化退市格局更趋稳固，上市公司风险呈现收敛态势

2023 年年初以来，已有 11 家公司锁定终止上市。其中，4 家公司触及交易类退市指标，3 家公司预计重大违法退市，4 家公司 2022 年年度报告披露后触及财务类退市指标。此外，还有 17 家公司被实施退市风险警示。其中，触及“营业收入+净利润”组合指标、净资产为负、审计意见类型触及 *ST 的分别有 6 家、9 家和 5 家，3 家公司同时触及多项情形。总体来看，多元化退市制度彰显威力，退市渐趋常态化，优胜劣汰机制更趋稳固。

同时，沪市主板公司在巩固现有成果的基础上，各项风险实现进一步收敛。清欠解保方面，截至 2022 年年末仍存在占用担保公司 17 家，较上年年末减少 13 家，占用担保余额合计 122 亿元，较上年年末下降 55%。股票质押方面，年内股票质押总市值减少 3 762 亿元，下降 22%，合计待偿还余额减少 431 亿元，下降 6%，质押规模持续收敛；大股东质押比例超过 80%的高比例质押公司家数年内继续减少约 3 成，存量仅占沪市公司总数的 2%。

十二、2023 年第一季度业绩加速修复，拐点已现

2023 年第一季度，稳增长政策持续显效，市场需求回暖，积极变化有所增多。沪市主板公司第一季度合计实现营业收入 12.16 万亿元，净利润 1.20 万亿元，同比分别增长 4%、5%。

具体而言，前期调整幅度较多的消费类行业第一季度实现加速回暖，住宿餐饮、旅游、影视院线净利润同比分别增长 185%、139%、200%；主要消费产品（如食品饮料、家用电器等）增速较上年第四季度有所加快，同比增速分别为 10%和 4%。部分前期亏损行业实现明显扭亏，航空运输业第一季度亏损额 72 亿元，较上年同期收窄 178 亿元，较上年第四季度收窄 302 亿元；钢铁行业第一季度实现盈利 22 亿元，环比上年第四季度实现扭亏，边际改善较为明显。数据显示，第一季度共有 288 家公司发生亏损，亏损额合计 280 亿元，亏损家数、金额较去年同期均有所下降，显示出上市公司生产经营已步入整体性好转轨道。

总体看，市场需求正在逐步恢复。2023 年第一季度沪市主板公司开局良好，回升向好态势得到持续巩固。

思考题：对于上市公司，我们应该如何衡量它们的业绩呢？通过企业的季报、半年报、年报，我们可以了解到企业的资产、负债、利润、现金流量和股东权益的数额和变动趋势，但仅仅停留在这一层面的分析是不够的，还需要针对财务报告进行深入分析，才能全面系统地反映其经营业绩，对企业的现实状况、发展过程和未来趋势做出合理评价。

资料来源：上海证券交易所．业绩增长韧性不改，消费投资加速修复：2022 年沪市主板公司经营业绩情况分析［N］．证券时报，2023-04-29．

第一节　哈佛分析框架

一、传统财务分析框架的不足

财务分析指的是通过收集和整理财务会计报告中的相关数据及其他的补充信息，采用不同的方法对企业过去和现在的经营成果、财务状况及经营方针等进行分析和评价。财务分析是管理者对过去决策的评价工具，也是制定未来决策的依据。财务报表是财务分析的基础，主要包括资产负债表、利润表和现金流量表。财务报表分析是财务报表的延伸，是财务报表功能得以发挥的必要条件。

但是传统的财务分析框架，例如"会计分析-财务分析"框架、"经营分析、筹资分析、投资分析"框架，都重视财务分析和技术分析，忽略了综合分析与环境分析（杨小舟，2006）。财务报表数据反映的是过去已经发生的历史事实，当报表使用者进行财务报表分析时又隔开了一段时间，因此传统的财务指标分析会使投资者忽略企业未来发展的可能性。加上财务比率比较标准的局限性，由于受到行业、生命周期、经营规模等诸多因素的影响，企业很难用统一的指标判断财务指标的状态。传统的财务报表分析框架没有站在战略的角度进行分析，不重视分析市场发展方向和企业自身的核心竞争力，不能适应目前行业激烈的竞争环境的变化。一个年度短期的财务指标很难反映企业战略的长远决策，使得根据市场环境变化调整经营决策滞后，不能发现企业未来发展存在的隐患。

二、财务分析常用方法

（一）比较分析法

比较分析法是按照特定的指标系将客观事物加以比较，从而认识事物的本质和规律并做出正确的评价。财务报表的比较分析法，是指对两个或两个以上的可比数据进行对比，找出企业财务状况、经营成果中的差异与问题。

根据比较对象的不同，比较分析法分为趋势分析法、横向比较法和预算差异分析法。趋势分析法的比较对象是本企业的历史；横向比较法的比较对象是同类企业，如行业平均水平或竞争对手；预算差异分析法的比较对象是预算数据。在财务分析中，最常用的比较分析法是趋势分析法。

趋势分析法，是通过对比两期或连续数期财务报告中的相同指标，确定其增减变动的方向、数额和幅度，来说明企业财务状况或经营成果变动趋势的一种方法。采用这种方法，可以分析引起变化的主要原因、变动的性质，并预测企业未来的发展趋势。

比较分析法的具体运用主要有重要财务指标的比较、会计报表的比较和会计报表项目构成的比较三种方式。

1. 重要财务指标的比较

这种方法是指将不同时期财务报告中的相同指标或比率进行纵向比较，直接观察其增减变动情况及变动幅度，考察其发展趋势，预测其发展前景。用于比较不同时期财务指标的比率主要有以下两种：

一是定基动态比率，是以某一时期的数额为固定的基期数额而计算出来的动态比率。其计算公式如下：

定基动态比率=分析期数额÷固定基期数额×100%

二是环比动态比率，是以每一分析期的数据与上期数据相比较计算出来的动态比率。其计算公式如下：

环比动态比率=分析期数额÷前期数额×100%

2. 会计报表的比较

会计报表的比较是指将连续数期的会计报表的金额并列起来，比较各指标不同期间的增减变动金额和幅度，据以判断企业财务状况和经营成果发展变化的一种方法。具体包括资产负债表比较、利润表比较和现金流量表比较等。

3. 会计报表项目构成的比较

这种方法是在会计报表比较的基础上发展而来的，是以会计报表中的某个总体指标作为100%，再计算出各组成项目占该总体指标的百分比，从而比较各个项目百分比的增减变动，以此来判断有关财务活动的变化趋势。

采用比较分析法时，应当注意以下问题：用于对比的各个时期的指标，其计算口径必须保持一致；应剔除偶发性项目的影响，使分析所利用的数据能反映正常的生产经营状况；应运用例外原则对某项有显著变动的指标做重点分析，研究其产生的原因，以便采取对策，趋利避害。

（二）比率分析法

比率分析法是通过计算各种比率指标来确定财务活动变动程度的方法。比率指标的类型主要有构成比率、效率比率和相关比率三类。

1. 构成比率

构成比率又称结构比率，是某项财务指标的各组成部分数值占总体数值的百分比，反映部分与总体的关系。其计算公式如下：

构成比率=某个组成部分数值/总体数值×100%

比如，企业资产中流动资产、固定资产和无形资产占资产总额的百分比（资产构成比率），企业负债中流动负债和长期负债占负债总额的百分比（负债构成比率）等。利用构成比率，可以考察总体中某个部分的形成和安排是否合理，以便协调各项财务活动。

2. 效率比率

效率比率是某项财务活动中所费与所得的比率，反映投入与产出的关系。利用效率比率指标，可以进行得失比较，考察企业经营成果，评价企业经济效益。比如，将利润项目与营业成本、营业收入、资本金等项目加以对比，可以计算出成本利润率、营业利润率和资本金利润率等指标，从不同角度观察比较企业盈利能力的高低及其增减变化情况。

3. 相关比率

相关比率是以某个项目和与其有关但又不同的项目加以对比所得的比率，反映有关经济活动的相互关系。利用相关比率指标，可以考察企业相互关联的业务安排是否合理，以保障经营活动顺利进行。比如，将流动资产与流动负债进行对比，计算出流动比率，可以判断企业的短期偿债能力；将负债总额与资产总额进行对比，可以判断企业长期偿债能力。

采用比率分析法时，应当注意以下几点：对比项目的相关性；对比口径的一致性；衡量标准的科学性。

（三）因素分析法

因素分析法是依据分析指标与其影响因素的关系，从数量上确定各因素对分析指标影响方向和影响程度的一种方法。因素分析法分为两种：连环替代法和差额分析法。

1. 连环替代法

连环替代法将分析指标分解为各个可以计量的因素，并根据各个因素之间的依存关系，顺次用各因素的比较值（通常为实际值）替代基准值（通常为标准值或计划值），据以测定各因素对分析指标的影响。

例如，设某一分析指标 M 是由相互联系的 A、B、C 三个因素相乘得到，报告期（实际）指标和基期（计划）指标如下：

报告期（实际）指标 $M_1 = A_1 \times B_1 \times C_1$；

基期（计划）指标 $M_0 = A_0 \times B_0 \times C_0$；

在测定各因素变动指标对指标 R 影响程度时可按顺序进行：

基期（计划）指标 $M_0 = A_0 \times B_0 \times C_0$ …… （1）

第一次替代 $A_1 \times B_0 \times C_0$ …… （2）

第二次替代 $A_1 \times B_1 \times C_0$ …… （3）

第三次替代 $A_1 \times B_1 \times C_1$ …… （4）

分析如下：

（2）－（1）→A 变动对 M 的影响。

（3）－（2）→B 变动对 M 的影响。

（4）－（3）→C 变动对 M 的影响。

把各因素变动综合起来，总影响：

$\Delta M = M_1 - M_0 =$ （4）－（3）＋（3）－（2）＋（2）－（1）

2. 差额分析法

差额分析法是连环替代法的一种简化形式，其利用各个因素的比较值与基准值之间的差额，来计算各因素对分析指标的影响。

例如，某一个财务指标及有关因素的关系如下式所示：

实际指标 $P_0 = A_0 \times B_0 \times C_0$；

标准指标 $P_s = A_s \times B_s \times C_s$；

实际与标准的总差异为 $P_o - P_s$；

$P_o - P_s$ 这一总差异同时受到 A、B、C 三个因素的影响，它们各自的影响程度可分别由以下式子计算求得：

A 因素变动的影响：$(A_o - A_s) \times B_s \times C_s$。

B 因素变动的影响；$A_o \times (B_o - B_s) \times C_s$。

C 因素变动的影响：$A_o \times B_o \times (C_o - C_s)$。

最后，可以将以上三大因素各自的影响数相加就应该等于总差异：$P_o - P_s$。

采用因素分析法时，应当注意以下问题：第一，因素分解的关联性。构成经济指标的因素，必须客观上存在着因果关系，并能够反映形成该项指标差异的内在构成原因，否则就失去了应用价值。第二，因素替代的顺序性。确定替代因素时，必须根据各因素的依存关系，遵循一定的顺序并依次替代，不可随意颠倒，否则就会得出不同的计算结果。第三，顺序替代的连环性。因素分析法在计算每一因素变动的影响时，都是在前一次计算的基础上进行，并采用连环比较的方法确定因素变化的影响结果。第四，计算结果的假定性。由于因素分析法计算的各因素变动的影响数会因替代顺序不同而有差别，因而计算结果不免带有假定性，即它不可能使每个因素计算的结果都绝对准确。为此，分析时应力求使这种假定合乎逻辑，具有实际经济意义。这样，计算结果的假定性才不会影响分析的有效性。

三、哈佛分析框架的提出

财务报表分析有很多种方法，如比较分析法、因素分析法、趋势分析法等。哈佛大学的三位教授克里舍·G. 佩普（Krishna G. Palepu）、保罗·M. 希利（Paul M. Healy）和维克多·L. 伯纳德（Victor L. Bernard）在《运用财务报表进行企业分析与估价》一书中提出了融战略分析和财务报表分析于一体的财务分析框架，即哈佛分析框架。

哈佛分析框架从战略的高度分析一个企业的财务状况，分析企业所处外部环境存在的机会和威胁，分析企业内部条件的优势和不足，科学地预测企业未来发展的方向，内容主要包括战略分析、会计分析、财务分析和前景分析四部分，分析框架将定量分析、定性分析相结合，能够明确财务分析方向。战略分析是哈佛分析框架中财务报表分析的起点。通过战略分析确定企业重要的成功因素和经营风险，可以为会计分析和财务分析打下基础，也可以预测企业未来的业绩并做出合理的假设。会计分析是在战略分析的基础上进行的，旨在评价企业会计政策和估计的适宜性，合理的会计分析可以提高财务分析的可靠性。财务分析的目标是运用财务数据评价企业当前和过去的业绩，评估其可持续性。前景分析侧重于预测企业的未来。

四、哈佛分析框架下财务分析步骤

（一）步骤1：战略分析

战略分析的目的主要是了解并确定公司的经营管理风险和利润动因，同时评估公司的发展潜力。战略分析包括对公司所处行业进行分析和公司竞争优势的分析。定性分析是战略分析的首要步骤，它有助于更好地进行后续的会计和财务分析。例如，在确定公司的成功要素和经营风险后，可以相应地确定主要会计政策。对公司竞争战略的评估也有助于评价当前盈利能力的可持续性。战略分析也可以使分析者在预测公司未来业绩时做出合理的假设。

（二）步骤2：会计分析

会计分析是为了评价和确认公司的会计数据是否能真实反映经营的实际状况。分析者通过确定存在会计灵活性的环节，评价公司会计政策和估计的适宜性，可以评估公司会计数据的歪曲程度。会计分析的另一个重要步骤是重新计算公司会计数字，形成没有偏差的会计数据，从而消除会计歪曲。合理的会计分析能够提高财务报表分析的下一步骤——财务分析结论的可靠性。

（三）步骤3：财务分析

财务分析的目标是运用财务数据评价公司当前和过去的业绩，并评估其可持续性。财务分析最常见的两个分析工具是现金流量分析和比率分析。现金流量分析侧重于评价公司的流动性和财务弹性；比率分析侧重于评价公司的产品市场业绩和财务政策。

（四）步骤4：前景分析

前景分析是财务分析的最后一个步骤，侧重于预测公司未来。在战略分析、会计分析和财务分析的基础上对公司的未来做出科学预测，可以为企业发展指明方向，为战略决策者提供决策支持。

五、哈佛分析框架的优点

（一）将财务报表分析立足于战略视角

企业战略是企业对未来发展方向的规划，它决定了企业如何在经营环境中获得竞争优势。哈佛分析框架中的战略分析包括行业分析、竞争战略分析和公司战略分析。战略分析可以明确企业所处的宏观环境、行业环境，为会计分析、财务分析和前景预测建立分析基础。战略分析还可以识别行业领先企业的核心竞争力，以及对应的关键资产及主要风险因素，从而评估公司目前发展战略选择的科学性。

行业分析的目的主要是识别企业的主要盈利优势和商业风险，为评价企业的关键会计政策提供参考。更为重要的是，行业分析可以为企业的未来经营前景分析提供合理的假设与前提，并且行业分析给目标企业分析提供了参照系。

（二）分析了企业的会计质量

企业先行会计准则采用权责发生制，在实际运用时具有较强的主观性，需要依靠大量的假设，因此也导致了财务报告日趋复杂的问题，特别是在随着组织结构日益复杂，关联方交易极为频繁，各种融资方式、投资方式不断被创新的当下。财务报表在经过会计师事务所的独立审计后，虽然其有效性受到颇多质疑，但是仍然传递了财务报表的重要信息，例如审计报告往往只列出了财务报表中的“高危区域”，就有助于财务报表的分析人员确定分析重点。哈佛分析框架的第二步便是会计分析，首先通过对行业特征和企业自身竞争战略选择的了解，识别公司的成功要素及所面临的主要风险，对衡量成功要素和风险的会计政策及估计进行确认和评估。在评价了企业的会计质量后消除会计信息失真，这使得第三步财务分析所采用的财务数据更加真实，使财务分析能够如实地反映企业的财务能力。

（三）结合估值分析的全面财务分析

哈佛分析框架的财务分析涵盖非常全面，通过共同比分析、趋势分析法分析企业财务报表数据的变动是否与对应的发展战略相适应，运用比率分析法分析企业成长性与盈利性的驱动因素，以及经营管理水平、资产管理水平、财务管理水平，并通过现金流量分析评价企业的资金运营状况，改善公司资金管理，以及对会计利润质量的评估。黄世忠、连竑彬、王建峰在《财务报表分析——理论、框架、方法与案例》一书中，在哈佛框架的财务分析中还融入了估值指标的计算。他们认为随着资本市场的蓬勃发展，一系列结合资本市场价值的相关比率受到了投资者的广泛关注，将财务报表数据与市场价格数据相结合能够为分析人员提供新的分析视角，对于一些已经在证券交易所上市的公司而言，进行估价指标的计算分析是很有必要的。

第二节　战略分析

企业在经营中可能会面临两种问题：一是具有优势资源的企业由于选择了一个前景黯淡的行业而获利甚微，即便努力改善状况也无济于事；二是在一个非常具有吸引力的行业，企业选择了不利的竞争地位，导致无法获得令人满意的利润。这对管理者提出了两个重要的战略决策问题：企业打算在哪一个或哪几个行业经营，以及企业打算采取何种方式与同行业的其他企业竞争。这就是企业战略分析的内容，即通过对企业所在行业或拟进入行业的分析，明确企业自身地位及应采取的竞争策略，了解与掌握企业的发展潜力。

战略分析是企业进行经营分析的逻辑起点，也是正确进行财务分析的前提之一。通过战略分析，企业可以对所处的经济状况进行定性的了解，之后再结合实际经营状况进行会计分析和财务分析。若不能很好地进行战略分析，就无法正确解读企业的财务数据甚至可能会造成严重的分析偏差，从而导致决策错误。此外，战略分析还可以识别企业盈利的驱动因素和面临的主要风险，从而评估企业目前业绩的可持续性，为前景分析奠定基础。战略分析包括行业分析和竞争战略分析。

一、行业分析

行业分析是企业经营分析的基础，是连接宏观经济环境分析和财务分析的桥梁。各行业在市场竞争、产品特性等方面存在很大差异，这些差异会以各种方式影响企业财务报表的内在关系以及相关指标的解释，同时造成行业间盈利能力的不同。进行行业分析的目的就在于识别行业的特征，通过评估行业内的竞争程度来评价行业盈利能力并预测企业的发展潜力。

（一）行业分析的内容

行业分析包含的内容很广，需要分析者具有较高的专业素质，从而能够对各行业要素进行深入的分析，掌握行业运行的内在经济规律，进一步预测未来行业发展的趋势。行业分析的内容一般包括以下几个方面：

（1）行业基本特征分析。行业的基本特征包括行业的发展历史、市场的总体规模、规模经济的程度以及市场预期的增长速度等。回顾行业的发展史可以帮助我们很好地理解行业现阶段发展状况并预测行业未来一定时期内的发展趋势。市场的总体规模限制了行业的发展空间；行业规模经济的程度影响了企业战略的制定，行业规模经济的程度还决定了进入壁垒的大小，规模经济效应越明显，进入的壁垒就越大；行业预期的增长速度则预示了企业未来一定时期的发展前景，具体到经营分析则决定了企业经营策略，预示了企业短期内的投融资需求。

（2）行业竞争特征分析。行业的竞争特征也称作行业的市场结构特征，也就是行业的竞争或垄断程度。根据行业内竞争企业的数量、资源的可获得性、产品差异化程度和企业对价格的影响力等因素的不同，我们可将竞争程度不同的行业分为四种类型：完全竞争型企业、不完全竞争型企业、寡头垄断型企业和完全垄断型企业。现实中的行业不一定完全符合上述四种市场形态的理论定义，但一般与上述某种形态较为接近，比如我国的家电行业比较接近完全竞争的类型，而石油化工等行业则基本上属于寡头垄断的类型。

（3）行业经济周期特征分析。国民经济的运行存在一定的周期，而这种周期性的波动不可避免地对所有行业产生影响，但是对各行业影响的程度却存在差异。根据行业发展与国民经济周期之间的关系，我们可以将行业分为增长性行业、周期性行业和防御性行业。增长性行业的发展与经济活动总水平的周期及其振幅无关，行业收入增长速度不受经济周期变动的影响，因为它们主要依靠技术的进步、新产品的推出以及更优质的服务，从而始终呈现出增长态势。周期性行业的发展直接与经济周期相关。当经济繁荣时，这些行业会紧随其扩张；当经济衰退时，这些行业也相应衰落。产生这种现象的原因是，当经济繁荣时，对这些行业相关产品的购买也相应增加。钢铁业、机床业和港口业一般都属于周期性行业。还有一种行业称为防御性行业，这一行业的发展不受经济周期处于衰退阶段的影响，甚至当经济衰退时，防御性行业或许会有实际增长。例如，食品业和公用事业属于防御性行业，因为其需求的收入弹性较小，所以这些行业的收入相对稳定。

（4）行业要素特征分析。行业要素特征分析是指分析企业经济活动时所需要考虑的各种社会资源的特征。现代西方经济学认为企业的生产要素包括劳动力、土地、资本和企业家才能四种，随着科技的发展和知识产权制度的建立，技术和信息也作为相对独立的要素投入生产。通过分析行业的要素特征，我们可以了解不同类型的企业劳动生产率和核心竞争力的差异及其对企业产品的销售和盈利水平的影响。

（5）行业重要性分析。行业的重要性主要是指行业对国民经济运行的影响大小，在国民经济中居重要地位的行业往往会得到更多的政策倾斜。通过对行业发展与国民经济运行关系的分析，我们可以更好地把握国家的政策方向，为投资者进行投资决策和管理层进行管理决策提供指导。一般可以采用行业产出在国民经济总产出中的比重、行业解决的就业人数、行业对其他行业的影响、行业对政府财政收入的贡献等来衡量行业在国民经济中的重要性。对行业重要性的分析除了定量的分析外，还应该考虑行业性质的重要性，有的行业产出虽然对国民经济运行贡献较大，但是带来的负面影响也较大，则可能受到政策的限制；而有的行业虽然对国民经济运行的贡献较小，但是从长远来看具有重要的战略意义，反而会受到国家的鼓励。

此外，还有一些专门的分析工具可以用于行业分析，这些工具主要包括 PEST 分析、波特五力模型分析等。

（二）行业生命周期分析

生命周期理论是 20 世纪 90 年代以来流行的一种管理理论，生命周期作为一种十分有用的分析工具广泛应用于政治、经济、环境、技术、社会等诸多领域，比如在管理学中就出现了领导生命周期理论、产品生命周期理论、行业生命周期理论、品牌生命周期理论以及客户生命周期理论等一系列以生命周期作为研究手段的理论。其中行业生命周期是指从行业出现一直到行业完全退出社会经济活动所经历的时间。行业生命周期的长短主要是由社会对该行业的产品需求状况决定的，一般经历初创期、成长期、成熟期和衰退期四个发展阶段。

（1）初创期。在这一阶段，新行业刚刚诞生或初建不久，只有为数不多的创业公司投资这个新兴的行业。在初创期，行业的投资和产品的研发费用较高，而产品市场需求较少，营业收入较低，因此这些创业公司可能不但没有盈利，反而普遍亏损，甚至可能破产。同时，企业还面临着由较高的产品成本和价格与较少的市场需求导致的投资风险。

在初创阶段后期，随着行业生产技术的提高、成本的降低和市场需求的扩大，新行业将逐渐由高风险、低收益的初创期转入高风险、高收益的成长期。

在初创期，企业成功的关键因素是扩大市场份额，加大研发投入力度，增加销售量，提高产品的质量，赢得消费者的信任。

（2）成长期。在这一时期，拥有一定市场营销和财务竞争力的企业逐渐主导市场，其资本结构比较稳定，因此它们开始定期支付股利并扩大经营。

在成长期，新行业的产品通过各种渠道以其自身的特点赢得了大众的认可，市场需求逐渐扩大，与此同时，产品的供给方面也发生了一系列变化。由于市场前景较好，投资新行业的企业大量增加，产品也逐步从单一、低质、高价朝多样、优质和低价的方向发展。在这一阶段，生产企业不能单纯依靠扩大产量、提高市场份额来增加收入，而必须依靠提高生产技术、降低成本，以及研发新产品来获得竞争优势，从而战胜竞争对手和维持企业的生存、发展。在成长阶段的后期，由于行业中生产企业与产品竞争优胜劣汰规律的作用，市场上生产企业的数量在大幅下降以后开始稳定下来。由于市场需求基本饱和，产品的销售增长率下降，整个行业开始进入成熟期。在这一阶段，由于受不确定因素的影响较小，行业的增长具有可预测性，行业的波动也较小。

在成长期，企业的关键成功因素是争取最大市场份额，加强市场营销力度，建立品牌信誉，开拓市场销售渠道。

（3）成熟期。行业的成熟阶段是一个较长的时期。在这一时期，企业产品之间的竞争逐渐从价格手段转向各种非价格手段，如提高产品质量、改善性能和加强售后服务等。此时，行业的利润由于一定程度的垄断达到了较高水平，风险也因市场比较稳定、新企业难以进入而减少。其原因是市场已被原有大企业分割，产品的价格比较低，新企业由于创业投资无法很快得到补偿或产品销路不畅、资金周转困难而难以进入。

在行业成熟期，行业增长速度降到了一个更加适度的水平。在某些情况下，整个行业的增长可能完全停止，其产出甚至出现下降，因此行业的发展很难较好地与国民生产总值保持同步增长。但是，由于技术创新等，某些行业或许实际上会有新的增长。

在成熟期，企业的关键成功因素是巩固市场份额，降低成本，提高生产效率和产品功能。

（4）衰退期。行业在经历了较长的成熟期后，就进入了衰退期。这主要是因为新产品和大量替代品的出现，使原行业的市场需求减少，产品的销售量开始下降，某些企业开始向其他更有利可图的行业转移资金，从而导致原行业的企业数量减少，利润下降。至此，整个行业便进入了生命周期的最后阶段。在衰退期，市场逐渐萎缩，当正常利润无法维持或现有投资折旧完毕后，整个行业便解体了。

在衰退期，企业的关键成功因素是控制成本或退出，转向新的增长领域。

行业生命周期分析在应用上存在一定的局限，因为生命周期曲线是经过抽象的典型曲线，各行业按实际销售绘制出来的曲线远不是光滑、规则的，在某种情况下要确定行业处于哪个阶段是困难的。因此，应将行业生命周期分析与其他方法结合起来应用，以确保财务分析的正确性。

二、竞争战略分析

企业竞争战略关注企业如何在每个业务单元中建立竞争优势，因为企业在行业中的竞争地位决定了企业的获利能力。波特在《竞争战略》一书中把竞争战略描述为“采取进攻性或防守性行动，在产业中建立起进退有据的地位，成功地对付五种竞争力量，从而为企业赢得超常的投资收益”。波特在 1985 年提出了三种最基本的竞争战略，即成本领先战略、差异化战略、聚集战略。

传统的战略研究者认为成本领先战略和差异化战略是互斥战略，同时实施这两种战略的企业一方面可能会因为缺乏足够的独特性而丧失愿意支付溢价的客户，另一方面会因为成本过高而不能吸引那些对价格敏感的客户，从而陷入两难的境地。而近年来一些企业成功的案例则给出了不一样的答案，比如日本的汽车制造商已经成功地表明企业不必在质量和成本之间进行权衡。因此，在分析企业竞争战略时不是要讨论不同战略的孰优孰劣，而应当关注企业的竞争战略能否为企业赢得竞争优势以及这种优势是否可持续。

企业在实际经营中，也不能完全忽视非竞争的方面。以差异化为目标的企业也需要重视成本，超过客户承受能力的差异化必然会导致企业竞争优势的丧失；而实行成本领先战略的企业也要保证产品质量的最低水准与竞争对手持平，否则成本领先是不可持续的。此外，不同的竞争战略还决定着企业的管理方式、产品研发、经营结构和市场理念等，体现在财务数据上就会有所不同。为此，分析者还应该关注企业的经营成果（财务数据）是否体现了企业的竞争战略。比如，实行成本领先战略的企业会严格控制各种成本，投资于有效的规模生产而较少投资于有风险的研发，重视能够降低生产成本的产品设计，通常表现为较低的毛利率、期间费用比重较低等；实行差异化战略的企业重视为客户提供一些具有独特性的服务，因此需要在研究开发、工程技术、市场营销等方面进行大量投资，就可能表现为研发费用和销售费用较高，同时产品的毛利率也较高等。

除成本领先与差异化战略之外，还有第三种战略即聚集战略。顾名思义，聚集战略是指企业将经营的重点集中到某一特定的市场或将一个产业的一部分作为经营重点的战略。与前面两种竞争战略不同的是，聚集战略是从企业业务范围视角出发进行的经营战略选择。但它们的本质都是通过选择合适的竞争战略，持续不断地形成企业的核心竞争力，最终赢得竞争优势。

在战略分析时，我们也可以结合多种战略分析工具帮助企业做出正确的战略决策，如 SWOT 分析、波士顿矩阵分析等。

第三节　会计分析

财务报表信息是财务分析的主要信息来源，其信息质量水平对分析结果的准确性有直接的影响。因此，在进行财务分析前，分析人员需要了解财务报告的信息构成及其生成过程，并对企业财务信息的质量状况做出判断。计算分析的目的就在于评估财务报表披露的会计信息对企业经营现实反映的真实程度。会计分析是财务分析的基础。众所周知，财务报表是按照会计准则经过加工而成的信息。因此为了进行有效的报表分析，财务报表使用者首先要了解会计政策。会计估计的专业知识是十分必要的。会计分析揭示了会计信息的质量，是财务分析结论的可靠性的前提和保障。一般来说，会计分析可以分为四个步骤：阅读财务报告、评估会计策略、分析报表变动、调整报表数据。

一、阅读财务报告

为了有效地评估企业财务报表披露的会计信息的质量，仔细阅读财务报告是必不可少的。只有在阅读财务报告之后，才能对企业的会计政策、会计估计有所了解，对会计信息披露的完整性有初步认识。在这一过程中，企业还应该注意财务报表附注和财务情况说明书，了解企业会计政策和会计估计及其变更的情况，同时也要注意注册会计师的审计意见。

财务报表附注是财务报表不可或缺的组成部分。财务报表使用者要全面了解企业的财务状况、经营成果和现金流量，应当详细阅读财务报表附注。财务报表附注提供财务报表信息生成的依据，以及无法在基本报表上列示的财务与非财务信息，从而使得财务报表中数据的信息更加完整。财务报表附注主要包括企业的基本情况、财务报表的编制基础、遵循企业会计准则的声明、重要会计政策和会计估计、会计政策和会计估计变更及差错更正的说明、重要报表项目及其变更的解释，以及重要事项解释等内容。

现在不仅仅是上市公司需要注册会计师独立审计，许多非上市公司的财务报表的真实性、准确性与完整性也需要会计师事务所作为独立方进行审计。审计后，会计师事务所要出具审计报告，提供审计意见。审计意见可划分为5种类型：无保留意见、带强调事项段的无保留意见、保留意见、否定意见和无法表示意见。第一种意见可称为标准意见，后四种称为非标准意见。这样审计报告也分为5种类型。一般而言，如果会计师事务所出具了非标准意见审计报告，特别是上述4种非标准意见的后三种类型，财务报表使用者需要对企业的财务报表给予必要的怀疑。

二、评估会计策略

财务报表使用者在评估会计策略（包括会计政策和会计估计）时，首先需要了解企业的关键会计政策是什么，并评价这些会计政策是否与其行业特征和竞争战略的选择相符合，同时还应注意所采取的关键会计政策是弹性的还是刚性的。对于会计政策存在较大灵活性的企业，财务报表使用者需要予以重点关注；对于会计政策具有较强刚性的企业，其应重点关注统一的会计处理方法是否与企业实际情况相符。企业选择会计政策时必然要考虑有利于自身的因素，也可能利用会计政策的弹性来隐瞒真实的财务状况和经营成果。对此，财务报表使用者需要分析企业所选择的会计政策是否合理，是否与行业惯例一致，是否有变更，是否合乎实际情况，是否有利用会计政策的弹性进行盈余管理的动机等。

三、分析报表变动

在对企业的会计政策和会计估计评估之后，财务报表使用者接下来需要了解企业提供的财务报表有哪些项目出现了变动，显著的变动往往意味着不正常的原因。财务报表使用者可以利用水平分析法、垂直分析法以及趋势分析法等财务分析方法，对财务报表项目的变动额度、变动幅度和变动趋势等进行分析，找出显著的变动，同时利用会计报表附注判断企业对显著变动项目的解释是否充分合理，而不具有合理解释的异常变动项目往往存在财务舞弊的行为。面对出现的潜在危险信号，财务报表使用者需要进一步收集更充分的信息，深入研究财务报表，寻找异常变动的真正原因。

四、调整报表数据

如果通过以上步骤和方法确实发现企业财务报表所披露的信息扭曲了企业的真实情况，财务报表使用者就应当利用财务报表附注及其他相关资料，对财务报表相关项目的数据进行调整，以恢复该项目的本来面目。调整财务报表存在水分的项目数据的方法有许多种，如虚拟资产剔除法、异常利润剔除法、关联交易分析法等。

虚拟资产剔除法就是将财务报表中故意隐藏费用的“虚拟资产”项目剔除出去。所谓虚拟资产，是指已经发生的费用或损失由于企业缺乏承受能力而暂时挂在账上，但不能为企业带来未来经济利益流入，如待摊费用、递延资产、待处理流动资产损失和待处理固定资产损失等。如果虚拟资产在净资产中所占比重过大，说明企业存在明显的“资产泡沫”。

异常利润剔除法就是将财务报表中导致利润虚增的非正常利润项目剔除出去。异常利润是指企业通过债务重组、股权转让、出售长期资产、非货币性交易以及财政补贴等异常事项形成的利润。由于这种利润的意外性和不可持续性的特征，财务报表使用者在判断公司盈利能力时应予以剔除，并在此基础上对公司未来的盈利能力做出较为准确的判断。

关联交易分析法就是对财务报表中那些具有操纵利润事实的关联交易相关项目进行调整。如果一个企业在某个会计期间的营业收入或利润主要来自关联企业的贡献，那么财务报表使用者需要注意关联交易的定价政策；如果不存在合理的证据，那么财务报表使用者应对这一关联交易相关的项目进行调整。

第四节　财务分析

基于财务能力的财务分析的主要内容是分析企业的盈利能力、营运能力、偿债能力，发展能力。

盈利能力分析：盈利能力是指企业在一定时期内赚取利润的能力，是企业持续经营与发展的保证，也是企业偿债能力的经济基础，通常表现为公司利润数额的大小与水平的高低。谋求利润最大化是公司的根本动力所在。盈利能力分析是公司财务分析的重点，是公司财务管理活动的出发点和归宿。盈利能力的大小是一个相对的概念，即利润是相对于一定的资源投入和一定的收入而言的。公司经营业绩的好坏可通过公司的盈利能力来反映。无论是公司的管理层、投资者、债权人还是其他利益相关者，都非常关心公司的盈利能力，因为公司获利能力的大小与管理人员的工作业绩、投资者的投资收益、债权人的债权安全、公司职工的工资水平乃至整个国家的财政收入都是息息相关的。

营运能力分析：营运能力是指基于企业外部市场经济环境的约束，通过公司内部人力资源和生产资料资源的优化配置组合对财务目标所产生的作用，具体来说就是利用企业资源创造价值的能力。营运能力一般通过企业资产周转速度的有关指标反映。企业资产周转速度越快，则表明企业资产利用效率越高，企业管理人员的营运能力越强。企业营运能力分析包括流动资产周转情况分析、固定资产周转情况分析和总资产周转情况分析等。

偿债能力分析：偿债能力是指企业偿还债务的能力，分为短期偿债能力和长期偿债能力。短期偿债能力是指企业流动负债与流动资产之间的关系。企业长期偿债能力衡量的是偿还非流动负债的能力。前者侧重于对企业流动资产的变现能力进行考察，后者与企业的盈利能力及权益资本、债务资本的构成密切相关。

发展能力分析：发展能力通常是指企业未来生产经营活动的发展趋势和发展潜能，也可以称为企业增长能力。企业所追求的目标通常被概括为生存、发展与获利，从中可以窥见发展对于企业的重要性，它是企业实现盈利的根本途径。企业发展能力的大小是一个相对概念，即分析期的股东权益、利润、收入和资产是相对于上一期的股东权益、利润、收入和资产而言的。增长额只能说明企业某一方面的增减额度，无法反映企业在某一方面的增减幅度，既不利于不同规模企业之间的横向对比，也不能准确反映企业的发展能力。因此在实践中，我们通常使用增长率来进行企业发展能力分析。此外，除了对企业发展能力进行单项分析以外，财务报表使用者还需要分析企业的整体发展能力，避免单项发展能力分析带来的片面性，做到正确、合理地评价企业的发展能力。

一、偿债能力分析

偿债能力的衡量方法有两种：一种是比较可供偿债资产与债务的存量，资产存量超过债务存量较多，则认为偿债能力较强；另一种是比较经营活动现金流量和偿债所需现金，如果产生的现金超过需要的现金较多，则认为偿债能力较强。

债务一般按到期时间分为短期债务和长期债务，偿债能力分析也由此分为短期偿债能力分析和长期偿债能力分析。

（一）短期偿债能力分析

企业在短期（一年或一个营业周期）需要偿还的负债主要指流动负债，因此短期偿债能力衡量的是对流动负债的清偿能力。企业的短期偿债能力取决于短期内企业产生现金的能力，即在短期内能够转化为现金的流动资产的多少。所以，短期偿债能力比率也称为变现能力比率或流动性比率，主要考察的是流动资产对流动负债的清偿能力。企业短期偿债能力的衡量指标主要有营运资金、流动比率、速动比率和现金比率。

1. 营运资金

营运资金是指流动资产超过流动负债的部分。其计算公式如下：

营运资金=流动资产-流动负债

计算营运资金使用的“流动资产”和“流动负债”，通常可以直接取自资产负债表。资产负债表项目分为流动项目和非流动项目，并且按照流动性强弱排序，更能方便财务报表使用者计算营运资金和分析流动性。营运资金越多则偿债越有保障。当流动资产大于流动负债时，营运资金为正，说明企业财务状况稳定，不能偿债的风险较小。反之，当流动资产小于流动负债时，营运资金为负，此时企业部分非流动资产以流动负债作为资金来源，企业不能偿债的风险很大。因此，企业必须保持正的营运资金，以避免流动负债的偿付风险。

营运资金是绝对数，不便于不同企业之间的比较。因此，在实务中直接使用营运资金作为偿债能力的衡量指标受到局限，偿债能力更多地通过债务的存量比率来评价。

2. 流动比率

流动比率是企业流动资产与流动负债之比。其计算公式如下：

流动比率=流动资产÷流动负债

流动比率表明每1元流动负债有多少流动资产作为保障，流动比率越大，短期偿债能力越强。一般认为，生产企业合理的最低流动比率是2。这是因为流动资产中变现能力最差的存货金额约占流动资产总额的一半，剩下的流动性较大的流动资产至少要等于流动负债，企业短期偿债能力才会有保证。但随着企业的经营方式和金融环境的变化，流动比率有下降的趋势，现在有许多成功企业的流动比率低于2。

企业运用流动比率进行分析时，要注意以下几个问题：

（1）流动比率高不意味着短期偿债能力一定很强。因为，流动比率假设全部流动资产可变现清偿流动负债。实际上，各项流动资产的变现能力并不相同而且变现金额可能与账面金额存在较大差异。因此，流动比率是对短期偿债能力的粗略估计，企业还需要进一步分析流动资产的构成项目。

（2）算出来的流动比率，只有和同行业平均流动比率、本企业历史流动比率进行比较，才能知道这个比率是高还是低。这种比较通常并不能说明流动比率为什么这么高或低，要找出过高或过低的原因还必须分析流动资产和流动负债所包括的内容。

一般情况下、营业周期、流动资产中的应收账款和存货的周转速度是影响流动比率的主要因素。营业周期短、应收账款和存货的周转速度快的企业的流动比率低一些也是可以接受的。

流动比率的缺点是该比率比较容易被人为操纵，并且没有揭示流动资产的构成内容，只能大致反映流动资产整体的变现能力。但流动资产中还包含像存货这类变现能力较差的资产，如能将其剔除，其所反映的短期偿债能力更加可信，这个指标就是速动比率。

3. 速动比率

速动比率是企业速动资产与流动负债之比，其计算公式如下：

速动比率=速动资产÷流动负债

构成流动资产的各项目的流动性差别很大。其中，货币资金、以公允价值计量且其变动计入当期损益的金融资产和各种应收款项，可以在较短时间内变现，称为速动资产；其他的流动资产，包括存货、预付款项、一年内到期的非流动资产和其他流动资产等，属于非速动资产。速动资产主要剔除了存货，原因是：①流动资产中存货的变现速度比应收账款要慢得多；②部分存货可能已被抵押；③存货成本和市价可能存在差异。由于剔除了存货等变现能力较差的资产，速动比率比流动比率能更准确、可靠地评价企业资产的流动性及偿还短期债务的能力。例如，某公司虽然近几年来的流动比率远低于一般认为的最低流动比率，但其速动比率一直保持在 1 的水平，可见其短期偿债能力并不像单看流动比率时那么弱。

速动比率表明每 1 元流动负债有多少速动资产作为偿债保障。一般情况下，速动比率越大，短期偿债能力越强。通常，存货占了流动资产的一半左右，因此剔除存货影响的速动比率至少是 1。速动比率过低，企业将面临偿债风险；速动比率过高，会因占用现金及应收账款过多而增加企业的机会成本。影响速动比率可信性的重要因素是应收账款的变现能力。因为，应收账款的账面金额不一定都能转化为现金，而且对于季节性生产的企业，其应收账款金额存在着季节性波动，根据某一时点计算的速动比率不能客观反映其短期偿债能力。此外，使用该指标应考虑行业的差异性，如大量使用现金经算的企业其速动比率大大低于 1 是正常现象。

4. 现金比率

现金资产包括货币资金和交易性金融资产等。现金资产与流动负债的比值称为现金比率。现金比率计算公式如下：

现金比率=（货币资金+交易性金融资产）÷流动负债

现金比率剔除了应收账款对偿债能力的影响，最能反映企业直接偿付流动负债的能力，表明每 1 元流动负债有多少现金资产作为偿债保障。由于流动负债是在一年内（或一个营业周期内）陆续到期清偿，所以并不需要企业时时保留相当于流动负债金额的现金资产。经验研究表明，0.2 的现金比率就可以接受。现金比率过高，就意味着企业过多资源占用在盈利能力较低的现金资产上，从而影响企业的盈利能力。

（二）长期偿债能力分析

长期偿债能力是指企业在较长的期间偿还债务的能力。企业在长期内，不仅需要偿还流动负债，还需要偿还非流动负债，因此，长期偿债能力衡量的是企业对所有负债的清偿能力。企业对所有负债的清偿能力取决于其总资产水平，因此长期偿债能力比率体现的是企业资产、负债和所有者权益之间的关系。其财务指标主要有四项：资产负债率、产权比率、权益乘数和利息保障倍数。

1. 资产负债率

资产负债率是企业负债总额与资产总额之比。其计算公式如下：

资产负债率=负债总额÷资产总额×100%

资产负债率反映总资产中有多大比例是通过负债取得的，可以衡量企业清算时资产对债权人权益的保障程度。资产负债率高于 50%，表明企业资产来源主要依靠的是负债，财务风险较大。资产负债率低于 50%，表明企业资产的主要来源是所有者权益，财务风险较小。资产负债越低，表明企业资产对负债的保障能力越高，企业的长期偿债能力越强。

事实上，利益主体不同，看待该指标的立场也不同。从债权人的角度看，债务比率越低越好，企业偿债有保证，贷款不会有太大风险。从股东的角度看，其关心的是举债的效益。在全部资本利润率高于借款利息率时，负债比率越大越好，因为股东所得到的利润就会越大。从经营者的角度看，其进行负债决策时，更关注如何实现风险和收益自平衡。资产负债率较低表明财务风险较低，但同时也意味着可能没有充分发挥财务杠杆的作用；而较高的资产负债率则表明较大的财务风险和较高的盈利能力，只有当负债增加的收益能够涵盖其增加的风险时，经营者才能考虑借入负债。而在风险和收益达到平衡时，选择较高的负债水平还是较低的负债水平，则取决于经营者的风险偏好等多种因素。

对资产负债率进行分析时，应结合以下几个方面：①营业周期。营业周期短的企业的资产周转速度快，可以适当提高资产负债率。②资产构成。流动资产占的比率比较大的企业可以适当提高资产负债率。③企业经营状况。经营状况良好时，企业可以适当提高资产负债率。④客观经济环境，包括利率和通货膨胀率水平等因素。利率提高，会提高企业负债的实际利率水平，增加企业的偿债压力，这时企业应降低资产负债率。⑤资产质量和会计政策。⑥行业差异。不同行业的资产负债率有较大差异。例如，2018 年 A 股房地产业、零售业、医药制造业的平均资产负债率分别为 64.2%、53.1%、30.6%，行业差异较为明显。

2. 产权比率

产权比率又称资本负债率，是负债总额与所有者权益之比，它是企业财务结构稳健与否的重要标志。其计算公式如下：

$$产权比率=负债总额\div所有者权益\times100\%$$

产权比率不仅反映了由债权人提供的资本与所有者提供的资本的相对关系，即企业财务结构是否稳定，而且反映了债权人资本受股东权益保障的程度，或者是企业清算时对债权人利益的保障程度。一般来说，产权比率越低，表明企业长期偿债能力越强，债权人权益保障程度越高。企业在分析时同样需要结合具体情况加以分析。当企业的资产收益率大于负债利息率时，负债经营有利于提高资金收益率，获得额外的利润，这时的产权比率可以适当提高。产权比率高，意味着企业有高风险、高报酬的财务结构；产权比率低，意味着企业有低风险、低收益的财务结构。

产权比率与资产负债率对评价偿债能力的作用基本一致，只是资产负债率侧重于分析债务偿付安全性的物质保障程度，产权比率则侧重于揭示财务结构的稳健程度以及自有资金对偿债风险的承受能力。

3. 权益乘数

权益乘数是总资产与股东权益的比值。其计算公式如下：

$$权益乘数=总资产\div股东权益$$

权益来数表明股东每投入 1 元钱可实际拥有和控制的金额。在企业存在负债的情况下，权益乘数大于 1。企业负债比例越高，权益乘数越大。产权比率和权益乘数是资产负债率的另外两种表现形式，是常用的反映财务杠杆水平的指标。

4. 利息保障倍数

利息保障倍数是指企业息税前利润与应付利息之比，又称已获利息倍数，用以衡量企业偿付借款利息的能力。其计算公式如下：

利息保障倍数=息税前利润÷应付利息

=（净利润+利润表中的利息费用+所得税）÷应付利息

式中，息税前利润是指利润表中扣除利息费用和所得税前的利润，应付利息是指本期发生的全部应付利息，不仅包括财务费用中的利息费用，还包括计入固定资产成本的资本化利息。资本化利息虽然不在利润表中扣除，但仍然是要偿还的。利息保障倍数主要用来衡量企业支付利息的能力，没有足够大的息税前利润，利息的支付就会发生困难。

利息保障倍数反映支付利息的利润来源（息税前利润）与利息支出之间的关系，该比率越高，长期偿债能力越强。从长期看，利息保障倍数至少要大于1（国际公认标准为3），也就是说，息税前利润至少要大于应付利息，企业才具有偿还债务利息的可能性。如果利息保障倍数过低，企业将面临亏损、偿债的安全性与稳定性下降的风险。在短期内，利息保障倍数小于1也仍然具有利息支付能力，因为计算息税前利润时减去的一些折旧和摊销费用并不需要支付现金。但利息支付能力是暂时的，当企业需要重置资产时，势必发生支付困难。因此，企业在分析时需要比较连续多个会计年度（如5年）的利息保障倍数，以说明企业利息支付能力的稳定性。

（三）影响偿债能力的其他因素

1. 可动用的银行贷款指标或授信额度

企业存在可动用的银行贷款指标或授信额度，虽然不在财务报表内反映，但是这些数据可以随时提高企业的支付能力，从而提高企业的偿债能力。

2. 资产质量

在财务报表内反映的资产金额为资产的账面价值，但由于财务会计的局限性，资产的账面价值与实际价值可能存在差异，如资产可能被高估或低估，一些资产无法进入财务报表等。此外，资产的变现能力也会影响偿债能力。如果企业存在很快变现的长期资产，则会提高企业的短期偿债能力。

3. 或有事项和承诺事项

如果企业存在债务担保或未决诉讼等或有事项，则会增加企业的潜在偿债压力。同样，各种承诺支付事项也会增加企业偿债压力。

4. 经营租赁

当企业存在经营租赁时，意味着企业要在租赁期内分期支付租赁费用，也即有固定的、经常性的支付义务。但是经营租赁的负债未反映在资产负债表中，因此经营租赁作为一种表外融资方式，会影响企业的偿债能力，特别是经营租赁期限较长、金额较大的情况。因此，如果企业存在经营租赁时，应考虑租赁费用对偿债能力的影响。

二、营运能力分析

营运能力主要指资产运用、循环的效率高低。一般而言，资金周转速度越快，说明企业的资金管理水平越高，资金利用效率越高，企业可以以较少的投入获得较多的收益。因此，营运能力指标是通过投入与产出（主要指收入）之间的关系反映的。企业营运能力分析主要包括：流动资产营运能力分析、固定资产营运能力分析和总资产营运能力分析三个方面。

（一）流动资产营运能力分析

反映流动资产营运能力的指标主要有应收账款周转率、存货周转率和流动资产周转率。

1. 应收账款周转率

应收账款在流动资产中有着举足轻重的地位。及时收回应收账款，不仅能够增强企业的短期偿债能力，还能提高企业管理应收账款的效率。反映应收账款周转情况的比率有应收账款周转率（次数）和应收账款周转天数。

应收账款周转次数，是一定时期内商品或产品营业收入与应收账款平均余额的比值，表明一定时期内应收账款平均收回的次数。其计算公式如下：

应收账款周转次数=营业收入÷应收账款平均余额

=营业收入÷（期初应收账款+期末应收账款）÷2

应收账款周转天数指应收账款周转一次（从销售开始到收回现金）所需要的时间，其计算公式如下：

应收账款周转天数=计算期天数÷应收账款周转次数

=计算期天数×应收账款平均余额÷营业收入

通常，应收账款周转次数越多（或周转天数越短），表明应收账款管理效率越高。

在计算和使用应收账款周转率指标时应注意的问题包括：①营业收入指扣除销售折扣和折让后的销售净额。从理论上讲，应收账款是由赊销引起的，其对应的收入应为赊销收入，而非全部营业收入。但是赊销数据难以取得，且可以假设现金销售是收账时间为零的应收账款，因此只要保持计算口径的历史一致性，使用销售净额也不会影响分析。营业收入数据使用利润表中的“营业收入”。②应收账款包括会计报表中“应收票据”及“应收账款”等全部赊销账款，因为应收票据是销售形成的应收款项的另一种形式。③应收账款应为未扣除坏账准备的金额。应收账款在财务报表上按净额列示，计提坏账准备会使财务报表上列示的应收账款金额减少，而营业收入不变。其结果是，计提坏账准备越多，应收账款周转率越高、周转天数越少，对应收账款实际管理欠佳的企业反而会得出应收账款周转情况更好的错误结论。④应收账款期末余额的可靠性问题。应收账款是特定时点的存量，容易受季节性、偶然性和人为因素的影响。在用应收账款周转率进行业绩评价时，最好使用多个时点的平均数，以减少这些因素的影响。

应收账款周转率反映了企业应收账款周转速度的快慢及应收账款管理效率的高低。在一定时期内周转次数多（或周转天数少）表明：①企业收账迅速，信用销售管理严格；②应收账款流动性强，从而增强企业短期偿债能力；③可以减少收账费用和坏账损失，相对增加企业流动资产的投资收益。

通过比较应收账款周转天数及企业信用期限，我们可以评价客户的信用程度，调整企业信用政策。运用应收账款周转率指标评价企业应收账款管理效率时，应将计算出的指标与该企业前期、其他类似企业或与行业平均水平相比较来进行判断。

2. 存货周转率

在流动资产中，存货所占比重较大，存货的流动性将直接影响企业的流动比率。存货周转率同样可以通过存货周转次数和存货周转天数反映。

存货周转率（次数）是指一定时期内企业营业成本与存货平均资金占用额的比率，是衡量和评价企业购入存货、投入生产、销售收回等各环节管理效率的综合性指标。其计算公式如下：

存货周转次数=营业成本÷存货平均余额

存货平均余额=（期初存货+期末存货）÷2

式中，营业成本为利润表中“营业成本”的数值。

存货周转天数是指存货周转一次（存货取得到存货销售）所需要的时间。其计算公式如下：

存货周转天数=计算期天数÷存货周转次数

=计算期天数×存货平均余额÷营业成本

一般来讲，存货周转速度越快，存货占用水平越低，流动性越强，存货转化为现金或应收账款的速度就越快，这样会增强企业的短期偿债能力及盈利能力。企业通过存货周转速度分析，有利于找出存货管理中存在的问题，尽可能降低资金占用水平。企业在具体分析时，应注意以下三点：①存货周转率的高低与企业的经营特点有密切联系，应注意行业的可比性。例如，2018 年 A 股零售业公司的平均存货周转次数大概为 11. 15 次，而房地产公司的平均存货周转次数仅为 1. 34 左右。②该比率反映的是存货整体的周转情况，不能说明企业经营各环节的存货周转情况和管理水平。③企业应结合应收账款周转情况和信用政策进行分析。

3. 流动资产周转率

流动资产周转率是反映企业流动资产周转速度的指标。流动资产周转率（次数）是指一定时期内营业收入净额与企业流动资产平均占用额之间的比率。其计算公式如下：

流动资产周转次数=营业收入÷流动资产平均余额

流动资产周转天数=计算期天数÷流动资产周转次数

=计算期天数×流动资产平均余额÷营业收入净额

流动资产平均余额=（期初流动资产+期末流动资产）÷2

在一定时期内，流动资产周转次数越多，表明以相同的流动资产完成的周转额越多，流动资产利用效果越好。流动资产周转天数越少，表明流动资产在经历生产销售各阶段所占用的时间越短，可相对节约流动资产，增强企业盈利能力。

（二）固定资产营运能力分析

反映固定资产营运能力的指标为固定资产周转率。固定资产周转率（次数）是指企业年营业收入与固定资产平均额的比率。它是反映企业固定资产周转情况，从而衡量固定资产利用效率的一项指标。其计算公式如下：

固定资产周转率=营业收入÷平均固定资产

平均固定资产=（期初固定资产+期末固定资产）÷2

固定资产周转率高（一定时期内固定资产周转次数多），说明企业固定资产投资得当，结构合理，利用效率高；反之，如果固定资产周转率不高，则表明固定资产利用效率不高，提供的生产成果不多，企业的营运能力不强。

（三）总资产营运能力分析

反映总资产营运能力的指标是总资产周转率。总资产周转率（次数）是企业营业收入与企业资产平均总额的比率。其计算公式如下：

总资产周转次数=营业收入÷平均资产总额

如果企业各期资产总额比较稳定，波动不大，则有：

平均总资产=（期初总资产+期末总资产）÷2

如果资金占用的波动性较大，企业应采用更详细的资料进行计算，如按照各月份的资金占用额计算，则有：

月平均总资产=（月初总资产+月末总资产）÷2

季平均占用额=（1/2 季初+第一月末+第二月末+1/2 季末）÷3

年平均占用额=（1/2 年初+第一季度末+第二季度末+第三季度末+1/2 年末）+4

计算总资产周转率时，分子与分母在时间上应保持一致。

总资产周转率用来衡量企业资产整体的使用效率。总资产由各项资产组成，在营业收入既定的情况下，总资产周转率的驱动因素是各项资产。因此，对总资产周转情况的分析应结合各项资产的周转情况，以发现影响企业资产周转的主要因素。

总之，各项资产的周转率指标用于衡量各项资产赚取收入的能力，经常与企业盈利能力的指标结合在一起，以全面评价企业的盈利能力。

三、盈利能力分析

不论是投资人、债权人还是经理人员，都会非常重视和关心企业的盈利能力。盈利能力是企业获取利润、实现资金增值的能力。因此，盈利能力指标主要通过收入与利润之间的关系、资产与利润之间的关系反映。反映企业盈利能力的指标主要有营业毛利率、营业净利率、总资产净利率和净资产收益率。

（一）营业毛利率

营业毛利率是营业毛利与营业收入之比，其计算公式如下：

营业毛利率=营业毛利÷营业收入×100%

营业毛利=营业收入-营业成本

营业毛利率反映产品每 1 元营业收入所包含的毛利润是多少，即营业收入扣除营业成本后还有多少剩余可用于弥补各期费用和形成利润。营业毛利率越高，表明产品的盈利能力越强。将营业毛利率与行业水平进行比较，可以反映企业产品的市场竞争地位。那些营业毛利率高于行业水平的企业意味着实现一定的收入占用了更少的成本，表明它们在资源、技术或劳动生产率方面具有竞争优势。而那些营业毛利率低于行业水平的企业则意味着在行业中处于竞争劣势。此外，将不同行业的营业毛利率进行横向比较，也可以说明行业间盈利能力的差异。

（二）营业净利率

营业净利率是净利润与营业收入之比，其计算公式如下：

营业净利率=净利润÷营业收入×100%

营业净利率反映每 1 元营业收入最终赚取了多少利润，用于反映产品最终的盈利能力。在利润表上，从营业收入到净利润需要扣除营业成本、期间费用、税金等项目。因此，将营业净利率按利润的扣除项目进行分解可以识别影响营业净利率的主要因素。

（三）总资产净利率

总资产净利率，即净利润与平均总资产的比率，反映每 1 元资产创造的净利润。其计算公式如下：

总资产净利率=（净利润÷平均总资产）×100%

总资产净利率衡量的是企业资产的盈利能力。总资产净利率越高，表明企业资产的利用效果越好。影响总资产净利率的因素是营业净利率和总资产周转率。

总资产净利率=净利润÷平均总资产=净利润÷营业收入×营业收入÷平均总资产
=营业净利率×总资产周转率

因此，企业可以通过提高营业净利率、加速资产周转来提高总资产净利率。

（四）净资产收益率

净资产收益率又称权益净利率或权益报酬率，是净利润与平均所有者权益的比值，表示每 1 元权益资本赚取的净利润，反映权益资本经营的盈利能力。其计算公式如下：

净资产收益率=（净利润÷平均所有者权益）×100%

该指标是企业盈利能力指标的核心，也是杜邦财务指标体系的核心，更是投资者关注的重点。一般来说，净资产收益率越高，所有者和债权人的利益保障程度越高。如果企业的净资产收益率在一段时期内持续增长，说明权益资本盈利能力稳定上升。但净资产收益率不是一个越高越好的概念，分析时要注意企业的财务风险。

净资产收益率=净利润÷平均净资产
=净利润÷平均总资产×平均总资产÷平均净资产
=资产净利率×权益乘数

通过对净资产收益率进行分解可以发现，提高资产盈利能力和增加企业负债都可以提高净资产收益率。而如果不提高资产盈利能力，单纯通过加大举债力度提高权益乘数和净资产收益率的做法则十分危险。因为，企业负债经营的前提是有足够的盈利能力保障偿还债务本息，单纯增加负债对净资产收益率的提高只具有短期效应，最终将因盈利能力无法涵盖增加的财务风险而使企业面临财务困境。因此，企业净资产收益率上升且财务风险没有明显加大，才能说明企业财务状况良好。

四、发展能力分析

衡量企业发展能力的指标主要有：营业收入增长率、总资产增长率、营业利润增长率、资本保值增值率和所有者权益增长率等。

（一）营业收入增长率

该指标反映的是相对化的营业收入增长情况，是衡量企业经营状况和市场占有能力、预测企业经营业务拓展趋势的重要指标。会计人员在实际分析时应考虑企业历年的销售水平、市场占有情况、行业未来发展及其他影响企业发展的潜在因素，或结合企业前三年的营业收入增长率进行趋势性分析判断。其计算公式如下：

营业收入增长率=本年营业收入增长额÷上年营业收入×100%

本年营业收入增长额=本年营业收入-上年营业收入

计算过程中，营业收入可以使用利润表中的“营业收入”数据。营业收入增长率大于零，表明企业本年营业收入有所增长。该指标值越大，表明企业营业收入的增长速度越快，企业市场前景越好。

（二）总资产增长率

总资产增长率是企业本年资产增长额同年初资产总额的比率，反映企业本期资产规模的增长情况。其计算公式如下：

总资产增长率=本年资产增长额÷年初资产总额×100%

本年资产增长额=年末资产总额-年初资产总额

总资产增长率越高，表明企业一定时期内资产经营规模扩张的速度越快。但是，会计人员在分析时，需要关注资产规模扩张的质和量的关系，以及企业的后续发展能力，避免盲目扩张。

（三）营业利润增长率

营业利润增长率是企业本年营业利润增长额与上年营业利润总额的比率，反映企业营业利润的增减变动情况。其计算公式如下：

营业利润增长率=本年营业利润增长额÷上年营业利润总额×100%

本年营业利润增长额=本年营业利润-上年营业利润

（四）资本保值增值率

资本保值增值率是指扣除客观因素影响后的所有者权益的期末总额与期初总额之比。其计算公式如下：

资本保值增值率=扣除客观因素影响后的期末所有者权益÷期初所有者权益×100%

在其他因素不变的情况下，如果企业本期净利润大于0，并且利润留存率大于0，则必然会使期末所有者权益大于期初所有者权益，所以该指标也是衡量企业盈利能力的重要指标。这一指标的高低，除了受企业经营成果的影响外，还受企业利润分配政策的影响。

（五）所有者权益增长率

所有者权益增长率是企业本年所有者权益增长额与年初所有者权益的比率，反映企业当年资本的积累能力。其计算公式如下：

所有者权益增长率=本年所有者权益增长颖÷年初所有者权益×100%

本年所有者权益增长额=年末所有者权益-年初所有者权益

所有者权益增长率越高，表明企业的资本积累越多，应对风险、持续发展的能力越强。

五、现金流量分析

现金流量分析一般包括现金流量的结构分析、流动性分析、获取现金能力分析、财务弹性分析及收益质量分析。此处我们只重点讲解获取现金能力分析和收益质量分析。

（一）获取现金能力分析

获取现金的能力可通过经营活动现金流量净额与投入资源之比来反映。投入资源可以是营业收入、资产总额、营运资金、净资产或普通股股数等。

1. 营业现金比率

营业现金比率是指企业经营活动现金流量净额与企业营业收入的比值。其计算公式如下：

营业现金比率=经营活动现金流量净额÷营业收入

2. 每股营业现金净流量

每股营业现金净流量是通过企业经营活动现金流量净额与普通股股数之比来反映的。其计算公式如下：

每股营业现金净流量=经营活动现金流量净额÷普通股股数

该指标反映企业最大的分派股利能力，超过此限度，可能就要借款分红。

3. 全部资产现金回收率

全部资产现金回收率是通过企业经营活动现金流量净额与企业平均总资产之比来反映的，它说明企业全部资产产生现金的能力。其计算公式如下：

全部资产现金回收率=经营活动现金流量净额÷平均总资产×100%

（二）收益质量分析

收益质量是指会计收益与公司业绩之间的相关性。如果会计收益能如实反映公司业绩，则其收益质量高；反之，则收益质量不高。收益质量分析主要包括净收益营运指数分析与现金营运指数分析。

1. 净收益营运指数

净收益营运指数是指经营净收益与净利润之比，其计算公式如下：

净收益营运指数=经营净收益÷净利润

经营净收益=净利润-非经营净收益

净收益营运指数越小，非经营收益所占比重越大，收益质量越差，因为非经营收益不反映公司的核心能力及正常的收益能力，可持续性较低。

2. 现金营运指数

现金营运指数反映企业经营活动现金流量净额与企业经营所得现金的比值，其计算公式如下：

现金营运指数=经营活动现金流量净额÷经营所得现金

经营所得现金是经营净收益与非付现费用之和。现金营运指数小于1，说明收益质量不够好。首先，现金营运指数小于1，说明一部分收益尚未取得现金，停留在实物或债权形态，而实物或债权资产的风险大于现金，应收账款不一定能足额变现，存货也有贬值的风险，所以未收现的收益质量低于已收现的收益。其次，现金营运指数小于1，说明营运资金增加了，反映出企业为取得同样的收益占用了更多的营运资金，取得收益的代价增加了，同样的收益代表着较差的业绩。

六、财务综合分析

（一）上市公司财务指标分析

1. 每股收益

每股收益是综合反映企业盈利能力的重要指标，可以用来判断和评价管理层的经营业绩。每股收益概念包括基本每股收益和稀释每股收益。

（1）基本每股收益

基本每股收益的计算公式如下：

基本每股收益=归属于公司普通股股东的净利润÷发行在外的普通股加权平均数

其中，在外的普通股加权平数=期初发行在外普通股股数+当期新发普通股股数×已发行时间+报告期时间-当期回购普通股股数×已回购时间÷报告期时间。

（2）稀释每股收益

企业存在稀释性潜在普通股的，应当计算稀释每股收益。稀释性潜在普通股指假设当期转换为普通股会减少每股收益的潜在普通股。潜在普通股主要包括：可转换公司债券、认股权证和股份期权等。

①可转换公司债券。对于可转换公司债券，计算稀释每股收益时，分子的调整项目为可转换公司债券当期已确认为费用的利息等的税后影响额；分母的调整项目为假定可转换公司债券当期期初或发行日转换为普通股股数的加权平均数。

②认股权证和股份期权。认股权证、股份期权等的行权价格低于当期普通股平均市场价格时，应当考虑其稀释性。

计算稀释每股收益时，作为分子的净利润金额一般不变；分母的调整项目为增加的普通股股数，同时还应考虑时间权数。

认股权证或股份期权行权增加的普通股股数=行权认购的股数×（1-行权价格÷普通股平均市场价格）

行权价格和拟行权时转换的普通股股数，按照有关认股权证合同和股份期权合约确定。公式中的普通股平均市场价格，通常按照每周或每月具有代表性的股票交易价格进行简单算术平均计算。在股票价格比较平稳的情况下，可以采用每周或每月股票的收盘价作为代表性价格；在股票价格波动较大的情况下，可以采用每周或每月股票最高价与最低价的平均值作为代表性价格。无论采用何种方法计算平均市场价格，一经确定，不得随意变更，除非有确凿证据表明原计算方法不再适用。当期发行认股权证或股份期权的，普通股平均市场价格应当自认股权证或股份期权的发行日起计算。

在分析每股收益指标时，应注意企业利用回购的方式减少发行在外的普通股股数，使每股收益增加。另外，如果企业将盈利用于派发股票股利或配售股票，就会使企业流通在外的股票数量增加，这样将会大量稀释每股收益。在分析上市公司公布的信息时，投资者应注意区分公布的每股收益是按原始股股数还是按完全稀释后的股份计算。

对投资者来说，每股收益是一个综合性的盈利概念，在不同行业、不同规模的上市公司之间具有相当大的可比性，因而在各上市公司之间的业绩比较中被广泛应用。人们一般将每股收益视为企业能否成功地达到其利润目标的标志，也可以将其看成一家企业管理效率、盈利能力和股利来源的标志。理论上，每股收益反映了投资者可望获得的最高股利收益，因而是衡量股票投资价值的重要指标。每股收益越高，表明投资价值越大；否则反之。但是每股收益多并不意味着每股股利多且每股收益不能反映股票的风险水平。

2. 每股股利

每股股利是企业股利总额与普通股股数的比值。其计算公式如下：

每股股利 = 现金股利总额 ÷ 期末发行在外的普通股股数

每股股利反映的是普通股股东每持有上市公司一股普通股获取的股利大小，是投资者股票投资收益的重要来源之一。由于净利润是股利分配的来源，因此每股股利的多少很大程度上取决于每股收益的多少。但上市公司每股股利发放多少，除了受上市公司盈利能力强弱影响以外，还取决于企业的股利分配政策和投资机会。投资者使用每股股利分析上市公司的投资回报时，应比较连续几个期间的每股股利，以评估股利回报的稳定性并作出收益预期。

反映每股股利和每股收益之间关系的一个重要指标是股利发放率，即每股股利分配额与当期的每股收益之比。其计算公式如下：

股利发放率 = 每股股利 ÷ 每股收益

股利发放率反映每 1 元净利润有多少用于普通股股东的现金股利发放，反映普通股股东的当期收益水平。借助于该指标，投资者可以了解一家上市公司的股利发放政策。

3. 市盈率

市盈率是股票每股市价与每股收益的比率，反映普通股股东为获取 1 元净利润所愿意支付的股票价格。其计算公式如下：

市盈率 = 每股市价 ÷ 每股收益

市盈率是股票市场上反映股票投资价值的重要指标，该比率的高低反映了市场上投资者对股票投资收益和投资风险的预期。一方面，市盈率越高，意味着投资者对股票的收益预期越看好，投资价值越大；反之，投资者对该股票评价越低。另一方面，市盈率越高也说明，为获得一定的预期利润，投资者需要支付更高的价格。因此投资于该股票的风险也越大；市盈率越低，说明投资于该股票的风险越小。

上市公司的市盈率是广大股票投资者进行中长期投资的重要决策指标。

影响企业股票市盈率的因素包括以下几个：第一，上市公司盈利能力的成长性。如果上市公司预期盈利能力不断提高，说明企业具有较好的成长性，虽然目前市盈率较高，也值得投资者进行投资。第二，投资者所获取收益率的稳定性。如果上市公司经营效益良好且相对稳定，则投资者获取的收益也较高且稳定，投资者就愿意持有该企业的股票，则该企业的股票市盈率会由于众多投资者的普遍看好而相应提高。第三，市盈率也受到利率水平变动的影响。当市场利率水平变化时，市盈率也应作相应的调整。

使用市盈率进行分析的前提是每股收益维持在一定水平之上，如果每股收益很小或接近亏损，但股票市场价格不会降至为零，会导致市盈率极高，此时很高的市盈率不能说明任何问题。此外，以市盈率衡量股票投资价值虽然具有市场公允性，但还存在一定缺陷。第一，股票价格的高低受很多因素影响，非理性因素的存在会使股票价格偏离其内在价值；第二，市盈率反映了投资者的投资预期，但由于市场不完全和信息不对称，投资者可能会对股票作出错误估计。因此，人们通常难以根据某一股票在某一时期的市盈率对其投资价值作出判断，应该进行不同期间以及同行业不同公司之间的比较或与行业平均市盈率进行比较，以判断股票的投资价值。

4. 每股净资产

每股净资产，又称每股账面价值，是指企业期末普通股净资产与期末发行在外的普通股股数之间的比率。

每股净资产=期末普通股净资产÷期末发行在外的普通股股数

期末普通股净资产=期末股东权益-期末优先股股东权益

每股净资产显示了发行在外的每一普通股股份所能分配的企业账面净资产的价值。这里所说的账面净资产是指企业账面上的总资产减去负债后的余额，即股东权益总额。每股净资产指标反映了在会计期末每一股份在企业账面上到底值多少钱，它与股票面值、发行价格、每股市场价值乃至每股清算价值等往往有较大差距，是理论上股票的最低价值。

利用该指标进行横向和纵向对比，可以衡量上市公司股票的投资价值。如在企业性质相同、股票市价相近的条件下，某一企业股票的每股净资产越高，则企业发展潜力与其股票的投资价值越大，投资者所承担的投资风险越小。但是也不能一概而论，在市场投机气氛较浓的情况下，每股净资产指标往往不太受重视。投资者，特别是短线投资者注重股票市价的变动，有的企业的股票市场价格低于其每股账面价值，投资者会认为这个企业没有前景，从而失去对该企业股票的兴趣；如果企业的股票市场价格高于其账面价值，而且差距较大，投资者会认为企业前景良好、有潜力，因而甘愿承担较大的风险购进该企业股票。

5. 市净率

市净率是每股市场价格与每股净资产的比率，是投资者用以衡量、分析个股是否具有投资价值的工具之一。市净率的计算公式如下：

市净率=每股市场价格÷每股净资产

净资产代表的是全体股东共同享有的权益，是股东拥有公司财产和公司投资价值最基本的体现。一般来说，市净率较低的股票，投资价值较高；反之，则投资价值较低。但有时较低的市净率反映的可能是投资者对公司前景的不良预期，而较高市净率则相反。因此，在判断某只股票的投资价值时，还要综合考虑当时的市场环境、公司经营情况、资产质量和盈利能力等因素。

（二）管理层讨论与分析

管理层讨论与分析是上市公司定期报告中管理层对于本企业过去经营状况的评价分析以及对企业未来发展趋势的前瞻性判断，是对企业财务报表中所描述的财务状况和经营成果的解释，是对经营中固有风险和不确定性的揭示，同时也是对企业未来发展前景的预期。

管理层讨论与分析是上市公司定期报告的重要组成部分。要求上市公司编制并披露管理层讨论与分析的目的在于，使公众投资者能够有机会了解管理层自身对企业财务状况与经营成果的分析评价，以及企业未来一定时期内的计划。这些信息在财务报表及附注中并没有得到充分揭示，却对投资者做出投资决策非常重要。

管理层讨论与分析信息大多涉及“内部性”较强的定性型软信息，无法对其进行详细的强制规定和有效监控，因此，西方国家的披露原则是强制与自愿相结合，企业可以自主决定如何披露这类信息。我国也基本实行这种原则，如中期报告中的“管理层讨论与分析”部分以及年度报告中的“董事会报告”部分，都规定某些管理层讨论与分析信息必须披露，而另一些管理层讨论与分析信息鼓励企业自愿披露。

上市公司"管理层讨论与分析"主要包括两部分：报告期间经营业绩变动的解释与企业未来发展的前瞻性信息。

1. 报告期间经营业绩变动的解释

报告期间经营业绩变动的解释主要包括以下六点内容：

（1）分析企业主营业务及其经营状况。

（2）概述企业报告期内总体经营情况，列示企业主营业务收入、主营业务利润、净利润的同比变动情况，说明引起变动的主要影响因素。企业应当对前期已披露的企业发展战略和经营计划的实现或实施情况、调整情况进行总结。若企业实际经营业绩相比曾公开披露过的本年度盈利预测或经营计划低10%以上或高20%以上，应详细说明造成差异的原因。企业可以结合业务发展规模、经营区域、产品等情况，介绍与企业业务相关的宏观经济层面或外部经营环境的发展现状和变化趋势，以及企业的行业地位或区域市场地位，分析企业存在的主要优势和困难，分析企业经营能力和盈利能力的连续性和稳定性。

（3）说明报告期企业资产构成、销售费用、管理费用、财务费用、所得税等财务数据同比发生重大变动的情况及主要影响因素。

（4）结合企业现金流量表相关数据，说明企业经营活动、投资活动和筹资活动产生的现金流量的构成情况，假如相关数据发生重大变动，应当分析其主要影响因素。

（5）企业可以根据实际情况对企业设备利用情况、订单的获取情况、产品的销售或积压情况、主要技术人员变动情况等与企业经营相关的重要信息进行讨论和分析。

（6）企业主要控股及参股企业的经营情况及业绩分析。

2. 企业未来发展的前瞻性信息

企业未来发展的前瞻性信息包括以下三点内容：

（1）企业应当结合经营回顾的情况，分析所处行业的发展趋势及企业面临的市场竞争格局。产生重大影响的，应给予管理层基本判断的说明。

（2）企业应当向投资者提示管理层所关注的未来企业发展机遇和挑战，披露企业发展战略，以及拟开展的新业务、拟开发的新产品、拟投资的新项目等。若企业存在多种业务的，还应当说明各项业务的发展规划。同时，企业应当披露新年度的经营计划，包括（但不限于）收入、成本费用计划以及新年度的经营目标（如销售额的提升、市场份额的扩大、成本升降、研发计划等），以及为达到上述经营目标拟采取的策略和行动。企业可以编制并披露新年度的盈利预测，该盈利预测必须经过具有证券期货相关业务资格的会计师事务所审核并发表意见。

（3）企业应当披露为实现未来发展战略所需的资金需求及使用计划，以及资金来源情况，说明企业维持当前业务、完成在建投资项目的资金需求、未来重大的资本支出计划等，包括未来已知的资本支出承诺、合同安排、时间安排等。企业应当区分债务融资、表外融资、股权融资、衍生产品融资等项目对企业未来资金来源进行披露。

企业应当结合自身特点对所有风险因素（包括宏观政策风险、市场或业务经营风险、财务风险、技术风险等）进行风险揭示，披露的内容应当充分、准确、具体。同时，企业可以根据实际情况，介绍已（或拟）采取的对策和措施。对策和措施应当内容具体，具备可操作性。

（三）杜邦分析法

1. 杜邦分析法的含义

杜邦分析法（DuPont analysis）利用几种主要的财务比率之间的关系来综合地分析企业的财务状况。具体来说，它是一种用来评价公司盈利能力和股东权益回报水平，从财务角度评价企业绩效的一种经典方法。其基本思想是将企业净资产收益率逐级分解为多项财务比率乘积，这样有助于深入分析比较企业经营业绩。这种分析方法最早由美国杜邦公司使用，故名杜邦分析法。

杜邦模型最显著的特点是将若干个用以评价企业经营效率和财务状况的比率按其内在联系有机地结合起来，形成一个完整的指标体系，并最终通过净资产收益率来综合反映。

杜邦分析模型如图 2-1 所示。

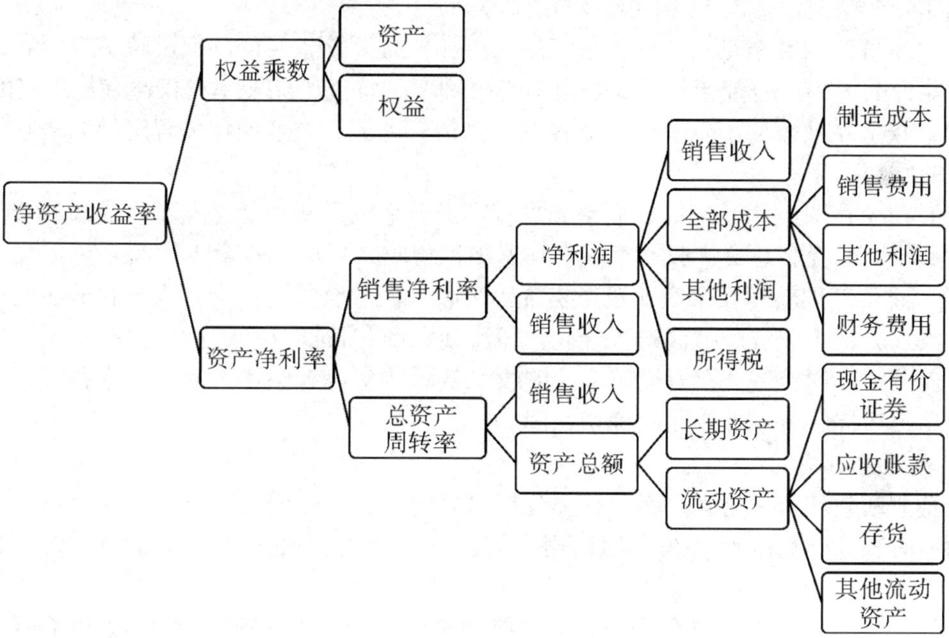

图 2-1 杜邦分析模型

2. 杜邦分析法的要点

（1）净资产收益率，也称权益报酬率，是一个综合性最强的财务分析指标，是杜邦分析模型的核心。

（2）资产净利率是影响权益净利率的最重要的指标，具有很强的综合性，而资产净利率又取决于销售净利率和总资产周转率的高低。总资产周转率能够反映总资产的周转速度。对总资产周转率的分析，需要对影响总资产周转的各因素进行分析，以判明影响公司资产周转的主要问题在哪里。销售净利率反映销售收入的收益水平。增加销售收入、降低成本费用是提高企业销售利润率的根本途径，而增加销售收入也是提高总资产周转率的必要条件和途径。

（3）权益乘数表示企业的负债程度，反映了公司利用财务杠杆进行经营活动的程度。

资产负债率高，权益乘数就大，这说明公司负债程度高，公司会有较多的杠杆利益，但风险也高；反之，资产负债率低，权益乘数就小，这说明公司负债程度低，公司会有较少的杠杆利益，但相应所承担的风险也低。

3. 杜邦分析法的财务指标关系

杜邦分析法中的主要财务指标的关系如下：

净资产收益率=资产净利率（净利润÷总资产）×权益乘数（总资产÷总权益资本）

资产净利率（净利润÷总资产）= 销售净利率（净利润÷总收入）×资产周转率（总收入÷总资产）

即，净资产收益率=销售净利率（NPM）×资产周转率（AU，资产利用率）×权益乘数（EM）

杜邦分析模型包括以下几种主要的指标关系：

（1）净资产收益率是整个分析系统的起点和核心。该指标的高低反映了投资者的净资产获利能力的大小。净资产收益率是由销售报酬率、总资产周转率和权益乘数决定的。

（2）权益系数表明了企业的负债程度。该指标越大，企业的负债程度越高，它是资产权益率的倒数。

（3）总资产收益率是销售利润率和总资产周转率的乘积，是企业销售成果和资产运营的综合反映，要提高总资产收益率，必须增加销售收入，减少资金占用额。

（4）总资产周转率反映企业资产实现销售收入的综合能力。会计人员在分析时必须根据销售收入分析企业资产结构是否合理，即流动资产和长期资产的结构比率关系，同时还要分析流动资产周转率、存货周转率、应收账款周转率等有关资产使用效率指标，进而分析企业总资产周转率高低变化的确切原因。

4. 杜邦分析法的局限性

从企业绩效评价的角度来看，杜邦分析法只包括财务方面的信息，不能全面反映企业的实力，有很大的局限性，在实际运用中需要加以注意，必须结合企业的其他信息加以分析。

（1）对短期财务结果过分重视，有可能助长公司管理层的短期行为，忽略企业长期的价值创造。

（2）财务指标反映的是企业过去的经营业绩，衡量工业时代的企业能够满足需求。但在信息时代，顾客、供应商、雇员、技术创新等因素对企业经营业绩的影响越来越大，而杜邦分析法在这些方面是无能为力的。

（3）在市场环境中，企业的无形知识资产对提高企业长期竞争力至关重要，而杜邦分析法不能解决无形资产的估值问题。

第五节　前景分析

财务分析者进行分析的目的不仅仅在于了解企业的过去和评估企业的现状，更重要的是要预测企业未来的发展前景，为下一步的决策提供依据。也就是说，在经过战略分析、会计分析和财务分析之后，还需要进行恰当的前景分析，以实现财务报表的决策有用性。

前景分析是针对之前分析（战略分析、会计分析和财务分析）的全面反映和综合判断，其内容包括业绩评价、财务预测和价值评估等方面。它们所利用的方法也是进行前景分析的重要工具。

一、业绩评价

业绩评价是指通过建立综合评价指标体系，对照事前确立的评价标准。会计人员可以运用定量分析与定性分析相结合的方法，对企业财务状况、经营成果、现金流量等进行的综合评判。业绩评价与财务分析相互依存，联系紧密。业绩评价以财务分析为前提，财务分析以业绩评价为结论。从内容上区分，业绩评价包括财务业绩定量评价和管理业绩定性评价；从方法上区分，业绩评价模式包括财务模式、价值模式和综合模式。

业绩评价的作用包括以下三点：

（1）科学合理地进行业绩评价，可以为股东合理选择管理层提供重要依据，为股东考察管理层履行受托责任和任免管理层提供决策依据，避免主观随意性。

（2）科学合理地进行业绩评价，既可以加强对管理层的监督，又可以适当予以激励，起到奖优惩劣的效果，形成对管理层的合理激励约束机制。

（3）科学合理地进行业绩评价，可以促进企业经营观念的转变，一方面可以加强企业绩效管理工作，另一方面可以引导管理层站在股东角度进行经营决策。

二、财务预测

财务预测是在对企业历史财务报表进行分析的基础上，根据当前的情况和未来的经营战略、财务战略，采用一定的方法，对企业财务活动的未来发展趋势和结果做出科学推测和判断的过程。财务预测有助于对企业的未来发展做出合理的估计和判断，为做出正确的财务决策提供依据，同时也为评估企业价值奠定基础。财务预测对于提高公司经营管理水平和经济效益具有十分重要的作用。

需要指出的是，财务预测的作用大小受到其准确性的影响。准确性越高，作用越大；反之，则越小。影响财务预测准确性的因素可以分为主观因素和客观因素。主观因素主要指预测者的素质，如数理统计分析能力和预测经验等。客观因素主要是指企业所处内外环境的复杂性和稳定性，难以预测的突发事件有时也会成为影响财务预测的因素。因此财务预测工作者要不断提高自己的预测能力，在实践中积累经验，提高预测的准确性。

财务预测并不是凭空臆断的“空中楼阁”，而是建立在之前的战略分析、会计分析和财务分析的坚实基础上的。比如分析人员通过战略分析可以了解公司未来的竞争战略有何变化，是否会影响公司的营运资本和资本支出的需求；通过会计分析可以了解过去的收益或资产是否被高估，对未来的财务报表有何影响；通过财务分析可以了解公司毛利率变化的驱动因素、未来的变化趋势；等等。

三、价值评估

价值评估是指为企业创造价值服务，按照特定目的采用特定方法对企业全部或部分价值进行估算与评价的过程，评估的是企业创造价值的能力，即持续获利能力。

价值评估已成为企业管理者进行管理和做出决策的重要基础，而且由于委托代理问题日益凸显，价值评估也成为考核管理者的重要手段。价值评估，一方面可以使投资者了解企业价值，另一方面也可以让管理者了解其决策与经营活动是否实现了价值增值。同时，价值评估的结果还能为企业评价经营业绩、制订激励计划以及确定经济损失提供有力支持。在经济快速发展的今天，企业价值评估已经进入了一个更为广阔的领域。

进行价值评估时，无论是对未来利润的预测还是对未来现金流量等的预测，都必须以历史和现在的财务状况与经营成果状况为依据。而历史的或现在的财务状况及经营成果状况的可靠性、相关性程度，又与财务分析质量紧密相关。因此，一方面，财务分析是评估人员了解被评估企业财务状况、经营成果和现金流量的主要手段，有助于评估人员判断被评估企业的盈利能力、财务风险与发展前景；另一方面，应用历史或现实财务分析结果预测未来财务状况与企业价值，是财务分析的重要任务之一。

价值评估的具体方法多种多样，目前常用的价值评估方法主要有收益法、市场法、资产基础法和期权估价法。其中收益法和市场法常用于证券投资和企业并购决策；资产基础法是目前企业改制过程中主要使用的方法；收益法和资产基础法则是资产评估行业在评估企业价值时常用的方法；期权估价法多用于高成长、高风险的企业。

思政元素

把战略的原则性和策略的灵活性有机结合起来

在学习贯彻党的二十大精神研讨班开班式上，习近平总书记深刻阐明推进中国式现代化是一个系统工程，需要统筹兼顾、系统谋划、整体推进，强调正确处理好一系列重大关系，其中包括战略与策略的关系。习近平总书记指出：“要把战略的原则性和策略的灵活性有机结合起来，灵活机动、随机应变、临机决断，在因地制宜、因势而动、顺势而为中把握战略主动。”

战略与策略是辩证统一的。战略是从全局、长远、大势上作出判断和决策，策略在战略指导下为战略服务，从方法论的角度具体落实并推动实现战略目标。战略问题是一个政党、一个国家的根本性问题。只有站在时代前沿观察和思考，正确把握趋势性、前瞻性问题，牢牢把握战略主动权，才能推动事业发展。同时，正确的战略需要正确的策略来落实。没有适宜有效的策略，再正确的战略也会成为“空中楼阁”。正确处理好战略与策略的关系，既要把方向、抓大事、谋长远，又要抓准、抓好工作的切入点和着力点，不断增强工作的系统性、预见性、创造性。

正确运用战略策略是我们党推进革命、建设、改革的一条重要经验。毛泽东同志指出：“我们党历来是重视战略的”“政策和策略是党的生命”。邓小平同志指出：“战略问题是整个国家的问题”“要用宏观战略的眼光分析问题，拿出具体措施”。江泽民同志强调：“我们党的奋斗历史告诉我们，只有把马克思主义的基本原理同中国的具体实际相结合，科学地总结自己的经验，确定符合中国特点的前进道路和战略策略，我们的事业才能不断取得胜利。”胡锦涛同志指出：“统筹国内国际两个大局，树立世界眼光，加强战略思维，善于从国际形势发展变化中把握发展机遇、应对风险挑战，营造良好国际环境。”新时代，习近平总书记高度重视战略策略问题，强调："要强化战略思维，保持战略定力，把谋事和谋势、谋当下和谋未来统一起来，因应情势发展变化，及时调整战略策略，加强对中远期的战略谋划，牢牢掌握战略主动权。"

推进中国式现代化是事关中华民族伟大复兴战略全局的宏大事业，我们既要善于把当前的问题放在历史长河中思考定位，保持历史耐心和战略定力，掌握战略主动权；又要脚踏实地做好自己的事情，积跬步以至千里。党的二十大擘画了全面建设社会主义现代化国家、以中国式现代化全面推进中华民族伟大复兴的宏伟蓝图，吹响了奋进新征程的时代号角。推进中国式现代化，是一项前无古人的开创性事业，必然会遇到各种可以预料和难以预料的风险挑战、艰难险阻甚至惊涛骇浪。我们要正确处理好战略与策略的关系，涉及我国发展、安全的重大问题，涉及经济、政治、文化、社会、生态等各方面的重要工作，都要从战略上进行思考谋划，也都需要以正确的策略、举措加以落实。

在推进中国式现代化的历史进程中，正确处理好战略与策略的关系，要坚持以习近平新时代中国特色社会主义思想为指导，贯彻落实党的二十大精神，在把握战略目标、战略要求的前提下，将宏伟蓝图转化为具体施工图。一方面，要保持战略定力，对形成的战略长期坚持、坚定执行。形势越是复杂，任务越是艰巨，越要保持"咬定青山不放松"的韧劲，扎扎实实办好自己的事。另一方面，坚持以灵活机动的策略推进中国式现代化，把全局和局部、当下和长远结合起来，有针对性地拿出贯彻战略意图的工作方案，致广大而尽精微。根据现实需要及时调整策略，实事求是分析新情况新问题，敏锐把握条件和形势的新变化，随机应变、因地制宜，确保党中央重大决策部署落到实处。

资料来源：人民网. 把战略的原则性和策略的灵活性有机结合起来［N］. 人民日报，2023-04-27（9）.

专项练习

1. 甲公司是一家制造企业，有关资料如下：

资料一：甲公司 2020 年 12 月 31 日资产负债表如表 2-1 所示。

表 2-1　甲公司 2020 年 12 月 31 日资产负债表　　单位：万元

资产	年初数	年末数	负债与股东权益	年初数	年末数
货币资金	4 400	4 000	短期借款	5 700	5 500
应收账款	4 000	5 000	应付账款	3 500	4 500
存货	4 500	5 500	长期借款	8 300	7 400
固定资产	17 900	17 400	股本	20 000	20 000
无形资产	8 000	8 000	留存收益	1 300	3 500
资产总计	38 800	40 900	负债与股东权益总计	38 800	40 900

资料二：甲公司 2020 年度营业收入（即销售额，下同）为 50 000 万元，营业成本为 40 000 万元。

资料三：甲公司 2020 年应付账款周转期为 36 天，一年按 360 天计算。

资料四：甲公司预计2021年度的营业收入将达到70 000万元，净利润预计为7 000万元，利润留存率为40%。假定甲公司2020年年末的货币资金、应收账款、存货、应付账款项目与营业收入的比例关系在2021年度保持不变。此外，因销售额增长，现有生产能力不足，甲公司需要在2021年追加固定资产投资6 000万元。

资料五：对于外部资金需求，甲公司选择按面值发行债券，期限为5年，票面利率为9%，每年付息一次，到期一次性还本，筹资费用率为2%。甲公司适用的企业所得税税率为25%，要求：

（1）根据资料一，计算2020年年末下列指标：①流动比率；②速动比率；③现金比率。

（2）根据资料一和资料二，计算：①2020年总资产周转率；②2020年末权益乘数。

（3）根据资料一、资料二和资料三，计算2020年下列指标：①应收账款周转期；②存货周转期；③经营周期；④现金周转期。

（4）根据资料一、资料二和资料四，计算2021年的外部融资需求量。

（5）根据资料五，计算债券的资本成本率（不考虑货币时间价值）。

2. 甲公司生产销售A产品，有关资料如下：

资料一：甲公司2019年12月31日资产负债表如表2-2所示。

表2-2　甲公司2019年12月31日资产负债表　　单位：万元

资产		负债与股东权益	
货币资金	200	应付账款	600
应收账款	400	长期借款	2 400
存货	900	股本	4 000
固定资产	6 500	留存收益	1 000
资产总计	8 000	负债与股东权益总计	8 000

资料二：甲公司2019年销售收入为6 000万元，净利润为600万元，股利支付率为70%。

资料三：预计2020年销售收入将增长到9 000万元，甲公司流动资产和流动负债占销售收入的比例一直保持稳定不变。此外，随销售增长而需要追加设备投资1 500万元。2020年销售净利率和股利支付率与2019年相同。

资料四：因销售增长而需要添置的设备有X和Y两种型号可供选择，二者具有同样的功能，报价均为1 500万元。X型设备可用5年，最终报废残值为300万元，每年发生付现成本1 000万元；Y型设备可用8年，经测算年金成本为1 400万元。甲公司计算年金成本时不考虑所得税的影响，贴现率为10%，有关时间价值系数如下：（P/A，10%，5）= 3.790 8，（P/F，10%，5）= 0.620 9。要求：

（1）根据资料一，计算2019年年末的流动比率、速动比率与产权比率。

（2）根据资料二，计算2019年销售净利率。

（3）根据资料一、资料二和资料三，计算：

①2020 年流动资产增加额；
②2020 年流动负债增加额；
③2020 年留存收益增加额；
④2020 年的外部融资需求量。

（4）根据资料四，计算 X 型设备的年金成本，并判断甲公司应选择哪种设备。

3. 甲公司近年来受宏观经济形势的影响，努力加强资产负债管理，不断降低杠杆水平，争取在 2018 年年末将资产负债率控制在 55% 以内。为考察降杠杆对公司财务绩效的影响，现基于杜邦分析体系，将净资产收益率指标依次分解为营业净利率、总资产周转率和权益乘数三个因素，采用连环替代法予以分析。甲公司 2016—2018 年有关财务指标如表 2-3 所示。

表 2-3　甲公司近几年有关财务指标　　单位：万元

项目	2016 年年末	2017 年年末	2018 年年末	2017 年度	2018 年度
资产总额	6 480	6 520	6 980		
负债总额	4 080	3 720	3 780		
所有者权益总额	2 400	2 800	3 200		
营业收入				9 750	16 200
净利润				1 170	1 458

（1）计算 2018 年年末的资产负债率，并据以判断甲公司是否实现了降杠杆目标。

（2）计算 2017 年和 2018 年的净资产收益率（涉及的资产、负债、所有者权益均采用平均值计算）。

（3）计算 2017 年和 2018 年的权益乘数（涉及的资产、负债、所有者权益均采用平均值计算）。

（4）计算 2018 年与 2017 年净资产收益率之间的差额，动用连环替代法，计算权益乘数变化对净资产收益率变化的影响（涉及的资产、负债、所有者权益均采用平均值计算）。

4. 表 2-4 中的财务数据是根据某上市公司 2019 年年报的简化整理出来的，请你根据相关数据计算下列要求的财务指标并对该公司财务状况作出总体的评价。

表 2-4　某上市公司 2019 年的相关财务数据　　单位：万元

资产负债表数据（2019 年 12 月 31 日）		利润表数据（2019 年）	
货币资金	1 500	营业收入	
交易性金融资产	2 500	营业成本	130 000
应收账款	15 000	营业成本	103 000
存货	33 000	经营与管理费用	16 000
固定资产净值	35 000	息税前利润	11 000
应付账款	12 500	利息费用	3 000
应付票据	12 500	税前利润总额	8 000

表2-4(续)

资产负债表数据（2019 年 12 月 31 日）		利润表数据（2019 年）	
长期债务	22 000	所得税费用	3 000
普通股股本	5 000	净利润	5 000
留存收益	17 000		
流动资产总额	52 000		
资产总额	87 000		
流动负债总额	25 000		
负债总额	47 000		
股东权益总额	40 000		

其他有关资料：该公司目前的股票市价为 9 元每股，发行在外的普通股股数为 5 000 万股。请计算：

①流动比率、速动比率、应收账款周转率、存货周转率、总资产周转率、资产负债率、利息保障倍数、总资产报酬率、总资产净利率、净资产收益率、市盈率、市净率；

②根据杜邦分析体系，将净资产收益率指标进行分解，对该公司财务状况进行评价，并回答该公司的股票在当前价格是否具有投资价值。

中英文专业术语

财务分析（financial analysis）
流动比率（current ratio）
速动比率（quick ratio）
资产负债率（total debt ratio）
营业净利率（net profit margin）
资产报酬率（return on assets，ROA）
净资产收益率（return on equity，ROE）
市盈率（price to earnings ratio，P/E ratio）
应收账款周转率（accounts receivable turnover）
存货周转率（inventory turnover）
杜邦分析法（Du Pont analysis）
现金比率（cash ratio）
现金流量比率（cash flow ratio）
偿债保障比率（debt service coverage ratios，DSCK）
利息保障倍数（interest protection multiples）
固定支出保障倍数（fixed charge cover）
流动资产周转率（current assets turnover）
固定资产周转率（fixed assets turnover）

总资产周转率（total assets turnover ）
现金收益比率（cash yield）
现金收入比率（money income ratio）
营业毛利率（operating profit margin）
营业净利率（net operating interest rate）
普通股每股盈余（earnings per common share）
普通股每股现金流量（cash flow per common share）
普通股每股股利（dividend per common share）
营业收入增长率（grown rate of operating income）
净利润增长率（grown rate of net profit）
总资产增长率（grown rate of total asset）
净资产增长率（net assets growth rate）
经营现金净流量增长率（growth rate of net cash flow from operations）
公式分析法（formula analysis）
计分综合分析法（comprehensive scoring analysis method）

第三章 投资决策管理

学习任务

1. 理解投资管理的含义
2. 掌握投资评价的方法
3. 理解项目投资管理的过程

引入案例

小张公司5年前购置一设备，价值78万元，购置时预期使用寿命为15年，残值为3万元。公司采用直线法计提折旧，目前已提折旧25万元，账面净值为53万元。利用这一设备，企业当年的营业收入为90万元，付现成本为60万元。现在市场上推出一种新设备，价值120万元。该设备在购入后即可投入使用，使用寿命为10年，预计10年后残值为20万元，该设备效率较高，预期每年可为企业创造的净利润达到30万元。如果现在将旧设备出售，估计售价为10万元。该企业的资本成本为10%，企业所得税税率为40%。小张不知道是否应更新设备，请你帮忙分析一下，小张公司是否应现在购置新设备来替换旧设备?

分析提示:

因为旧设备的账面净值=53（万元）

所以旧设备出售净损失=53-10=43（万元）

少缴所得税=43×40%=17.2（万元）

因此购买新设备增加的投资额=120-10-17.2=92.8（万元）

又因为旧设备还可使用10年，新设备的项目计算期也为10年（0+10），所以新、旧设备项目计算期相同可采用差额法来进行评价:

新设备年折旧额=120-20=10（万元）

$NCF_{新1-9}=30+10=40$（万元）

$NCF_{新10}=40+20=60$（万元）

旧设备的年折旧额=（53-3）÷10=5（万元）

$NCF_{旧1-9}=90\times(1-40\%)-60\times(1-40\%)+5\times40\%=20$（万元）

$NCF_{旧10}=20+3=23$（万元）

$\Delta NCF_0=-120+10+(53-10)\times40\%=-92.8$（万元）

$\Delta NCF_{1-9}=40-20=20$（万元）

$\Delta NCF_{10}=60-23=37$（万元）

$\Delta NPV=20\times(PIA, 10\%, 9)+37\times(P/F, 10\%, 10)-92.8$

$=20\times5.759+37\times0.3855-92.8$

$=36.6435$（万元）>0

所以小张公司应该考虑设备更新。

第一节　投资项目财务评价指标

一、投资的概念和分类

（一）投资的概念

投资指的是特定经济主体为了在未来可预见的时期内获得收益或是资金增值，在一定时期内向一定领域投放足够数额的资金或实物的货币等价物的经济行为。投资是企业财务活动的重要内容之一，对于创造价值而言，投资决策是财务决策中最重要的决策。

（二）投资的分类

企业投资可以按不同的标准进行分类，常用的分类方法如下：

1. 按投资活动与企业本身的生产经营活动的关系

（1）直接投资。直接投资是指将资金直接投放于形成生产经营能力的实体性资产，直接谋取经营利润的企业投资。直接投资往往数额较大，不仅需要投入资金，还要相应地投入管理与技术力量；不仅需要对投资过程进行组织与管理，在投资的资产形成以后，还要对具体的产品生产、销售业务活动进行组织与管理。它具有与生产经营紧密联系、投资回收期较长、投资变现速度慢、流动性差等特点。

（2）间接投资。间接投资是指将资金投放于股票、债券等权益性资产上的企业投资。这些有价证券按其性质可以分为三类：一是债权性证券，是由企业或政府机构发行的规定了还本付息的时间与金额的债务证书，包括国库券、金融债券和其他公司债券。二是权益性证券，它表明企业拥有证券发行公司的所有权，如其他公司发行的普通股股票，其投资收益决定于发行公司的股利和股票市场价格。三是混合性证券，是指企业购买的优先股股票。优先股股票是介于普通股股票和债券之间的一种混合性有价证券。

2. 按投资对象的存在形态和性质

（1）项目投资。项目投资是指购买具有实质内涵的经营资产，包括有形资产和无形资产，形成具体的生产经营能力，开展实质性的生产经营活动以谋取经营利润，是一种直接投资。

（2）证券投资。证券投资是指通过证券资产所赋予的权利，间接控制被投资企业的生产经营活动以获取投资收益，即购买属于综合生产要素的权益性权利资产的企业投资，是一种间接投资。证券投资又可分为股权投资和债权投资。股权投资形成被投资企业的资本金，企业拥有被投资企业的股权，如购买上市公司的股票、兼并投资、联营投资等。债权投资就是投资形成被投资单位的负债，企业是被投资单位的债权人，包括购买各种债券和租赁投资等。

3. 按对企业生产经营前景的影响

（1）发展性投资。发展性投资是指对企业未来的生产经营发展全局有重要影响的企业投资，也称为战略性投资。

（2）维持性投资。维持性投资是指为了维持企业现有的生产经营顺利进行，不会改变企业未来生产经营发展全局的企业投资，也称为战术性投资。

4. 按投资的方向

（1）对内投资。对内投资是指在本企业范围内部的资金投放，用于购买和配置各种生产经营所需要的经营性资产，是一种直接投资。在企业的投资活动中，内部投资是其主要内容，它不仅数额大，投资面广，而且对企业的稳定与发展、未来盈利能力、长期偿债能力都有重大的影响。

（2）对外投资。对外投资是指向本企业范围以外的其他单位的资金投放，主要是间接投资，也可以是直接投资。

5. 按投资项目之间的相互关系

（1）独立投资。独立投资是指各个投资项目互不关联、互不影响，可以同时并存的投资。

（2）互斥投资。互斥投资又称非相容性投资，各个投资项目之间相互关联、相互替代，不能同时并存。

6. 按投资回收期限的长短

（1）短期投资。短期投资是指能够随时变现，持有时间不超过一年的有价证券以及不超过一年的其他投资。短期投资的目的是利用生产经营时闲置不用的资金谋求收益，所以，短期投资购入的有价证券通常是证券市场上交易活跃、容易转手的证券。短期投资一般具有持有时间短、变现能力强、周转速度快、波动性大等特点。加强对短期投资的管理与控制，对减少资金占用、加速资金周转、提高企业效益是十分重要的。

（2）长期投资。长期投资是指投资持有时间在一年以上的有价证券以及超过一年的其他对外投资。长期投资一般列为企业的非流动资产，主要包括企业为维持生产能力而购置的机器、设备、建筑物等固定资产，以及企业为控制或影响其他企业而购入的、持有期限在一年以上的各种股票和期限在一年以上、近期内不准备出售的各类债券等有价证券投资和其他形式的实物投资。一般来说，长期投资具有投资额大、回收期长、变现能力差的特点。

二、投资决策的影响因素

投资决策是投资管理的主要内容，包括对投资的方向、地域、时机、规模、结构等基本问题的评价与选择。投资管理必须抓住影响投资的主要因素进行分析判断，才能做出科学、合理的投资决策。影响投资决策的主要因素有以下七个方面：

（一）筹资能力

投资是筹资的目的和归宿，投资规模和时间决定筹资的规模和时间。筹资同时对投资具有约束作用。筹资的规模和时间不仅取决于投资的需要，还受许多因素的影响和制约，比如金融市场行情的波动、投资者心理预期的变化、宏观经济政策的调整等因素。面对好的机会，如果企业不能及时、足额、低成本地筹集到所需资金，那么，好的投资机会可能稍纵即逝。

（二）投资动机

投资的根本动机是追求投资收益最大化。债权人投资是为了赚取利息，股东的投资收益包括利润和资本利得。在筹资能力有保障的情况下，投资收益是决定投资方案取舍的关键因素。但是，由于投资周期长、投资时间跨度大，因此准确预测投资收益是十分困难的。投资决策者需要充分搜集和积累各种信息资料，善于进行深入细致的市场分析，善于在商品市场和金融市场寻找和捕捉投资机会，既不能因优柔寡断错失良机，也不能盲目投资使企业遭受重大损失。

（三）投资风险

投资风险是指企业由于投资遭受经济损失的可能性，或者说不能获得预期投资收益的可能性。投资风险从另一角度又可以称为投资的安全性。投资与风险共存，诱发投资风险的因素很多，包括政治因素、经济因素、技术因素、自然因素和企业自身的因素，各种因素往往结合在一起共同对投资收益产生影响。企业在进行投资决策时，首先要有风险意识，要把各种可能导致投资收益不确定的因素都找出来，分析各因素的性质、可能发生的时间以及对投资收益的影响强度；其次要建立风险预警和防范机制，针对不同的影响因素和风险类别制定不同的应对措施，以便在风险发生时能够因势利导、变被动为主动，把损失降到最低。

（四）资本成本

资本投资项目评价的基本原理是：投资项目的收益率超过资本成本时，企业的价值将增加；投资项目的收益率小于资本成本时，企业的价值将减少。上述原理表明，资本成本是新投资项目是否能接受的最低报酬率。也就是说，如果预期获利水平不能达到最低报酬率，投资项目将被舍弃；相反，投资项目就能通过。

（五）投资管理能力

与对内投资管理相比较，对外投资管理涉及因素多，关系复杂，管理难度大。对外投资要求管理人员有相应的业务知识、法律知识、管理技能、市场运作经验。在许多情况下，通过投资获得其他企业的一定的或全部的经营控制权，以服务于企业的经营目标，是对外投资的主要意图。这时就应考虑用多少投资额才能拥有必要的经营控制权，以及取得控制权后如何实现其权利等问题。

（六）资金时间价值

资金的时间价值是资金在运动中形成的一种客观属性，它揭示了不同时点上资金之间的换算关系，因而它是进行投资决策必不可少的计量手段。资金时间价值对投资决策的影响主要体现在两个方面：一是因为资金时间价值代表着无风险的社会平均资金利润率，它应是企业资金利润率的最低限度，因而它是衡量企业经济效益、考核投资成果的重要依据。二是资金时间价值理论是折现的长期投资决策方法的理论基础，资金时间价值理论要求把分布在不同时点的价值量换算成相同时点才能进行比较，由于现金流量模式上的差异和所揭示信息的侧重点不同，衡量资金时间价值的方法有净现值法、现值指数法、内含报酬率法和等年值法等。

（七）投资环境

投资环境是指企业内外各种影响企业投资活动的因素总和。投资环境按其构成内容分为硬环境和软环境。硬环境是指与投资活动直接相关的物质条件状况，包括自然地理状况、交通、水电、通信基础设施、技术水平等。软环境是指社会政治体制与治安状况，包括社会经济形势与产业、政府投资、贸易、财税、金融、外汇、劳动力市场环境、法律环境等。一个良好的企业投资环境应当有比较多的投资机会、比较健全的投资管理体制、完善的金融市场。然而，现代市场经济下的投资环境具有构成复杂、变化快速等特点。这就要求财务管理人员在投资决策分析时，必须熟知投资环境的要素、性质，认清投资环境的特点，预知投资环境的发展变化，重视投资环境的影响作用，不断增强对投资环境的适应能力、应变能力和利用能力，根据投资环境的发展变化，采取相应的投资策略。

三、投资收付时间点发生在每期项目的评价指标

（一）净现值

1. 基本原理

净现值（NPV）是指投资项目投入使用后的现金净流量按资本成本或公司要求达到的报酬率折算为现值，再减去初始投资后的余额。其计算公式为：净现值（NPV）= 未来现金净流量现值-原始投资额现值。

$$NPV = \sum_{t=0}^{n} \frac{NCF_t}{(1+i)^t}$$

式中，NPV 为净现值；NCF_t为第 t 年项目的现金净流量；n 为项目的年限；i 为资本成本（或折现率）。

2. 净现值的计算步骤

（1）计算每年营业现金净流量。

（2）计算未来现金流量的总现值。

（3）计算净现值。

3. 贴现率的参考标准

折现率在净现值计算中所代表的是项目可以被接受的最小收益率，即项目所必须达到的最低盈利水平，也是投资者期望的最低投资报酬率。一个项目的净现值通常与折现率成反比。折现率越大，净现值越小；折现率越小，净现值越大。所以，提高折现率可以使可行的项目变成不可行的项目；反之，降低折现率可以使本来不可行的项目又变得可行了。所以，不同的折现率会使投资者采取不同的决策，折现率的高低对项目的取舍至关重要。贴现率的参考标准主要有以下几种：

（1）市场利率：整个社会投资收益率的最低水平，可以视为最低收益率要求。

（2）投资者希望获得的预期最低投资收益率：考虑了投资项目的风险补偿因素以及通货膨胀因素。

（3）企业平均资本成本率：企业对投资项目要求的最低收益率。

在实务分析中，折现率的确定方法之一是以资本成本作为折现率，但计算资本成本比较难，限制了该方法的应用；另一种方法是以现金的机会成本作为折现率，这也是公司要

求的最低资本利润率，这种方法比较常用。另外，企业可以在不同阶段采用不同的折现率，如在建设期以贷款的实际利率作为折现率；在项目经营期以全社会资本平均收益率作为折现率。一般来说，在进行投资机会和投资方案的取舍时，投资者都必须先确定一个恰当的折现率作为项目评价的依据，比较选择时都要以预先确定的折现率对各期的现金流量进行折算，因此选取一个恰当的折现率就非常重要。

净现值的决策规则如下：

（1）NPV≥0，方案可行，实际投资收益率大于等于所要求的收益率。

（2）NPV<0，方案不可取，实际投资收益率低于所要求的收益率。

（3）其他条件相同时，净现值越大，方案越好。

净现值指标的优点和缺点如下：

（1）优点。净现值指标考虑了项目整个寿命周期的各年现金流量的现时价值，反映了投资项目的可获收益，在理论上较为完善；适用性强，能基本满足项目年限相同的互斥投资方案。

（2）缺点。净现值指标不能动态反映项目的实际收益率；当各方案投资额不等时，无法确定方案的优劣。例如方案 1 和方案 2 都可行，但由于两者的原始投资额不同，所以不能用净现值法比较优劣。也就是说，虽然方案 1 的净现值大于方案 2 的净现值，但不能得出方案 1 优于方案 2 的结论；当各方案的经济寿命不等时，用净现值难以进行评价；净现值的大小取决于折现率，而折现率的确定较为困难。

总的来说，净现值指标在资本预算中具有重要地位，是其他指标不可替代的。项目的净现值与公司价值有密切的关系，财务管理的目标就是提高公司的价值，任何净现值大于零的项目理论上都会提高公司价值。

【例 3-1】项目 A 的 NPV=500（万元），原始投资=1 000（万元）。项目 B 的 NPV=600（万元），原始投资=100 000（万元）。虽然项目 B 的 NPV 大于项目 A，但是项目 B 的原始投资远大于项目 A，显然项目 B 获利能力更低。

【例 3-2】假设某企业仅有 1 000 万元可用于投资，总量有限，仅能投资一个项目。项目 A 的 NPV=500（万元），寿命周期=5（年）。项目 B 的 NPV=600（万元），寿命周期=10（年）。虽然项目 B 的 NPV 大于项目 A，但是项目 B 的 NPV（超额收益）是花了 10 年产生的，而项目 A 的 NPV 仅用了 5 年，显然项目 A 更值得投资。

（二）年金净流量（ANCF）

1. 基本原理

项目期间内全部现金净流量总额的总现值或总终值折算为等额年金的平均现金净流量，称为年金净流量。

年金净流量=现金净流量总现值（净现值）÷年金现值系数
=现金净流量总终值÷年金终值系数

从本质上讲，年金净流量是指考虑了货币时间价值所计算出的某投资项目每年所产生的现金净流量，因此该指标消除了寿命周期差异的影响。

例如，某投资项目寿命期为 5 年，NPV=500 万元，假设每年所产生的现金净流量为 A，则：A×（P/A，i，5）=500；则：A=500/（P/A，i，5）。

2. 决策规则

ANCF≥0，说明每年平均的现金流入能抵补现金流出，项目净现值（或净终值）≥0，方案可行。在两个以上寿命期不同的投资方案比较时，年金净流量越大，方案越好。

3. 评价

（1）优点。年金净流量法是净现值法的辅助方法，在各方案寿命期相同时，实质上就是净现值法。因此它适用于期限不同的投资方案决策。

（2）缺点。年金净流量法不便于对原始投资额不相等的独立投资方案进行决策。

（三）现值指数（PVI）

1. 基本原理

现值指数（PVI）是未来现金净流量的总现值与初始投资额现值的比率，亦称为现值比率、获利指数等。其计算公式如下：

现值指数=未来现金净流量现值÷原始投资额现值

因为净现值=未来现金净流量现值-原始投资额现值，所以现值指数=（净现值+原始投资额现值）÷原始投资额现值=1+净现值÷原始投资额现值

2. 投资决策

对于独立项目而言，投资项目的现值指数大于1，说明其收益超过成本，即投资报酬率超过预定的贴现率。投资项目的现值指数小于1，说明其报酬率没有达到预定的贴现率。因此，根据现值指数指标进行项目选择的决策规则是：接受现值指数大于1的项目，放弃现值指数小于1的项目。在有多个互斥方案的选择决策中，选择现值指数最大的项目。

3. 评价

（1）优点。现值指数可以进行独立投资项目获利能力的比较，能够真实地反映项目的盈亏程度，由于现值指数是用相对数来表示，故有利于对原始投资额现值不同的独立投资方案进行比较和评价。

（2）缺点。现值指数只代表获得收益的能力，而不代表实际可以获得的财富，它忽略了互斥项目之间投资规模上的差异，所以在多个互斥项目的选择中，可能会得到错误的结论；该方法并未消除项目期限的差异。

【例3-3】假设某公司投资项目A、B预计现金流量如表3-1所示，公司资本成本为10%，计算投资项目A、B的现值指数。

表3-1　项目A和项目B预计现金流量金额　　单位：万元

项目名称	0	1	2	3
A	-100	80	80	80
B	-300	150	200	250

PVI_A=［80÷（1+10%）^{1}+80÷（1+10%）^{2}+80÷（1+10%）^{3}］÷100=1.99

NPV_A=198.95-100=98.95（万元）

PVI_B=［150÷（1+10%）^{1}+200÷（1+10%）^{2}+250÷（1+10%）^{3}］÷300=1.63

NPV_B=489.48-300=189.48（万元）

在多项目进行比较时，如果存在 PVI 和 NPV 同时最大的项目，则该项目肯定是最优方案。A、B 项目相比，项目 A 的净现值小，现值指数大，项目 B 的净现值大，但现值指数小。根据现值指数法和净现值法的决策规则，两种方法得出的结论将是矛盾的，在这种情况下，该公司要把两种方法结合起来进行分析。如果公司资本充裕，两个投资项目相互独立，则 A、B 两项目都可行；如果两个项目是互斥性投资方案，公司也没有资本限制，则项目的取舍取决于管理当局的决策偏好。若以单位资本的投资效率（现值指数）为标准，则项目 A 较优，因为 PV>PV；若以项目投资对公司市场价值的贡献为标准，则项目 B 较优因为 NPV>NPV。假若公司有普通股 500 万股，A 项目可使每股享有 0.198 元的净现值 B 项目可使每股享有 0.379 元的净现值，净现值大的 B 项目会对投资者更有吸引力。

（四）内含收益率（IRR）

1. 基本原理

内含报酬率（IRR）是指能够使未来现金流入量的现值等于现金流出量现值的折现率，或者说是使投资项目净现值为零的折现率。内含报酬率通常也称为内部收益率。其计算公式如下：

$$NPV = \sum_{t=0}^{n} \frac{NCF_t}{(1 + IRR)^t} = 0$$

2. 计算方法

（1）查表法。适用于初始投资额在第一年年初（0 时点）一次性支出，每年现金净流量相等，表现为普通年金形式。

第一步：计算内含收益率对应的年金现值系数。

第二步：查年金现值系数表，找到对应贴现率区间。

第三步：通过“内插法”求出内含收益率。

【例 3-4】某公司拟购入一台生产设备，购置价款为 160 万元，预计使用年限 10 年，使用期满无残值。根据财务人员的预测，公司使用该设备后，预计每年产生的现金净流量为 30 万元。假设该方案的最低投资收益率要求为 12%（以此作为贴现率），要求用内含收益率指标评价该方案是否可行。

【解析】本题主要考查投资项目财务评价指标之内含收益率法的计算。令 300 000×（P/A，i，10）−1 600 000=0，得：（P/A，i，10）= 5.333 3。查年金现值系数表可知：n=10，系数 5.333 3 所对应的贴现率在 12%~14%之间。采用插值法求得，该方案的内含收益率为 13.46%，高于最低投资收益率 12%，方案可行。

（2）试算法/逐次测试法。适用于初始投资额在第一年年初（0 时点）一次性支出，但每年现金净流量不相等。

第一步：估计贴现率 K，计算净现值。

第二步：依据净现值的正负调整折现率：

若 NPV>0，表明 IRR>K，应选择更大的 K 测试；

若 NPV<0，表明 IRR<K，应选择更低的 K 测试。

第三步：找到 NPV 正负临界值所对应的折现率后，通过“内插法”求出内含收益率。

3. 决策规则

（1）项目的内含收益率≥项目的资本成本或预期投资收益率，方案可行。

（2）项目的内含收益率<项目的资本成本或预期投资收益率，方案不可行。

4. 评价

（1）优点。IRR考虑了资金的时间价值，反映了投资项目的真实报酬率，易于理解；适用于原始投资额现值不同的独立投资方案的比较决策（真实反映独立方案的获利水平）。

（2）缺点。计算过程比较复杂，特别是对于每年NCF不相等的投资项目，要经过多次测算才能得出，不易直接考虑投资风险大小；在进行互斥投资方案决策时，应当关注的是绝对效益，而非获利能力或效率。因此，作为一个相对数指标，IRR有时会给出错误的结论。

综上所述，项目评价选取标准的原则是当选用NPV、PVI、IRR评价所得结论一致时，可选用任意一个标准，如果发生矛盾，则应以NPV给出的结论为准。

（五）投资回收期（PP）

1. 基本原理

投资回收期是指通过项目的现金净流量来收回初始投资的现金所需要的时间，一般以年为单位。

2. 计算方法

投资回收期的计算，因每年营业现金净流量是否相等而有所不同。

（1）若每年营业现金净流量相等，则投资回收期的计算公式如下：

投资回收期=初始投资额÷年现金净流量

（2）若每年营业现金净流量不相等，则投资回收期的计算要根据每年年末尚未收回的投资额加以确定。其计算公式如下：

投资回收期=（累计现金净流量首次出现正值的年份-1）
+（上年累计现金净流量绝对值÷当年现金净流量）

【例3-5】B公司一个投资项目的现金净流量如表3-2所示，请计算该项目的投资回收期。

表3-2　B公司一个投资项目的现金流量

年份	0	1	2	3	4	5	6
现金净流量	-225 000	39 800	50 110	67 130	62 760	78 980	80 000
累计现金净流量	-225 000	-185 200	-135 090	-67 960	-5 200	73 780	153 780

投资回收期=（5-1）+（5 200÷78 980）=4.07（年）

3. 决策规则

利用投资回收期进行项目评价的规则是：当投资回收期小于基准回收期（由公司自行确定或根据行业标准确定）时，可接受该项目；反之，则应放弃。在实务分析中，如果没有建设期的话，一般认为投资回收期小于项目经营期一半时方为可行。

4. 评价

(1) 优点。投资回收期的计算较为简单。

(2) 缺点。没有考虑货币的时间价值。这显然是不科学的。为了克服这一缺点，往往需要计算折现回收期（也称为动态回收期）。除此之外，该法只考虑回收期以前各期的现金流量，将投资回收以后的现金流量截断了，完全忽略了投资回收以后的经济效益，不利于反映项目全部期间的实际状况。

第二节 项目投资管理

一、项目投资概述

(一) 项目投资的概念

按照投资时间长短，项目投资可分为短期投资和长期投资。短期投资又称流动资产投资，是指在一年内能收回的投资。长期投资则是指一年以上才能收回的投资。由于长期投资中固定资产所占的比重最大，所以长期投资有时专指固定资产投资。在本节中，项目投资是指以特定项目为对象，对公司内部各种生产经营资产的长期投资行为，其目的是保障公司生产经营过程的连续和生产规模的扩大。

(二) 项目投资的特点

与其他形式的投资相比，项目投资主要有以下几个特点：

1. 投资数额大

项目投资特别是战略性投资，一般资金投入量都较大，占了企业总资产的很大比重。因此项目投资的成功与否将对企业未来的现金流和财务状况产生重大影响。一旦失败，企业的各项生产经营活动可能会难以持续下去。

2. 项目投资的回收时间长

一般而言，项目投资会存在一定的建设周期和效用期间，加上初始投资数额较大，项目投资的资金回收通常需要几年甚至十几年。因此，项目投资决策一经做出，便会在较长时间内影响公司的经营活动。

3. 项目投资的变现能力较差

作为一种长期投资，项目投资受到项目时长、资金、质量和功能等条件的限制，要在预定的期限里、规定的限额内和一定的质量标准下完成。因此项目投资形成的资产一般具有专用性，针对性强，故难以出售，变现能力较差。

4. 投资风险大

项目投资的金额大、回收期长、变现能力差导致了其投资风险大。项目投资决策的制定受到多重因素影响，实际投资效果与预期投资效益很可能会发生背离。

5. 项目投资的实物形态与价值形态可以分离

随着固定资产的磨损，固定资产的价值以折旧的形式脱离其实物形态，转化为积累资金，而其余部分仍存在于实物形态中。在使用年限内，保留在固定资产实物形态上的价值逐年减少，而脱离实物形态转化为积累资金的部分逐年增加。

二、项目投资的步骤

项目投资具有相当大的风险，一旦决策失误，就会严重影响企业的财务状况和现金流量，甚至会使企业走向破产。因此，项目投资的决定不能在缺乏调查研究的情况下做出，而必须按特定的程序，运用科学的方法进行可行性分析，以保证决策的正确有效。项目投资决策的程序一般包括以下几个步骤：

（一）项目投资方案的提出

为了满足公司生存、发展和获利的需要，根据公司的长远发展战略目标进行项目投资，可以为公司提供更多、更好的发展机遇。公司的各级管理人员都可以提出投资项目。一般而言，公司的最高管理层提出的投资项目多是战略性的，基层管理者提出的投资项目多是战术性的。

（二）项目投资方案的评价

项目投资方案的评价主要涉及几项工作：一是项目对公司的重要意义及项目的可行性；二是估算项目预计投资额，预计项目的收入和成本，预测项目投资的现金流量；三是计算项目的各种投资评价指标；四是写出评价报告，并提交至管理层。

（三）项目投资方案的决策

项目投资评价后，根据评价的结果，公司相关决策者要做最后决策。最后决策一般可分为三种情况：①该项目可行，接受这个项目，可以进行投资；②该项目不可行，拒绝这个项目，不能进行投资；③将项目计划发还给项目投资的提出部门，重新调查后，再做处理。

（四）项目投资的执行

公司相关决策者做出投资决策并决定对某项目进行投资后，公司相关部门按照投资计划的要求积极筹措资金，实施投资。在项目投资的执行过程中，公司还要对工程进度、工程质量、施工成本进行控制，以便使投资按预算的规定如期完成。

（五）项目投资的再评价

在项目投资的执行过程中，公司应根据项目的实际情况判断原来做出的决策是否合理。

三、项目现金流量的估计

现金流量在项目投资中发挥着极为重要的作用。若要进行科学的项目投资决策，就需要准确地估算项目的现金流入量、现金流出量和现金净流量。估计项目投资的现金流量是分析项目投资方案最重要、最困难的步骤。现金流量包括现金流出量、现金流入量和现金净流量。现金流量是指一个项目引起的公司现金收入和现金支出增加的数量。这里的现金是广义的现金，它既包括各种货币资本，又包括需要投入的公司现有的非货币资源的变现价值。例如，在一个设备更新决策中，现金流量就包含原有旧设备的变现价值，而不是其账面价值。

（一）现金流出量

现金流出量是指一个项目投资方案所引起的公司现金支出的增加额，包括项目的直接投资支出、垫支的营运资本、付现成本、各项税款、其他现金流出等。例如，公司增加一个新项目，则该项目通常会引起以下现金流出：

（1）项目的直接投资支出。项目的直接投资支出实质是因项目形成生产能力而发生的各种现金支出，包括购建固定资产的价款支出以及运输、安装、调试等方面的支出。

（2）垫支的营运资本。垫支的营运资本是指项目开始运营并形成生产能力后，因公司的生产能力扩大而引起的营运资本的需求量增加，因此，增加的营运资本也就成为该项目投资的一项现金流出。

（3）付现成本。付现成本是指项目运营后引起的需要使用现金支付的成本，即公司在经营期内为满足正常生产经营而动用现金支付的成本费用，如外购原材料、燃料、动力的费用以及工资、修理费和其他费用。

（二）现金流入量

现金流入量是指一个项目投资方案所引起的公司现金收入的增加额。

（1）营业现金流入。营业现金流入是指项目投资建成投产后，通过生产经营活动而取得的营业收入。

（2）净残值收入。净残值收入是指投资项目结束后，回收的固定资产报废或出售时的变价收入扣除清理费用后的净收入。

（3）垫支营运资本的收回。在项目终结时，公司将垫付的营运资本收回，因此应将其作为该方案的一项现金流入。

（三）现金净流量

现金净流量是指一定期间现金流入量与现金流出量的差额。这里所说的“一定期间”，有时是指一年内，有时是指投资项目持续的整个年限内。现金流入量大于现金流出量时，现金净流量为正值；反之，现金净流量为负值。现金净流量=现金流入量-现金流出量。这里必须注意的一点是，在确定项目投资方案相关的现金流量时，应遵循的最基本原则是：只有增量现金流量才是与项目相关的现金流量。所谓增量现金流量，是指接受或拒绝某个项目投资方案后，公司总现金流量因此发生的变动。只有那些因某个项目引起的现金支出增加额，才是该项目的现金流出；只有那些因某个项目引起的现金流入增加额，才是该项目的现金流入。

（四）确定项目现金流量的基本假设

确定项目现金流量是一项复杂的工作，为了能简便地计算出现金流量，在确定现金流量时做了以下假设：

（1）项目投资的类型假设。这一假设是指在项目投资中涉及两种类型，即新建项目投资和更新改造项目投资。

（2）财务分析可行性假设。在进行投资决策时，所进行的评价只是财务评价，财务评价是在该项目已经具备政策可行性和技术可行性基础上进行的。

（3）全投资假设。假设在确定项目的现金流量时，不区分自有资本和借入资本。因此，在计算现金流量时，不考虑借入资本的利息支出。

（4）建设期投入全部资本假设。假设项目的初始投资额不论是一次投入还是分次投入，都是在建设期内投入的。

（5）经营期与折旧年限一致假设。假设项目的经营期与项目主要固定资产的使用年限或折旧年限是一致的。

（6）时点指标假设。为了便于利用时间价值的形式确定现金流量，不论现金流量的具体内容所涉及的价值指标是时点指标还是时期指标，均假设为时点指标来处理。其中，固定资产投资在建设期内有关年度的年初或年末发生；营运资本投资则在建设期年末发生；经营期内各年的收入、成本、折旧、摊销、利润、税金均在年末发生；项目最终报废或清理发生在终结点。

（7）产销量平衡假设。假设经营期内同一年的产量等于该年的销售量。

（8）确定性因素假设。假设项目所涉及的有关价格、产销量、成本水平、所得税税率等因素均为已知的常数。

（五）现金流量估计应注意的问题

估计投资项目所需要的资本支出以及该项目每年能产生的现金净流量会涉及很多变量。企业在确定投资项目的相关现金流量时，应遵循的基本原则是：只有增量现金流量才是相关现金流量。所谓增量现金流量，是指接受或拒绝某个投资项目后，公司总现金流量因此而发生的变动。公司在判断增量现金流量时，需要注意以下几个问题：

1. 辨析现金流量与会计利润的区别与联系

财务会计按权责发生制计算公司的收入和成本费用，并据以确定利润作为评价公司经济效益的基础；而项目评价方法则按收付实现制确定的现金流量作为评价项目经济效益的基础。现金流量与会计利润既有联系又有区别。两者的联系在于现金净流量与利润在本质上没有根本的区别，在项目整个有效期内，两者总额相等。其主要区别在于：①是否考虑货币时间价值。不同时点的现金流量有不同的价值，应按其发生的时间具体确定。利润不一定当期实现，不利于现值的确定；现金流量反映当期现金流入量和流出量，有利于考虑时间价值因素。②是否有利于方案评价的客观性。利润的计算缺乏统一标准，在一定程度上受人为因素的影响，如存货计价、费用摊配、折旧方法的选择都带有较大的主观性，并且利润反映的是某一会计期间的应计流量而非实际流量；现金流量的分布则不受上述人为因素的影响。③是否有利于反映现金流动状况。项目效益的评价是以假设其收回的资本可进行再投资为前提的。在项目预算中，现金流动状况比盈亏状况更重要。利润反映盈亏状况，但有利润的年份不一定产生相应的现金用于再投资，只有现金净流量才能用于再投资。

2. 考虑投资项目对公司其他项目的影响

在估计现金流量时，要以投资对公司所有经营活动产生的整体效果为基础进行分析，而不是孤立地考察某一个项目。因为当公司采纳一个新项目时，该项目可能对公司的其他项目或部门产生有利或不利的影响。若该项目的投入会引起公司其他经济活动营业收入的减少，则增量现金流量应减去这部分减少额；若该项目的投入会引起其他项目现金流量的增加，则增量现金流量应加上这部分增加额。

3. 区分相关成本和非相关成本

相关成本是指与特定决策有关的、在分析评价时必须加以考虑的成本。例如，差额成本、未来成本、重置成本、机会成本都属于相关成本。与此相反，与特定决策无关的、在分析评价时不必加以考虑的是非相关成本。例如，沉没成本、过去成本、账面成本等往往是非相关成本。沉没成本是指过去已经发生，无法由现在或将来的任何决策所能改变的成本。有人把沉没成本比喻为“泼出去的牛奶”。若将非相关成本纳入成本总额，会使一个有利的项目变得无利可图，从而造成决策失误。

4. 不要忽视机会成本

机会成本是指投资决策时，从多种方案中选取最优方案而放弃次优方案所丧失的收益。机会成本不是普通意义上的“成本”，即它不是一种支出或费用，而是失去的收益，这种收益不是实际发生的，而是潜在的。机会成本总是针对具体方案的，离开具体方案就无法确定。机会成本在决策中的意义在于：它有助于决策者考虑可能采取的各种方案，以便为既定资源寻求最为有利的使用途径。

5. 对净营运资本的影响

所谓净营运资本的需要，是指增加的流动资产与增加的流动负债之间的差额。在一般情况下，一方面，当公司采纳一个新项目使销售额扩大时，对于流动资产的需求就会增加，公司必须筹措新的资本，以满足这种额外需求；另一方面，公司扩充的结果会同时引起流动负债的增加，从而降低流动资本的实际需要。当投资项目寿命周期快要结束时，净营运资本恢复到原有水平。因此，在投资分析时，假定开始筹资时的净营运资本在项目结束时被完全收回。

6. 通货膨胀的影响

对通货膨胀的处理有两种方法：一种是用名义利率计算项目现值，另一种是用实际利率贴现。名义利率是按货币面值计算的利率，实际利率是按货币购买力计算的利率。现金流量受通货膨胀的影响程度不同，如工资增长率通常要快于通货膨胀率，而折旧引起的税负节约则不随通货膨胀的变化而变化。因此，不能简单地用统一的通货膨胀率来修正所有现金流量。

四、项目投资决策方法的应用

（一）独立投资方案的决策

对于独立项目，若项目的内含报酬率高于投资者的预期报酬率，则该方案可行；若项目的内含报酬率低于投资者的预期报酬率，则该方案不可行。项目的内含报酬率与预期报酬率或资本成本之间的差也是一种安全边际。安全边际越大，表明投资者收益预期越有保障，项目投资越安全。因此，对于独立性投资方案，公司需要以效率为衡量指标，来进行投资排序。

（二）互斥投资方案的决策

对于多个互斥性投资项目，会出现净现值法与内含报酬率法选择不一致的情况，即净现值最大的方案内报酬率可能不是最高的。内含报酬率最高的方案可能净现值不是最大的。在这种情况下，公司要把内含报酬率法和净现值法结合起来使用。在资本约束条件允许下，公司要选择净现值最大的方案。这主要可以分为以下两种情况：

1. 项目的寿命期相等

当项目的寿命期相等时，不论方案的原始投资额多少，能够获得更大的获利数额即净现值的方案就为最优方案，即在寿命期相同的情况下用净现值决策。

2. 项目的寿命期不相等

当项目寿命期不相等时，需要将两个项目转化成同样的投资期限，这样才具有可比性。或者可以找出各项目寿命期的最小公倍数，并将其作为共同的有效寿命期。此时，年金净流量法是互斥方案中最恰当的决策方法。

（三）固定资产更新决策

固定资产更新是指对于技术上或经济上不宜继续使用的旧资产，用新资产更换或用先进的技术对原设备进行局部改造。固定资产更新决策主要包括两个方案：继续使用旧设备和购置新设备。固定资产更新决策不同于一般的投资决策。一般来说，设备更换不改变其生产能力，不增加公司现金流入；同时，处置旧设备时会产生现金流入，还会带来纳税上的变化。此时，如果新旧设备使用年限相同，则可以选择现金流出总现值小的方案；如果新旧设备使用年限不同，应当采用选择年金成本最小的方案。年金成本的计算公式如下：

$$年金成本=\sum\frac{各项目现金净流出现值}{年金现值系数}$$

$$=\frac{(原始投资额-残值收入\times复利现值系数+\sum 年营运成本现值}{年金现值系数}$$

$$=\frac{原始投资额-残值收入}{年金现值系数}+残值收入\times贴现率+\frac{\sum 年营运成本现值}{年金现值系数}$$

第三节　证券投资管理

一、证券投资的种类与目的

（一）证券投资的含义

证券，又称有价证券，是指票面载有一定金额代表财产所有权或债权，可以有偿转让的凭证。证券投资是一种狭义的投资，是指投资者购买政府或其他企业公开发行的有价证券的投资行为。科学有效的证券投资管理方法可以提高企业经济效益、降低风险，从而促进企业财务管理目标的实现。

（二）证券投资的种类

1. 证券的分类

（1）按证券的发行主体分类。按照发行主体不同，证券可分为政府证券、金融证券和公司证券三种。政府证券是指中央政府或地方政府或政府授权的代理机构为筹集资金而发行的证券，包括国库券、财政债券、建设公债、特种国债等。金融证券是银行或其他金融机构为筹集资金、弥补流动资金的不足而发行的证券。公司证券又称企业证券，是一般企业和公司发行的债券。

（2）按证券的到期时间分类。按照到期时间的长短，证券可分为短期证券和长期证券两种。短期证券是指到期时间短于 1 年的证券，如短期国债、商业票据、银行承兑汇票等。长期证券是指到期时间长于 1 年的证券，如股票、债券等。

（3）按证券收益是否固定分类。根据收益的固定与否，证券可分为固定收益证券和变动收益证券。固定收益证券是指在证券的票面上规定有固定收益率的证券，如固定利率债券、优先股股票等。变动收益证券是指证券的票面不标明固定的收益率，如普通股的股利收益事先不确定，而是随公司税后利润的多少来确定。

（4）按证券的经济性质分类。按照经济性质，证券可分为基础证券和金融衍生证券两大类。股票、债券和投资基金都属于基础证券，它们是最活跃的投资工具，是证券市场的主要交易对象。金融衍生证券是指由基础证券派生出来的证券交易品种，主要有金融期货与期权、可转换证券、存托凭证、认股权证等。

2. 证券投资的分类

根据投资性质的不同，证券投资可分为债券投资、股票投资和混合投资三类。

（1）债券投资。债券投资是指由发行企业或政府机构发行并规定还本付息的时间与金额的债务证书，包括国库券、金融债券和其他公司债券。与股票投资相比，一般而言，债券投资收益相对稳定，投资风险较低。

（2）股票投资。股票投资表明企业拥有证券发行公司的所有权，如其他公司发行的普通股股票，其投资收益决定于发行公司的股价和股利。股票投资一般风险较大，但收益也较高。

（3）混合投资。混合投资是指企业将资金同时投资于多种证券，例如购买优先股、可转换公司债券等。混合投资可以有效地分散证券投资风险。

（三）证券投资的特点

1. 债券投资的特点

债券投资与股权投资相比，主要具有以下特点：

（1）投资风险较低

债券具有偿还性，有固定的到期日，债券发行单位（债务人）必须按规定的期限向债券投资者（债权人）还本付息，所以，债券投资风险较低。

（2）投资收益比较稳定

债券的投资收益包括利息和资本利得。债券的票面利率一般固定不变，债券投资者在持有期间可按期取得稳定的利息收入，并不受债券发行单位经济状况好坏的影响。此外，债券投资者还可以通过在市场上买卖债券，获取资本利得收益。

（3）选择性比较大

债券按发行单位可分为政府债券、金融债券和企业或公司债券；按照是否可转换为股份可分为可转换债券和不可转换债券。不同种类的债券，其期限、利率也各不相同。企业可根据自身的情况，在对债券投资的风险和收益做出权衡后，选择合适的债券或债券组合进行投资，以获取较高的投资收益。

（4）无权参与发行单位的经营管理

债券投资者是债券发行单位的债权人，而不是所有者，其权利只是按期收回本息和中途转让获得资本利得收益，而无权参与发行单位的经营管理，也无权对发行单位施加控制和影响；同时对发行单位的经营好坏也不负任何经济责任。

2. 股票投资的特点

股票投资与债券投资相比，主要具有以下特点：

（1）投资收益较高

股票投资收益主要包括股利和资本利得。股票的股利多少取决于发行公司的经营状况、盈利水平、现金流量状况和股利政策等诸多因素。一般情况下，股利要高于债券的利息。资本利得是企业通过低进高出股票而获取的买卖价差收益。此外，企业投资股票还可以实现货币保值，即在货币贬值时，股票会因发行公司资产的增值而升值，也可以因无偿获取公司发行的新股（如转股、送股）而取得收益。

（2）投资风险较大

风险和收益相伴随，股票投资既然有可能获得较高的收益，也就有可能要承担较大的风险。股票没有固定的到期日，股票投资收益受发行公司经营状况、盈利水平和股利政策等多种因素影响从而具有很大的不确定性。具体来讲，发行公司经营状况越好，股票投资者获得的收益就越高；若发行公司经营不善，股票投资者获取的收益就较低，甚至可能无利可分；若发行公司破产，由于公司股东的求偿权位于债权人之后，股票投资者可能连本金也无法收回。

（3）可以参与发行公司的经营管理

股票的投资者是公司的股东，有权出席股东大会，参与发行公司的经营管理。股东参与经营管理的权利大小，取决于其所持有的股份多少。但同时股东也以持有的股份多少对外承担经济责任。因此，要想控制一家公司，最好的策略就是购买这家公司的股票，并使所持有股份数额达到控股比例。

（4）流动性较强

上市公司的股票具有很强的流动性。在股票交易市场上，股票可以作为买卖对象或抵押品随时转让。当股票投资者需要现金时，可以将其持有的股票转让换取现金，满足其对现金的需求，同时将股东的身份以及各种权益让渡给受让者；当企业能够筹集到股票投资所需的现金时，也可以随时购进股票，作为股票投资者以获取投资收益。股票较强的流动性促进了企业资金的有效利用和合理配置。

（四）证券投资的目的

企业进行证券投资的主要目的有以下几个方面：

（1）分散资金投向，降低投资风险。构建投资组合可以有效分散非系统性风险。

（2）利用闲置资金，增加企业收益。企业可以利用证券资产的易变现、高风险的特征获取投资回报。企业一般都持有一定量的有价证券，以替代数量较大但不能盈利的现金余额。在现金流出超过现金流入时，企业可以出售有价证券来获得现金回报。短期证券的投资在多数情况下都是出于预防的动机，因为大多数企业都依赖银行信用来应付短期交易对现金的需要，但银行信用有时是不可靠的或不稳定的。因此，企业必须持有有价证券以防银行信用的短缺。

（3）稳定客户关系，保障生产经营。企业可以利用证券投资，与主要客户结成战略联盟，服务于企业的经营战略。

（4）提高资产流动性，增强偿债能力。企业可以通过证券投资，优化企业资产配置结构，增强资产流动性，提高企业短期偿债能力。

（5）与筹集长期资金相融合。处于成长期或扩张期的公司一般每隔一段时间就会发行长期证券、股票或公司债券。但发行长期证券所获得的资金一般并不一次用完，而是逐渐、分次使用。这样，暂时不用的资金要投资于有价证券以获取一定收益，而当企业进行投资需要资金时，则可卖出有价证券以获得现金。

二、证券投资的收益与风险

（一）证券投资风险

按照风险性质，我们可将证券投资风险分为系统风险和非系统风险。

1. 系统风险

系统风险又称市场风险或不可分散风险是指影响所有资产的、不能通过风险分散而消除的风险，即指由整体政治、经济、社会等环境因素对证券价格所造成的影响。

（1）价格风险。价格风险是指由于市场利率上升，而使证券资产价格普遍下跌的可能性。一般而言，银行利率下降，则证券价格上升；银行利率上升，则证券价格下跌。不同期限的证券的利息率风险不一样，期限越长，风险越大。当投资者进行长期投资时，未来利率上升（折现率提高），长期证券资产价值将下降。

（2）再投资风险。再投资风险是指债券持有者在持有期间收到的利息收入、到期收到的本息、出售时得到的资本收益等；用于再投资所能实现的报酬，可能会低于当初购买债券时的收益率。再投资收益率依赖于利率的未来走势。当利率走低时，再投资收益率就会降低，再投资风险加大；当利率上升时，债券价格会下降，但是利息再投资收益会上升。一般而言，期限较长的债券和票面利率较高的债券的再投资风险相对较大。

（3）购买力风险。购买力风险又称通货膨胀风险，是指由于通货膨胀而使货币购买力下降的可能性。在持续而剧烈的物价波动环境下，货币性资产会产生购买力损益：当物价持续上涨时，货币性资产会遭受购买力损失；当物价持续下跌时，货币性资产会带来购买力收益。一般而言，随着通货膨胀的发生，变动收益证券比固定收益证券要好。因此，普通股股票被认为比公司债券和其他有固定收入的证券能更好地避免购买力风险。

2. 非系统风险

非系统风险，又称企业特有风险或可分散风险，是由于特定经营环境或特定事件变化引起的不确定性，从而对个别证券资产产生影响的特有风险，是可以通过有效的资产组合来消除掉或分散掉的风险。

（1）违约风险。违约风险又称信用风险，指证券发行人无法按期支付利息或偿还本金的风险。一般而言，政府发行的证券违约风险小，金融机构发行的证券次之，工商企业发行的证券风险较大。造成企业证券违约的原因有以下几方面：政治、经济形势发生重大变动；发生自然灾害，如水灾、火灾等；企业经营管理不善、成本高、浪费大；企业在市场竞争中失败，主要顾客群消失；企业财务管理失误，不能及时清偿到期债务。

（2）变现风险。变现风险又称流动性风险。流动性风险是指在投资人想出售有价证券获取现金时，证券不能立即出售的风险。能在较短时间内按市价大量出售的资产，是流动性较高的资产，这种资产的流动性风险较小；如果资产不能在短时间内按市价大量出售，则属于流动性较低的资产，这种资产的流动性风险较大。例如，对于小公司的债券，出售比较困难，因而流动性风险较大；但国库券几乎可以立即出售，则其流动性风险较小。

（3）破产风险。破产风险是指证券资产发行者破产清算时，投资者无法收回应得权益的可能性。

（二）证券投资收益

基于理性经济人的假设，主体在经济活动中所追求的唯一目标是自身经济利益的最大化。因此企业进行证券投资的主要目的就是获得投资收益，包括资本利得（证券交易现价与原价的价差）以及资产现金净流入（股利、红利或利息收益）。证券投资的收益一般有两种表达方式：①以金额表示；②以百分比表示。

1. 债券投资收益

（1）债券估价。债券作为表明债权债务的凭证，也是一种有价证券。在实际生活中，债券价格的表现形式有多种，如票面价格、发行价格、内在价值、市场价格、清算价格等。而这里的债券估价，是指债券内在价值的估算。

债券作为一种投资，其现金流出是购买价格，现金流入是利息收入和偿还的本金或出售时得到的现金。假设债券在其期限内利率固定不变，每期（如每年）末支付利息，到期归还本金。则此类债券投资的未来现金流入包括各年的利息和到期本金，债券的内在价值就是各年利息的现值和本金现值之和。其计算公式如下：

$$V=\sum_{t=1}^{n}\frac{I}{(1+i)^{t}}+\frac{M}{(1+i)^{n}}$$

式中，V是债券的内在价值；I是年利息；M是债券面值或到期本金；i是市场利率或投资者要求的必要收益率；n是债券期限。

从公式中可以得出：债券期限越短，债券票面利率对债券价值的影响越小；债券期限越长，债券价值越偏离于债券面值。除此之外，市场利率是决定债券价值的贴现率，市场利率的变化会造成系统性的利率风险。市场利率与债券价值呈反向变动关系。长期债券对市场利率的敏感性会大于短期债券，在市场利率较低时，长期债券的价值远高于短期债券，在市场利率较高时，长期债券的价值远低于短期债券的价值。市场利率低于票面利率时，债券价值对市场利率的变化较为敏感，市场利率稍有变动，债券价值就会发生剧烈的波动；市场利率超过票面利率后，债券价值对市场利率变化的敏感性减弱，市场利率的提高不会使债券价值过分降低。

（2）债券投资收益。债券投资的收益由名义利息、利息再投资、价差收益三部分构成。债券的到期收益率应是债券投资净现值为零的贴现率，即能使债券的内在价值等于其债券市场价格的贴现率，也就是债券投资的内部收益率。只有当债券的到期收益率高于投资者要求的必要收益率时，才值得购买。根据上述债券内在价值的计算原理，以债券市场价格P_0代替债券内在价值V，那么，债券投资的到期收益率应是使下列公式成立的贴现率：

$$P_0 = \sum_{t=1}^{n} \frac{I}{(1+i)^t} + \frac{M}{(1+i)^n}$$

2. 股票投资收益

（1）股票估价。当企业购买股票进行投资时，应先对所要投资的股票进行分析决策。股票价格的表现形式有多种，如票面价格、发行价格、内在价值、市场价格、清算价格等。而本书中的股票估价，是指股票内在价值的估算。

（2）股票估价的基本模型。假设股票没有固定到期日，投资者可以无限期地持有股票，此时股利是投资者所能获取的唯一现金流入。在这种情况下，股票的内在价值就是这一永续现金流入的现值之和，公式如下：

$$V = \frac{D_1}{(1+i)^1} + \frac{D_2}{(1+i)^2} + \frac{D_3}{(1+i)^3} + \cdots = \sum_{t=1}^{\infty} \frac{D_t}{(1+i)^t}$$

式中，D_t 是第 t 年的股利；i 是贴现率；t 是年份。

除了股利收入，股票投资者还希望从股票价格上涨中获取买卖差价收入，即资本利得。那么，在短期持有未来准备出售的条件下，股票投资者的未来现金流入包括持有期内每期获取的股利收入和出售时的股价，股票的内在价值就是股利现值和股价现值之和。其估价模型的计算公式如下：

$$V = \sum_{t=1}^{n} \frac{D_t}{(1+i)^t} + \frac{P_n}{(1+i)^n}$$

式中，P_n 是股票出售时的股价。

【例 3-6】某企业准备购入 A 公司股票进行投资，预计 3 年后出售可得价款 80 000 元，在 3 年中每年可获取股利收入 5 000 元。假设该企业要求的投资必要收益率为 15%，则 A 股票的内在价值如下：

$V = 5\ 000 \times \text{PVIFA}_{15\%,3} + 80\ 000 \times \text{PVIF}_{15\%,3}$

$= 5\ 000 \times 2.283 + 80\ 000 \times 0.658$

$= 64\ 055$（元）

这说明当股票市场上 A 股票的市场价格低于 64 055 元时，该股票才有购买价值，这样才可获得高于 15%的收益率。

（3）零成长股票的估价模型。在无限期持有股票的条件下，如果发行公司每年年末所支付的股利相等或稳定不变，即预期股利的增长率为零，这种股票被称为零成长股票。该种股票每年年末的股利表现为永续年金形式，其估价模型如下：

$$V = \frac{D}{i}$$

【例 3-7】假设某公司股票预期每年股利为每股 2.5 元，若投资者要求的投资必要收益率为 10%，则该股票的每股内在价值如下：

$$V = \frac{2.5}{10\%} = 25(\text{元})$$

这说明当市场上该股票的市场价格低于每股 25 元时，该股票才值得购买。

（4）固定成长股票的估价模型。投资者购入一种股票，至少希望股利应是不断增长的。在无限期持有股票的条件下，如果发行公司预期每年年末每股股利以一个固定比例增长，这种股票被称为固定成长股票。该种股票的各年股利如下：

$$D_t = D_0(1+g)^t$$

式中，D_0是上年股利；g 是固定股利增长率。将其代入股票估价基本模型可得：

$$V = \sum_{t=1}^{n} \frac{D_0(1+g)^t}{(1+i)^t}$$

若 $i>g$，可得固定成长股票的估价模型如下：

$$V = \frac{D_0(1+g)}{i-g} = \frac{D_1}{i-g}$$

式中，D_1 是第一年的股利。

【例 3-8】某公司股票去年的每股股利为 2.5 元，预计未来无限期内每股股利将以每年 5%的比率增长，该公司要求的投资必要收益率为 10%，则该公司股票的每股内在价值如下：

$$V = \frac{2.5(1+0.05)}{0.10-0.05} = 52.5(\text{元})$$

这说明当该公司股票的每股市场价格低于 52.5 元时，该股票才值得购买。

（5）股票投资收益。股票投资的收益包括股利和资本利得两部分。

股票投资的预期收益率应是使股票投资净现值为零的贴现率，即能使股票的内在价值等于其市场价格的贴现率，也就是股票投资的内含收益率。只有当股票投资的预期收益率大于企业所要求的必要收益率时，企业才值得投资于该股票。根据上述股票估价模型，以股票市场价格 P_0替代其内在价值 V，就可得出不同情况下股票的预期收益率。

（6）短期持有股票预期收益率。该股票投资的预期收益率应是使下列公式成立的贴现率：

$$V = \sum_{t=1}^{n} \frac{D_t}{(1+i)^t} + \frac{P_n}{(1+i)^n}$$

【例 3-9】延续例 3-1，若 A 公司股票的市场价格为 65 000 元，则该股票投资的预期收益率计算如下：

当 $i=15\%$时，$V=64\ 055$ 元，按照 15%的贴现率计算出的股票的内在价值低于其市场价格 65 000 元，因而还要降低贴现率，从而使其内在价值提高到 65 000 元以上。

因此，使用 $i=14\%$再次进行测试可得出：

$V = 5\ 000 \times PVIFA_{14\%,3} + 80\ 000 \times PVIF_{14\%,3}$

$= 5\ 000 \times 2.322 + 80\ 000 \times 0.675$

$= 65\ 610$（元）

可以看出，按 14%的贴现率计算的股票的内在价值大于其市场价格 65 000 元，看来使股票的内在价值等于其市场价格 65 000 元的贴现率一定在 14%和 15%之间。用插值法计算的股票的预期收益率为：$i=14\%+$（15%−14%）×65 610−6 500 065 610−64 055 = 14% +0.39% = 14.39

（7）零成长股票预期收益率。根据零成长股票的估价模型，该种股票投资的预期收益率计算公式如下：

$$i=\frac{D}{P_0}$$

【例 3-10】若某公司股票预期每年股利为每股 2.5 元，股票的市场价格为每股 10 元，则该股票投资的预期收益率如下：

$$i=\frac{2.5}{10}=25\%$$

（8）固定成长股票的预期收益率。根据固定成长股票的估价模型，该种股票投资的预期收益率如下：

$$i=\frac{D_1}{P_0}+g$$

【例 3-11】若股票去年的每股股利为 2.5 元，预计未来无限期内每股股利将以每年 5%的比率增长，该股票的市场价格为 25 元，则该类股票的预期收益率如下：

$$i=\frac{2.5\times(1+0.05)}{25}+0.05=15.5\%$$

为了合理地反映证券投资风险的大小和收益率的高低，一般要对证券进行评级，现说明几种证券的信用评级方法。

（1）债券的评级。债券的评级是指评级机构根据债券的风险和利息率的高低，对债券的质量做出的一种评价。在评级时考虑的主要因素是：第一，违约的可能性；第二，债券的性质和有关附属条款；第三，在破产清算时债权人的相对地位。债券的等级一般分为 AAA、AA、A、BBB、BB、B、CCC、CC、C 九级，从前到后质量依次下降。一般而言，前四个级别的债券质量比较高，大多数投资人都可以接受，因而被称为“投资等级”，后五个级别的质量较低，大多数投资人都不愿购买，被称为“投机等级”。

（2）优先股的评级。优先股评级是证券评估机构对优先股的质量做出的一种评价。对优先股评级考虑的主要因素是：第一，支付股息的可能性；第二，优先股的性质和各种条款；第三，在破产清算和企业重组时优先股的相对地位。优先股的评级与债券评级大体一致。但优先股的股利分配和对企业财产的要求权都位于债权人之后，因此，优先股等级一般不能高于同一个企业发行的债券的级别。

（3）短期融资券的评级。短期融资券评级是指对期限在 1 年以内的债券的一种评级。因此，短期融资券在西方又称商业票据，所以短期融资券评级又称商业票据评级。商业票据的等级可按债务人支付商业票据债务的能力划分为 A、B、C、D 四大类，A 级是最高级别的商业票据，表示按时支付能力最强。A 级的后面还可以加上“1、2、3”以表示安全性质的相对程度。B 级表示有足够的按时支付能力，但是条件的改变或暂时的逆境会破坏这种能力。C 级表示支付能力令人怀疑。D 级表示这种商业票据正在被拖欠或者将来到期时将被拖欠。

（4）普通股的编类排列，即证券评级机构按照各种股票的收益和红利的不同水平对股票进行编类排列。普通股和其他证券不同，它没有事先规定红利的多少，因此不存在违约风险。这样普通股就不存在评级问题，只是依据普通股红利的增长情况和稳定程度、以往的信息资料以及发行普通股企业的大小来进行普通股的编类排列。美国穆迪投资者服务公司把普通股划分为四大等级，其含义分别为：A^+表示股东收益最高；A 表示股东收益较高；A^-表示股东收益略高于平均水平；B^+表示股东收益相当于平均水平；B 表示股东收益略低于平均水平；B^-表示股东收益较低；C 表示股东收益很低；D 表示股东无收益或负收益。

思政元素

扩大有效投资 发挥投资对稳增长的"驾辕之马"作用

党的二十大报告指出，着力扩大内需，增强消费对经济发展的基础性作用和投资对优化供给结构的关键作用。在消费、投资、净出口"三驾马车"中，投资是经济稳中求进的"驾辕之马"，是助推经济转型、提高发展质量和效益的重要抓手，也是释放内需潜力、推动构建新发展格局的着力点。

一、投资是调节经济总量与结构的有效政策工具

马克思认为，投资就是"货币转化为生产资本"。投资过程中形成的商品和劳务需求，与消费共同构成一国经济的内需。作为连接需求与供给的纽带，长期以来，投资在稳定经济运行中扮演着重要角色。从当期看，投资能够迅速调动经济活动中的闲置资源，在资金流转中释放乘数效应。相较于消费的刺激提振，实施重大项目投资对迅速扩大当前需求、稳定经济大盘的即期影响往往更加显著。从长期看，投资通过提高生产效率和优化产业结构，间接作用于社会产品供给水平的整体提高；而消费基础设施领域的投资，更是可以实现以投资带动消费，实现更高水平的经济增长，进而推动形成需求牵引供给、供给创造需求的更高水平动态平衡，促进国民经济实现良性循环。

二、发挥投资关键作用需要政府投资与民间投资协同发力

习近平总书记强调，要完善扩大投资机制，拓展有效投资空间。有效投资重在"有效"，是注重效益的精准施策，要锚定高质量发展，聚焦经济社会发展中的关键领域和薄弱环节。在需求收缩、供给冲击、预期转弱的三重压力挑战之下，政府投资面临财力不足突出矛盾，民间投资更多持观望态度。应着力破除民间投资面临的法律法规障碍和隐形壁垒，加快推动形成有效投资。

要发挥好政府投资和政策激励的引导作用，有效带动激发民间投资。市场经济条件下，民间投资的目标侧重利润最大化，而政府投资更多投向为社会发展提供服务的非营利公益性项目，也包括虽可能有营利收入但难以收回投资或周期较长的公共基础设施、基础研究和科技创新等。对于竞争性领域，应侧重引导激发民间投资活力。要发挥好政府投资的撬动作用，灵活运用资本金注入、投资补助、贷款贴息等方式，支持符合政策导向的经营性项目建设。要放宽公共领域准入限制，鼓励和吸引民间投资和社会力量进入医疗、养老、文体等领域，优化服务供给结构。要有序推进政府和社会资本合作，发挥民间投资在资源配置效率方面的优势，风险共担、利益共享，提升民间投资配置效率。

从天津市看，一是着眼于服务国家重大战略，深度融入京津冀协同发展，聚焦承接属于非首都功能疏解范围的在京大企业大项目来津布局，为协同发展贡献天津之为。二是着眼于建设现代化产业体系和科技自立自强，立足全国先进制造研发基地功能定位，布局生物医药、高端装备、航空航天等先进制造业以及 5G 基站、新能源汽车充电桩等新型基础

设施。三是着眼于经济社会发展不平衡不充分的问题，聚焦“平急两用”公共基础设施、道路管网等传统基础设施短板，推动城市协调均衡发展；聚焦产业链供应链短板，保障产业链供应链安全稳定；聚焦住房、医疗、教育等公共服务短板。

三、稳定扩大民间投资需要持续优化投资环境

习近平总书记指出，投资环境就像空气，空气清新才能吸引更多外资。开办成本和收益预期是影响市场主体投资决策的重要因素。良好的政府供给应通过制度设计使投资企业的开办成本最小化、收益预期最大化，从而涵养更具投资吸引力的“清新空气”。

一是打造最优投资环境。加快形成有效投资，项目谋划是起点，能否落地还取决于资金、土地、能源、环保等多领域要素。近年来天津市连续出台“天津八条”“民营经济19条”“支持民营企业改革发展26条”等惠企举措，带动民营经济不断壮大，但相对于国有企业，民营企业的发展基础较差。2022年民间投资占全市固定资产投资的29.9%，相对处于低位。要抓住当前经济恢复性增长的契机，从舆论导向、营商环境、自身经营等多维度支持民营企业。立足“放管服”改革导向，进一步梳理适宜简化、取消、归并的政务服务事项，不断提升投资便利度。转移支付、专项债、财政奖补、政策贴息、融资担保等财政政策要更加积极、加力提效，稳健的货币政策要更加精准，进而提振投资信心、拉动投资意愿。

二是优化投资空间布局。合理的产业空间布局是优化经济结构、释放产业集聚效应的前提。一方面，应加强统筹和顶层设计，明确各区的不同发展重点，提高投资建设集聚强度，培育和壮大优势集群。通过错位发展，减少同质化竞争和无序涌入，突出各区的比较优势，使投资项目更好地服务于全市产业空间布局。另一方面，要处理好错位发展与协同配套的关系，特别是要素禀赋相仿的邻近区域，应加强跨区合作，涵养配套产业链，推动产业链向上下游延伸拓展，共同带动产业链相关投资项目落地。

整体而言，投资是当前坚定实施扩大内需战略的重要抓手，对优化供给结构具有关键性作用。“全力拼经济”，应从激发整个经济体系的内生动力入手，以政府投资带动市场投资、以高质量的有效投资进一步推进经济高质量发展。

资料来源：黄凤羽，邓文健. 扩大有效投资 发挥投资对稳增长的“驾辕之马”作用[EB/OL].（2023-05-26）[2023-08-21]. www.baijiahao.baidu.com/s?id=1766916213188320958&wfr=spider&for=pc.

专项练习

1. 甲公司是一家制造企业，计划在2021年年初新增一套设备，用于生产一种新产品。相关资料如下：

资料一：公司组通过外部筹资购置新设备，根据目标资本结构设计的筹资组合方案如下，银行借款筹资占40%，资本成本率为7%；发行普通股筹资占60%，资本成本率为12%。

资料二：设备投资额为：30 000 000元，建设期为0，运营期为5年，采用直线法计提折旧，预计净现值为1 500 000元。设备投入运营之初，须垫支营运资金5 000 000元，该营运资金在运营期满时全额收回，公司以筹资组合的资本成本率为项目折现率，适用的

企业所得税税率为25%。

资料三：设备运营期间，预计年产销量为40 000件，单价为1 000元/件，单位变动成本为600元/件，变动成本均为付现成本，固定成本仅包括设备折旧费。要求：

（1）根据资料一，计算筹资组合的平均资本成本率。

（2）根据资料二和资料三，计算：①边际贡献率；②盈亏平衡点的产销量；③安全边际额；④盈亏平衡作业率。

（3）根据资料二、资料三和资料四，不考虑利息费用及其影响，计算：①年营业现金净流量；②净现值；③年金净流量；④静态回收期。

2. 甲公司是一家上市公司，适用的企业所得税税率为25%，公司现阶段基于发展需要，拟实施新的投资计划，有关资料如下：

资料一：公司项目投资的必要收益率为15%。有关货币时间价值系数如下：

$(P/A, 15\%, 2) = 1.6257$；

$(P/A, 15\%, 3) = 2.2832$；

$(P/A, 15\%, 6) = 3.7845$；

$(P/F, 15\%, 3) = 0.6575$；

$(P/F, 15\%, 6) = 0.4323$。

资料二：公司的资本支出预算为5 000万元，有A、B两种互斥投资方案可供选择。A方案的建设期为0年，需要于建设起点一次性投入资金5 000万元，运营期为3年，无残值，现金净流量每年均为2 800万元。B方案的建设期为0年，需要于建设起点一次性投入资金5 000万元，其中：固定资产投资4 200万元，采用直线法计提折旧，无残值；垫支营运资金800万元，第6年年末收回垫支的营运资金。预计投产后1~6年每年营业收入为2 700元，每年付现成本700万元。

资料三：经测算，A方案的年金净流量为610.09万元。

资料四：针对上述5 000万元的资本支出预算所产生的融资需求，公司为保持合理的资本结构，决定调整股利分配政策，公司当前的净利润为4 500万元，过去长期以来一直采用固定股利支付率政策进行股利分配，股利支付率为20%，如果改用剩余股利政策，所需权益资本应占资本支出预算金额的70%。要求：

（1）根据资料一和资料二，计算A方案的静态回收期、动态回收期、净现值、现值指数。

（2）根据资料一和资料二，计算B方案的净现值、年金净流量。

（3）根据资料二，判断公司在选择A、B两种方案时，应采用净现值法还是年金净流量法。

（4）根据要求（1）、要求（2）、要求（3）的结果和资料三，判断公司应选择A方案还是B方案。

（5）根据资料四，如果继续执行固定股利支付率政策，计算公司的收益留存额。

（6）根据资料四，如果改用剩余股利政策，计算公司的收益留存额与可发放股利额。

中英文专业术语

现金流量（cash flow）
沉没成本（sunk cost）
机会成本（opportunity cost）
投资回收期（payback period）
平均报酬率（average rate of return）
净现值（net present value）
获利指数（profitability index）
内部报酬率（internal rate of return）
营业现金流量（ cash flow from operation）
初始现金流量（initial cash flow）
固定资产投资（fixed asset investment）
营运资金垫支（advance of working capital）
其他费用（other expenses）
原有固定资产变价收入（original fixed assets disposal proceeds）
终结现金流量（terminal cash flow）
固定资产更新（replacement of fixed assets）
资金限量（capital limit）
投资期（investment period）
项目寿命（project life）
风险投资决策（risk investment decision）
风险调整折现率（risk-adjusted discount rate）
风险调整现金流量（risk-adjusted cash flow）
最小公倍寿命法（method of least common multiple life）
联合投资（joint investment）
实用期权法（method of practical share option）
确定当量法（method of certainty equivalent）
约当系数（equivalent coefficient）

第四章 筹资决策管理

学习任务

1. 了解筹资的概念、分类、动机、原则和程序
2. 理解资本成本的概念，掌握资本成本的计算
3. 理解杠杆原理，掌握经营杠杆、财务杠杆和联合杠杆的计算
4. 理解筹资决策原理

引入案例

“步步高”企业的内部筹资

1995 年 8 月，正是小霸王学习机“打遍天下无敌手”、中山小霸王电子工业公司的发展如日中天之际，公司的“打工皇帝”——总经理段永平突然辞职，挂印封金而去。

次月 18 日，与中山一江之隔的东莞，一家名叫“步步高”的公司宣告成立，老板就是段永平。在公司筹备阶段，段永平就在内部推行股份制，几乎所有中层管理人员都入股了，员工们纷纷仿效，甚至公司代理商也不甘落后。聚沙成塔，利用内部员工持股的形式，“步步高”顺利解决了公司在创业初期所需的启动资金。两年后，“步步高”知名度节攀升。1997 年 11 月 8 日，“步步高”在中央电视台《新闻联播》节目后的 5 秒标板广告竞价中以 1.234 567 89 亿元的价码，夺得 5 秒标板的第一条。

一年多的时间，“步步高”在学生电脑市场上“吃”掉了一大块，电话也挤入国内市场前三名。1998 年，“步步高”主打 VCD 产品，气势逼人，直压同行三巨头。

“步步高”的成功除了领导者的经营技巧外，还在于公司内部推行的股份制。员工持股，不仅为“步步高”解决了资金问题，也使员工与企业紧紧联系在一起。正如“步步高”的一位高层管理者所说：“有恒产者有恒心。股份制比较好地解决了这个问题，有了钱他会投到企业里去，从制度上保证了公司能够持久发展。”

从上例中可看出，以盈利为目的的公司，在其初始筹备创业阶段，往往会以权益资本的方式从公司发起人、其他原始投资者那里获得公司运营所需的原始资本，这部分权益资本构成公司的原始资金来源。因为，此时的公司初具规模，其可供选择的融资渠道很少，根本不可能在资本市场上通过发行股票来筹集资金。所以它们只能依靠公司所有者，或依靠私人投资者，来提供公司经营发展所必需的资金。

据统计，在美国最成功的 100 家公司中，有 46 家公司实行了员工持股的模式；日本员工持股的现象更为普遍，老板积极鼓励员工持有本公司的股票、债券，让员工与公司建

立起一种密切的关系。这样一方面筹集了资金，另一方面又增强了公司的凝聚力。

公司内部筹资的优势还在于它的可行性较强，员工对公司筹资的目的比较了解，筹资款项容易到位，因为这种筹资方式容易得到员工的理解和支持。

请思考：

1. “步步高”为何先从公司内部筹资？

2. 当“步步高”在市场上具有一定的知名度后，资金短缺时还需依靠员工内部筹资吗？

3. “步步高”公司在起步阶段进行筹资，是否越多越好？为什么？

第一节　筹资方式概述

一、企业筹资的概念与分类

（一）概念

筹资是企业的主要财务活动之一。公司筹资是根据公司生产经营、对外投资和调节资本结构等需要，通过一定的筹资渠道和金融市场，运用适当的筹资方式，来获取所需资金。筹资是企业资金运动的起点，也是决定资金运动规模和生产经营能力的重要环节。

（二）分类

按照不同的分类标准，企业的融资可分为以下几种类型：

1. 按企业所取得资金的权益特性不同

（1）股权筹资。股权筹资形成股权资本，又叫权益资金。权益资金是指企业所有者提供的资金，包括资本金、资本公积、盈余公积和未分配利润。企业的股权资本通过吸收直接投资、发行股票、内部积累等方式取得。权益资金的所有权归属于企业的所有者，但企业对其依法享有经营权，并可供企业长期使用，是企业的永久性资本。企业的权益资金通常采用发行股票或吸收直接投资和留存收益等融资方式而形成。一般而言，股权资本不用还本，可以视为企业的永久性资本，财务风险小，但付出的资本成本相对较高。

（2）债务筹资。债务融资是指企业通过债务筹资融通资金，从而形成债务资金。企业需要按照合同在规定期限内清偿债务。债务融资具有较大的财务风险，但付出的资本成本相对较低。

（3）衍生工具筹资。衍生工具筹资主要包括混合融资（可转换债券）和其他衍生工具筹资（认股权证筹资）。

2. 按是否借助于金融机构为媒介来获取社会资金

（1）直接筹资。直接筹资是企业直接与资金供应者协商取得资本的一种筹资活动。在这个过程中，企业不经过金融中介机构，直接与资金供应者进行借贷或者发行有价证券进行筹资。常见的直接筹资方式有发行债券、发行股票、发行短期融资券、吸收直接投资等。相较于其他间接筹资方式，直接筹资的筹资手续比较复杂，筹资费用较高；但筹资渠道广泛，能够直接利用社会资金，具有灵活多样的信用形式和适用性，有利于提高企业的知名度和资信度。

（2）间接筹资。间接筹资，是企业借助银行和非银行金融机构进行的筹资活动。间接筹资的基本方式是从银行等金融机构取得各种贷款，此外还有融资租赁等方式。间接筹资可以通过银行信用积少成多，续短为长，为企业提供多种期限的借款，便于企业在不同时期筹措不同数量的资金。相对而言，间接筹资手续比较简便，筹资效率高，筹资费用较低，以金融机构作为媒介减少了筹资企业和资金供应者之间的纠纷，但容易受金融政策的制约和影响。

3. 按资金的来源范围不同

（1）内部筹资。内部筹资是指企业通过利润留存而形成的筹资来源。内部筹资数额大小与企业可分配利润的多少和利润分配政策（股利政策）密切相关。内部筹资一般无须花费筹资费用，资本成本低，因此企业筹资时往往注重先利用内部筹资，然后再考虑外部筹资。

（2）外部筹资。外部筹资是指企业向外部筹措资金而形成的筹资来源。处于初创期的企业，内部筹资的可能性是较小的；处于成长期的企业，内部筹资往往难以满足需要。这就需要企业广泛地开展外部筹资，如发行股票、债券、取得商业信用、银行借款等。企业进行外部筹资时会产生一定的筹资费用，从而提高了筹资成本。

4. 按所筹集资金的使用期限不同

（1）长期筹资。长期筹资是指企业筹集使用期限在一年以上的资金，它是企业持续、稳定经营的基本前提，一般会用于购建固定资产、取得无形资产、长期对外投资以及垫支于长期占用的流动资产等方面。长期筹资通常采取吸收直接投资、发行股票、发行债券、长期银行借款、融资租赁等方式。长期筹资由于资金占用期限长，未来不确定因素多，因而其风险大，资本成本相对较高；但由于这些资金能够被企业长期而稳定地占用，从而可以有效地降低财务风险。

（2）短期筹资。短期筹资是指企业筹集使用期限在一年以内的资金，主要用于经营过程中短期资金周转。短期筹资主要通过短期借款、商业信用、保理业务、发行短期融资债券等形式进行。由于短期资金可被使用的期限较短，从而使用上的风险较大，但其筹资成本相对较低。

二、企业筹资动机

（一）创立性筹资动机

创立性筹资动机是指，企业设立时，为取得资本金并形成开展经营活动的基本条件而产生的筹资动机。注册资本是指企业在工商行政管理部门登记注册的资本总额。依法筹集注册资本是企业得以设立的基本条件。按照《中华人民共和国公司法》（以下简称《公司法》）的规定，有限责任公司的注册资本为在公司登记机关登记的全体股东认缴的出资额；股份有限公司采取发起设立方式设立的，注册资本为在公司登记机关登记的全体发起人认购的股本总额；股份有限公司采取募集方式设立的，注册资本为在公司登记机关登记的实收股本总额。企业在设立时必须按照国家法律规定筹集到注册资本最低限额，从而使企业在设立之初就有一个较为稳定的经济基础；否则企业不得设立。不同组织形式的企业的注册资本最低限额也不同。

（二）支付性筹资动机

支付性筹资动机是指，为满足经营业务活动的正常波动所形成的支付需要而产生的（临时性）筹资动机。如原材料购买的大额支付、员工工资的集中发放、银行借款的提前偿还、股东股利的发放等。

（三）扩张性筹资动机

扩张性筹资动机是指，企业因扩大经营规模或对外投资需要而产生的筹资动机。企业成立后，在其持续的生产经营过程中，除了维持简单再生产外，还必须进行扩大再生产，以促进企业的发展。在进行生产经营的过程中，企业无论是对内扩大生产经营规模，还是对外追加投资规模，都需要融资。例如，开发新产品、进行技术改造、与外单位合资举办新企业、为实现对某企业的控制而扩大股票投资等，往往需要融通一定数量的资金。因此，融资就成为企业扩大再生产和不断发展的重要条件。

（四）调整性筹资动机

调整性筹资动机是指，企业因调整资本结构而产生的筹资动机。在生产经营过程中，企业不仅为了生产经营而需要融资，即使资金充足，为了优化资本结构也必须融资。资本结构是债务资金与权益资金的比例构成，其合理与否直接关系到经营者、所有者、债权人等各方面的利益。企业通过融资可以达到债务资金与权益资金的最佳组合。企业利用债务融资，可以降低资本成本，获取财务杠杆利益，增加所有者收益；但如果负债比率过高，则会增加财务风险，导致资本成本的提高，从而影响企业财务管理目标的实现，甚至会影响企业的生存和发展。因此，企业在正常的生产经营过程中，应根据具体情况，通过提高或降低债务资金的比例，以优化资本结构。

（五）混合性筹资动机

企业筹资的目的可能不是单纯和唯一的，通过追加筹资，既满足了经营活动、投资活动的资金需要，又达到了调整资本结构的目的。

三、企业筹资原则

企业筹资是一项重要而复杂的工作，在筹资过程中，需要遵循以下几项基本原则：

（一）守法诚信原则

守法诚信原则是指企业在筹资过程中，必须遵守国家有关法律法规及政策的规定，依法筹资，同时，要自觉履行承担的责任，切实维护投资者的权益，力争创造企业发展与投资者获益这样一种“双赢”或“共赢”的局面。

（二）规模适度原则

规模适度原则是指企业在筹资过程中，无论通过何种渠道、采用何种方式筹资，都应事先确定资金的需要量，使筹资数量与资金需要量相互平衡，防止因筹资不足而影响生产经营活动正常开展，同时也要避免筹资过剩导致资金闲置。

（三）时机适当原则

时机适当原则是指在企业筹资过程中，必须按照投资机会来把握筹资时机，要以投资计划或预算为依据，确定合理的筹资计划与筹资时机，力争实现筹资与投资在时点上的对称。企业既要避免因取得资金过早而造成闲置，又要防止因取得资金相对滞后而影响投资时机。

（四）成本节约原则

成本节约原则是指在企业筹资过程中，必须慎重选择筹资来源和方式，对不同筹资渠道和筹资方式的难易程度、资本成本等进行综合比较，选择综合资金成本低的筹资方案。

（五）结构合理原则

结构合理原则是指企业在筹资时，须使企业的主权资本与债务资本保持合理的比例关系，既要防止因过度负债而增加企业的财务风险，又要避免有利条件下的负债经营不充分，使主权资本的收益水平降低。

四、企业制定筹资决策的程序

（一）筹资决策权限的划分

法人治理结构是企业财务运行的微观制度环境，其根本任务在于明确划分出资者（或股东）、董事会、经营者之间的责、权、利关系，实现决策权、执行权与监督权的分离与制衡，保证公司制度的正常有效运转。按照分权管理的原则，筹资决策及其管理由出资者、董事会、经营者、财务部门来完成。

1. 出资者

出资者实质上是风险资本的投资者，出于保护其自身财产的所有权和监督经营者履行受托责任的目的，他们有必要对公司的重大筹资决策提出审议意见。按照公司法的一般规定，两权分离后，出资者或股东个人不得干预董事会与经营者的日常决策与管理活动，而只能通过法定程序，以股东大会或股东特别会议形成决议的方式行使对董事会和经营者的约束权。股东大会作为公司最高权力机构，就重大筹资事项行使其职权，一是有权对公司增加或减少资本作出决议，二是有权对公司发行债券作出决议。股东大会行使其筹资决策权利，目的在于保护出资者的合法权益，保持原股东对公司的控制权，避免由于债务过多而影响公司股东自身对公司的剩余求偿权。

2. 董事会

作为公司经营管理的决策机构，董事会必须对公司经营管理进行决策，以保证股东大会决议的实施。就公司筹资决策而言，董事会有权提出新股发行的方案，有权对公司债券的募集提出全面计划，有权召集股东大会对有关重大筹资决策进行表决，有权负责公司资本结构的调整，有权对数额较大的银行借款或其他负债业务进行最终决策等。

3. 经营者

作为受托经营的管理者，经营者必须在董事会决议的基础上，对公司日常经营与管理作出布置和安排，以完成其受托责任。就公司筹资而言，经营者必须按照董事会制定的筹资方针与决议，负责安排其实施。对于数额巨大的筹资项目，经营者有义务向董事会提出筹资计划，对数额一般的筹资项目，经营者有权按照投资需要和有关管理规则，行使最终决策权。

4. 财务部门

具体负责财务日常管理的财务经理和其他财务人员，在公司董事会和经营者的领导下，对公司日常财务活动进行筹划与管理。就公司筹资事项，财务经理与其他财务人员有责任提出初始方案，有责任落实已形成的筹资决策，有权处理一般的筹资业务，并协调好与资金供给方的财务关系。

（二）筹资决策的基本程序

1. 重大筹资项目的决策程序

重大筹资计划涉及重大投资项目，如固定资产的购建、增加对外投资等，这些投资资金需求量大，往往要通过发行股票或债券、大额借款合同筹资，对企业的发展会产生深远的影响。公司重大筹资项目应遵循以下程序：

（1）由公司董事会提出长期经营方向与投资计划。

（2）由经营者负责投资计划的编制，并向董事会提出相应的筹资计划方案，该方案涉及筹资目的、筹资金额与成本、筹资方式、筹资时间要求、筹资用途、该筹资项目对公司资本结构的影响、筹资风险的估计与防范等内容。

（3）公司董事会需要决定该筹资方案是否可行，是否应向股东大会或股东特别会议提出报告。需要由股东会作出审议或决议的筹资项目，经股东决议通过后，由董事会形成正式文件，在对外披露的同时下达公司经营者遵照执行。

（4）公司经理人员会同公司财务部门和其他相关部门，具体落实筹资计划方案，对在筹资过程中遇到的具体问题，经理人员应及时协调处理，并向董事会报告。

2. 日常筹资项目的决策程序

日常筹资项目是指无须通过公司董事会或股东大会决策的筹资项目，包括数额较小、对财务风险不产生重大影响、不会引起公司资本结构的重大变动，以及在重大筹资项目计划之内的程序性筹资等。日常筹资项目主要用于流动资产周转需要，如存货购置、应收账款占用等。对于这类筹资项目，公司财务经理及财务人员通常会提出筹资计划，并将该计划向公司经理人员报告在经理人员审议决定之后下达给财务经理及财务部门具体实施。这类筹资计划可以采用一年一度的定期计划与审批制度，也可以采用临时性的非定期计划与审批制度。其中，定期计划与审批制度主要适用于年度财务计划，它是在年度销售预测的基础上，结合公司管理状况提出年度筹资计划，由经理人员负责审批后下达执行。临时性筹资计划与决策，则根据经营过程中非经常性的资金需求，由财务部门提出筹资计划，由财务经理负责审批后下达执行，如资金的季度性需求。

第二节　资本成本分析

一、资本成本的意义

（一）资本成本的概念

资本成本是公司筹集和使用资本的代价。广义上看，资本成本是企业筹集和使用资金所付出的全部代价；狭义上看，资本成本是企业为筹集和使用长期资金（包括权益资金和长期债务资金）而付出的各种费用。资本成本有两种表示方式，即绝对数和相对数。由于各公司的资本规模不同，资本结构不同，绝对数往往不便与不同公司比较。因此，为了提高可比性，资本成本一般会选用相对数来表示。

资本成本由资金筹集费和资金占用费两部分组成。资金筹集费是企业在筹集资金过程中支付的各种费用，主要包括向银行支付的借款手续费、股票和债券的发行费用、律师费、咨询费等相关费用。资金占用费是企业在生产经营过程中和资本使用过程中因占用和使用资本而付出的代价，主要包括债券融资中向债权人支付的利息、股权融资中向股东支付的股利等，是资本成本的主要内容。资金占用费经常发生，并需要定期支付；而资金筹集费通常在筹集资金过程中一次性支付，表现为资金筹集总额的减少，因此，在计算资本成本时通常把资金筹集费作为筹集资金总额的一项扣除。

（二）资本成本的作用

资本成本是企业财务管理中的重要概念，确定资本成本对企业财务管理具有重要的意义。

1. 资本成本是选择融资方式、选择资本结构优化的重要依据

在资本市场中，企业可以选择的融资方式多种多样。不同融资方式的资本成本也各不相同，企业一般通过计算和比较不同融资方式的资本成本，以选择资本成本最低的融资方式。资本结构由债务资金和权益资金组合而成，这种组合又有多个融资方案可供选择，企业一般通过计算不同融资方案的综合资本成本，选择综合资本成本最低的融资方案，以使资本结构最优。

2. 平均资本成本是衡量资本结构是否合理的重要依据

企业财务管理的目标是企业价值最大化，企业价值是企业资产带来的未来现金流量的贴现值。计算企业价值时，经常采用企业的平均资本成本作为贴现率，当平均资本成本最小时，企业价值最大，此时的资本结构是企业理想的资本结构。

3. 资本成本是评价投资项目可行性的主要标准

从投资角度讲，资本成本是评价投资项目、决定投资项目是否可行的重要标准。公司进行投资的目的之一就是要盈利，盈利是公司生存、发展的必要前提。任何投资项目，只有在其盈利时，企业才有利可图，投资项目才是可行的；如果投资预期报酬率低于其资本成本，这意味着公司将无法支付筹资费用和占用费用，则该投资项目是不可行的。可见，资本成本实际上是企业投资项目必须达到的最低报酬率，是企业投资决策的重要经济标准。

4. 资本成本是评价企业整体业绩的重要依据

从经营管理角度讲，资本成本是衡量企业经营业绩的重要标准。一般而言，评价公司经营绩效的重要标准之一是公司的资产报酬率。资本成本是企业运用资产经营必须取得的最低收益水平。企业可以将资产息税前利润率与综合资本成本相比，只有企业的资产息税前利润率超过其综合资本成本时，才可认为企业经营业绩好、声誉高；反之，企业经营不利，业绩不佳，则表明企业需要改善经营管理，提高总资产息税前利润率。因此，资本成本在一定程度上是衡量公司经营业绩的一个重要依据。

（三）决定资本成本高低的主要因素

1. 总体经济环境

总体经济环境决定了整个经济中资本的供给与和需求，以及预期通货膨胀的水平。总

体经济环境变化的影响，反映在无风险报酬率上。显然，如果整个社会经济中的资金需求和供给发生变动，或者通货膨胀水平发生变化，投资者也会相应改变其所要求的收益率。具体来说，如果货币需求增加，而供给没有相应增加，投资人便会提高其投资收益率，企业资本成本就会上升，反之，则会降低其要求的投资收益率，使资本成本下降。如果预期通货膨胀水平上升，货币购买力下降，投资者也会提出更高的收益率来补偿预期的投资损失，导致企业资本成本上升。

2. 证券市场条件

证券市场条件会影响证券投资的风险。证券市场条件包括证券的市场流动难易程度和价格波动程度。如果某种证券的市场流动性不好，投资者想买进或卖出证券相对困难，变现风险加大，要求的收益率就会提高。虽然存在对某证券的需求，但其价格波动较大，投资的风险较大，要求的收益率也会提高。

3. 企业内部的经营和融资状况

企业内部的经营和融资状况，指经营风险和财务风险的大小。经营风险是企业投资决策的结果，表现在资产收益率的变动上，财务风险是企业筹资决策的结果，表现在普通股收益率的变动上。如果企业的经营风险和财务风险大，投资者便会有较高的收益率要求。

4. 融资规模

融资规模是影响企业资本成本的另一个因素。企业的融资规模越大，资本成本越高。比如，企业发行的证券金额较大，资金筹集费和资金占用费都会上升，而且证券发行规模的增大还会降低其发行价格，由此也会增加企业的资本成本。

二、资本成本的计算

资本成本按用途不同，可以分为个别资本成本和加权平均资本成本。个别资本成本主要用来比较不同的筹资方式；加权平均资本成本主要用来进行资本结构决策。

（一）个别资本成本的计算

个别资本成本是指使用各种长期资本的成本，包括长期借款资本成本、债券资本成本、优先股资本成本、留存收益资本成本和普通股资本成本等。

1. 基本概况

（1）一般模式

$$\text{资本成本}=\frac{\text{年（税后）资金占用费}}{\text{筹资总额}-\text{筹资费用}}=\frac{\text{年（税后）资金占用费}}{\text{筹资总额}\times(1-\text{筹资费用率})}$$

（2）贴现模式

由：筹资净额现值-未来资本清偿额现金流量现值=0，可得：

$$\text{资本成本}=\text{所采用的贴现率}$$

简化之，得到：

$$\text{收到的 PV}=\text{未来付出的 PV}$$

2. 长期借款资本成本

长期借款资本成本包括借款利息和筹资费用。借款利息计入税前成本费用，可以起到抵税的作用。因此，分期付息、到期一次还本的长期借款资本成本的计算公式如下：

$$K_L = \frac{I_t(1-T)}{L(1-F_L)}$$

式中，K_L 为长期借款资本成本；I_t 为长期借款年利息；T 为公司所得税税率；L 为长期借款筹资额（借款本金）；F_L 为长期借款筹资费用率。

上述公式可以改为以下形式：

$$K_L = \frac{R_L(1-T)}{(1-F_L)}$$

式中，R_L 为长期借款的年利率。当长期借款的筹资费用 F_L（主要是借款的手续费）很小时，可以忽略不计，则表示为

$$K_L = R_L(1-T)$$

【例 4-1】某公司从银行取得长期借款 200 万元，年利率为 10%，期限为 5 年，每年付息一次，到期一次还本，筹资费用率为 0.1%，公司所得税税率为 25%。则该长期借款的资本成本为

$$K_L = \frac{200 \times 10\% \times (1-25\%)}{200 \times (1-0.1\%)} = 7.5\%$$

上述计算长期借款资本成本的方法比较简单，没有考虑时间价值，因而计算出的资本成本数据不是十分精确。如果对资本成本计算结果精确度要求比较高，则需要考虑用时间价值方法确定长期借款的税前资本成本，再进而计算税后资本成本。其计算公式为

$$L \times (1-F_L) = \sum_{t=1}^{n} \frac{I_t}{(1+K)^t} + \frac{L}{(1+K)^t}$$

$$K_L = K \times (1-T)$$

式中，L 为第 n 年年末应偿还的本金；K 为长期借款的税前资本成本。这种方法实际上是将长期借款的资本成本视为使这一借款的现金流入等于其现金流出现值的贴现率。即先采用插值法求出借款的税前资本成本，然后将借款的税前资本成本调整为税后的资本成本。

【例 4-2】沿用【例 4-1】的资料，假设考虑时间价值，则该项借款的资本成本计算如下：

（1）计算长期借款税前资本成本

$$L \times (1-F_L) = \sum_{t=1}^{n} \frac{I_t}{(1+K)^t} + \frac{L}{(1+K)^t}$$

$$200 \times (1-0.1\%) = \sum_{t=1}^{5} \frac{200 \times 10\%}{(1+K)^t} + \frac{200}{(1+K)^t}$$

查表可知，年利率为 10%、5 年期的年金现值系数（P/A，10%，5）为 3.790 8；年利率为 10%、5 年期的复利现值系数（P/F，10%，5）为 0.620 9。代入上式可得：

200×10%×3.790 8+200×0.620 9＝199.996（万元）

由结果可知，199.996 万元大于 199.8 万元，故应提高贴现率再试。查表可知，年利率为 12%、5 年期的年金现值系数（P/A，12%，5）为 3.604 8；年利率为 12%、5 年期的复利现值系数（P/F，12%，5）为 0.567 4。代入上式有：

200×10%×3.604 8+200×0.567 4＝185.576（万元）

185.576 万元小于 199.8 万元，所以，折现率 K 应为 10%~12%，运用插值法计算长期借款税前资本成本。

$$\frac{K-10\%}{12\%-10\%}=\frac{199.8-199.996}{185.576-199.996}$$

$$K=10.03\%$$

（2）计算长期借款税后资本成本。

$$K_L=K\times(1-T)=10.03\%\times(1-25\%)=7.52\%$$

3. 债券资本成本

发行债券的成本主要指债券利息和筹资费用。与长期借款利息的处理相同，债券利息同样也需要以税后的债务成本作为计算依据。债券的筹资费用一般要比长期借款的筹资费用高，主要是因为发行费用高，包括申请发行债券的手续费、债券印刷费、推销费等，一般不可忽略不计。因此，筹资费用不可在计算资本成本时省略。

分期付息时，到期一次还本的债券成本计算公式如下：

$$K_B=\frac{I_B(1-T)}{B(1-F_B)}$$

式中，K_B 为长期债券资本成本；I_B 为长期债券年利息；T 为公司所得税税率；B 为长期债券筹资额；F_B 为长期债券筹资费用率。

上述公式可以改为以下形式：

$$K_B=\frac{R_B(1-T)}{(1-F_B)}$$

式中，R_B 为债券利率。

【例 4-3】公司拟发行期限为 5 年、面值总额为 2 000 万元、票面利率为 12%的债券，其发行价格总额为 2 500 万元，发行费用率为 4%，公司所得税税率为 25%。则该长期债券的资本成本如下：

$$K_B=\frac{2\,000\times12\%\times(1-25\%)}{2\,500\times(1-4\%)}=7.5\%$$

4. 优先股资本成本

同发行债券一样，企业发行优先股股票也需要支付筹资费，因此优先股成本包括优先股股利和筹资费用。但不同的是优先股股利是以税后净利润支付的，故不会减少企业应交所得税。优先股成本率的计算公式如下：

$$K_P=\frac{D_P}{P_P\times(1-F_P)}$$

K_P 为优先股资本成本；D_P 为优先股年股息；P_P 为优先股筹资额（按发行价格确定）；F_P 为优先股筹资费

上述公式可以改为以下形式：

$$K_P=\frac{R_P}{(1-F_P)}$$

式中，R_P 为优先股年股利率。

【例 4-4】某公司发行面值为 200 万元的优先股股票，其实际发行价格为 250 万元，筹资费用为发行价格的 5%，预定年股利率为 14%。该优先股成本如下：

$$K_P = \frac{200 \times 14\%}{250 \times (1 - 5\%)} = 11.79\%$$

5. 普通股资本成本

普通股股东的股利是不固定的，会受到企业经营状况和股利分配政策等因素的影响。当公司终止清算时，普通股股东的求偿权位于优先股股东之后，承担的风险要高于债权人和优先股股东，所以其要求的报酬率也相对较高。目前，估算普通股成本的方法主要有以下两种：

（1）固定股利增长模型

固定股利增长模型假设普通股股利以固定的年增长率递增，其计算公式如下：

$$K_C = \frac{D_1}{P_C(1 - F_C)} + G$$

式中，K_c 是普通股成本，D_1 是普通股预期第一年股利额；P_c 是普通股实际筹得资金数额；F_c 是普通股筹资费率；G 是普通股股利年增长率。

（2）资本资产定价模型

根据资本资产定价模型来估算普通股成本，即通过直接估算公司普通股的预期报酬率来估算普通股成本。其计算公式如下：

$$K_c = R_f + \beta(R_m - R_f)$$

式中，R_f 是无风险报酬率；β 是股票的贝塔系数；R_m 是整个股票市场平均报酬率。

【例 4-5】假设无风险报酬率为 5%，整个股票市场平均报酬率为 10%，某公司普通股股票的 β 值为 2，则普通股成本可计算如下：

$$Kc = 5\% + 2 \times (10\% - 5\%) = 15\%$$

（3）风险溢价法

根据风险与报酬均衡，即“投资风险越大，要求的报酬率越高”的基本原理，由于普通股股东对企业的投资风险要大于债权人，因此，普通股股东会在债权人要求的报酬率的基础上附加一定的风险溢价。依照这一理论，普通股成本的计算公式如下：

$$K_c = K_b + RP_c$$

式中，K_b 是债务成本；RP_c 是股东比债权人承担更大风险所要求的风险溢价。

债务成本的计算比较容易，若公司发行债券，债务成本为债券成本；若公司不发行债券，则可用公司的平均负债成本。而风险溢价的确定比较困难，风险溢价没有直接的计算方法，可以凭借经验估计。根据西方国家的经验，公司普通股的风险溢价相对其发行的债券来说，绝大部分为 3%~5%。当市场利率达到历史性高点时，风险溢价通常较低；当市场利率处于历史性低点时，风险溢价则会较高；而通常情况下，采用 4%的平均风险溢价。这样，普通股成本的计算公式还可写为

$$K_c = K_b + 4\%$$

【例 4-6】某公司已发行的债券的成本为 10%，现准备发行一批新股票，则该批股票的成本为

$$K_c = 10\% + 4\% = 14\%$$

6. 留存收益的资本成本

留存收益是企业税后净利润在扣除当年股利后形成的，归普通股股东所有。留存收益本质上是股东放弃现实收益而对企业进行的追加投资，即股东的这种选择是存在机会成本的。所以留存收益和其他主权资本一样，要求获得对应的预期报酬率。在计算上，留存收益成本与普通股基本相同，但不用考虑筹资费用。其计算公式如下：

$$K_l = \frac{D}{V_0}$$

股利不断增加的公司，留存收益成本则为

$$K_s = \frac{D_1}{P_s} + G$$

式中，Ks 是留存收益成本；D_1 是普通股预期第一年股利额；Ps 是普通股市场价格；G 是普通股股利年增长率。

【例 4-7】某公司的普通股上年发放的每股股利为 2 元，预计公司的股利能以每年 10%的增长率持续增长。如果该公司普通股股票市价为每股 50 元，留存收益成本可计算如下：

$$K_s = \frac{2 \times (1 + 10\%)}{50} + 10\% = 14.4\%$$

（二）加权平均资本成本的计算

1. 含义

在市场经济环境下，由于受多种因素的制约，公司往往会使用多种筹资方式来筹集所需资本，以求实现资本成本最低。但每种筹资方式的资本成本高低不一，每种方式所筹集资本在公司全部资本中的份额也不一致，故在筹集资本时就需要计算综合资本成本来衡量和评价企业筹资总体的经济性。

2. 计算公式

平均资本成本（WACC）是以各项个别资本在企业总资本中的比重为权数，对各项个别资本成本率进行加权平均而得到的总资本成本率。其计算公式如下：

$$K_w = \sum_{j=1}^{n} W_j K_j$$

式中，K_W 表示平均资本成本；K_j 表示第 j 种个别资本成本；W_j 表示第 j 种个别资本在全部资本中的比重。

从上述公式可以看出，公司的加权平均资本成本受到两个因素的影响：个别资本成本和各项资本占全部资本的比重。而在实际计算中，各项资本占全部资本的比重起着决定性的作用。在计算时，有三种可供选择的权重：账面价值、市场价值和目标价值。

（1）以账面价值为权重。以账面价值为基础确定权重就是根据各类长期资本的会计报表账面金额来确定各类长期资本占长期资本总额的比重。这种方法的优点是可以直接从会

计数据得到，计算结果比较稳定；缺点是资本的账面价值不能反映目前从资本市场上筹集资本的现时机会成本，不适合评价现时的资本结构。

（2）以市场价值为权重。以市场价值作为权重是指以各类长期资本当前市场价值占全部长期资本的市场价值的比重来计算各类资本的权重，代表了公司目前实际的资本水平，有利于财务决策。但由于证券市场价值处于经常变动之中，因而需要采用一定的方法进行预测。通常股权市场价值是根据当前公司流通在外的普通股股数和每股市价进行预测，而不是以历史数据进行预测。如果公司存在尚未上市流通的普通股，或存在尚未执行的认股权证等，应预计其市场价值并加回到股票市场价值中。估计债务的市场价值相对较难，这是因为很少有公司的债务全部以在市场中交易的债券的形式存在。这种方式的优点在于能够反映现时的资本成本水平，有利于进行资本结构决策；这种方式的缺点在于市场价值处于经常变动之中，不容易取得，不适用未来的筹资决策。

（3）以目标价值为权重。以预计的未来价值（未来的市场价值或未来的账面价值）为基础来确定资本权数，反映了公司未来的筹资要求，适用于未来的筹资决策；但是由于目标价值的确定难以进行，具有主观性，使得该方法使用起来具有一定的困难。

第三节　杠杆原理分析

经济学中所说的杠杆是对物理学中杠杆原理的一种借用，是一种无形的杠杆，用以反映不同经济变量之间的相互关系。在一个经济系统中，人们通常把经济变量之间的相互作用称为杠杆作用或杠杆效应，具体表现为当一个财务变量以某一比例变化时，另一个相关的财务变量会产生一个较大的比例变化。合理运用杠杆可以帮助公司合理规避风险，提高资本运营效率。现代财务理论中常用的经济杠杆主要有三种，分别是经营杠杆、财务杠杆和复合杠杆。

一、经营风险和经营杠杆

（一）经营风险

经营风险是指由生产经营活动产生的未来经营收益或者息税前利润的不确定性。任何公司只要从事经营活动，就必然承受不同程度的经营风险。经营风险因具体行业、具体公司以及具体时期而异。通常，经营风险可以用息税前利润的概率分布对其期望值的偏离程度，即息税前利润的标准差或标准离差率来衡量。

在市场经济中，经营风险的发生及大小取决于多方面因素，一般来说，主要有以下几个方面：

1. 市场需求变化的敏感性

在不考虑其他因素的情况下，市场对公司产品的需求越稳定，则公司的经营风险越低；反之，公司销售状况对市场需求环境变化的反应越敏感，则经营风险越高。

2. 销售价格的稳定性

在同类产品竞争的条件下，企业如果能够保持相对稳定的销售价格和市场占有率，则经营风险较小；反之，销售价格随着竞争形势而波动，或单纯以价格策略维持市场占有率，那么经营风险必然比较大。

3. 投入生产要素价格的稳定性

在生产经营过程中，公司要投入原材料、动力、燃料、工资等。这些要素的价格变动越大，那么公司的经营风险越大。

4. 产品更新周期以及公司研发能力

在高技术环境中，产品更新的周期短。如果公司缺乏研究开发新技术、新产品的能力，必然会被市场淘汰，公司的经营风险会上升。

5. 固定成本占总成本的比重

当产品销售量增加时，单位产品所负担的固定成本就会相应地减少，但是当销售量减少时，单位产品所负担的固定成本会随之增加，公司的利润就会相应减少。此时，如果固定成本占总成本的比重越大，利润减少的幅度就会越大，那么经营风险就会越高。

上述各个因素对经营风险的作用因公司的性质不同而不同。但是各种风险因素都可以通过管理而将其控制在一定的范围之内，如通过市场销售策略来稳定公司的销量。如果经营风险得不到控制，那么将会危及公司的生存。在控制经营风险的各种方法中，合理地调整经营杠杆是非常有效的方法。

（二）经营杠杆

1. 经营杠杆的含义

经营杠杆是指在某一固定生产经营成本存在的情况下，销售量变动对息税前利润产生的作用。在其他条件不变的情况下，产销量的增加虽然不会改变固定成本总额，但会降低单位固定成本，从而提高单位销售利润，使息税前利润的增长率大于产销量的增长率。反之，产销量的减少会提高单位固定成本，降低单位销售利润，使息税前利润下降率也大于产销量的下降率。

如果不存在固定成本，则息税前利润的变化率等于产销业务量的变化率。但是不存在固定成本的企业在现实经济生活中是不存在的。所以，只要固定成本存在，息税前利润的变化与销量的变化就不会一致。因存在固定成本而使得企业的息税前利润变动幅度大于产销业务量变动幅度的杠杆效应称为经营杠杆。

2. 经营杠杆的计算

公司只要存在固定成本，就存在经营杠杆。经营杠杆不仅可以放大公司的息税前利润，也可以放大公司的亏损，因此经营杠杆对公司具有双重影响。经营杠杆的大小一般用经营杠杆系数（DOL）表示，是指息税前利润变动率相对于销售量变动率的倍数。经营杠杆系数用公式表示如下：

$$\mathrm{DOL}=\frac{\Delta \mathrm{EBIT}/\mathrm{EBIT}}{\Delta Q/Q}$$

式中，EBIT 为基期息税前利润；ΔEBIT 为息税前利润变动额；Q 为基期销售量；ΔQ 为销售量的变动。上式称为经营杠杆系数的定义公式。如果假定公司的成本、业务量和利润保持线性关系，变动成本在销售收入中所占的比例不变，固定成本也保持稳定，则我们可以得到经营杠杆系数的简化计算公式。

因为：

$$EBIT = Q(P - V_C) - FC$$

$$\Delta EBIT = \Delta Q(P - V_C)$$

所以：

$$DOL_Q = \frac{Q\ (P-V_c)}{Q\ (P-V_c)\ -FC}$$

$$DOL_S = \frac{S-VC}{S-VC-FC}$$

$$DOL_S = 1+\frac{FC}{EBIT}$$

式中，P 为销售单价；S 为销售额；V_C 为单位变动成本；VC 为变动成本总额；FC 为固定成本总额。

3. 经营杠杆系数的解释

经营杠杆系数衡量的是息税前利润对销售量变动的敏感程度，反映了这两个经济变量之间的关系。只要经营性的固定成本存在，经营杠杆系数恒大于 1，也就是说息税前利润的变动率总是大于销量的变动率。

经营杠杆系数不是固定不变的，根据上述计算公式可以看出经营杠杆系数受到固定成本总额、单位产品的变动成本、销售价格、销售数量等因素的影响。但从经营杠杆系数的定义来看，固定成本是经营杠杆系数大小的决定性因素。根据成本性态分析理论，固定成本总额在相关范围内会保持不变。在计算销量变动对息税前利润变动的影响时，一个重要的前提就是其他因素保持不变，所以说，决定经营杠杆系数大小的主要因素是固定成本。在实际经营过程中，一个企业固定成本的大小与固定资产规模的大小之间存在直接关系。固定资产规模越大，固定成本也就越大，其面临的市场风险也就越大。在市场价格既定的情况下，企业必须产销更多的产品以降低单位产品分摊的固定成本，才能提高单位产品的平均利润。而产销量的增加，往往会导致价格的下降。因此，固定成本越大，企业面临的经营风险也就越大，这是市场经济条件下的一般规律。如前所述，固定成本的大小直接决定经营杠杆系数的大小。所以，经营杠杆系数的大小直接反映了企业面临经营风险的大小，这是经营杠杆系数所揭示信息的实质，也是经营杠杆系数的经济意义。

（三）经营杠杆和经营风险的关系

经营风险是指企业生产经营上的原因而导致的资产报酬波动的风险。引起企业经营风险的主要原因是市场需求和生产成本等因素的不确定性。经营杠杆本身并不是资产报酬不确定的根源，只是资产报酬波动的表现。但是经营杠杆放大了市场和生产等因素变化对利润波动的影响，产销量增加时，息税前利润将以 DOL 倍数的幅度增加；而产销量减少时，息税前利润又将以 DOL 倍数的幅度减少。因此，经营杠杆系数越高，表明资产报酬等利润波动程度越大，经营风险也就越大。

具体来看，假定其他因素不变，固定成本越高，经营杠杆系数越大，经营风险越大。由上述计算公式可知：在固定成本不变的情况下，经营杠杆系数说明了销售增加（减少）所引起的利润增加（减少）的幅度；当固定成本不变时，销售额越大，经营杠杆系数越小，经营风险越低；当销售量处于盈亏临界点前的阶段时，经营杠杆系数随销售额的增加而增加；当销售额处于盈亏临界点后的阶段时，经营杠杆系数随销售额的增加而减少；当销售量处于盈亏临界点时，经营杠杆系数趋于无穷大。

二、财务风险与财务杠杆

（一）财务风险

公司在存在负债和优先股筹资的情况下，应该按规定向债权人（优先股股东）支付按固定利息率（股息率）计算的利息（股息），并且按照约定的方式偿还债务本金。如果公司无法支付利息（股息）和债务本金，公司将面临一定的财务压力。这种因固定资本成本存在（包括负债利息和优先股股息）而对普通股股东收益产生的影响，称为财务风险。财务风险通常用财务杠杆来衡量。公司的财务风险具体表现为以下几个方面：

1. 负债程度

当公司处于负债经营的时候，负债程度越高，特别是资产负债率超过50%以后，公司的财务风险会不断加大，随之而来的就是资本成本的升高。

2. 负债偿还顺序

在公司的资本结构中，有些类型的资本具有优先偿付权，这样就对偿还顺序排在后面的投资者构成了财务风险。

3. 现金流量脱节

债务资本的偿付是需要一定的现金流量支持的。债务资本必须按期、足额偿付，那么，现金流量就应当在时间、数额上与其保持一致。如果现金流量与债务资本的偿付不配套，造成到期无法偿还的局面，那么公司就会出现较大的财务风险。

影响公司财务风险的因素主要有：

（1）资本供求的变化。

（2）利率水平的变动。

（3）公司获利能力的变化。

（4）公司内部资本结构的变化，即财务杠杆的利用程度。

上述几个因素中，财务杠杆对财务风险的影响最大，而且具有综合作用。这两者的关系可以理解为：投资者若想获取财务杠杆利益，就要同时承担由此带来的财务风险。财务管理者必须在财务杠杆利益与财务风险之间作出利害权衡。

（二）财务杠杆

1. 财务杠杆的含义

企业在生产经营过程中，当自有资金不足时，就要举借债务资金。在负债规模一定的条件下，企业的债务利息是固定的，并且必须按期支付，这与企业实现的息税前利润多少无关。财务杠杆是指由于固定资本成本的存在，当企业的息税前利润增加时，单位息税前利润所负担的债务利息相应地减少，单位权益资本净利润或普通股每股收益相应增加；相反，当企业的息税前利润减少时，单位利润所负担的固定债务利息就会增加，这会导致单位权益资本净利润或普通股每股收益相应减少。如果企业无负债融资，那么权益净利率或普通股每股收益的变动率与息税前利润的变动率一致。因此，财务杠杆主要反映息税前利润和普通股每股收益之间的关系，用于衡量息税前利润变动对普通股每股收益变动的影响程度。

2. 财务杠杆系数的概念及计算

财务杠杆作用程度的大小，通常用财务杠杆系数来衡量。财务杠杆系数是指普通股每股收益或权益净利率的变动率相当于息税前利润变动率的倍数。财务杠杆系数表示息税前利润变动1%所引起的普通股每股收益或权益净利率变动的百分比。以股份有限公司为例，财务杠杆系数的计算公式为

$$财务杠杆系数=\frac{普通股每股收益变动的百分比}{息税前利润变动的百分比}$$

$$DFL=\frac{\Delta EPS/EPS}{\Delta EBIT/EBIT}$$

式中，DFL为财务杠杆系数；EPS为基期普通股每股收益额；ΔEPS为普通股每股收益额的变动额；EBIT为基期息税前利润；ΔEBIT为息税前利润的变动额。

上述公式是财务杠杆系数的定义公式。根据普通股每股收益和息税前利润的计算原理，上述公式可转化为

因为：

$$EPS=\frac{(EBIT-I)\ (1-T)\ -D}{N}$$

$$\Delta EPS=\frac{\Delta EBIT\ (1-T)}{N}$$

所以：

$$DFL=\frac{EBIT}{EBIT-I-\frac{D}{I-T}}$$

式中，I为债务利息；D为优先股股息；T为公司所得税税率。

在不考虑优先股的条件下，上述公式可改写为：

$$DFL=\frac{EBIT}{EBIT-I}$$

从上述公式可以看出，在公司资金总额、息税前利润一定的情况下，负债比率越大，财务杠杆系数越高，预期的每股收益也越高。

（三）财务风险和财务杠杆的关系

从财务杠杆系数的计算公式我们可以看到：息税前利润每变动百分之一，每股收益将以DFL倍数变动。因此，当公司息税前利润增长幅度较大时，可以适当地利用负债资本，发挥财务杠杆效应，更大幅度地增加普通股每股收益，促使股票价格上涨，增加公司价值。当然，公司也要注意合理安排资本结构，使得财务杠杆的利益能够抵销财务风险提高所带来的不利影响。

财务杠杆系数与公司负债存在正相关关系，公司为取得财务杠杆利益，就要增加负债。公司长期负债的增加会增加财务风险。在资本总额、息税前利润不变的情况下，负债比率越高，财务杠杆系数越大，财务风险也越大，公司预期的每股收益也会越高。

三、复合杠杆

（一）复合杠杆的概念

如前所述，由于存在固定经营成本，经营杠杆可以通过扩大销售规模来影响息税前利润；由于存在筹资性的固定成本，财务杠杆可以通过扩大息税前利润来影响每股收益。经营性的固定成本和筹资性的固定成本往往是同时存在的，如果此时两个杠杆共同起作用，那么销售规模的微小变动就会导致每股收益产生更大的变动。这种由于经营性的固定成本和筹资性的固定成本共同存在而导致的每股收益变动幅度大于产销量变动幅度的杠杆效应，称为复合杠杆。

（二）复合杠杆系数

对于不同的公司，复合杠杆所起的作用大小是不完全一致的，为此，需要对复合杠杆所起的作用进行计量。对复合杠杆所起作用进行计量的最常用指标是复合杠杆系数（DCL）。所谓复合杠杆系数，是指每股收益的变动率相当于销售量变动率的倍数。复合杠杆系数的计算公式为

$$\mathrm{DCL}=\frac{\Delta \mathrm{EPS}\div \mathrm{EPS}}{\Delta Q\div Q}$$

$$\mathrm{DCL}=\frac{\Delta \mathrm{EBIT}\div \mathrm{EBIT}}{\Delta Q\div Q}\times\frac{\Delta \mathrm{EPS}\div \mathrm{EPS}}{\Delta \mathrm{EBIT}\div \mathrm{EBIT}}$$

以上是复合杠杆系数的定义公式。复合杠杆系数的简化计算公式为

$$\mathrm{DCL}=\mathrm{DOL}\times\mathrm{DFL}$$

例如，E 公司的经营杠杆系数为 2，财务杠杆系数为 1.5，则复合杠杆系数为

$$\mathrm{DCL}=2\times1.5=3$$

经营杠杆和财务杠杆可以按照多种方式组合来得到一个理想的复合杠杆水平和公司总风险程度。经营杠杆系数较大的公司可以在较低的程度上使用财务杠杆；经营杠杆系数较小的公司可以在较高的程度上使用财务杠杆，从而使经营风险可以被低财务风险所抵消，高财务风险也可以被低经营风险所抵消，使公司达到一个较合适的总风险水平。在实际工作中，财务杠杆往往可以选择，而经营杠杆却不同。公司的经营杠杆主要取决于其所在的行业及其规模，一般不能轻易变动；而财务杠杆始终是一个可以选择的项目。因此，公司往往是在确定的经营杠杆下，通过调整资本结构来调节财务杠杆，进而控制公司的总风险水平。

第四节　资本结构分析

一、资本结构及资本结构理论

（一）资本结构的含义

资本结构有广义和狭义之分。广义上看，资本结构包括全部债务与股东权益的构成比率；狭义上看，资本结构特指长期负债与股东权益构成比率。由于短期资金的需求量和筹

资量经常发生变动，在整个资金总量中所占的比重不稳定，因此，一般不将其列为资本结构管理范围，而作为营运资本管理。故本书中所使用的资本结构是从狭义上进行定义的。

资本结构的产生是因为企业在筹资时同时采用权益融资和负债融资引起的。在资本结构中，合理利用负债融资、安排负债比率对企业具有重要的影响。这主要体现在：利用负债融资，可以降低企业的综合资本成本；负债融资具有财务杠杆作用，可以增加每股收益；负债融资将会加大财务风险。

（二）资本结构的类型

企业资本结构的基本类型一般有以下两种：

1. 单一资本结构

单一资本结构是指企业的长期资金由唯一一种资金构成，一般是指企业的长期资金均由权益资金构成。这种资本结构的特点是：在无优先股的情况下，因没有进行负债融资，企业没有固定还本付息负担，可提高企业的资信和融资能力；但权益融资的资本成本很高，且无法获得负债融资所带来的财务杠杆利益。

2. 混合资本结构

相对于单一资本结构，混合资本结构是指企业的长期资金由长期债务资金和权益资金构成。这种资本结构的特点是：由于债务成本一般低于权益成本，这种资本结构的综合资本成本较低，在企业资产息税前利润率高于长期债务成本率的情况下，企业可获得财务杠杆利益；但企业需要承担定期还本付息的固定负担，财务风险较大。

（三）资本结构理论

企业在确定资本结构时，可以利用负债融资并确定其占全部资金比例的重要原因就是负债融资可降低综合资本成本，并具有财务杠杆效应。资本结构理论就是通过研究财务杠杆、资本成本和企业价值之间的关系，以阐述财务杠杆或负债融资对企业的综合资本成本和总价值的影响。在财务管理理论中，关于企业能否通过资本结构的变化（或负债比率的变化）来影响企业的综合资本成本和企业价值存在许多争议，由此形成了若干资本结构理论。

1. 早期资本结构理论

早期资本结构理论是指在 1958 年以前形成的传统资本结构理论，主要包括净营业收益理论、净收益理论和传统理论三种。

（1）净营业收益理论

净营业收益理论认为，不论财务杠杆如何变化，企业的综合资本成本都是固定的，因而对企业的价值没有影响。该理论假设当企业利用财务杠杆时，债务成本固定不变，随着负债比率的增加，权益资本风险加大，普通股股东要求的收益率提高，权益成本上升，而负债带来的权益成本上升正好抵消了负债带来的利益，故综合资本成本不变，企业价值保持不变（见图 4-1、图 4-2）。

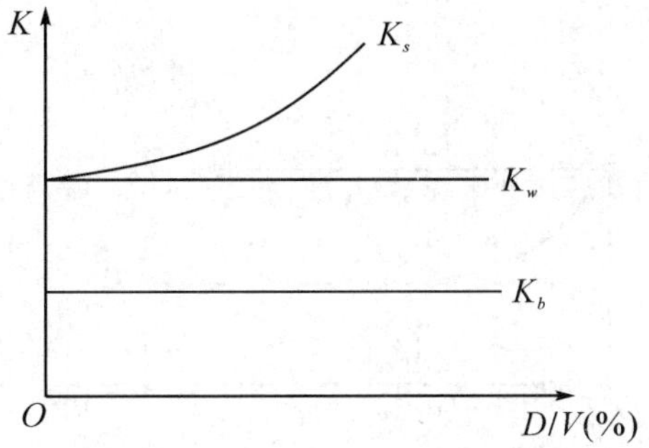

图 4-1　净营业收益理论中的企业的资本成本与财务杠杆

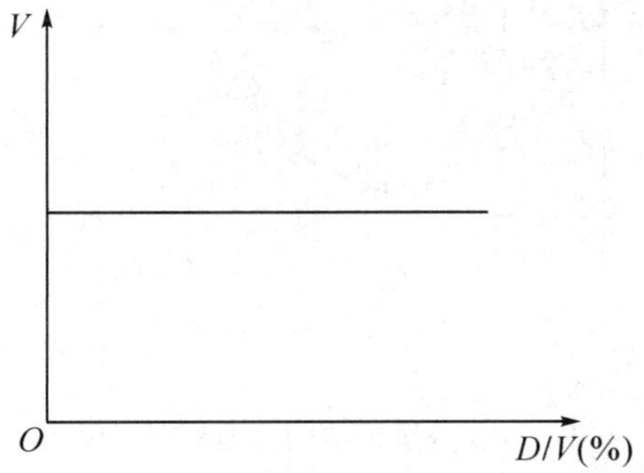

图 4-2　净营业收益理论中的企业价值与财务杠杆

其中，K_b 为债务成本；K_s 为权益成本；K_w 为综合资本成本；V 为企业价值；D/V 为负债比率。

由此可见，这种理论认为企业的综合资本成本与财务杠杆无关，即企业的资本结构变化不影响企业的综合资本成本和价值。按照这种理论推论，企业不存在最佳资本结构，也没有必要制定融资决策了。

（2）净收益理论

与净营业收益理论相反，净收益理论认为较高的财务杠杆或较高的负债比率可以降低企业的综合资本成本，从而对增加企业价值产生有利的影响。换句话说，债务融资可以降低企业的综合资本成本，负债比率越高，企业的综合资本成本越低，企业价值越大。该理论假设企业的债务成本和权益成本均固定不变，因此，由于债务成本低于权益成本，故负债越多，企业的综合资本成本就会越低，企业价值就越大。当负债比率为 100%时，企业的综合资本成本最低，企业价值将达到最大值。这种理论认为企业的综合资本成本与价值都受到财务杠杆的影响，即资本结构的变化影响企业的综合资本成本和价值。但是该理论过分强调财务杠杆的作用，而忽视了财务风险。按照这种理论推论，企业最佳资本结构应是百分之百负债，此时企业的综合资本成本最低，企业价值最大（见图 4-3、图 4-4）。

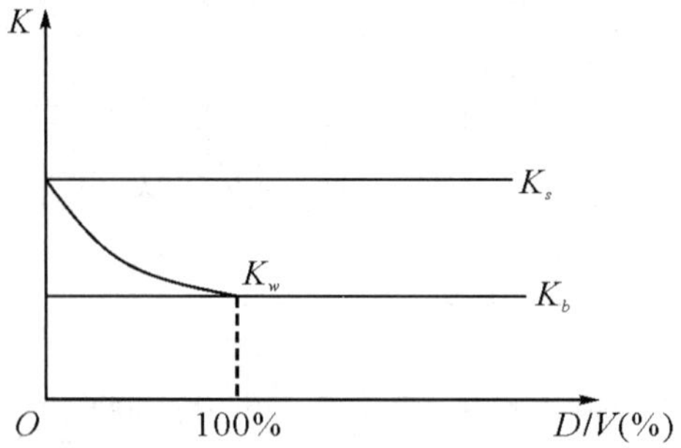

图 4-3　净收益理论中的企业的资本成本与财务杠杆

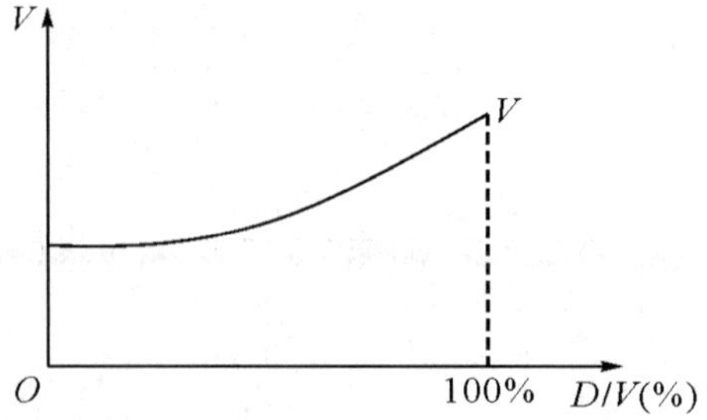

图 4-4　净收益理论中的企业价值与财务杠杆

（3）传统理论

传统理论是一种介于净营业收益理论和净收益理论两种极端情况之间的一种折中理论。该理论认为，当企业的负债比率在一定限度内被适度利用时，负债比率的提高不会导致债务成本和权益成本的显著上升，因此，企业的综合资本成本会随着负债比率的增加而逐渐下降，企业价值逐渐上升（见图 4-5、图 4-6）。但是，当负债比率超过一定限度时，随着财务风险加大，债务成本和权益成本均会上升，致使综合资本成本加速上升，企业价值下降。综合资本成本从下降变为上升的转折点（图 4-5 中的 *A* 点）是综合资本成本的最低点，这时的负债比率就是企业的最佳资本结构。

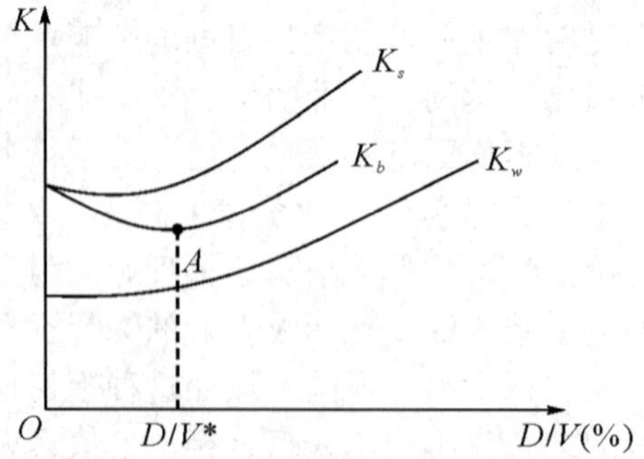

图 4-5　传统理论中的企业的资本成本与财务杠杆

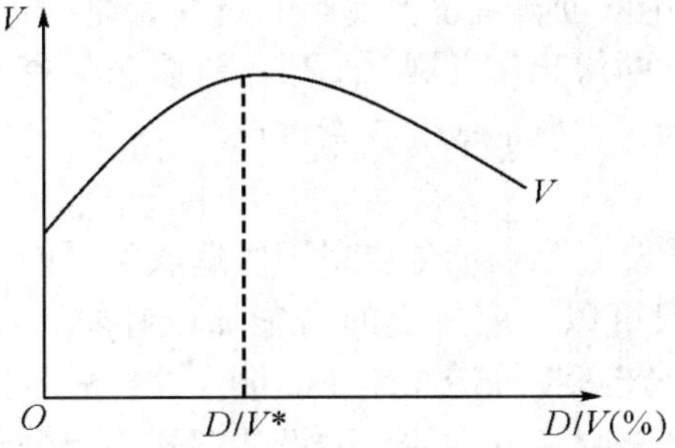

图 4-6　传统理论中的企业价值与财务杠杆

这种理论认为存在一个最佳资本结构。最佳资本结构就是使企业的加权平均资本成本最低并因而使企业价值最大的资本结构。早期的资本结构理论都是建立在经验和判断的基础上的，缺乏严格的推理证明，虽然传统理论看起来比较符合实际，但也难以令人信服。

2. M-M 理论

资本结构是指公司长期资本（负债、优先股、普通股）的构成及其比例关系。注意这里不包括短期负债，如果考虑短期负债，也就是将整个资产负债表的右方考虑进去，则称为财务结构，在实务中用资产负债率表示。资本结构有两种表示方法：一是负债比率，表示长期负债与公司资产之间的比例关系；二是杠杆比率，表示长期负债与股东权益之间的比例关系。

1958 年，莫迪利安尼和米勒共同发表的《资本成本、公司融资和投资理论》，提出了著名的 M-M 理论，不仅被公认为现代公司资本结构理论的基石，也成为后续资本结构理论研究的逻辑起点。M-M 理论研究的核心内容是资本结构与公司价值、资本结构与资本成本的关系。

为方便讨论，通常假设：①无摩擦市场。市场无交易费用、无公司所得税和个人所得税。投资者可以自由地进入或退出交易，市场对卖空行为没有任何约束。②公司和个人都能以同一无风险利率自由地借入资金，即所有投资者的负债都是没有风险的。③公司的经营风险是可以衡量的，经营风险相同的公司处于同一风险等级（公司经营风险的高低由息税前利润的标准差来衡量）。④所有的市场参与者对未来的预期是一致的。市场参与者可以无偿地获得有关资产价值的相关信息，他们对每项资产收益的均值、方差估计相同，并能够理性地运用这些信息确定资产的价值。⑤公司预期的息税前利润为一常数，即预期息税前利润在未来任何一年都相等。⑥公司的增长率为零，且全部收入均以现金股利形式发放。⑦公司只有长期负债和普通股两项长期资本，公司的资产总额不变，资本结构变化可通过发行债券回购股票或相反方式得以实现。

最初的 M-M 理论在对净营业收益理论研究的基础上，不考虑企业所得税因素的影响，认为企业价值与资本结构无关。而企业所得税是实际存在的，所以该理论在后来的研究中加入了所得税因素并提出：债务利息在税前支付，具有减税作用，所以资本结构中负债比率越大，企业价值越大，当企业负债比率达到 100%时，企业价值最大。但这与现实不完全相符。实际上企业为了生存和发展，必须保持一定的财务实力，一般均按照一定的负债比率举债，M-M 理论的假设在现实生活中不可能实现。因此 M-M 理论应用于实践时必须进行修正。为此，M-M 理论的创建者以及后来的研究者通过不断放宽 M-M 理论的假设条件，使现代资本结构理论不断得到新发展，形成了许多新的资本结构理论。其中最重要的修正是考虑破产成本和代理成本所形成的权衡理论。

3. 财务危机权衡理论

财务危机是指公司不能支付到期债务或费用所造成的风险，主要表现为财务困境和破产两种情况。财务危机一般可以采取一定的措施加以补救，如通过协商，求得债权人让步，延长偿债期限或通过资产抵押等借新债还旧债。这样做虽然可以避免破产，但公司将为此付出极高的代价。破产是财务危机的一种极端形式，当公司资本匮乏和信用崩溃两种情况同时出现时，公司破产便无可挽回。随着负债比率提高而增加的财务危机成本会在相当大的程度上抵消由税负创造的财务杠杆利益，减少公司资产创造的现金流量，降低投资者（股东和债权人）收益的分配份额以及公司价值和股票价格。财务危机成本是指公司因无力支付到期债务所需要付出的成本，表现为直接成本和间接成本。

其中，财务危机直接成本主要指破产成本。企业因过度负债而陷入财务拮据状态甚至破产的事件时常发生。企业的财务拮据状态一旦发生，无论破产与否，都会给企业带来额外的损失和费用，这些费用就是破产成本。破产成本包括企业破产清算时因所有者和债权人之间的意见不一致而延缓资产清偿造成的固定资产的破损、存货变质；破产清算还要支付律师费用、诉讼费用等。这些费用统称为直接破产成本。

财务危机间接成本主要包括两个方面：第一，公司发生财务危机但尚未破产时在经营管理方面遇到的各种困难。由于负债过多，公司不得不放弃有价值的投资机会，减少研究开发费用，削减市场开支以积累现金、避免破产；消费者可能会因此对公司长期生产能力和服务能力产生怀疑，最终决定消费其他公司的产品；供应商可能会因此拒绝向该公司提供商业信用；优秀员工可能会因此离开公司。如果负债过多，公司可能会丧失利息抵税的杠杆利益。第二，在财务危机时，股东与债权人之间的利益冲突引起的非效率投资对公司价值的影响。由于债券持有者有优先权，一旦公司破产，债权人可以从公司实物资产清算中获得一定的补偿，而股票所有者只能获得剩余补偿。当公司破产概率上升时，管理者为保护股票持有者的利益，采取非最优的投资策略，侵蚀债权人的利益。产生这种现象的原因在于利益分配、风险分担不均衡。一般来说，债权人对公司资产具有优先但固定的索偿权，股东对公司债务承担有限责任，对公司剩余资产具有“无限的索偿权”。“有限责任”给予股东将公司资产交给债权人（发生破产时）而不必偿付全部债务的权利，“无限索偿权”给予股东获得潜在收益的最大好处。或者说，有限责任使借款人对极端不利事态（如破产）的损失享有最低保证，借款人的收入不可能小于零，而对极端有利事态所获得的收益没有最高限制。这种损益不对等分配使股东具有强烈的动机去从事那些尽管成功机会甚微，但一旦成功即获利颇丰的投资活动。如果投资成功，股东收益可观；如果投资失败，债权人将承担大部分损失，其结果是财富从债权人手中转移给了股东，而投资产生的风险则转移给了债权人。

4. 代理成本权衡理论

詹森和麦克林（1976）认为，不同融资契约与不同的代理成本相联系，最佳资本结构就是当债务的边际代理成本与股权的边际代理成本相等，即债务代理成本和股权代理成本之和最小时的负债结构。

（1）债务代理成本

当股东向债权人借入资本后，两者便形成了一种委托代理关系。资本一旦进入公司，债权人就基本上失去了控制权，股东就可能通过管理者为使自身利益达到最大化而伤害债权人的利益。除财务危机时股东与债权人之间矛盾与冲突引起的非效率投资产生的破产成本外，债务代理成本还表现为资产替代和债权侵蚀两个方面。

资产替代问题。资产替代问题指公司负债融资时可能导致的股东与债权人之间的利益冲突引起的投资选择问题，即公司将贷款投资于一个具有较高风险（相对于获得贷款时的投资风险）的项目，使贷款的实际风险增大，从而降低了这笔贷款的价值，或者说公司用高风险投资项目替代低风险投资项目，从而侵蚀了债权人利益的行为。

债权侵蚀问题。债券的发行或贷款的提供是假定借款人事后不会发行或借贷具有同一次序或更优次序的债券或贷款。如果公司股东事后违约，为了增加利润而增大财务杠杆，那么原来风险较低的公司债券就会变成风险较高的债券，从而导致旧债券的价值降低。假设发行新债券前，债券投资者要求的收益率为10%，发行新债后，风险加大投资者要求的收益率提高到12%，旧债券按12%折现后的价值随折现率的提高而降低。

为防止股东侵蚀债权人的各种行为，理性的债券持有者也不是被动的，一旦意识到公司股东会牺牲他们的利益而最大化股东的利益，便会采取相应的措施预防其机会主义行为的发生。这主要表现在：第一，在签订债务契约时，债券持有者要对契约条款反复推敲，对借款公司的行为进行种种限制。契约签订后还要进行必要的监督、审查，所有这些都将增加债务成本（如提高贷款利率）。第二，为了防止公司股东滥用权力、转嫁危机，债权人要对公司的投资行为做出种种限制，以防止债务人趁机转移资产，损害债权人的利益，这些限制条款会给公司的资金运行带来一定的困难。第三，如果债权人认为公司发生财务危机的概率较大，就会通过提高贷款利率的方式予以补偿，从而降低股东或公司价值。

（2）股权代理成本

股权融资的代理成本产生于股东与管理者的代理冲突。詹森和史密斯（1985）指出，股东与管理者之间的冲突主要表现在直接侵蚀股东财富和间接侵蚀股东财富两个方面，前者如高薪与在职消费，后者表现为由管理者帝国建造引起的过度投资、由管理者的风险态度和任期观念引起的投资不足等投资行为对股东财富的影响。

直接代理成本——高薪与在职消费。詹森和麦克林（1956）首次对股东和管理者直接侵蚀股东财富进行了理论上的描述。他们认为只要管理者拥有的公司股份少于100%，他就有可能在两种行为上做出权衡：第一，提高公司价值，从而相应地提升自己股票的价值，例如投资一些产生正现金流的项目，降低运营成本；第二，获取非货币收益，如在职消费、过度津贴、偷懒行为甚至利用特殊人力资本通过投资项目来保持自己在公司的地位。当管理者选择前一种行为的边际收益等于放弃后一种行为的边际（机会）成本时，他的效用可以达到最大化。但是，市场上理性的投资者预期到这一点，会自动降低对公司的价值评估，降低的价值即为代理成本。

间接代理成本——非效率投资。股东与管理者的代理冲突对股东财富的间接影响主要集中在投资行为上，如管理者由于帝国建造产生的过度投资行为、由于风险态度和任期观念产生的投资不足行为，其结果都可能损害股东利益。第一，偏好帝国建造。管理者偏好个人帝国的建造，因为他们所追求的地位、权力、薪酬、特权和升迁等均与公司的规模成正比。这样，管理者就有动机去扩大公司规模，而不管规模扩大是否符合股东财富最大化原则。例如，为扩大规模而扩大规模。这种规模扩大可能与股东利益最大化相矛盾。第二，管理者风险规避态度。对公司的投资者来说，由于他们持有证券组合从而分散了大部分公司特有风险，因此，外部投资者更关心市场风险。对于管理者来说，由于他们的财富大部分用于特定公司的人力资本投资，其风险是不可分散的。如果公司经营不善、破产会使管理者失去工作，因此，公司的管理者比股东更加厌恶风险。所以，在进行投资决策时，管理者会更倾向于相对安全的计划，从而在一定程度上失去增加公司价值的机会。例如，管理者可能做出有助于公司多元化经营的投资决策，但这未必符合股东的最大利益。第三，管理者的任期观念。相对于公司无限存续期而言，管理者的在位期限是有限的，这一冲突可能导致管理者投资水平低于最优水平，即投资不足。由于管理者的权利仅限于他的任期，从自身利益最大化的角度考虑，管理者会更倾向于关注短期利益，从而导致短期行为。例如，研究与开发等从长期来看可以给公司带来可观的收益，增加公司价值，但如果这种效益在管理者预见的任期内无法实现，管理者就会降低研发支出，减少对机器设备维修的投入，减少对品牌忠诚度和职工培训等无形资产的投入，从而将资金用于对公司价值贡献较小但在短期内易于实现的支出，造成公司价值的潜在损失。理性投资者认识到管理者面临逃避责任、分散化投资和投资不足的动机，他们会预测这些决策所产生的巨大影响并将其纳入股票价值。这样，公司因这些决策所遭受的损失等于外部股权融资的代理成本，从而提高公司股权融资成本。在实务中，解决股东与管理者之间代理冲突的方式主要是激励与监督。前者主要指对管理者进行适当的激励（工资、奖金、认股权证和额外津贴），后者主要指通过契约对管理者进行约束、审计财务报表和直接对管理者的决策进行限制等。不论是激励措施还是监督措施都需要支付一定费用，表现为一定的代理成本。

（3）代理成本与资本结构

公司在确定公司资本结构时应充分考虑债务与股权代理成本的存在。不过，债务融资也可能会减少公司的代理成本，这主要表现在以下三个方面：

第一，减少股东监督经营者的成本。只要公司发行新债，潜在的债权人就会仔细分析公司的情况以确定该债务的公平价格，于是每发行一次新债，现有债权人和股东就免费享受一次对公司的外部“审计”。这种外部审计降低了为确保代理人（经营者）尽职尽责而花费的监督成本。

第二，举债并用借款回购股票会在两方面减少股权融资的代理成本。首先，用债券回购股票既减少了公司股份，也减少了公司现金流量中归属于股东的部分。由于经营者必须用大量的现金偿还债务，因此归属于债权人的份额增加了，这意味着能被经营者用来“在职消费”的现金流量或支配的现金流量减少了。其次，如果经营者已经持有部分股权，那么公司增加负债后，经营者持股的份额就会相对增加，即使他们拥有股权资产的量没有改变。这样会促使经营者为股东的利益而工作，因为负债融资将经营者和股东的利益紧密地联系在一起，使它成为减少代理成本的一个工具。

第三，举债引起的破产机制会减少代理成本。如果公司不发行债券融资，公司就不会有破产风险，这会使经营者丧失追求公司价值最大化的积极性，从而降低市场对公司价值的评价。相反，如果公司发行债券融资，由于偿债压力和破产风险，经营者必须努力工作。如果公司经营不好，或破产倒闭，或成为兼并的目标公司，其结果是经营者被解职或驱逐出经理人市场。因此，从某种意义上说，举债融资可以说是一种“无退路”的融资方式，经营者为了保证在职好处会努力追求公司价值最大化。

负债融资与股权融资的代理成本对公司价值的影响主要表现在：当一个公司增加负债时，它的债务代理成本就会随之增加，公司价值和股票价值有时会随之下降（额外的负债成本是很昂贵的），但与此同时，公司股权融资代理成本会降低，这又会引起公司价值和股票价值的上升。至于最后的结果，则取决于两种作用哪个更大。

3. 信息不对称理论

从信息经济学的角度来说，代理成本理论研究的是事后的道德风险问题，信息不对称理论研究的则是事前的逆向选择问题；代理成本理论讨论的是减少道德风险的激励问题，信息不对称理论则是讨论资本结构对投资者的信号作用。

（1）信号传递理论

在M-M理论中，假设投资者和管理者在获得公司信息的能力和可能性上都是均等的。事实上，公司管理者总是更了解公司的内部经营情况，总是掌握着投资者所无法知道的信息，这就是所谓的信息不对称性。在资本结构理论中，罗斯（1972）完全保留了M-M理论的全部假设，仅仅放松了关于充分信息的假设。他假设公司管理者对公司的未来收益和投资风险有充分的信息，而投资者没有这些信息，只知道对管理者采取激励和监督措施。投资者只能通过管理者传递出来的信息间接评价市场价值。罗斯认为，公司收益分配是按照索取权的优先顺序排列的，如果公司市场价值提高，管理者会由此受益，如果公司破产，管理者就会受到惩罚。由于在任何债务水平上，低质量公司都拥有更高的边际预期破产成本，所以低质量公司的管理者就不会效仿高质量公司进行过多的债务融资。也就是说，发展前景越好的公司，债务融资水平就越高，发展前景越不好的公司，债务融资水平就越低。投资者可以凭借公司债务融资比率来判断公司预期市场价值的高低或公司质量的高低，从而确定自己的投资组合。如果管理者没有增加公司市场价值的动机，那么他就不会通过改变公司融资结构中的负债融资比率来向市场发布有关公司方面的融投资信息。为了使债务融资机制成为正确的信号传递，罗斯对破产公司的管理者加上了惩罚约束，从而使公司债务融资比率变成可靠的信息。这一模型的主要经验结果是，破产概率与公司质量负相关，而与负债水平正相关，公司市场价值和债务比例正相关。

利兰和派尔（1977）提出了在存在不对称信息的情况下，为了使投资项目的融资能够顺利进行，借贷双方就必须交流信息。他们认为，这种交流可以通过信号的传递来进行。例如，掌握内部信息的经理也对融资项目进行投资，这本身就向贷方传递了一个信号，即项目本身包含着“好消息”，也就是说，经理进行投资的意愿本身就可以作为一个投资项目质量好的信号。通常，市场上的投资者认为项目质量是经理拥有股份的函数，经理拥有股份越多，预示着投资项目的价值越高。不仅如此，公司举债越高，经理持股比例越高，预示着公司的发展前景就越好，因为大多数经理都是风险规避者，只有投资项目的真实收益大于其承担的风险，他们才会进行投资。因此，举债融资给市场传递的信号一般是一个

"好消息"。

迈尔斯和迈基勒夫（1984）在罗斯的理论的基础上，进一步考察了不对称信息对公司投资活动及融资方式的影响。他们认为在不对称信息下，管理者（内部人）比投资者（外部人）更为了解公司收益和投资的真实情况，外部人只能根据内部人所传递的信号来重新评价他们的投资决策。公司的融资结构、股利政策等都是内部人传递信号的手段。假设公司为投资新项目必须寻找新的融资方式，为了简化情况，只考虑举债融资或股票融资两种情况。由于管理者比潜在的投资者更为知道投资项目的实际价值，如果项目的净现值为正数，说明项目具有较好的获利能力，这时，代表老股东利益的管理者不愿意发行新股以免把新项目的投资收益转让给新股东。投资者在知道管理者这种行为模式后，自然会把发行新股当成一种坏消息，在有效市场假设下，投资者会根据项目价值重新进行估价，从而影响投资者对新股的出价。

（2）优序融资理论

迈尔斯和迈基勒夫（1984）以不对称信息理论为基础，考察不对称信息对融资成本的影响。他们认为股权融资会传递公司经营的负面信息，因为在投资者看来，公司发行新股可能是因为股价被高估，或公司前景暗淡，出于保护自身利益的考虑，他们会抛售股票，造成股价下跌，结果使股票融资的成本较高。相对来说，发行债券融资时，债券价值被错估的可能性较小，但是发行债券又会使公司受到财务危机的约束。在这种情况下，迈尔斯和迈基勒夫指出，如果公司利用留存收益为新项目融资，不需要发行新股融资，就不存在信息不对称的问题，所有净现值为正的项目都会被公司采纳。在此基础上，迈尔斯提出了不对称信息条件下优序融资理论。根据这一理论，公司应按下列顺序进行融资，首先是内部积累资金，如果需要外部融资，公司将首先进行债务融资，直到因债务增加引起公司陷入财务危机的概率达到危险区时，才发行股票进行融资。这个结论与美国 1965—1982 年公司融资的结构基本相符，这一期间公司内部积累资本占总资本的 61%，债务融资占 23%，新发行股票平均每年仅占 2.7%。

优序融资理论认为一些经营好的公司负债率低，不是因为这些公司的目标负债率低，而是因为高收益的公司有足够的内部融资资源，而低收益的公司只能依靠外部融资，且不断积累负债。优序融资理论认为不存在明确的目标负债率，当实际的现金流量、股利和实际的投资机会出现不平衡时负债率就会发生变化。而债务的税收收益、财务危机成本、代理成本等因素在融资排序中并不重要。

二、影响资本结构的主要因素

（一）企业经营状况的稳定性和成长率

公司产品销售是否稳定对公司资本结构具有重要影响。如果公司的产销业务量稳定，其利润也相对稳定，则公司可较多地负担固定的财务费用；如果公司产销业务量和盈余具有较强的周期性，则所需负担固定的财务费用将带来较大的财务风险。

另外，公司销售的增长速度也决定了财务杠杆能在多大程度上扩大每股收益。如果产销业务量能够以较高的水平增长，企业可以采用具有固定财务费用的高负债资本结构，来扩大普通股的每股收益，提升权益资本的报酬。

（二）公司股东和经理的态度

公司股东和经理的态度对资本结构具有重要影响。从企业所有者的角度看，如果企业股权分散，一个公司的股票被众多股东所持有，企业可能更多地会选择权益资本进行筹资以分散企业风险，因为公司的现有股东并不担心控制权的分散。反之，如果企业为少数股东控制，股东通常重视企业控制权问题，公司为了保证少数股东的绝对控制权，防止控股权稀释，一般尽量避免采用普通股筹资，而是采用优先股或债务资本筹资。

从企业管理当局的角度看，喜欢冒险的管理者可能会偏好比较高的负债比例；反之，稳健的管理当局偏好于选择低负债比例的资本结构。

（三）公司财务状况

公司获利能力越强，财务状况越好，信用等级越高，就越有能力承担财务上的风险，债权人所面临的投资风险就越小。因而，随着公司变现能力、财务状况和盈利能力的增加，举债筹资的吸引力也不断提升。反之，公司因为财务状况不好，无法顺利发行股票，债权人投资风险大，只能发行高利率债券来筹集资本。

（四）公司资产结构

公司资产结构会以多种方式影响公司的资本结构：①拥有大量固定资产的公司主要通过长期负债和发行股票筹集资本；②拥有较多流动资产的公司，更多依赖流动负债来筹集资本；③资产适用于抵押贷款的公司，其负债比例会更高，如房地产公司的抵押贷款就相当多；④以技术研究开发为主的公司，其负债较少。

（五）贷款人和信用评级机构的影响

公司管理者对如何运用财务杠杆都有自己的分析，但贷款人和信用评级机构的态度实际上往往是决定资本结构的关键因素。

一般而言，公司管理者都会与贷款人和信用评级机构商讨其资本结构，并充分尊重他们的意见。大部分贷款人都不希望公司的负债比例太大，如果公司坚持使用过多债务，则贷款人可能拒绝贷款。同样，如果公司债务太多，信用评级机构可能会降低公司的信用等级，这样会影响公司的筹资能力，提高公司的资本成本。

（六）行业特征和企业发展周期

不同行业的资本结构有很大差别。管理者必须考虑本公司所处的行业，以便考虑最佳的资本结构。产品市场稳定的企业，经营风险低，因此可提高债务资本比重，发挥财务杠杆作用；高新技术企业的产品、技术、市场尚不成熟，经营风险高，因此可降低债务资本比重，控制财务杠杆风险。

除此之外，管理者还需要关注企业所处的发展周期。一般而言，企业在初创阶段，经营风险高，在资本结构安排上应控制负债比例；企业在发展成熟阶段，产品产销业务量稳定并持续增长，经营风险低，可适度增加债务资本比重，发挥财务杠杆效应；企业在收缩阶段，产品市场占有率下降，经营风险逐步加大，应逐步降低债务资本比重，保证经营现金流量能够偿付到期债务，保持企业持续经营能力，降低破产风险。

（七）经济环境的税务政策和货币政策

利用负债可以获得减税利益，因此，当所得税税率较高时，债务资本的抵税作用大，企业可以充分利用这种作用来提高企业价值；反之，如果所得税税率很低，采用举债方式的节税利益就不十分明显。

利率水平的变动趋势会影响公司的资本结构。当国家执行紧缩的货币政策时，市场利率较高，企业债务资本成本增大，应当减少债务资本的比重。

（八）利率水平的变动趋势和证券市场的行情

如果当前利率水平较低，预期利率上升时，财务管理人员倾向于发行长期债券筹资，从而在若干年内把利率固定在较低水平上；如果当前利率水平较高，预期利率下降时，股市行情会上扬，此时发行股票筹资对投资者具有更大的吸引力，这主要是随着利率的下降，企业的筹资成本会降低，预期利润会增加，同时，又会有相当数量的资金从储蓄市场和债券市场流向股票市场。

三、资本结构优化方法

（一）最优资本结构的理解

公司利用债务资本具有双重作用。适当地利用负债，可以降低公司资本成本；但负债比例过高会给公司带来较大的财务风险。为此，公司必须权衡负债的低资本成本和高财务风险的关系，确定合理的资本结构，从而降低平均资本成本率或提高企业价值。

最优资本结构，是指在一定条件下使公司加权平均资本成本最低、公司价值最高的资本结构。从理论上讲，最优资本结构是存在的，但由于现实中公司内部条件和外部环境经常发生变化，寻找最优资本结构十分困难。因而，我们所说的最优资本结构，就是通过财务管理努力达到的一个目标。简单地讲，资本结构包括两大部分：自有资本和借入资本。开办一家公司时，没有自有资本是不可能的，实际上我们要考虑的是如何对待负债。

首先，最优资本结构中肯定应包含负债。一家公司如果仅仅依靠自有资本的积累滚动发展，它的扩张速度是很慢的。公司若想加速扩张，一定要依靠借入资本的力量，主要有两个原因。一是负债经营具有财务杠杆作用。负债是需要支付利息的，但如果公司经营有方，其资本利润率高于利率时，收益的差额部分均为公司所得。对股东来讲，其投入公司的资本仅是资本结构中的一部分，而公司的收益却是由包括负债在内的全部资本产生的，但支付给债权人的利率往往较低，这样，股东的实际收益率会高于公司的资本利润率，这就是财务杠杆作用。当然，如果公司经营不景气，公司资本利润率低于借款利率，财务杠杆作用正好相反，会使股东的实际收益率反而低于公司的资本利润率。由此可见，最优资本结构中不能没有负债，而且在资本利润率高于利率的前提下，负债比率越大，就会使股东财富越大。二是负债具有节税作用。由于负债利息能够在税前列支，因而可以减少纳税负担。

其次，最优资本结构中负债比重应合理。负债经营固然有对公司和股东有利，但过度负债，会加大财务风险，因而财务管理要注意负债的合理比例。负债若无限度，会使公司的股票市价下降；银行在贷款时会提出更严格的限制条件；其他债权人也会对公司的各种债务进行限制；潜在的投资者会因此驻足不前，等等。负债过度不仅会对公司信誉造成影响，而且会对客观经济环境产生消极影响。因为在市场经济高度发达的信用基础上，一些公司负债过度，一旦出现财务风险，就会影响与其有业务往来的其他公司，如此连锁反应，会使宏观经济出现不稳定因素。影响公司负债比率合理化的因素主要如下：

1. 公司的生产经营状况

对于那些生产经营良好、商品适销对路、资金周转较快的公司，负债比率可以稍微高一些；而对于那些生产经营困难重重、产品滞销、资金周转慢的公司，负债比率应低一些，否则不仅旧债还不上，新债还会加重债务负担。

2. 公司的投资决策

公司通过举债筹措资金，主要是因为投资的需要。财务管理应将筹资与投资联系起来，使投资决策科学化，充分考虑债务还款期限和数额，避免还款期限和款项过于集中；尽量使筹资渠道多元化，借款期限分散化。

3. 流动资产与固定资产的比例关系

公司偿债能力的高低很大程度上取决于资产的变现性。如果一个公司需要依靠变卖固定资产还债的话，那么也就意味着这个公司已面临破产的困境。实际上，一个经营状况好的公司是不会动用固定资产还债的，它的决策者会使公司的流动资产与固定资产保持一个合理的比例关系，因为流动资产的变现性要比固定资产强得多。保持一定的变现性强的资产，可使负债的财务风险大大降低。

（二）资本结构决策方法

按照现代资本结构理论，最佳资本结构是企业的综合资本成本最低，同时企业价值最大的资本结构，其核心是确定最佳的负债比率。而在实际工作中，企业如何确定最佳资本结构是一个复杂和困难的问题，也没有一个公认的负债比率的数量化标准，可以认为最佳的资本结构在不同国家、不同时期、不同企业是各不相同的。但是，最佳资本结构的确定仍然是企业融资决策的重要内容，为此企业可以资本结构理论为指导，在研究内外部融资环境的基础上，从企业的所有者或股东、债权人和经营者的不同利益和需要出发，采用不同的评价标准和方法加以确定。

一般来说，在确定最优资本结构时，有以下有三种方式来实现：第一种是只考虑资本成本，即以加权平均资本成本最低作为资本结构决策的依据，这就是平均资本成本比较法；第二种是只考虑公司价值，即以公司价值最大作为资本结构决策的依据，这就是每股收益分析法；第三种是同时考虑资本成本和公司价值，即以资本成本最低和公司价值最大作为资本结构的决策依据，这就是公司价值分析法。

1. 平均资本成本比较法

在公司价值最大化的资本结构下，公司的加权平均资本成本也应是最低的。所以，在不同的筹资方案中，选择加权平均资本成本最低的方案无疑是合理的。资本成本比较法是通过计算和比较企业多种可能的筹资组合方案的综合资本成本，选择综合成本最低的方案。该方案下的资本结构即最优资本结构。依据资本成本比较法进行资本结构优化，首先应明确资本成本与资本结构的关系。两者的关系实际上可用加权平均资本成本的计算公式来表示：

加权平均资本成本＝Σ［各筹资方式成本×（各方式筹资额÷各方式筹资总额）］

＝债务资本成本×债务资本比重＋主权资本成本×主权资本比重

以上关系式说明，企业要优化资本结构，首先要在债务资本成本和主权资本成本已知且又不相等的情况下，提高资本成本低的资本比重，降低资本成本高的资本比重，使综合资本成本降低；其次要在各种负债筹资成本已知且不相等时，调整负债内部结构，使债务资本结构得到优化；最后要在各种主权资本成本已定且不相等时，调整主权资本内部结构，使主权资本结构得到优化。

【例 4-1】F 公司初创时有三个筹资方案可供选择，有关资料如表 4-1 所示。

表 4-1　筹资方案汇总　　单位：万元

筹资方式	筹资方案 1		筹资方案 2		筹资方案 3	
	筹资额	资本成本	筹资额	资本成本	筹资额	资本成本
长期借款	400	6%	500	6.5%	800	7%
债券	1 000	7%	1 500	8%	1 200	7.5%
优先股	600	12%	1 000	12%	500	12%
普通股	3 000	15%	2 000	15%	2 500	15%
合计	5 000	—	5 000	—	5 000	-

分别测算三个筹资方案的加权平均资本成本，从而确定最优筹资方案。

方案 1：

（1）计算各种筹资方式占筹资总额的比重。

长期借款　$400\div5\ 000=0.08$

债券　$1\ 000\div5\ 000=0.2$

优先股　$600\div5\ 000=0.12$

普通股　$3\ 000\div5\ 000=0.6$

（2）计算加权平均资本成本。

$0.08\times6\%+0.2\times7\%+0.12\times12\%+0.6\times15\%=12.32\%$

方案 2：

（1）计算各种筹资方式占筹资总额的比重。

长期借款　$500\div5\ 000=0.16$

债券　$1\ 500\div5\ 000=0.3$

优先股　$1\ 000\div5\ 000=0.2$

普通股　$2\ 000\div5\ 000=0.4$

（2）计算加权平均资本成本。

$0.1\times6.5\%+0.3\times8\%+0.2\times12\%+0.4\times15\%=11.45\%$

方案 3：

（1）计算各种筹资方式占筹资总额的比重。

长期借款　$800\div5\ 000=0.16$

债券　$1\ 200\div5\ 000=0.24$

优先股　$500\div5\ 000=0.1$

普通股　$2\ 500\div5\ 000=0.5$

（2）计算加权平均资本成本。

$0.16\times7\%+0.24\times7.5\%+0.1\times12\%+0.5\times15\%=11.62\%$

比较三个筹资方案的加权平均资本成本，可以得出方案 2 的加权平均资本成本最低。因此，可以得出以下结论：在其他有关因素大体相同的情况下，方案 2 是最优的筹资方案，即其形成的资本结构为最优资本结构。

这种分析方法易于理解，计算过程十分简单，常被用于确定资本结构。但因所拟定筹资方案的数量有限，故可能会把最有利方案漏掉，造成决策上的错误。

2. 每股收益分析法

每股收益分析法也称每股收益无差别点分析法，是财务管理中常用的分析资本结构和进行融资决策的方法。它通过分析负债融资与每股收益之间的关系，为确定最佳资本结构提供依据。对股份有限公司来讲，财务管理的目的就是要不断提高普通股每股收益。因此，资本结构是否合理，可以通过每股收益的变化来进行分析。在这种方法下，当公司面临是采用债务筹资还是权益筹资的选择时，可以先计算两种方式下的每股收益，然后选择每股收益最大的筹资方案。只要能提高每股收益，这样的资本结构就是合理的，反之就是不合理的。

每股收益分析法的核心是确定每股收益无差别点。利用每股收益无差异点即可判断在什么情况下可以采用债务筹资，在什么情况下只能采用权益筹资。每股收益无差别点是指每股收益不受任何融资方式影响的息税前利润水平。每股收益是指普通股的每股收益，按照某一息税前利润水平计算的每股收益的公式为

$$\mathrm{EPS}=\frac{(\mathrm{EBIT}-I)(1-T)-D}{N}$$

或

$$\mathrm{EPS}=\frac{(S-\mathrm{VC}-\mathrm{FC}-I)(1-T)-D}{N}$$

式中，EPS 为普通股每股收益；I 为负债利息；T 为公司所得税税率；D 为优先股股息；N 为发行在外的普通股股数；S 为销售额；VC 为变动成本总额；FC 为固定成本总额。

在每股收益无差异点上，无论采用何种筹资方案，每股收益均是相等的。用 EPS_1 和 EPS_2 分别表示两种不同资本结构下的每股收益，即 $\mathrm{EPS}_1=\mathrm{EPS}_2$，则：

$$\frac{(S-\mathrm{VC}_1-\mathrm{FC}_1-I_1)(1-T)-D_1}{N_1}=\frac{(S-\mathrm{VC}_2-\mathrm{FC}_2-I_2)(1-T)-D_2}{N_2}$$

或

$$\frac{(\mathrm{EBIT}-I_1)(1-T)-D_1}{N_1}=\frac{(\mathrm{EBIT}-I_2)(1-T)-D_2}{N_2}$$

根据上述公式可以分别计算出每股收益无差异点上的销售额（S）或息税前利润（EBIT）。

3. 公司价值分析法

每股收益分析法以每股收益的高低作为衡量标准对筹资方案进行选择。这种方法的缺陷在于没有考虑风险因素。如果每股收益的增长不足以补偿风险增加所需的报酬，那么尽

管每股收益增加，股价仍然会下降。所以，公司的最佳资本结构应当是可使公司的总价值最高，而不一定是每股收益最大的资本结构。同时，在公司总价值最大的资本结构下，公司的加权平均资本成本也是最低的。

公司的市场总价值 V 应该等于其股票的市场价值 S 加上长期债务的价值 B，即：

$$V = S + B$$

为简化起见，假设长期债务（长期借款和长期债券）的价值等于其面值；股票的价值等于公司未来净收益按股东要求收益率的贴现值；公司息税前利润永续发生，股东要求的收益率（股权资本成本）不变，则股票的市场价值则可用以下计算公式：

$$S = \frac{(\text{EBIT}-I) \times (1-T) - D}{K_S}$$

式中，EBIT 为息税前利润；I 为年利息额；T 为公司所得税税率；D 为优先股股息；K_S 为股权资本成本。

股权资本成本可采用资本资产定价模型，计算公式如下：

$$K_S = R_f + \beta(R_m - R_f)$$

式中，K_S 为股权资本成本；R_f 为无风险证券的利率；β 为系统风险的度量；R_m 为投资者对市场组合要求的收益率（即证券市场的平均收益率）。

公司的加权平均资本成本表示为

$$K_W = \frac{B}{V} \times K \times (1 - T) + \frac{S}{V} \times K_S$$

$$K_W = \frac{B}{V} \times K \times (1 - T) + \frac{S}{V} \times K_S$$

式中，K_W 为加权平均资本成本；K 为长期债务的税前资本成本

思政元素

探讨金融供给侧结构性改革“加减法”降成本、去杠杆之见仁见智

（王俊丹，2017 年 6 月 20 日，上海，2017 陆家嘴论坛）

上周央行公布数据中 5 月 M2 余额为 160.14 万亿元，同比增长 9.6%，比 4 月月末低 0.9 个百分点，这一货币扩张速度为 1996 年以来最低水平。央行将其解读为金融体系降低内部杠杆的反应，表现在与同业、资管、表外以及影子银行活动高度关联的商业银行股权及其他投资等科目扩张放缓，由此派生的存款及 M2 增速也相应下降。随着去杠杆的深化和金融进一步回归为实体经济服务，比过去低一些的 M2 增速可能成为新的常态。

“去杠杆要正确处理好与服务实体经济的关系。”时任农业银行副行长张克秋认为，“企业杠杆率过高反过来也会加大金融风险，去杠杆关键是按照结构调整的要求，分类施策，对于僵尸企业坚决压缩退出。对于发展前景好、暂时遇到困难的企业要降低杠杆率水平帮助它们脱困发展，转型升级，对于薄弱领域环节要坚定不移地加大补短板的力度，在这个过程中特别要注意不能一概而论。”

在社会融资的债务杠杆率较高的情况下，对于实体经济去杠杆的下一步做法，时任上海银行董事长金煜认为：“除了多层次资本市场发展之外，还要引导多种风险投资、产业

基金等，在增量方面有效地降低社会债务杠杆。同时对存量的债务杠杆，也要去研究一些相关的金融改革措施，比如说是否可以考虑把基于降低债务杠杆作为目的的债转股纳入评估范围。”

相比银行信贷，多层次资本市场对于实体企业融资来说可能有降低成本的作用。时任银行间市场清算所副总经理李瑞勇表示，从融资成本角度，据初步统计，2A 以上的企业 1~5 年之间债券发行的成本比银行基准贷款利率低约 100 个基点（BP）左右。

对于企业融资成本等问题，矛盾最突出的是中小企业。中小企业的融资贵是因为融资难，主要是因为信息不对称造成的风险不容易把控。

时任工商银行副行长李云泽认为，政府有必要搭建公共金融信息平台，减少金融企业，尤其是商业银行获取相关信息的成本。同时给中小企业提供必要的征信措施和风险抵补的一些工具和手段，商业银行要扩充信息来源渠道，同时线下和线上、静态和动态、金融和非金融的数据；整合数据，更好地进行中小企业画像，更好地进行精准授信。

近年来，国有银行也逐渐重视中小企业金融。以工商银行为例，其最近几年中小企业贷款增长都超过 10%，截至 2016 年年底融资余额超过 2 万亿元。除了去杠杆、去产能等调整，银行等金融机构也对供给侧结构性改革的重点领域做“加法”。每个具体的金融形态都有具体的表现形式，不同类型机构在各自领域发挥作用。

时任中国银行副行长张青松认为，盘活低效金融资源，提升供给效能，是供给侧结构性改革的重要一环。具体来讲两点：一是促进不良资产证券化等创新业务的发展。二是对暂时性困难的先进产能龙头企业及技改项目，探索债转股等模式，降低受困企业的成本。

专项练习

1. 甲公司适用的企业所得税税率为 25%，计划追加筹资 20 000 万元，方案如下：

方案一：向银行取得长期借款 3 000 万元，借款年利率为 4.8%，每年付息一次。

方案二：发行面值为 5 600 万元，发行价格为 6 000 万元的公司债券，票面利率为 6%，每年付息一次。

方案三：增发普通股 11 000 万元，假定资本市场有效，当前无风险收益率为 4%，市场平均收益率为 10%，甲公司普通股的 β 系数为 1.5。不考虑筹资费用、货币时间价值等其他因素。

（1）计算长期借款的资本成本率。

（2）计算发行债券的资本成本率。

（3）利用资本资产定价模型，计算普通股的资本成本率。

（4）计算追加筹资方案的平均资本成本率。

2. 甲公司是一家制造业股份有限公司，生产销售一种产品、产销平衡。2020 年度销售量为 100 000 件、单价为 0.9 万元/件，单位变动成本为 0.5 万元/件，固定成本总额为 30 000 万元，2020 年利息费用为 2 000 万元。公司预计 2021 年产销量将增加 5%，假定单价、单位变动成本、固定成本总额保持稳定不变。

（1）计算 2020 年息税前利润。

（2）以 2020 年为基础，计算经营杠杆系数、财务杠杆系数、总杠杆系数。

（3）计算2021年的息税前利润、每股收益增长率。

3. 甲公司是一家国内中小板上市的制造企业，基于公司持续发展需要，公司决定优化资本结构，并据以调整相关股利分配政策。有关资料如下：

资料一：公司已有的资本结构如下：债务资金账面价值为600万元，全部为银行借款本金。年利率为8%，假设不存在手续费等其他筹资费用；权益资金账面价值为2 400万元，权益资本成本率采用资本资产定价模型计算。已知无风险收益率为6%，市场组合收益率为10%，公司股票的β系数为2，公司适用的企业所得税税率为25%。

资料二：公司当前销售收入为12 000万元，变动成本率为60%，固定成本总额为800万元。上述变动成本和固定成本均不包含利息费用。随着公司所处资本市场环境变化以及持续稳定发展的需要，公司认为已有的资本结构不够合理，决定采用公司价值分析法进行资本结构优化分析。经研究，公司拿出两种资本结构调整方案，两种方案下的债务资金和权益资本的相关情况如表4-2所示。

表4-2　两种方案下债务资金和权益资本的相关情况

调整方案	全部债务市场价值/万元	税前债务利息率	公司权益资本成本率
方案1	2 000	8%	10%
方案2	3 000	8.4%	12%

假定公司债务市场价值等于其账面价值，且税前债务利息率等于税前债务资本成本率，同时假定公司息税前利润水平保持不变，权益资本市场价值按净利润除以权益资本成本率这种简化方式进行测算。

资料三：公司实现净利润2 800万元。为了确保最优资本结构，公司拟采用剩余股利政策。假定投资计划需要资金2 500万元，其中权益资金占比应达到60%。公司发行在外的普通股数量为200万股。

资料四：公司自上市以来一直采用基本稳定的固定股利政策，每年发放的现金股利均在每股0.9元左右。不考虑其他因素影响。

（1）根据资料一，计算公司的债务资本成本率、权益资本成本率，并按账面价值权数计算公司的平均资本成本率。

（2）根据资料二，计算公司当前的边际贡献总额、息税前利润。

（3）根据资料二，计算两种方案下的公司市场价值，并据以判断采用何种资本结构优化方案。

（4）根据资料三，计算投资计划所需要的权益资本数额以及预计可发放的现金股利，并据此计算每股股利。

（5）根据要求（4）的计算结果和资料四，不考虑其他因素，依据信号传递理论，判断公司改变股利政策可能给公司带来什么不利影响。

中英文专业术语

外部融资需求（external funds needed）

普通股（common stock）
长期借款（long-term loan）
债券（bond）
融资租赁（financial lease）
优先股（preferred stock）
可转换债券（convertible bond）
权证（warrant）
企业筹资（corporate financing）
筹资来源（sources of financing）
筹资方式（financing methods）
筹资环境（financing environment）
敏感项目（sensitive items）
非敏感项目（non-sensitive items）
股票（stock）
信用额度（line of credit）
记名债券（registered bonds）
无记名债券（unregistered bond）
信用债券（debenture bonds）
抵押债券（mortgage bond）
资金成本（cost of capital）
综合资金成本（weighted average cost of capital，WACC）
经营杠杆（operating leverage）
财务杠杆（financial leverage）
综合杠杆（total/combined leverage）
资本结构（capital structure）
筹资费用（cost of raising funds）
用资费用（cost of using funds）
资金成本率（capital cost rate）
有效筹资额（effective financing amount）
个别资金成本（individual capital costs）
综合资金成本（comprehensive capital cost）
边际资金成本（marginal cost of capital）
账面价值基础（book value basis）
市场价值基础（market value basis）
目标价值基础（target value basis）
边际资金成本（marginal cost of capital）
固定经营成本（fixed operating cost）
资本结构决策（decision of capital structure）

最佳资本结构（optimal capital structure）
资金成本比较法（comparison method of capital cost）
每股利润分析法（EPS analysis method）
每股利润无差别点（indifference point of EPS）
企业价值比较法（comparison method of enterprise value）

第五章　营运资本管理

学习任务

1. 理解现金管理、应收账款管理、存货管理和流动负债管理的基本概念
2. 掌握应收账款信用政策
3. 掌握存货最优批量模型

引入案例

中国上市公司资本效率与财务风险专题调查：2021

（一）新型冠状病毒感染疫情背景下中国非金融类上市公司总体财务风险分组调查

1. 新型冠状病毒感染疫情之后高风险组企业总体财务风险呈下降趋势，而低风险组借入资金占比呈上升趋势

全国总体层面，2019 年、2020 年、2021 年高风险组借入资金占比依次为 47.61%、45.67%、44.15%，低风险组借入资金占比依次为 13.23%、14.03%，15.09%，新型冠状病毒感染疫情（后文简称“新冠疫情”）之前，2019 年高风险组与低风险组借入资金占比较 2018 年均有所下降，高、低风险组总体财务风险变化趋势没有明显差异，在新冠疫情之后，2020 年、2021 年高风险组借入资金占比呈小幅下降趋势，而低风险组借入资金占比呈小幅上升趋势，高、低风险组企业层面总体财务风险出现明显差异。

行业层面，2019 年除采矿业外所有行业的高风险组与低风险组借入资金占比均有所下降，多数行业高、低风险组总体财务风险变化趋势一致，在 2020 年、2021 年除采矿业外，其他所有行业的高风险组借入资金占比连续 2 年下降，而低风险组借入资金占比连续 2 年上升，新冠疫情之后绝大多数行业高风险组总体财务风险有所下降，而低风险组总体财务风险有所上升。

总体而言，新冠疫情之后高风险组与低风险组企业财务风险变化出现分歧，高风险组企业总体财务风险呈下降趋势，低风险组呈上升趋势。

2. 全国及多数行业高风险组债务收益比杠杆率高于低风险组，高风险组杠杆过高的局面并未得到扭转

资本收益能力是企业可持续发展下偿还债务的重要保障，对总体财务风险的评价应该将资本存量保障能力和资本收益保障能力相结合，高风险组企业相比于低风险组企业资本存量保障能力较低，应该有更高的资本收益保障能力，才能缓释财务风险，反之，若资本收益保障能力同样较低，则存在杠杆过高的问题。资本收益对负债的保障能力可以用债务

收益比杠杆率来测度（王竹泉等，2019a），债务收益比杠杆率越高，表明依靠资本收益偿还负债的时间越长，资本收益保障能力越差。

2019 年、2020 年、2021 年全国总体层面高风险组债务收益比杠杆率依次为 7.08、7.15、6.27，低风险组债务收益比杠杆率依次为 1.35、1.60、1.50。3 年期间全国总体层面高风险组债务收益比杠杆率明显高于低风险组，高风险组的资本收益能力并非优于低风险组，但却承担了更高的杠杆，明显存在借入资金占比过高问题。

行业层面，在 2019 年至 2021 年期间除农、林、牧、渔行业，建筑行业外，其余 5 个行业高风险组债务收益比杠杆率均高于低风险组，高风险组资本收益保障能力更差，表明多数行业高风险组存在杠杆过高问题。

总体而言，全国及多数行业高风险组债务收益比杠杆率高于低风险组，尽管高风险组借入资金占比呈下降趋势，但杠杆过高的局面并未得到扭转。

（二）新冠疫情背景下中国非金融类上市公司短期财务风险分组调查

全国总体层面，2019 年高风险组短期财务风险有所上升，而低风险组短期财务风险有所下降，而在新冠疫情之后高风险组短期金融性负债占比快速下降，短期财务风险明显下降，低风险组短期金融性负债占比变化不大。

企业层面，2019 年高风险组与低风险组短期财务风险下降的企业占比分别为 43.29%、43.14%，新冠疫情之前两组样本短期财务风险下降的企业占比并未有明显的差异。新冠疫情之后，高风险组在 2020 年、2021 年分别有 60.13%、54.58%的企业短期财务风险下降，而低风险组分别仅有 30.47%、34.96%的企业短期财务风险下降，新冠疫情之后只有高风险组短期财务风险下降状况较为普遍。

行业层面，新冠疫情之后多数行业的高风险组短期金融性负债占比有明显下降，其中，采矿业，电力、热力、燃气及水生产和供应业短期金融性负债占比连续 2 年下降均超过 400 个百分点。有 5 个行业低风险组的短期金融性负债占比 2 年内变化均未超过 3 个百分点，多数行业低风险组短期财务风险变化并不明显。

总体而言，新冠疫情之后高风险类企业的短期财务风险明显下降，风险防控力度明显加大，而低风险类企业短期财务风险下降并不明显。

资料来源：王苑琢，孙莹，宋晓缤，等. 中国上市公司资本效率与财务风险调查：2021［J］. 会计研究，2022（12）：151-160.（节选）

第一节　现金管理

现金有广义和狭义之分，狭义上看，现金特指库存现金，是专门用以支付日常常规开支所必需的资金；广义上看，现金是指公司所拥有的货币资金，在企业生产经营过程中以货币形态占用的资产，包括库存现金、各项银行存款以及其他货币资金。现金是流动性最强的资产，拥有一定的现金，可以用来满足日常生产经营支出的各项需要，是企业还本付息、履行纳税义务及支付现金股利的保证，可以防止财务风险。但现金是一种盈利能力最低的资产，占有现金的收益率最低。从理论上讲，企业存在置存现金表明这部分资金尚未投放到生产经营过程中去，从而形成损失。因此，现金拥有量过大，会影响公司资金的利用效果。

在现代财务管理中，人们越来越重视现金的管理，重视现金流量的状况。现金管理的目标是在现金的流动性和收益性之间进行合理选择，即在保证正常业务经营需要的同时，尽量减少现金的占有量，并从暂时闲置的现金中获得最大的投资收益，尽可能地将现金维持在某一特定水平。企业如果由于季节性原因、临时性原因，如为支付利息、偿还债务、缴纳所得税等作出准备或积累的过程中，现金流入大于流出，而导致现金超过这一特定水平时，企业可将这部分现金投资于短期有价证券。反之，当企业亟须资金时可以将有价证券在证券市场上出售并转换为货币资金。

一、现金持有动机

一般而言，企业持有现金的动机主要体现在以下几个方面：

（一）交易动机

企业为了应付日常经营中的交易需要而应该保持货币资金。这些交易包括：购买原材料、支付工资、缴纳税款、偿还债务、支付利息、派发现金股利等。由于公司每天的现金收入和现金支出很少同时等额发生，为使公司在现金支出大于现金收入时，不至于中断日常交易，保证业务活动能正常进行，持有一定量的现金并保留必要的现金余额是完全必要的。在企业安排现金收支中，应尽量做到收支同步，以减少交易所需要的现金，这一持有量的大小与交易业务的增减成正比。

（二）预防动机

企业预计的现金需要量一般是指正常情况下的需要量，但是许多意外事件会影响公司现金的收入与支出，如地震、水灾、火灾等自然灾害，安全事故、国家某些政策的变化、市场需求的突然变更、主要顾客未能及时付款等。这些意外事故都有可能导致企业额外支付更多的现金。如果企业事先有这样的一笔机动资金，便可使公司更好地应对这些意外事件。

预防动机是指企业为了预防意外事件发生而必须保持一定数量的现金。其持有量的大小与预测现金收支的可靠性、举债能力以及企业愿意承担风险的程度相关。企业现金收支预测的可靠程度越高，现金流量的不确定性越低，企业临时借款的能力越强，预防性现金的需要量就越小；反之，就应增加预防用现金数量。

（三）投机动机

企业为抓住金融市场稍纵即逝的机会，需要在从事投资活动过程中保持一定量的货币资金。比如当证券市价跌入低谷，预期价格将会反弹时，以一定量的货币资金购入有价证券即可获取高额收益。另外，随着市场体制的建立，各种原材料等物资的价格也会经常出现波动，企业也可以选择在低价值时买进，待其价格升高时再卖出以赚取中间价差所带来的收益。为此，企业也应该持有一定量的现金并保留必要的现金余额。

投机动机是指企业持有现金以便抓住有利可图的潜在投资机会，从中获得收益。投机动机是确定现金持有量时应考虑的较为次要的因素。其持有量的大小与金融市场的投资机会及企业对待风险的态度相关。

（四）现金短缺损失

公司如果不持有足额的现金，会发生不能满足交易性需求、预防性需求和投机性需求的损失，这种损失被称为现金短缺损失。具体来说，现金短缺损失主要包括以下三种情况：①公司没有足够的现金购买原材料而造成停工待料的损失。②公司没有足够的现金购买商品物资而丧失购买机会的损失。③公司没有足够的现金且未能按期支付货款而丧失现金折扣的损失。

二、现金管理的目的和内容

（一）现金管理的目的

公司现金管理的目的，是在保证公司正常业务经营及偿还债务和缴纳税款需要的同时，减少现金的占用量，并从暂时闲置的现金中获得最大的投资收益。财务管理通过对现金的管理，不仅要灵活调动资金，保证生产经营业务的正常进行，还要对涉及现金收支的业务进行监督。现金管理一般由公司财务部门负责。为了达到现金管理的目的，公司应做到以下几点：

（1）积极筹措资金，保证供应部门采购所需的现金量灵活调度资金，在满足现金开支的前提下，防止大量现金闲置。

（2）遵守国家现金管理制度，按规定做好现金收支工作。

（3）制定和遵守公司的现金管理措施，确保现金的安全与完整。

（二）现金管理的内容

公司现金管理的内容主要包括以下三个方面：

1. 编制现金收支预算

公司通过编制现金收支预算，预测预算期间公司的现金收支状况，计算按年分季及分月的现金收支数量，合理安排现金流量，认真规划和控制公司现金的收支。

2. 控制日常现金收支

对公司日常的现金收支进行控制，就是对现金流量进行管理，力求加速收款、延缓付款（指在不影响信用前提下的技术性做法，并非有意拖延付款）。

3. 确定最佳现金余额

财务管理者应采用一定的方法确定最佳现金余额，当公司的实际现金余额与最佳现金余额不一致时，采用短期融资策略或归还借款和投资于有价证券等策略来达到理想状态。

三、现金预算管理

正因为现金收支对企业财务有重要作用，所以企业应十分重视现金的收支管理。因此，现金预算管理非常重要。

（一）现金预算的概念

现金预算是在公司长期发展战略的基础上，以现金管理的目标为指导，充分调查和分析各种现金收支影响因素，运用一定的方法合理估计公司未来一定时期的现金收支状况，并对预期差异采取相应对策的活动。现金预算可以按月、周或者日为基础进行编制，也可以覆盖几个月甚至一年。这主要根据公司生产经营特点与管理要求而定。

（二）现金预算的作用

公司现金持有量不足或者过多，都说明现金管理不力，所以，对现金的流入和流出进行有效设计和管理，使现金持有量接近最优水平，就显得尤为重要。为了使公司能够实现并保持已确定的最佳现金持有量水平，需要对未来可能的现金收支数量和时间进行预测，编制现金预算。现金预算在现金管理中的作用表现在：①可以揭示现金过剩或者现金短缺的时期，使资本管理部门能够将暂时过剩的现金进行投资，或者在现金短缺来临之前安排筹资，以避免不必要的资本闲置或不足，减少机会成本。②可以在实际收支实现以前了解经营计划的财务结果，预测未来时期公司对到期债务的直接支付能力。③可以对其他财务计划提出改进建议。企业通过编制现金预算可以有效地预测未来现金流量，这是一种现金收支动态管理的有效方法。

（三）现金收支预算

现金收支预算也叫现金收支计划，是预计未来一定时期企业现金收支状况、进行现金收支平衡的计划，是企业财务管理的一个重要工具。现金收支预算包括现金收入、现金支出、净现金流量和现金余缺等项目。

1. 现金收入

现金收入包括营业现金收入和其他现金收入两部分。

（1）营业现金收入

营业现金收入主要是指产品销售收入，编制现金收支预算时可以从公司销售预算中获取该数据。公司按照以销定产的原则，在编制公司全面预算时，首先应编制销售预算，然后将其作为编制其他预算的基础。财务人员在根据销售预算中的有关资料编制现金预算时，应注意以下两个问题：第一，销售预算中的销售收入数据，在预计时是按照权责发生制原则确认的，与现金预算中的现金收入指标并不一致。这样就要求编制人员分析现销与赊销的不同规律，将现销与赊销数据分离开，预计出现金收入的时间和金额；第二，销售预算中的销售收入数据，是按照正常的销售业务状况预计的，并没有考虑到坏账、现金折扣、销货退回等因素。

（2）其他现金收入

其他现金收入主要有设备租赁收入、证券投资的利息收入、固定资产变价收入及股利收入等。

2. 现金支出

现金支出主要包括营业现金支出和其他现金支出两大部分。

（1）营业现金支出

营业现金支出主要包括材料采购支出、职工薪酬支出、制造费用支出、销售费用支出和管理费用支出等。在确定现金预算中的材料采购支出时，企业应注意以下几点：

第一，现金预算中的材料采购支出数据与材料采购预算有一定的联系，但两个预算中的指标并不相等。在利用材料采购预算中的数据时，企业要区分现购和赊购，确认材料采购现金支出的时间和数额。

第二，在预测材料采购现金支出指标时，企业应充分估计预算期材料价格的波动、供求关系的变化、采购和运输方式的变化及运杂费的变化等外界因素。

第三，企业应预计采购过程中可能发生的退货、可能享受的折扣等因素，以便准确地预计现金支出数额。

在确认预算期职工薪酬支出时，企业应注意以下几点：

第一，直接人工的工资与生产预算有一定的联系。在计件工资制下，工资与产量成正比例地增减变动；在计时工资制下，工资的变动相对稳定，产量的小幅增减变动不会反映到工资上，但大幅的产量波动也会引起工资的大幅变动。

第二，估计预算期有无大范围调整职工薪酬的举措。

第三，估计预算期有无大规模增加用工或减员的举措。

在确认制造费用、管理费用和销售费用现金支出时，企业应注意以下几点：

第一，确认现金预算中这些费用的现金支出数据时，制造费用预算、管理费用预算和销售费用预算有一定的联系，但数额并不相等。这是因为这些费用预算中有些项目并不需要用现金支出，例如折旧费、摊销费等。因此，在确认这些费用的现金支出数时，企业应将这些折旧费、摊销费扣除。

第二，企业要考虑到每个会计期间都发生的有规律的费用支出，如房屋租金、水电费等按期支付的费用，应在预算中充分安排其支出的金额。

第三，企业要分析这些费用支出的变动部分和固定部分，合理安排现金支出。

（2）其他现金支出

其他现金支出主要包括固定资产投资支出、偿还债务的本金和利息支出、所得税支出、股利支出等。固定资产投资支出属于公司的长期投资，应事先编制资本支出预算，有关现金支出预计数据可从中获取。偿还债务的本金和利息支出数据可以从有关借款计划中获取。所得税的数额应以当年预计的利润为基础进行估算。股利支出数额可以根据公司股利政策确认。

3. 现金净流量

现金净流量是指公司现金收入与现金支出的差额，其计算公式如下：

现金净流量=现金收入-现金支出

=营业现金收入+其他现金收入--营业现金支出-其他现金支出

4. 现金余缺

现金余缺是公司预算期期末现金余额与最佳现金余额相减后的差额。如果前者大于后者，说明现金有多余，应设法进行投资或偿还债务；如果前者小于后者，则说明现金出现短缺，应着手筹资以补不足。现金余缺的计算公式如下：

现金余缺=期末现金余额-最佳现金余额

=期初现金余额+现金收入-现金支出-最佳现金余额

=期初现金余额±现金净流量-最佳现金余额

四、确定最佳现金余额

公司的最佳现金余额，就是使现金持有总成本最低的现金持有量或余额。确定最佳现金余额的方法较多，本书主要介绍以下三种：

（一）成本分析模式

成本分析模型是通过分析持有现金的成本，进而求得使现金持有成本最低的现金持有量，以此作为最佳的现金持有量。公司持有现金的有关成本包括以下三种：

1. 机会成本

机会成本是公司占用现金的代价，即公司由于持有一定数量的现金，从而必然要放弃将其用于其他投资机会而可能获得的收益。机会成本与现金持有量成正比，两者的关系为：机会成本=现金持有量×有价证券利息率

2. 管理成本

管理成本是公司因为持有现金而发生的管理费用，如现金管理人员的工资、安全措施费用等。这些现金的管理成本数额基本上是固定的，一般不会因现金余额的多少而变动，与现金持有量之间无明显的比例关系。

3. 短缺成本

短缺成本是公司由于在其账户上现金持有不足而产生一些可计量的损失，如公司因未能持有规定的现金余额而向银行支付的罚金，因在银行的活期存款账户上透支而影响未来贷款等。短缺成本与现金持有量成反比，即现金的短缺成本随现金余额的增加而下降，随现金余额的减少而上升。一般而言，短缺成本可根据估计损失额确认。

因此，如果能够较为准确地确定机会成本、管理成本和短缺成本的大小，则使这三项成本之和最小的现金持有量就是最佳现金持有量。在实际工作中，计算最佳现金余额的具体做法是，先分别计算出各种方案的资本成本、管理成本和短缺成本，然后计算各方案三种成本之和，最后选出总成本最低的方案，其相应的现金持有量就是最佳现金余额。

某公司有以下四个现金持有方案，其有关资料如表 5-1 所示。

表 5-1 现金持有方案 单位：元

方案名	A	B	C	D
现金持有量	40 000	50 000	60 000	70 000
机会成本	3 000	4 500	6 000	8 000
管理成本	10 000	10 000	10 000	10 000
短缺成本	12 000	6 000	2 500	1 000
总成本	25 000	20 500	18 500	19 000

从表 5-1 可以看出，该公司现金余额为 60 000 元时，总成本最低，为 18 500 元. 因此，该公司的最佳现金余额就确定为 60 000 元。

（二）存货模式

1. 基本概述

存货模式是利用存货管理中经济批量模型的基本原理来确定公司最佳现金余额。这一模型由美国学者鲍曼（W. J. Baumol）在 1952 年提出，因此存货模式又称鲍曼模型。存货模式确定最佳现金余额的前提是企业的现金收入是通过变卖有价证券获得的。最佳现金余额的确定实际上是寻求现金资产与有价证券之间的最佳持有比例。

该模型假设公司现金支出的发生额在一定时期内是均匀发生的，而现金收入每间隔一段时间通过转让有价证券等额发生一次。在此期间内，短期有价证券可以作为现金的替代品，而且可以获得比现金高的收益。在该模型下，持有现金的总成本包括持有成本和转换成本两个方面。

（1）持有成本

持有成本即成本分析模型中的机会成本。如果现金余额过多，就会失去持有有价证券获取投资收益的机会，就形成了持有现金的机会成本，即由于持有现金而放弃了持有证券所能获得的收益，公司所放弃的这种收益就是持有现金的机会成本。该机会成本通常表现为有价证券的利率，与有价证券的投资报酬率大小成正比例变化。

（2）转换成本

转换成本是指现金与有价证券转换的固定成本，与交易次数有关。如果现金余额不足、支付出现困难时，企业可以将一部分所持有的有价证券转换成现金，这样就会发生相应的转换成本，这是现金与有价证券转换的固定成本，如委托买卖佣金、手续费、印花税等。这类成本只与交易次数有关，而与现金余额无关。进行证券交易的次数越多，相应的转换成本就越大。

利用存货模式确定的最佳现金余额就是使现金管理总成本即持有现金的机会成本和证券转换成本之和最低的现金持有量。

2. 计算公式

由图 5-1 可以看出，现金持有成本与现金持有量成正比，现金转换成本与现金占用量成反比，现金持有量越大，用有价证券兑换成现金的次数越少，转换成本越低。因此，现金持有总成本可以表示为

$$\text{现金持有总成本} = \text{机会成本} + \text{转换成本} = \frac{C}{2} \times K + \frac{T}{C} \times F$$

式中，C 为现金持有量；K 为有价证券利息率；T 为公司在一定时期内现金的需求量；F 为现金与有价证券的单位转换成本。令此公式的一阶导数等于零，可求出令总成本最小的现金持有量，即：

$$C = \sqrt{\frac{2FT}{K}}$$

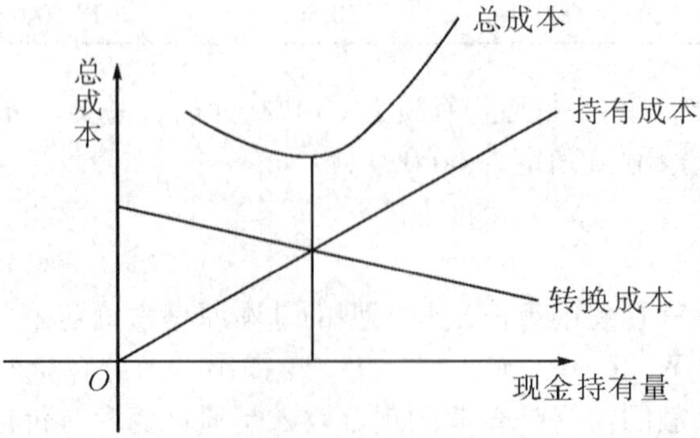

图 5-1　现金管理总成本

（三）随机模式

随机模式是指如果企业的货币支出是随机的，现金的需要量事先无法预知，企业就可以判定一个控制区域，当现金余额达到该区域上限时，即将现金转换成有价证券；当现金余额下降到该区域下限时，即售出有价证券。如果现金余额处于两个极限之间，则不需要买卖有价证券。上下限的确定，部分取决于有价证券的转换成本和持有现金的机会成本。

五、现金管理模式

（一）收支两条线的管理模式

1. 企业实行收支管理两条线的目的

（1）对企业范围内的现金进行集中管理，减少现金持有成本，加速资金周转，提高资金使用效率。

（2）以实施收支两条线为切入点，构建财务管理体系内部控制系统，通过高效的价值化管理来提高企业效益。

2. 收支两条线管理模式的构建

收支两条线管理模式的构建如表 5-2 所示。

表 5-2　收支两条线管理模式

资金的流向方面	（1）各部门或分支机构在内部银行或当地银行设立两个账户（收入户和支出户）； （2）所有收入的现金都必须进入收入户，所有的货币性支出都必须从支出户里支付； （3）支出户里的资金只能根据一定的程序由收入户划拨而来，严禁现金坐支
资金的流量方面	（1）收入环节上：所有的收入的资金都必须进入收入户，不得私 设“账外小金库”； （2）调度环节上：通过动态的现金流量预算和资金收支计划实现对资金的精确调度； （3）支出环节上：根据“以收定支”和“最低限额资金占用”的原则从收入户按照支出预算安排将资金定期划拨到支出户，支出户平均资金占用额应压缩到最低限度
资金的流程方面	资金流程指与资金流动有关的程序和规定。它是“收支两条线”内部控制体系的重要组成部分，主要包括以下几个部分：①关于账户管理、货币资金安全性等规定；②收入资金管理与控制；③支出资金管理与控制；④资金内部结算与信贷管理与控制；⑤“收支两条线”的组织保障

（二）集团企业资金集中管理模式

资金集中管理模式的选择，实质上是集团管理是集权还是分权管理体制的体现。也就是说，在企业集团内部所属各子企业或分部是否有货币资金使用的决策权、经营权，这是由行业特点和本集团资金运行规律决定的。现行的资金集中管理模式大致可以分为以下几种：

1. 统收统支模式

在该模式下，企业的一切现金收入都集中在集团总部的财务部门，各分支机构或子企业不单独设立账号，一切现金支出都通过集团总部财务部门付出，现金收支的批准权高度集中。这种模式通常适用于企业规模比较小的公司。

2. 拨付备用金模式

拨付备用金模式是指集团按照一定的期限统拨给所有所属分支机构或子企业备其使用的一定数额的现金。拨付备用金模式相当于企业的报销中心，相比统收统支模式具有一定的灵活性，但这种模式也通常适用于那些经营规模比较小的企业。

3. 结算中心模式

结算中心通常是由企业集团内部设立的，办理内部各成员现金收付和往来结算业务的专门机构。结算中心帮助企业集中管理各分、子公司的现金收入和支出。分、子公司收到现金后就直接转账存入结算中心在银行开立的账户。当企业需要资金的时候，再进行统一拨付，这有助于企业监控货币资金的流向。

4. 内部银行模式

内部银行是将社会银行的基本职能与管理方式引入企业内部管理机制而建立起来的一种内部资金管理机构。内部银行通过吸纳企业下属各单位闲散资金，调剂余缺，减少资金占用，加快资金周转速度，提高资金使用效率、效益。内部银行通常具有三大职能：结算职能、融资信贷职能、监督控制职能。内部银行一般适用于具有较多责任中心的企事业单位。

5. 财务公司模式

财务公司是一种经营部分银行业务的非银行金融机构。集团设立财务公司的目的是把一种市场化的企业关系或银企关系引入集团资金管理中，使得集团各子公司具有完全独立的财权，可以自行经营自身的现金，并对现金的使用行使决策权。另外集团对各子公司的现金控制是建立在各自具有独立的经济利益基础上的。集团公司经营者（或最高决策机构）不再直接干预子公司的现金使用和取得。

六、现金日常管理

（一）建立现金收支的内部控制制度

现金收支时，首先要保证现金的安全完整，不出差错，为此，公司必须建立严格的内部控制制度。

1. 明确内部控制制度

内部控制制度，就是将同一项业务交由两个或两个以上的工作人员办理或执行，从而利用他们之间的相互牵制关系来防止差错和舞弊出现的制度。

2. 明确现金支出的批准界限

公司应建立明确的现金支出授权审批制度，划分总经理、部门经理等管理人员的批准界限，任何现金支出必须经有关人员批准授权方可进行。

3. 现金收支管理

现金收支应做到日清月结，定期核对有关账目，确保库存现金的账面余额与实际库存额一致，银行存款账面余额与银行对账单的余额一致，现金、银行存款日记账的余额分别与现金、银行存款总账的余额一致；做好收支凭证的管理，包括收据与发票的领用制度，空白凭证与使用过的凭证的管理等；建立和完善收据、发票、支票等有关凭证的保管、领用及登记制度；制定现金预算，合理安排现金收支。

（二）遵守现金收支结算纪律

遵守国家规定的库存现金使用范围；核定库存现金限额；不得坐支现金；不能用不符合财务制度的凭证顶替库存现金；不得出租、出借或转让银行账户给其他单位或个人使用；不得签发空头支票及远期支票，不得套取银行信用；公司应严格按照中国人民银行规定的转账结算方式办理转账结算。可以选用的转账结算方式包括银行汇票、银行本票、商业汇票、支票、汇兑、委托收款、托收承付、信用证、信用卡等。

（三）加速应收账款的收回

加速收款可以保证及时收回现金，避免本公司的资本被他人无偿占用，同时早日收回现金，使收回的现金尽早地投入到本公司的生产经营当中，从而加速现金周转。应收账款延迟的部分原因是公司不能控制的，但是公司仍然可以采取一些措施加速应收账款的收回，主要包括：①增加现销，减少赊销。②建立科学有效的收账政策，避免欠款逾期或出现坏账。③采用安全快速的结算方式，加快客户汇款的速度。④收到支票后尽快处理，指定专人办理大额款项。

（四）控制付款

公司在做好尽快收款的同时，还要有效地控制付款，尽可能延缓现金的支出速度。具体措施包括：①合理估计现金浮游量。现金浮游量是指公司账簿中的现金余额与银行记录中的现金余额的差额，产生这一差额的原因是公司收付款与银行转账业务之间存在时滞。②延期付款。公司应在不丧失自己信誉的前提下，尽可能推迟应付账款的付款期，即支付应在到期日进行；公司在急需资本而又没有合适的资本来源时，甚至可以放弃现金折扣。③汇票付款。汇票不是见票即付，而属于出票人开具并承兑的一种支付工具，在持票人将其提交给出票方开户银行收款时，银行要将汇票送交给签发者以获确认后，签发者才存入资本以支付该笔账项，这样就可以合法地延期付款。

第二节　应收账款管理

一、应收账款的功能及成本

应收账款是指因对外销售产品或材料、供应劳务及其他原因，应向购货单位或接受劳务单位及其他单位收取的款项，包括应收销货款、应收票据和其他应收款等。公司提供商业信用，采取赊销、分期收款等销售方式，可以扩大销售、增加利润。但是应收账款的增加，会造成资本成本、坏账损失等费用的增加。

（一）应收账款的功能

应收账款的功能是指它在生产经营中的作用。应收账款的功能主要体现在增加销售和减少存货上。

1. 增加销售

在市场竞争比较激烈的情况下，采取赊销方式是促销的一种重要手段。对于同等的产品价格、类似的产品质量、一样的售后服务，实行赊销产品的销售额一般会大于实行现销产品的销售额。同时，采用赊销方式的公司，实际上既向客户销售了商品，又在短期内向客户提供了资金。

2. 减少存货

公司持有产成品存货，要追加管理费、仓储费和保险费等支出；相反，公司持有应收账款，则无须上述支出。因此，当公司产成品存货较多时，一般都可采用较为优惠的信用条件进行赊销，把存货转化为应收账款，既降低了费用，又避免了因限产而造成的全年产量下降。

（二）应收账款的成本

应收账款的存在有其主观原因和客观原因，在为公司增加销售和盈利的同时，也会给企业带来一定的经济利益上的损失。应收账款的成本主要包括以下几种：

1. 应收账款的机会成本

（1）应收账款会占用公司一定量的资本，而公司如果不把这部分资本投放在应收账款上，就可以用于其他投资并获得收益，例如投资债券获得利息收入。这种因应收账款占用致使资金不能进行其他投资而获利，即为应收账款的机会成本。其计算公式如下：

$$应收账款周转率=\frac{日历天数(360天)}{应收账款平均收账天数}$$

$$应收账款平均余额=全年销售额\div 360\times 平均收现期$$

$$应收账款平均占用资本=应收账款平均余额\times 变动成本率$$

应收账款占用资本的应计利息（机会成本）= 应收账款平均占用资本×资本成本

式中，全年按照360天计算；资本成本一般按短期有价证券的利率计算；平均收现期是各种收现期的加权平均数。

在上述分析中，假设公司的成本水平保持不变，即单位变动成本不变，固定成本总额不变，随着赊销业务的扩大，只有变动成本总额随之上升。

【例5-1】假设某公司预测的年度赊销额为6 000万元，应收账款平均收账天数为60天，变动成本率为60%，资本成本为10%，则应收账款的机会成本计算如下：

应收账款周转率＝360÷60＝6（次）

应收账款平均余额＝6 000÷6＝1 000（万元）

维持赊销业务所需要的资本＝1 000×60%＝600（万元）

应收账款的机会成本＝600×10%＝60（万元）

上述计算表明，公司投放600万元的资金可维持6 000万元的销售业务。可见，应收账款的机会成本的大小主要取决于公司维持赊销业务所需要资本的多少，而维持赊销业务所需要的资本在很大程度上取决于应收账款的周转速度。在正常情况下，应收账款的周转速度越快，维持一定赊销额所需要的资本就越少，应收账款的机会成本也就越小，反之亦然。

2. 应收账款的管理成本

应收账款的管理成本主要是指在进行应收账款管理时所增加的费用。应收账款的管理成本主要包括财务部门调查客户信用情况的费用、收集相关信息的费用、为此耗费的办公费用、账簿的记录费用、收账费用、数据处理成本、相关管理人员成本等。

3. 应收账款的坏账成本

在赊销交易中，债务人由于种种原因无力偿还债务，债权人就有可能无法收回应收账款而发生损失，这种损失就是坏账成本。企业发生的坏账成本一般与应收账款发生的数量成正比。在社会信用水平低下的情况下，应收账款的坏账损失成本往往很大。应收账款的坏账成本一般用下列公式估算：

应收账款的坏账成本=赊销额×预计坏账损失率

应收账款管理的基本目标就是在充分发挥应收账款功能的基础上，降低应收账款的成本，使提供商业信用、扩大销售所增加的收益大于相关的各项费用。

二、企业的信用政策

信用政策是公司对应收账款进行规划和控制的一些原则性规定，是公司财务政策的组成部分。企业应在综合考虑各项因素的基础上，加强对应收账款的管理和控制，制定合理的信用政策。信用政策主要包括信用标准、信用条件和收账政策三部分。

1. 信用标准

信用标准是公司用来衡量客户获得公司商业信用所应具备的基本条件，是企业对于客户信用要求的最低标准。信用标准通常用预期的坏账损失率来表示。允许的坏账损失率越低，企业的信用标准就会越严，即只对信誉好的客户提供信用，这样可以减少应收账款的机会成本和坏账损失，但是会使销售量减少。相反，企业采用宽松的信用标准，可以扩大销售量，但同时也会相应增加应收账款的机会成本和坏账损失。因此，企业应根据具体情况来权衡，以确定合理的信用标准。

要调查和了解客户的信誉情况，需要有一定的信息渠道：一是通过与客户有经济往来的各个企业和机构的调查访问来了解客户的信用状况；二是借助一些中介机构，如社会调查机构、信用分析评估机构来了解客户的信用状况；三是在合法和得到许可的情况下，从客户的开户银行了解有关资料；四是企业通过自身积累，建立用户档案，随时记录客户的信用情况。

企业制定信用标准并将其用于实际工作包括以下三个步骤：

第一，设定信用等级的评价标准。企业应根据对客户信用情况的调查了解，找出评价信用优劣的数量标准。企业可以查阅各个客户过去若干年度的信用资料，以一组具有代表性的财务指标（如流动比率、速动比率、应收账款周转率、存货周转率、资产负债率、付款履约情况等）作为信用风险指标，根据数年内最坏的情况，分别找出信用等级高和信用等级低的两类客户的上述比率的平均值，以此作为比较其他客户信用状况的标准。

第二，根据各个客户的财务报表资料，计算各个客户的指标值，与上述评价标准比较。比较评价方法如下：若客户的某项指标等于或低于信用差的指标值，则该客户的坏账损失率大，若客户的某一指标值等于或高于信用好的指标值，则该客户的这一对应指标项目无坏账损失风险；当客户的某一指标值介于信用好与信用差的指标值之间时，则要根据客户实际指标值与信用好的指标值的差额，并依据对应的指标对应收账款发生坏账损失的影响程度大小，分析计算该指标的坏账损失率。将各项指标的坏账损失率累加，即可得到该客户发生坏账损失的总比率。

一般而言，某项指标等于或低于信用坏的指标值，则客户的坏账损失率提高 10%；某项指标介于信用好与信用坏两者之间，则客户的坏账损失率提高 5%，并根据实际值与信用好和信用差的两个指标值差额的比重为权数加以计算确定，即

$$介于信用好与信用坏两者之间指标坏账损失率=\frac{|信用好的指标值-实际指标值|}{信用好的指标值-信用差的指标值}\times 5\%$$

第三，进行风险排队，并确定各有关客户的信用等级。根据分析计算的客户赊销的坏账损失率进行分组，将坏账损失率转换成风险等级系数。

客户累计坏账损失率在 5%以内的客户为 A 级客户，客户累计坏账损失率在 5%~15%的客户为 B 级客户，客户累计坏账损失率在 15%以上的客户为 C 级客户。对不同信用等级的客户，企业可以分别采用不同的信用政策。对信用好、风险等级系数小的客户，企业可以按通常的信用条件提供赊销；对信用较差、风险等级系数大的客户，企业则应采取较严格的信用条件，以致拒绝给其提供赊销。

对信用标准进行定量分析，有利于企业正确地做出是否提供或提供多少赊销的决策。但是由于实际情况错综复杂，同一指标往往存在较大的差异，很难按统一标准进行衡量。因此，在制定信用政策和执行信用标准时，企业要注意运用以往的统计数据和实际经验，对各项指标进行具体的分析、判断，不能机械地照搬。

2. 信用条件

信用条件是企业要求客户支付赊销款项的条件，主要包括信用期限、折扣期限和现金折扣。

（1）信用期限。信用期限是公司为顾客规定的最长付款时间。信用期限过短会影响营业额，但如果信用期限过长，企业得到的利益有时会被增长的费用抵消，结果得不偿失。因此，企业必须规定适宜的信用期限。

（2）折扣期限。折扣期限是公司为顾客规定的可享受现金折扣的付款时间。

（3）现金折扣。现金折扣是公司为鼓励客户提前付款而给予的折扣优惠。延长信用期限，会增加企业的应收账款。为了尽快收回账款，减少坏账损失，企业可以在延长信用期限的同时，规定客户提前偿还货款的折扣率和折扣期限。比如，2/10、*n*/30 分别表示：客户在 10 天内付款，可享受 2%的折扣；如果超过 10 天并在 30 天内付款，则不再享受任何折扣。

如果公司要通过延长信用期限来增加销售额时，必须考虑由此带来的应收账款成本，将改变信用期限后增加的成本与增加的收益进行比较，然后做出决策。

【例 5-2】E 公司全年计划赊销 8 000 件产品，现打算将原来的 30 天信用期限延长到 60 天，预计此项措施能使赊销增加到 12 000 件。产品单位销售价格为 50 元，产品单位变动成本为 40 元。信用期限变化前后项目对比如表 5-3 所示。

表 5-3　信用期限变化前后项目对比

项目	*n*/30	*n*/60
销售量/件	8 000	12 000

表5-3(续)

项目	$n/30$	$n/60$
收账费用/元	2 000	3 000
坏账损失/元	4 000	6 000

假设公司管理费用和销售费用等并未随产量增加而改变。公司财务部门认为，如果此项措施可行，在应收账款上的投资至少要带来20%的收益。(假设一年按360天计算)。公司延长信用期限是否可行?

在分析时，先计算延长信用期限增加的收益，然后计算增加的成本，最后根据两者比较的结果做出判断。

（1）增加的收益。

$$增加的收益=(12\,000-8\,000)\times(50-40)=40\,000（元）$$

（2）增加应收账款的机会成本。

改变信用期限增加的机会成本

$$=\frac{12\,000\times50}{360}\times60\times\frac{40}{50}\times20\%-\frac{8\,000\times50}{360}\times30\times\frac{40}{50}\times20\%=10\,667（元）$$

（3）增加的收账费用和坏账损失。

$$增加的收账费用=3\,000-2\,000=1\,000（元）$$

$$增加的坏账损失=6\,000-4\,000=2\,000（元）$$

（4）改变信用期限增加的税前损益。

改变信用期限增加的税前损益=增加的收益-增加的成本

$$=40\,000-(10\,667+1\,000+2\,000)=26\,333（元）$$

因为增加的收益大于增加的成本，所以可以延长信用期限到60天。

上述信用期限分析的方法比较简略，可以满足一般制定信用政策的需要。如果有必要，企业也可以进行细致的分析，如进一步考虑销售增加引起存货增加而占用的资本。

【例5-3】承【例5-2】，假设上述30天信用期限变为60天后，因为销售量增加，年平均存货水平从3 000件上升到5 000件，每件存货的变动成本按4元计算，其他情况不变。由于考虑了存货增加因素，故需要在原有分析的基础上，再考虑存货增加而多占用资本所带来的影响，重新计算延长信用期的税前损益。

存货增加占用资本的应计利息（机会成本）=（5 000-3 000）×4×20%=1 600（元）

延长信用期限的税前损益=增加的收益-增加的成本

$$=40\,000-(10\,667+1\,000+2\,000+1\,600)$$

$$=24\,733（元）$$

因为仍然可以获得税前收益，虽然增加了平均存货，企业还是可以延长信用期限到60天。

在信用条件中规定现金折扣，主要目的是吸引顾客为享受现金折扣而提前付款，缩短公司的平均收现期，节约应收账款的机会成本。但是提供现金折扣也意味着增加公司现金折扣成本。判断现金折扣政策是否可行的原则是提供现金折扣增加的收益是否大于增加的成本。

3. 收款政策

在制定信用政策时，企业应权衡增加收账费用与减少应收账款和坏账损失之间的得失。收账政策是指企业对不同的逾期账款的收账方式和策略。一般而言，收账费用越多，坏账损失越少，但这两者并不一定存在线性关系。企业开始支付的收款成本只能降低一部分坏账损失，随着收款成本的提高，应收账款被拒付的可能性也随之降低，发生坏账损失的可能性也会大大降低。但当企业的收款成本增大到一定限度时，应收账款和坏账损失的减少就不是那么明显了，因为总有一些客户由于种种原因而拒付货款。收款成本的这一限度称为饱和点。因此，企业在制定收账政策时，应权衡对收益和成本的影响，可参照信用标准、信用条件的方法来进行。

企业在制定收款政策时，要统计分析过去历年来拖欠账款的客户的情况并进行分类，对于不同类型的客户采取不同的对策。

企业催收过期的应收账款通常应采用的程序是：当客户拖欠或拒付账款时，企业首先检查现有的信用标准及信用审批制度是否存在漏洞，其次重新对违约客户的资信等级进行调查、评价，最后将信用等级低的客户从企业信用名单中消除，对其所拖欠的款项可以通过信函、电话以致派人进行催收。当这些措施都无效时，企业可以诉诸法院。为了提高诉讼效果，企业可以联合其他被该客户拖欠的企业共同向法院起诉。对信用记录一向正常的客户，在去电、去函的基础上，企业可以派人与客户进行协商，以便交流沟通，达成谅解妥协，找出较为理想的解决拖欠账款的办法。只有当双方无法取得谅解时，才付诸法律解决。

应收账款长时间拖欠，不仅仅是客户的问题，往往与企业自身的经营管理有很大关系。如果企业的产品不适销对路、质量低劣，即使派出再多的人员去催讨货款，也不会有成效。企业要从根本上防止过期账款，就必须不断地调整企业的经营观念和经营方式，使企业的产品或服务能满足用户和消费者不断发展变化的需要。

三、应收账款的日常管理

信用政策建立以后，公司要做好应收账款的日常管理工作，进行信用调查和信用评价，以确定是否同意顾客赊欠账款；之后，还要做好对账款情况的监控工作，当顾客违反信用条件时，要及时进行催收工作。

（一）信用调查

对顾客的信用状况进行评价是应收账款日常管理的重要内容。只有正确地评价顾客的信用状况，才能合理地执行公司的信用政策。要想合理地评价顾客的信用状况，必须搜集有关的信息资料，并对顾客信用进行调查。

信用调查有直接调查和间接调查两类。直接调查是指调查人员直接与被调查单位接触，通过当面采访、询问、观看、记录等方式以获取信用资料的一种方法。直接调查能保证搜集资料的准确性和及时性，但若不能与被调查单位合作，则调查资料会不完整。

间接调查是以被调查单位以及其他单位保存的有关原始记录和核算资料为基础，通过加工整理获得被调查单位信用资料的一种方法。这些资料主要包括以下几种：

（1）财务报表。企业通过财务报表分析，基本上能掌握一个公司的财务状况和盈利状况。

（2）信用评估机构。通常专门的信用评估机构采用的评估方法先进，评估调查细致，评估程序合理，可信度较高。

（3）银行。许多银行都设有信用部，为其顾客提供服务，但银行的资料一般仅愿在同业之间进行交流，而不愿向其他单位提供。因此，如果企业需要了解顾客的信用状况，可以通过当地开户银行征询有关资料。

（4）其他。如财税部门、消费者协会、工商管理部门、公司的上级主管部门、证券交易部门等。另外，书籍、报刊等也可提供有关顾客的信用情况。

（二）信用评估

通过信用调查搜集好信用资料后，企业要对这些资料进行分析，用以对顾客信用状况进行评估。信用评估的方法有很多，下面简要介绍两种常见的方法：定性分析法和定量分析法。

1. 信用的定性分析法

常用的信用定性分析法是5C评估法。5C评估法中包括品质、能力、资本、担保、条件五个要素。

（1）品质

品质指客户的信誉，即履行偿债的可能性，是指当债务到期时，顾客愿意履行偿债义务的可能性。顾客是否愿意尽自己最大努力来归还货款，直接决定着账款的回收速度和数量。公司应设法了解客户以往的偿债记录，评估客户是否能按期足额偿债，有无拖欠他人货款的不良习惯。这一点被认为是评价客户信用的首要因素。

（2）能力

这里所说的能力指客户的偿债能力。公司应分析客户流动资产的数量和质量，分析其有关反映偿债能力的指标。客户拥有一定数额的流动资产，特别是变现性强的流动资产占到一定的比例，意味着客户具有一定的偿债能力。当然，不能只看流动资产的数量，还要看其质量，如果滞留的存货过多，则会削弱企业的偿债能力。

（3）资本

这是对客户财务状况的分析，测定其有形资产及获利的可能性，是对客户偿还债务的背景的调查。通常是通过客户提供的财务报表的有关数据，计算相关财务比率指标得出结论。

（4）担保

考察客户可能提供担保的资产。这时应重点关注不知底细或信用状况有争议的客户。客户能够以某些资产作为抵押品，就意味着一旦其不能偿还债务，公司就可以将抵押品抵补债务。因此，客户如果能提供足够的抵押品，就对顺利收回款项比较有利。

（5）条件

分析社会经济发展趋势对客户偿债能力的影响，特别是在经济不景气的情况下，客户付款是否存在困难；国家产业政策调整对客户付款能力的影响；国家金融政策调整，如放宽信贷或紧缩银根等对客户偿债能力的影响等。

公司对客户这五个方面的调查，可以从公司以往与客户往来的经验中获取，也可以从专门的资信咨询机构获得。公司可以将客户的资信情况评定出信用等级，等级的划分是用赊销给客户所发生的坏账损失率来决定的。

2. 信用的定量分析法

进行商业信用的定量分析可以从考察顾客的财务报表开始。通常，企业使用比率分析法评价顾客的财务状况。常用的指标有：流动比率、速动比率、资产负债率、利息保障倍数、存货周转率、应收账款周转率、销售净利率、资产收益率和净资产收益率等。企业将这些指标与信用评价机构及其他协会发布的行业标准进行比较，可以分析顾客的信用状况。

（三）应收账款的监控

公司已经发生的应收账款的时间有长有短。一般来说，拖欠的时间越长，应收账款收回的可能性就越小，发生坏账的可能性就越大。对此，公司在向客户提供赊销后，应该随时了解客户的信用状况，并经常进行测算和分析，保持对应收账款的监控。对应收账款进行监控采用的最主要的方法是账龄分析法。

账龄分析法是通过编制应收账款的账龄分析表来完成的。账龄分析表是一张能够显示应收账款账龄长短并按时间长短排序的报告。通过账龄分析可以发现：①公司有多少应收账款尚在信用期内；②有多少应收账款已超过了信用期；③不同账龄的应收账款各占多少比例；④有多少应收账款可能因拖欠时间太长而发生坏账损失。

对不同拖欠时间的应收账款，公司应采取不同的收账方法，制定出经济可行的收账政策；对可能发生的坏账损失，应合理计提坏账准备。应收账款账龄分析表如表 5-4 所示。

表 5-4　应收账款账龄分析表

应收账款账龄	账户数量/个	金额/万元	百分比
信用期限内	150	320	40%
1~20 天	100	160	20%
21~40 天	50	80	10%
41~60 天	30	80	10%
61~80 天	20	80	10%
81~100 天	15	40	5%
超过 100 天	5	40	5%
应收账款总额		800	100%

从应收账款的账龄分析表中，可以了解到以下情况：

（1）尚在信用期限内的应收账款。在信用期限内的应收账款为 320 万元，占全部应收账款的 40%。这些应收账款还没有到偿付期，因此欠款是正常的；但是到期后能否收回还需要看未来的实际情况，因此对这部分应收账款进行监督是必要的。

（2）超过信用期限的欠款的数额、时间的长短以及坏账的可能性。价值为 480 万元的应收账款已经超过了信用期限，占全部应收账款的 60%。在超过信用期限的欠款中，欠款时间的长短也不相等。

①拖欠时间较短（在 20 天以内）的部分为 160 万元，占全部应收账款的 20%，这部分欠款可收回的可能性较大。

②拖欠时间较长（21~100 天）的应收账款为 280 万元，占全部应收账款的 35%，这部分欠款的回收有一定难度。

③拖欠时间很长（超过 100 天）的应收账款为 40 万元，占全部应收账款的 5%，这部分欠款回收的可能性较小，可能会发生坏账。

财务管理人员通过账龄分析表，可以对当前公司应收账款回收的状况有一个大概的认识，能够区分不同情况，发现应收账款收回工作中的隐患，采取相应的有效措施收回账款。

（四）应收账款的催收

公司在收款过程中应遵循一系列特定的步骤，这些步骤取决于账款过期多久、负债的大小和其他因素。典型的收款步骤如下：

（1）信函通知。对于过期时间不长的应收账款，公司可寄给顾客一封有礼貌的通知信件，不宜过多打扰，以免将来失去这一顾客；如果仍然没有收到付款，公司可以发出 1~2 份甚至更多的邮件，措辞可以稍严厉。

（2）电话催收。对过期时间较长的账款，公司可以给顾客打电话。

（3）派员面谈。对拖欠时间很长的账款，公司的收账人员可以直接与顾客面谈，协商解决，可在催款时措辞严厉。

（4）交给收款机构。公司可以把收款工作交由专门的机构负责，但机构一般要向公司收费。

（5）采取法律行动。公司必要时可以提请有关部门仲裁或提出诉讼。

（五）建立提取坏账准备金制度

坏账损失是指因债务人破产或者死亡，以其破产财产或者遗产清偿后，仍然未能收回的应收账款，或者因债务人逾期未履行偿债义务超过三年仍然不能收回的应收账款。确认和处理坏账损失一般有两种方法。一种是直接核销法，它在确定某项应收账款确实无法收回时，才把它作为这一会计期间的费用。直接核销法的优点是简便，缺点是不符合配比原则的要求。另一种是备抵法，也就是通过提取坏账准备金的方法来核销坏账损失。提取坏账准备金的目的是在企业确实发生坏账损失时能够及时得以补偿，保证企业正常的资金周转。提取坏账准备金是稳健原则在应收账款管理中的应用，它要求企业在发生赊销行为时就考虑可能的坏账损失并采取一定办法，按一定比例从有关费用中计提。表面上看，提取坏账准备金增加了企业的费用，影响了企业的效益，但它能够减少坏账损失，以保证企业生产经营活动的正常进行。

第三节　存货管理

存货是指公司在生产经营过程中为销售或者耗用而储备的物资，包括各种原材料、燃料、低值易耗品、包装物、在产品、自制半成品、外购产成品、协作件、商品等，是企业流动资产中比重较大的项目。存货管理会直接影响企业的获利能力和财务状况。

一、存货基本概述

（一）存货的功能

存货是公司的一项特殊资产，它是一项不能给公司直接带来收益的必要投资，又是一项维持公司正常生产经营活动的必要准备。存货是公司流动资产中所占比例最大的项目，又是公司流动资产中流动性最差的资产。公司的存货量越大，占用的资金也越多。

由此可见，对公司来讲，最理想的状态就是零库存。零库存的概念源于日本的适时生产（just-in-time system，JIT）系统 。传统的生产系统是一种生产程序由前向后推动式的生产系统，后面的生产程序只是被动地接受前一生产程序转移下来的加工对象，这样就必然导致在生产经营的各个环节存在大量原材料、在产品、半成品存货，占用了大量的流动资金。而适时生产系统则相反，它采取由后向前拉动式的生产系统，要求公司根据客户订货所提出的产品数量、质量和交货时间等特定要求作为组织生产的基本出发点，前一生产程序只能严格按照后一生产程序所要求的有关在产品、半成品的数量、质量和交货时间来组织生产，尽可能地在供、产、销各个环节实现零存货，也就是不需要建立原材料、在产品及产成品的库存准备。要做到这一点，公司就要使生产经营的各个环节相互协调，有关部门需要密切配合。零库存是一种非常理想的状态，但要做到这一点，条件非常多。大多数企业目前还不能达到零库存的水平，这是因为存货对许多公司来讲有一定的作用。

1. 保证生产经营的需要

原材料供应是保证生产正常进行的必要条件。在实际工作中，原材料的采购受到很多因素的影响，即使市场供应量充裕，价格的选择、运输的方式、采购的地点，甚至气候的变化等，也会影响原材料到货时间。而原材料一旦中断供应，公司的生产经营活动就会中断，这样的损失是任何公司都无法承受的。因此，保持一定的合理存货，对公司来讲不失为一项明智的选择。

2. 可以享受价格优惠

在采购物品时，我们都有这样的认识：零售价格往往较高，而整批购买在价格上常常有优惠。公司有时会考虑整批购入原材料，然后分批使用，这样就会产生一定的存货。另外，当财务管理人员预测某种原材料价格即将上涨时，就有可能在其价格尚在低价位时购入作为存货，以备生产所需。

3. 有利于均衡生产

如果公司允许维持一定的产成品存货，就可以连续不断地生产，使公司的生产能力得到均衡、充分的利用。这在一些季节性生产的公司比较明显，由于市场对这类公司产品的需求是季节性的，如果公司均衡生产，在销售淡季积聚存货，在销售旺季时大量售出，公司的采购与生产业务部门不受销售业务的约束，可以使公司的各项生产活动按照最有效的方式进行，这样做对公司是有利的。

4. 保证销售

储备产成品存货，可以随时保证客户的需要。特别是在供需产生波动的时候，公司若有足够的产品存货，就可以保证及时交货，避免由于不能及时交货而造成错失销售良机并因此降低市场占有率。因此，保持一定的产成品合理存货水平，对满足销售的及时性和机动性，提高公司的竞争力有一定的作用。

存货的功能是指存货在生产经营过程中的作用。储存必要的原材料和在产品，可以保证生产的正常进行；公司的产品一般不会生产一件就出售一件，而是要组织成批生产、成批销售才经济合算，因此储存必要的产成品有利于销售量增加；适当储存各种存货，便于组织均衡生产，降低产品成本；各种存货的保险储备还可以防止意外事件造成的损失。

（二）存货的成本

要持有一定数量的存货，必定会产生一定的成本支出。一般来讲，存货成本分为三类：取得成本、储存成本和缺货成本。

1. 取得成本

取得成本是指为取得某种存货而支付的成本，包括购置成本和订货成本。

（1）购置成本。购置成本是指存货本身的价值。在不存在批量折扣的条件下，购置成本取决于年需求量 D 与单价 U，与存货持有量决策无关。在进行经济批量决策时，购置成本一般属于无关成本。购置成本的计算公式如下：

$$购置成本 = D \times U$$

（2）订货成本。订货成本是指为订购材料、商品而发生的成本，如办公费、差旅费、邮资、电报电话费等支出。订货成本分为固定成本和变动成本。固定成本与订货次数无关，如常设采购机构的基本开支等，是存货持有量决策的无关成本；变动成本与订货次数有关，如差旅费、邮资等，是存货持有量决策的相关成本。

2. 储存成本

储存成本指存货在储存过程中发生的各项费用，主要包括仓储费、搬运费、保险费、存货占用资金的利息费用以及存货的变质与过失损失费用等。储存成本与存货的数量有关，储存成本等于平均存货数量与单位储存成本的乘积。储存成本分为固定成本和变动成本：固定成本与存货数量多少无关，如仓库折旧、仓库固定职工的工资等，是与存货持有量决策的无关成本；变动成本与存货数量有关，与存货的库存数量成正比，如存货占用资本的应计利息、存货的保险费等，是存货持有量决策的相关成本。公司要降低储存成本，可以小批量采购，减少储存数量。

3. 缺货成本

缺货成本是指存货不能满足生产和销售需要时发生的损失，包括材料供应中断造成的停工待料损失、产成品库存不足造成的拖欠发货损失、丧失销售机会损失以及商誉的损失、采取补救措施而发生的成本，如高价紧急购入物资所带来的额外支出等。

（三）存货的进价

存货应当按照取得时的实际成本计价入账。购入的存货，按照买价加运输费、装卸费、保险费，途中合理损耗，入库前的加工、整理及挑选费用以及缴纳的税金等计价。自制的存货，如自制材料和自制半成品，按照制造过程中的各项实际支出计价。委托外单位加工的存货，按照实际耗用的原材料或者半成品加运输费、装卸费、保险费和加工费等计价。投资者投入的存货，按照评估确认或者合同、协议约定的价值计价。盘盈的存货，按照同类存货的实际成本计价。接受捐赠的存货，按照发票账单所列金额加上企业负担的运输费、保险费、缴纳的税金等计价；无发票账单的存货，按照同类存货的市价计价。按照计划成本核算存货的企业，对存货的实际成本与计划成本之间的差异，应当单独核算。

按照实际成本核算存货的企业，由于每批存货购入的买价和运杂费不同，每购进一批，往往会使存货的实际单位成本发生变动，因而在每次领发存货时，就会产生按哪一种单价计价的问题；企业领用或者发出的存货，可以采用先进先出法、加权平均法、移动平均法、个别计价法等方法确定其实际成本。

1. 先进先出法

这种计价方法是以先收入的存货先发出为假定前提。日常发出存货时，公司应按库存货物中最先收入的那批货物的单价计价。这种方法的优点是，将计价工作分散在平时进行；缺点是在收发业务频繁、单价经常变动的情况下，核算工作量会很大。

2. 加权平均法

加权平均法，是以月初结存存货金额加上全月收入存货金额，除以月初结存存货数量加上全月收入存货数量，计算出以数量作为权数的存货平均单价。该平均单价只在月末计算一次。其计算公式如下：

加权平均单价=（月初结存存货金额+全月收入存货金额）÷（月初结存存货数量+全月收入存货数量）

采用这种方法，只有在月末计算出存货平均单价后，才能求得发出和结存存货的金额。因此，计价工作要集中在月末进行，而且平时在账内看不到存货的发出金额和结存金额，不利于存货的日常管理。但是，这种计价方法可以减少平时的核算工作量。

3. 移动平均法

移动平均法，是用以前结余存货的金额加上本批收入存货的金额，除以以前结余存货的数量加上本批收入存货的数量，求得存货的平均单价，作为发出存货的计价标准。其计算公式如下：

移动加权平均单价=（以前结存存货金额+本批收入存货金额）÷（以前结存存货数量+本批收入存货数量）

采用这种方法，存货计价工作可以分散在月内进行，但每收进一批存货，就再重新计算一次单价，核算工作量比较大。

4. 个别计价法

个别计价法是在发出存货时按所发存货收入时的单价计价。采用这种方法可以及时进行发出存货的计价和金额的核算，但在一次发出包括几批不同单价的存货时，核算工作比较复杂。采用计划成本进行存货采购、收入、发出核算的企业，必须按期结转发出存货应负担的成本差异，将计划成本调整为实际成本。

（四）存货管理的目标

存货是公司的一项特殊资产，它是一项不能给公司直接带来收益的必要投资，又是一项维持公司正常生产经营活动的必要准备。对公司来讲，存货最理想的状态就是零库存。但要做到这一点，要求的条件太多，大多数企业都难以实现。

存货的增加可以增强企业组织生产、销售活动的机动性；但存货是公司流动资产中流动性最差的资产，公司的存货量越大，占用的资金也越多，而且会增加与存货有关的各项开支，这样会导致成本上升、利润受损。因此，存货管理的目标就是在充分发挥存货作用的同时降低存货成本，使存货效益和存货成本达到最佳结合，使存货保持在最优水平上。

二、最优存货量的确定

公司存货管理决策的主要问题包括两方面：一是决定订货批量，即应当订购多少；二是决定订货时间，即应当何时订购。

（一）基本经济批量模型

经济批量是指能够使一定时期存货的总成本达到最低点的订货数量。当找到经济订货量后，就可以确定出最佳的进货时间。基于上述存货成本的分析可知，决定存货经济批量的成本因素主要包括变动取得成本、变动储存成本以及允许缺货时的缺货成本。减少订货批量，增加订货次数，在储存成本降低的同时，会导致订货成本和缺货成本的上升；反之，增加订货批量、减少订货次数，虽然有利于降低订货成本和缺货成本，但同时会导致储存成本的上升。因此，如何权衡各项成本之间的关系，选择适当的订货批量，使存货的总成本达到最低，是公司组织订货过程中需要解决的问题。

影响存货总成本的因素很多，基本经济批量模型假设处在一种理想的市场状况，不考虑与订货批量决策无关的采购成本和不能准确计量的缺货成本。具体有以下假设：①公司能够及时补充存货，即公司在有订货需求时能够立即订购足量的存货。②所订购的存货能够一次到位，集中到货而不是陆续到货。③公司能及时取得存货，即没有缺货成本。④没有固定订货成本和固定储存成本。⑤需求量稳定且能够准确预测。⑥存货单价不变，不考虑现金折扣。⑦公司现金充足，不会因为现金短缺而影响订货。⑧市场供应充足，不会因买不到所需存货而影响其他业务。

在上述假设条件下，计算存货总成本需要考虑的因素就只是与经济订货量相关的订货成本和储存成本。计算经济订货量就是要确定使订货成本和储存成本之和最低的订货批量。

存货相关总成本公式可以简化如下：

$$\mathrm{TC}=\frac{D}{Q}\times K+\frac{Q}{2}\times K_c$$

式中，TC 为与订货批量相关的总成本；D 为一定期间存货需求量；Q 为每次订货批量；K 为单位订货成本；K_c 为单位储存成本。

当 K、D、K_c 均为常数时，为了求 TC 的最小值，可对上式进行求导，得：

$$\mathrm{TC}=\frac{DK}{Q^2}+\frac{K_c}{2}$$

令此一阶导数为零，可求出使存货相关总成本最低的经济批量 Q^*：

$$Q^*=\sqrt{\frac{2KD}{K_c}}$$

年最优订货次数（N^*）$=\frac{D}{Q}$

年最优订货周期（T^*）= $\frac{1年}{N^*}$

经济批量下的存货总成本［TC（Q^*）］= $\sqrt{2KD K_c}$

经济批量下存货占用资金（R^*）= $\frac{Q}{2} \times U$

（二）基本经济批量模型的扩展

1. 再订货点模型

一般情况下，公司的存货不能做到随用随补充，因此不能等到存货全部用完再去订货，而应提前订货。在提前订货的情况下，公司再次订购下一批存货时本批存货的库存量，称为再订货点，用 R 表示。在前述其他假设仍然成立的情况下，有：

$$R = L \times d$$

式中，R 为再订货点；L 为订货期；d 为存货每日平均需求量。在订货期提前的情况下，订货批量、订货次数和订货间隔时间与瞬间补充存货时的情况相同，因此对经济批量并无影响。

例如，某公司交货时间为 10 天，每日存货需求量为 15 件，则 $R = 10 \times 15 = 150$（件）也就是说，当公司存货的库存量为 300 件，就应再次订货。等到 10 天后新的订货到达时，原有存货刚好用完。

2. 存货陆续入库模型

在基本经济批量模型中，假设所订购的存货是集中到库。而事实上，由于多种原因的影响，存货不一定一次全部到齐，而是陆续入库。同时，企业也不是等存货全部到达后才开始使用，而是边供应边使用。在这种情况下，企业需要对基本模型作一些修改，在计算经济批量时，还要考虑存货送达的送货期。

设每批订货量为 Q，每日送货量为 P，则送货期即该批存货全部入库所需天数为 $\frac{Q}{P}$。若每日耗用量为 d，则送货期内耗用量为 $\frac{Q}{P} \times d$。每批送完时，最高库存量 $E = Q - \frac{Q}{P} \times d$，平均库存量 $E = \frac{1}{2}(Q - \frac{Q}{P} \times d)$。因此，存货总成本可表示为

$$TC = \frac{D}{Q} \times K + \frac{1}{2}(Q - \frac{Q}{P} \times d) \times K_c$$

则存货陆续入库经济批量模型为

$$Q^* = \sqrt{\frac{2KD}{K_c} \times \frac{P}{P - d}}$$

存货陆续入库经济批量模型下的最低总成本为

$$TC = \sqrt{2KD\,K_C \times (1 - \frac{d}{P})}$$

3. 保险储备模型

前面所讨论的所有模型是在存货供应和需求稳定的假设基础上建立的，即存货每天的

需求量不变，交货时间也不变，但实际情况并非完全如此。事实上，公司在一定时期内对各种存货需求量的预测不可能很准确，交货时间也会发生一定的波动。在这种情况下，公司就需要多储备一些存货以防止需求增加或送货延迟导致缺货或供应中断而造成的损失。这些在经济订货量的基础上多储备的存货称为保险储备。保险储备量是公司库存材料物资即将发生不足的警戒线，当存货储备量降到此点前，应及时组织订货，否则可能会影响生产和销售。一般情况下，存货需求和供应的变化越大，公司需要保持的保险储备量越多。公司的保险储备量越多，储存成本越高，但缺货成本越低；相反，保险储备量越少，储存成本越低，但缺货造成损失的可能性提高。所以，公司在建立保险储备量时，必须在缺货成本与储存成本之间进行权衡，以确定理想的保险储备量。其计算公式如下：

$$TC(S, B) = TC_S + TC_B = K_U \times S \times N + B \times K_C$$

式中，$TC(S, B)$ 为与保险储备有关的总成本；TC_S 为短缺成本；TC_B 为保险储备成本；K_U 为单位缺货成本；S 为缺货量；N 为年订货次数；B 为保险储备量；K_C 为单位储存成本。在现实中，缺货量 S 具有一定的概率分布，其概率可根据历史经验估计得出。通过计算不同保险储备量下缺货量 S 的期望值，可以计算 $TC(S, B)$ 并相互比较，$TC(S, B)$ 最小时的保险储备量即为最佳保险储备量。

三、存货管理

（一）材料采购管理

1. 编制和执行材料采购计划

材料采购计划分为年度、季度和月度三种。编制计划时，先确定采购数量，后确定采购金额。在年度材料采购计划执行过程中，供应部门和财务人员要深入生产部门、车间、仓库，随时掌握生产进度和材料使用情况，以便正确确定材料耗用量，正确编制季度和月度材料采购计划。

2. 制定材料采购限额

材料采购计划编制以后，由财务部门进行资金平衡，然后由供应部门执行。为了完成材料采购计划，供应部门要把计划采购指标进一步分解，确定各采购专业小组和采购人员的采购限额。采购专业小组和采购人员要按限额采购材料，以保证采购计划的完成。

3. 签订订货合同

订货合同签订后，企业要认真执行。

（二）做好材料储存管理

1. 材料耗用管理

加强对材料耗用的管理，制定先进合理的材料消耗定额，正确编制材料消耗计划，实行限额领料制度，节约用料，控制材料的耗用。

2. 健全材料管理制度

为了保证材料入库、出库、保管工作不发生差错和在库期间的安全完整，企业必须建立健全严格的管理制度，做到数量准确、质量可靠、责任清楚。材料在库保管期间要有安全保管和社会保养制度，做到材料不变质、不损坏、不丢失、不发生意外损失。

此外，企业中的低值易耗品和周转中使用的包装物在领用后可以一次或分期摊入费用。

（三）加强半成品、在产品管理的途径

1. 组织均衡生产

均衡生产是指企业有节奏地、协调地从事生产活动和均匀地生产产品。组织均衡生产，一方面能充分利用企业的生产设备和工人的工作时间，有利于缩短产品的生产周期；另一方面能减少由于生产不均衡而造成的废品损失和时间损失，减少在产品数量。为了组织好均衡生产，企业应做好以下几方面工作：

（1）合理安排生产作业时间

安排生产作业时间时要合理安排产品的投产批量和投产时间。如果投产批量太大或投产过早，就会延长生产周期，增加在产品数量，造成在产品占压资金过多。投产批量太小或投产过晚，又会影响生产任务的完成。可见，合理安排生产作业时间是组织均衡生产的重要方法，也是缩短生产周期、减少资产占用的首要环节。

（2）组织零部件的成套生产

安排生产作业时间以后，必须严格按计划投料，使各种零部件能配套生产，在生产过程中要经常了解和掌握生产进度与零部件的配套情况，防止在产品积压和浪费。

（3）加强生产调度

企业的生产过程是复杂的，它不仅涉及企业内部的各个方面，而且与企业以外的各方面发生密切联系。因此，生产过程中的某些问题在编制计划时难以预料，为了解决生产过程中出现的各种问题，企业必须加强生产调度，做好劳动力、设备和劳动对象的调度工作，协调企业的生产活动。

2. 加强自制半成品管理

首先，应根据生产需要确定库存最高储备量和最低储备量，如发现超储积压或储备不足，则要及时采取措施。其次，健全半成品入库、出库、保管和清查盘点制度，保证半成品的安全完整。

3. 控制生产消耗，降低产品成本

生产过程中存货费用的多少，一方面受在产品、自制半成品储备量的影响，另一方面又受在产品、自制半成品成本水平的影响。在在产品、自制半成品储备量一定的情况下，生产过程中的材料、工资和其他费用上升，存货费用也会增加，反之就会降低。因此企业要采取措施以控制生产过程中的各项生产费用，把资产管理和产品成本管理结合起来。

（四）产成品存货管理

产成品存货管理包括产成品库存、发运、结算三个阶段的管理工作。因此，企业必须做好以下工作：

1. 做好库存产成品的管理工作

产成品仓库要严格按定额储备产成品，如发现库存产成品占用过多，则要及时查明原因，并采取措施予以控制。为掌握库存情况，核算人员要及时、准确地核算产成品增加、减少和结余情况，选用科学的方法确定其实际成本，为管理工作提供可靠的信息。同时，仓库保管人员要严格遵守产成品入库、出库、清查盘点和安全保管等制度，防止发生产成品短缺、残损和变质现象。

2. 加强产成品的发运工作

如果发运工作做得好，发运过程中占用的产成品资金就少。因此，销售运输部门要根据销售合同的有关规定，及时包装产成品，积极组织运输力量，按时把产成品运往车站、码头。

3. 加强销售结算工作

产成品发运以后取得结算货款或销售收入以前，产成品占用的资金仍属于产成品存货。企业财务会计部门要与销售运输部门密切配合，共同做好销售结算工作。销售运输部门要把运单、发票等有关单据及时转送给财务部门，财务部门要及时办理结算手续，尽快收回货款。对于购货单位拒付的货款，企业要查明具体原因，会同有关部门及时解决。对于逾期未收回的货款，企业要及时催收。

（五）产品存货管理和控制

加强产品存货管理和控制的目的，是加速产品的进货、储存、销售的转换速度。企业对于产品管理的有效措施一般有产品分类管理和产品分环节管理两种方法。产品分类管理就是对所经营的全部产品，按照生产能力、市场供求变化和库存状况等分为若干类，在资金供应上区别对待，以实现分轻重缓急、保证重点的目的，其一般做法如下：

（1）对市场供不应求的产品应重点管理，对所需进货资金优先供应。

（2）对市场供求基本平衡、货源正常的产品，可根据企业情况按计划安排资金。

（3）对特殊需求产品按订购计划安排资金。

（4）对质次价高的产品应停止购进，积极处理积压产品。

（5）有目的地进行某些新产品的试销。

产品分类管理要贯穿整个经营管理工作，并通过产品购销合同进行落实。企业的各有关部门要相互配合，采取相应措施，对全部商品都要按照产品划分的类型及时反映进货、储存、销售的情况，随时提供库存产品的结构状况，以利于合理组织产品生产，提高资金的利用效果。产品分环节管理就是按照商品在各个流转环节的运动规律和具体情况，分别对进货环节、储存环节和销售环节进行管理，具体来讲，应做好以下几方面工作：

第一，在进货环节管理中，财务部门应做好市场预测工作，确定进货品种和数量，并做好资金的支付准备。此外，企业还必须加强在途产品的管理，严格制定产品的检验、查询制度，监督产品的迅速到达，并及时入库和清理不合理占压。

第二，在储存环节管理中，储存产品必须具备出售条件，在产品更新换代加快、出现买方市场的情况下，储存产品要结合其寿命周期不断进行更新，提高储存产品的供应能力，促进货畅其流；同时要健全储存产品的收发和保管制度。因此财务部门管好储存环节商品的关键是控制储存产品的品种和数量，并通过定期分析储存产品结构和开展产品储存期的分析，研究产品储存的盘亏分界线，测算各类产品的保本储存期和保利储存期。

第三，销售环节是产品流转的最终环节。企业应通过加强调查研究和预测，了解消费者的潜在需求，分析各类产品在未来一定时期可能达到的销售量和变化趋势，引导生产部门进行产品的更新换代，从而不断扩大销售。财务部门应监督业务部门严格执行销货合同，严格发货、交运手续制度，以尽快收回货款。

第四节　流动负债管理

一、短期借款的特征与分类

（一）短期借款的概念与特征

短期融资，又称为流动负债融资，是指公司为解决短期资本需求而向银行申请借入期限在一年以内的融资，主要用于企业日常周转资金的需要。短期借款的方式包括短期银行贷款、商业信用等。

短期借款通常具有如下特征：

1. 融资速度快

长期负债的债权人为了保护自身利益，往往要对债务人进行全面的财务调查，所以筹资所需时间较长，且不易取得。而短期负债在较短期时间内即可偿还，债权人承担的风险相对较小，往往顾虑较少，不需要像长期融资那样对融资方进行全面、复杂的财务调查，因此短期资金更容易筹集。

2. 融资弹性大

举借长期债务时，资金提供者出于资金安全方面的考虑通常会向融资方提出较多的限制性条款或相关约束条件；而短期债务的限制条件相对宽些，使得融资方在资金的使用和配置上显得更加灵活、更有弹性。

3. 融资成本低

当融资期限较短时，债权人所承担的利率风险相对较小，因此向融资方索取的资金使用成本也相对较低。

4. 融资风险大

短期融资通常需要在短期内偿还，因而要求融资方在短期内拿出足够的资金偿还债务，这对融资方的资金营运和配置提出了较高的要求。如果融资企业在资金到期时不能及时归还款项，就有陷入财务危机的可能。此外，短期负债利率通常波动较大，无法在较长时期内将融资成本锁定在某个较低水平，因此也有可能高于长期负债利率。

（二）短期借款的种类

1. 按照目的和用途分类

短期借款按照目的和用途不同，分为生产周转借款和产品周转借款、临时借款、结算借款等。

（1）生产周转借款和产品周转借款。生产周转借款是指制造业企业生产经营过程中因所需经常占用的资本不足而向银行申请的借款。产品周转借款是指商业企业因经营商品购销业务所需的经常占用的资本不足而向银行申请的借款。这两种周转借款都属于调节公司资本平均需要量以内的资本需求的借款，期限最长为一年。

（2）临时借款。临时借款是指公司由于季节性储备或集中到货、节假日供应等临时原因需要向银行申请的借款。临时借款公司要在借款前 3~5 天向银行提出申请，银行逐笔核贷，贷款期限根据实际需要确定，最长不超过半年。

（3）结算借款。结算借款是指公司向外地销售产品采用托收承付结算方式时，为抵补在途资本占用而向银行申请的贷款。结算借款的借款额度以产品销售成本和代垫运杂费为限，贷款期限为预定托收货款收回的期限。

2. 按银行发放贷款的具体形式分类

短期借款按银行发放贷款的具体形式，可以分为信用借款、经济担保借款、抵押借款等。

（1）信用借款。信用借款是指完全凭借款人信用，不需要借款人提供经济担保或财产抵押的借款方式。规定借款限额或周转额度的银行借款均属信用借款。信用借款主要适用于经营时间长、经济实力强、借贷往来时间长、信誉好的公司。

（2）经济担保借款。经济担保借款是要求借款人以第三方经济信誉或财产作为还款保证的借款方式。经济担保借款要求借款公司、担保人、银行三方签订合法、完整的借贷合同和担保合同，明确三方的权利和责任。

（3）抵押借款。抵押借款是指公司以某种资产作为担保，抵押给银行，以此获得一定数额短期资本的借款方式。有价证券、应收账款和存货是常用的抵押品。

3. 按利息支付方法分类

短期借款按借款利息支付方法的不同，分为收款法借款、贴现法借款和加息法借款。

（1）收款法借款。收款法借款是指公司在借款到期时向银行支付利息的借款方式。银行向公司发放的贷款大多采用此法收取利息。

（2）贴现法借款。贴现法借款是指银行向公司发放贷款时，先从本金中扣除利息部分，到期时借款公司要偿还贷款本金的借款方式。采用这种方法，公司可利用的贷款额只有本金减去利息后的差额，因此贷款的实际利率高于名义利率。

（3）加息法借款。加息法借款是指公司需要分期等额偿还贷款本金及其利息的借款方式。在分期等额偿还贷款的情况下，公司所负担的资本的实际利率远远高于名义利率。

（三）短期借款的信用条件

短期借款的条件短期借款往往带有一定的条件，条件不同，短期借款类别也不一样。一般来说，主要有以下内容：

1. 信用额度

信用额度是金融机构对借款企业规定的无抵押、无担保借款的最高限额。企业在信用额度以内，可随时使用借款，但金融机构并不承担必须提供全部信用额度的义务。如果企业信用恶化，即使在信用额度内企业也不一定能获得借款，对此金融机构不承担法律责任。

2. 周转信用协议

周转信用协议是金融机构与企业签订的一种正式的最高限额的借款协议。在协议有效期内，只要企业的借款总额未超过协议规定的最高限额，金融机构必须满足企业提出的借款要求，对周转信用协议负法律责任，而借款企业则必须按借款限额未使用部分的一定比例向金融机构支付承诺费。

3. 补偿性余额

补偿性余额是金融机构要求借款企业在其存款账户上保留按实际借款额的一定比例计算的存款余额。对企业来说，补偿余额提高了借款的实际利率；从金融机构来看，它可以降低贷款风险，补偿贷款损失。

4. 贴现法计息

银行向企业发放借款时，先从本金中扣除利息，而到期时借款企业再偿还全部本金。

5. 借款担保

金融机构为了避免投资风险，往往对企业借款有抵押品担保要求。根据其条件不同，这类借款又可以分为保证借款、抵押借款和质押借款。

（四）短期借款的利率

短期借款利率有多种，按照不同的分类标准可以有以下选择：

1. 按金融机构的利率政策，其可分为优惠利率和非优惠利率

优惠利率是金融机构向财务状况良好、信誉较高的企业提供贷款时所使用的利率，比非优惠利率要低。非优惠利率是金融机构向财务状况和信誉较差的企业提供贷款时所使用的利率，比优惠利率要高。

2. 按利率的基本特征，其可分为简单利率、浮动利率、贴现利率和加息利率

（1）简单利率是按固定的单利计算利息并于借款到期日随本金一并支付时所使用的利率。

（2）浮动利率是随市场利率的变动而相应调整的利率。

（3）贴现利率是金融机构向企业发放贷款时，先从贷款额中扣收利息，待贷款到期由借款企业偿还全部贷款的条件下所使用的利率。使用这种利率时，企业可利用的借款是全部借款减去利息以后的差额，因此，借款的实际利率高于名义利率。

（4）加息利率是金融机构向企业发放分期等额偿还贷款时所使用的利率。在分期等额偿还贷款的情况下，企业要按借款总额和名义利率计算利息。由于借款分期等额偿还，企业实际上未使用全部借款，但要按全部金额支付利息，所以，企业负担的实际利率要高于名义利率。

二、短期融资券

（一）短期融资券的分类

短期融资券又称商业票据、短期商业债券，是由大型工商企业或金融企业发行的短期无担保本票，是一种新兴的短期资金筹集方式。按不同的标准，短期融资券可分为不同类型。

1. 按发行方式的不同，其可分为经纪人代销的融资券和直接销售的融资券

（1）经纪人代销的融资券又称间接销售融资券，是指先由发行人卖给经纪人，然后由经纪人卖给投资者的融资券。经纪人主要有银行、信托公司、证券公司等。企业委托经纪人发行融资券，要支付一定数额的手续费。

（2）直接销售的融资券是指发行人直接销售给最终投资者的融资券。直接发行融资券的公司通常是经营金融业务的公司或自己有附属金融机构的公司，它们有自己的分支网点

和专门的金融人才，因此有力量自己组织推销工作，从而节省了间接发行时应给证券公司的手续费。

2. 按发行人的不同，其可分为金融企业的融资券和非金融企业的融资券

（1）金融企业的融资券主要是指由各大公司所属的财务公司、各种信托公司、银行控股公司等发行的融资券。这类融资券一般采用直接发行的方式。

（2）非金融企业的融资券是指那些没有设立财务公司的工商企业所发行的融资券。这类企业一般规模不大，多采用间接方式来发行融资券。

3. 按发行和流通范围的不同，其可分为国内融资券和国际融资券

（1）国内融资券是一国发行者在其国内金融市场上发行的融资券。发行这种融资券一般只要遵循本国法规和金融市场惯例即可。

（2）国际融资券是一国发行者在其本国以外的金融市场上发行的融资券。发行这种融资券，必须遵循有关国家的法律和国际金融市场的惯例。

（二）短期融资券的发行条件

根据我国法律的相关规定，企业必须符合一定的条件才具有申请发行短期融资券的资格，主要包括：①是在中华人民共和国境内依法设立的企业法人；②具有稳定的偿债资金来源，最近一个会计年度盈利；③流动性良好，具有较强的到期偿债能力；④发行短期融资券所募集的资金用于本企业生产经营；⑤近三年没有违法和重大违规行为；⑥近三年发行的短期融资券没有延迟支付本息的情形；⑦具有健全的内部管理体系和募集资金的使用偿付管理制度；⑧中国人民银行规定的其他条件。

（三）短期融资券融资的优点

1. 短期融资券融资的成本低

在西方国家，短期融资券的利率加上发行成本率，通常低于银行的同期贷款利率。这是因为在采用短期融资券融资时，筹资者与投资者直接往来，从而绕开了银行中介，节省了一笔本应付给银行的融资费用。但目前我国短期融资券的利率一般要比银行贷款利率高，这主要是因为我国短期融资券市场刚刚建立，投资者对短期融资券还缺乏了解。随着短期融资券市场的不断完善，短期融资券的利率会逐渐接近银行贷款利率，直至略低于银行贷款利率。

2. 短期融资券融资数额比较大

银行一般不会向企业发放巨额的流动资金借款。在西方，商业银行贷给个别公司的最大金额不能超过该公司资本的10%。因而，对于需要巨额资金的企业而言，短期融资券这一融资方式尤为适用。

（四）短期融资券融资的缺点

1. 发行短期融资券的风险比较大

短期融资券到期必须归还，一般不会有延期的可能。到期不归还，会产生严重后果。

2. 发行短期融资券的条件比较严格

并不是任何公司都能发行短期融资券，信誉好、实力强、效益高的企业才能发行短期融资券，小企业或信誉不太好的企业则不能利用短期融资券来筹集资金。

三、商业信用

（一）商业信用的含义

商业信用是一种在商品交易中公司之间由于延期付款或预收货款形成的借贷关系，是企业之间的一种直接信用关系。商业信用属于一种常见的短期筹资方式，买卖双方采取赊销、赊购方式进行商业交易，是自发性短期负债的主要组成部分。据有关资料统计，这种短期融资在许多公司中占短期负债的40%左右，已成为公司重要的短期资金来源。

（二）商业信用的形式

公司利用商业信用筹资的具体形式，通常有应付账款、应付票据和预收账款等。

1. 应付账款

应付账款亦即赊购商品，是企业购买商品暂未付款而形成的对销货方的欠款，即销货方允许购货方在购货后一定时期内支付货款的一种信用形式，也是最普遍、最常见的商业信用形式。这种形式适用于商品供大于求的情况，销货方利用赊销方式进行促销，购货方收到所购货物后，不仅不需要立即支付现金，也不必出具借据。延期付款则等于向销货方借用了资金，可以满足短期的资金需要。应付账款方式完全建立在买方信用的基础上。应付账款按其是否支付代价，可分为免费信用、有代价信用和展期信用三种形式。

（1）免费信用。免费信用是指买方在规定的折扣期限内享受折扣而获得的信用。免费信用的付款期限一般包括法定付款期限和销货方允许的折扣期限两种方式。前者如银行结算办法规定允许有3天或10天的付款期限，即付款人可在收到付款通知的3天或10天内享受免费信用；后者为一定信用条件的折扣期内付款人享受免费信用。为了促使购货企业按期付款，甚至提前付款，销货企业往往会规定一定的信用条件。如常见的信用条款中有这样的规定“2/10，*n*/30”，意即购货企业若在10天内付款，可以给予2%的折扣；超过10天，则付全部货款，但全部货款必须在30天内付清。

（2）有代价信用。有代价信用是指企业放弃折扣需要付出代价而取得的信用。在带有折扣条件下，购货企业想要取得商业信用，则须放弃折扣，而所放弃的折扣就是取得此种信用所付出的代价。如前面所讲的，购货企业要取得延期20天付款的信用，则必须付全额货款，即丧失了优惠，这种信用就是有代价信用。因此，企业在选择是否延期付款时，应该认真分析其资金成本的高低，以便决定取舍。

（3）展期信用。展期信用是指购货企业在销货企业提供的信用期限满后，推迟付款而强制取得的信用，实际上就是拖欠货款。展期信用隐含着两种成本：一是企业放弃现金折扣的机会成本，这与有代价信用相同；二是企业信誉可能受到损害的成本。企业若过度拖延时间付款而出现严重拖欠，则会降低其信用地位和信用等级，给今后的各种筹资造成不利的影响。

2. 应付票据

应付票据是购销双方按购销合同进行商品交易，延期付款而签发的、反映债权债务关系的一种信用凭证。根据承兑人的不同，应付票据分为商业承兑汇票和银行承兑汇票两种。商业承兑汇票是由收款人签发、经付款人承兑，或由付款人签发并承兑的票据；银行承兑汇票是由收款人或承兑申请人签发，由承兑申请人向开户银行申请，经银行审查同意，并由银行承兑的票据。应付票据承兑后，承兑人（即付款人）负有将来无条件支付票款的责任，经承兑的应付票据允许背书转让。

应付票据的承兑期限由交易双方商定，一般为1~6个月，最长不超过9个月。应付票据可以带息，也可以不带息。带息应付票据的利率通常低于其他融资方式（如短期借款）的利率，且不用保持相应的补偿性余额和支付各种手续费等。

在应付票据结算方式下，收款人在需要资金时，可持未到期的商业承兑汇票或银行承兑汇票向其开户银行申请贴现。贴现银行需要资金时，可持未到期的汇票向其他银行转贴现。票据贴现实际上是持票人把未到期的汇票转让给银行，贴付一定利息以取得银行借款的行为。因此，它是商业信用发展的产物，实为一种银行信用。

3. 预收账款

预收账款是指卖方按照合同在交付货物之前向买方预先收取货款，这也是一种信用行为，适用于商品供不应求的情况。预收账款实际上相当于卖方向买方先借一笔款项，然后用货物偿付。对销货企业而言，预收账款也是一种筹集短期资金的形式。而且这种筹集资金的方式一般无须支付任何代价，完全属于免费信用。

公司在生产经营活动中往往还形成一些应付费用，如应付水电费、应付职工薪酬、应付税金、应付利息等。这些项目的发生受益在先，支付在后，支付期晚于发生期，故为公司形成一种“自然性融资”。其期限通常有强制性的规定，如按月支付工资、按规定期限缴纳税金等。这些短期融资项目也视作无息负债。

（三）商业信用筹资的优缺点

1. 商业信用筹资的优点

（1）使用方便。商业信用随着商品交易自然产生，属于自然性筹资，事先不必办理特殊手续，方便灵活。

（2）限制少。相对于银行借款之类的筹资方式，商业信用选择余地大，没有复杂的手续和各种附加条件，也无须抵押担保。

（3）筹资成本低，甚至不发生筹资成本。如果没有现金折扣，或者公司不放弃现金折扣，则利用商业信用筹资不会发生筹资成本。

2. 商业信用筹资的缺点

（1）所筹资金利用时间较短。商业信用的时间一般较短，如果公司享受现金折扣，则使用时间就更短，不利于对公司资本的统筹运用。

（2）有一定的风险。付款方如果到期不支付货款，长时间拖欠货款，势必影响公司的信誉，造成今后筹资的困难；收款方如果较长时间不能收回货款，势必影响公司的资金周转，造成公司生产经营的困难。我国经济领域中曾经出现的严重的“三角债”现象，就拖垮了许多原本效益不错的企业。

思政元素

习近平总书记关于金融工作的重要论述

必须加强党对金融工作的领导，坚持稳中求进工作总基调，遵循金融发展规律，紧紧围绕服务实体经济、防控金融风险、深化金融改革三项任务，创新和完善金融调控，健全现代金融企业制度，完善金融市场体系，推进构建现代金融监管框架，加快转变金融发展方式，健全金融法治，保障国家金融安全，促进经济和金融良性循环、健康发展。

——2017年7月14日至15日 习近平总书记在全国金融工作会议上的讲话

发展绿色金融，是实现绿色发展的重要措施，也是供给侧结构性改革的重要内容。要通过创新性金融制度安排，引导和激励更多社会资本投入绿色产业，同时有效抑制污染性投资。要利用绿色信贷、绿色债券、绿色股票指数和相关产品、绿色发展基金、绿色保险、碳金融等金融工具和相关政策为绿色发展服务。

——2016年8月30日 习近平总书记在中央全面深化改革领导小组第二十七次会议上的讲话

发展普惠金融，目的就是要提升金融服务的覆盖率、可得性、满意度，满足人民群众日益增长的金融需求，特别是要让农民、小微企业、城镇低收入人群、贫困人群和残疾人、老年人等及时获取价格合理、便捷安全的金融服务。

——2015年11月9日 习近平总书记在中央全面深化改革领导小组第十八次会议上的讲话

要积极营造有利于创新的政策环境和制度环境，对看准的、确需支持的，政府可以采取一些合理的、差别化的激励政策。要改善金融服务，疏通金融进入实体经济特别是中小企业、小微企业的管道。

——2015年7月17日 习近平总书记在长春召开部分省区党委主要负责同志座谈会上的讲话

中国企业营运资金管理研究中心

中国企业营运资金管理研究中心是中国会计学会设立的首个政产学研合作研究基地，2009年8月8日依托中国海洋大学成立。成立十多年来，中国企业营运资金管理研究中心以独创的“资本效率与财务风险分析体系”和“基于渠道管理的营运资金管理绩效评价体系”为支撑，持续开展中国上市公司资金管理调查并在《会计研究》发表调查报告，持续编撰发布《营运资金管理发展报告》系列丛书，持续举办资金管理系列高峰论坛，持续开发和扩充建设“中国资金管理智库数据平台”，被公认为我国资金管理领域的“思想库”“文献库”“信息库”和“案例库”。2016年入选中国智库索引（CTTI）首批来源智库；2017年牵头组建中国资金管理智库协同创新中心获山东省高等学校协同创新中心立项；2018年入选中国智库索引（CTTI）高校百强智库（A级），开发的“营运资金管理”课程获国家精品在线开放课程，合作完成的“科教融合，产学协同，理实一体，构筑财会专业研究生教育特色资源共享平台”的教学成果获国家教学成果二等奖，“资本效率与财务风险分析体系创新研究”获青岛金融研究创新奖二等奖（一等奖空缺）并获30万元奖励；2019年，立足金融服务实体的研究成果在《管理世界》发表，调研报告被国务院发展研究中心采纳，相关成果在《清华金融评论》刊登，引起了社会的广泛关注。

十多年来，中国企业营运资金管理研究中心获得国家和省部级重点课题资助50余项；在《管理世界》《会计研究》《中国工业经济》等权威期刊发表论文200余篇，出版《营运资金管理发展报告系列丛书》等学术著作20余部；在深挖学术理论的同时，积极服务社会，多次为中国石油天然气集团公司、特锐德等企业提供咨询服务。其中，中国企业营运资金管理研究中心为中国石油天然气集团公司提供“集团公司资本配置策略研究”咨询，得到集团公司采纳，2018年获得中国石油天然气集团公司软科学优秀成果奖和管理创新成果奖。

专项练习

1. 豆包公司是一家高新技术企业，正在考虑改变其信用政策，以便从竞争对手那里争取更多的客户。目前公司的信用政策是“1/20, n/60”，而新的信用政策为“3/20, n/80”。当前公司40%的客户享受现金折扣，预计在新的信用政策下享受现金折扣的客户比例将上升到50%，而且新政策实施的结果还将促使销售额从目前每年的300万元增加到450万元。但增加的销售额将影响公司存货的水平。公司持有的平均存货根据经济订货批量基本模型确定。假设新的信用政策实施后，公司的坏账损失率从原来的1%上升到1.5%；平均收账期从原来的45天延长到60天；每笔订单的费用为100元；每件产品的单价100元，单位储存成本是10元；变动成本率为60%，公司的机会成本率为12%，企业所得税税率为25%。请你帮助豆包公司计算：

（1）信用政策改变前后的应收账款平均余额。

（2）确定信用政策改变前后的经济进货批量和相应的平均存货量。

（3）根据所给资料作出新信用政策的可行性分析。

2. 甲公司是一家标准件分销商，主要业务是采购并向固定客户供应某种标准件产品。有关料如下：

（1）该标准件上一年订货次数为60次，全年订货成本为80万元，其中固定成本总额为2万元，其余均为变动本，单位变动成本和固定成本总额不变。

（2）该标准件仓储总费用中，每年固定租金为120万元，每增加一件标准件就增加1元仓储费。每件标准件的占用资金为50元，资金利息率为6%。

（3）该标准件年需要量为180万件。一年按照360天计算。

（4）该标准件从发出订单到货物送达需要5天。

要求：

（1）计算每次订货变动成本。

（2）计算单位变动储存成本。

（3）根据经济订货模型，计算该标准件的经济订货批量和最佳订货周期（按天表示）。

（4）计算再订货点。

3. 甲公司2018年度全年营业收入为4 500万元（全部为赊销收入），应收账款平均收现期为60天。公司销售单价为500元/件，单位变动成本为250元/件。若将应收账款所占用的资金用于其他等风险投资，可获得收益率为10%。2019年公司调整信用政策，全年销售收入（全部为赊销收入）预计增长40%，应收账款平均余额预计为840万元。假定全年360天。要求：

（1）计算2018年应收账款平均余额。

（2）计算2018年变动成本率。

（3）计算2018年应收账款机会成本。

（4）计算2019预计应收账款周转率和应收账款周转天数。

4. 甲公司是一家制造企业集团。有关资料如下：

资料一：L零部件的年正常需要量为54 000个，2018年及以前年度，一直从乙公司进货单位购买价格为100元/个，单位变动储存成本为6元/个，每次订货变动成本为2 000元，一年按360天计算。

资料二：2018年，甲公司全年应付账款平均余额为450 000元，假定应付账款全部为应向乙公司支付的L零部件的价款。

资料三：2019年年初，乙公司为鼓励甲公司尽早还款，向甲公司开出的现金折扣条件为“2/10、n/30”，目前甲公司用于支付账款的资金需要在30天时才能周转回来，30天以内的资金需求要通过银行借款筹集，借款利率为4.8%，甲公司综合考虑借款成本与折扣收益，决定在第10天付款方案和第30天付款方案中作出选择。

资料四：受经济环境的影响，甲公司决定自2020年将零部件从外购转为自行生产，计划建立一个专门生产L零部件的A分厂。该分厂投入运行后的有关数据估算如下：零部件的年产量为54 000个，单位直接材料为30元/个，单位直接人工为20元/个，其他成本全部为固定成本，金额为1 900 000元。

资料五：甲公司将A分厂作为一个利润中心予以考核，内部结算价格为100元/个，该分厂全部固定成本1 900 000元中，该分厂负责人可控的部分为700 000元。

要求：

（1）根据资料一，按照经济订货基本模型计算：①零部件的经济订货量；②全年最佳订货次数；③最佳订货周期（要求用天数表示）；④经济订货量下的变动储存成本总额。

（2）根据资料一和资料二，计算2018年度的应付账款周转期（要求用天数表示）。

（3）根据资料一和资料三，分别计算甲公司2019年度两个付款方案的净收益，并判断甲公司应选择哪个付款方案。

（4）根据资料四，计算A分厂投入运营后预计年产品成本总额。

（5）根据资料四和资料五，计算A分厂作为利润中心的如下业绩考核指标：①边际贡献；②可控边际贡献；③部门边际贡献。

5. 甲公司当年销售额为3 000万元（全部为赊销），变动成本率为50%，固定成本总额为100万元，应收账款平均收现期为30天，坏账损失占销售额的0.2%。公司为扩大市场份额，计划于次年放宽信用期限并开始提供现金折扣。经测算，采用新信用政策后销售额将增至3 600万元（全部为赊销），应收账款平均收现期延长到36天，客户享受到的现金折扣占销售额的0.5%，坏账损失占销售额的0.3%，变动成本率与固定成本总额保持不变。一年按360天计算，不考虑企业所得税等其他因素，并假设公司进行等风险投资的必要收益率为10%。要求：

（1）计算公司采用新信用政策而增加的应收账款机会成本。

（2）计算公司采用新信用政策而增加的坏账损失与现金折扣成本。

（3）计算公司采用新信用政策而增加的边际贡献。

（4）计算新信用政策增加的损益，并据此判断改变信用政策是否合理。

中英文专业术语

营运资金（working capital）
流动负债（current liability）
流动资产（current asset）
现金（cash）
现金预算（cash budget）
最佳现金持有量（optimal cash holding）
短期投资（short term investment）
存货（inventory）
经济订货批量（economic order quantity）
应收账款（accounts receivable）
信用政策（credit policy）
收账政策（collection policy）
短期银行借款（short-term bank loan）
信用额度（credit line）
补偿性余额（compensating balance）
商业信用（business credit）
应付费用（accrued expenses）
短期融资券（short-term commercial paper）
营运资金管理（working capital management）
临时性流动资产（temporary current asset）
永久性流动资产（permanent current assets）
临时性流动负债（temporary current liability）
自发性流动负债（spontaneous current liability）
配合型融资政策（conservative financing policy）

第六章 成本控制管理

学习任务

1. 了解成本管理的基本概念 2. 掌握本量利的基本计算方法 3. 理解标准成本、作业成本和责任成本的含义

引入案例

小米科技有限责任公司的战略成本管理

在经济全球化的今天，我国各领域的科学技术水平显著提高，企业在面临国内市场竞争不断加剧的同时，还需要应对来自国外市场环境竞争的压力与冲击。在如此激烈的竞争环境背景下，创造核心竞争力和保持竞争优势直接关系企业的生死存亡，企业不得不提高自身经营发展能力，以期有效应对市场经济中的风险和机遇。加强成本管理则是企业增加经营利润、提高发展能力的核心关键因素，也成为企业战略管理的必然选择。

小米科技有限责任公司（以下简称“小米公司”）的创始人在企业运行初期便意识到公司的短板是现金流不足，因此为了弥补不足，小米公司从进入市场开始便确定了成本领先战略，从增收和节流两个方面入手，并且把节流作为压缩成本的主要方式。在众多竞争对手中，小米公司实现营业额的显著增长，这无不彰显着互联网公司在当代市场的巨大潜力，也体现了运用互联网思维颠覆传统企业游戏规则的重大成功。而战略成本管理是小米公司得以开拓一片蓝海市场的重大战略。

小米公司巩固中低端市场、扩大高端市场规模，投入研发核心产品；继续发展小米手机的线下体验中心，拓宽销售渠道，完善售后服务；丰富营销手段，提升消费者购买体验；继续建设全产业生态链。

小米公司的商业模式主要是铁人三项模式，即“硬件+新零售+互联网服务”模式。

虽然小米公司重要的用户入口是硬件，但管理者并不希望硬件成为利润的主要来源。小米公司通过高效的线上线下零售渠道交付用户，以新零售打造全新布局。轻资产模式对供应链的掌控能力弱，容易出现缺货断货现象，因此小米公司积极开拓海外新兴市场，在印度市场上表现突出。

小米公司基于内部价值链的战略成本管理主要通过以下途径实现：

1. 全力助推开放式创新，降低研发成本

小米公司在研发团队组建及相关生产开发工作上面投入了大量的资金成本及人力服

务。让顾客参与开发过程，可以使公司充分了解用户的产品需求，增强用户参与感，不仅减少了公司研发创新团队的测试成本，还避免了未来产品不符合顾客购买理念的风险，极大地提升了公司的创新研发能力。

2. 严格管控价格和数量，降低采购成本

小米公司在零部件配置的价格方面，与不同的生产供应商保持合作，选择符合产品质量要求并且报价较低的上游企业，如小米手机的中央处理器（CPU）采购于高通，屏幕则选择夏普为主要供应商。小米公司在产品数量方面严格进行库存管控，避免产品积压带来的沉没成本和滞销风险。同时雷军还特别关注零部件的材料质量，在公司内部建立了完善的产品质量管控制度，保障了产品的生产质量。目前，小米公司的主要战略还是成本领先战略，而未来小米公司则要向差异化战略发展，只有这样才能在日益激烈的市场竞争中发展壮大自己，而成本控制的方法也要随着竞争战略的变化而发生改变。

小米公司的创始人雷军对战略成本管理有以下看法：

1. 成本意识要从公司创建开始建立

在互联网泡沫时期，资金成本比较低，创业公司能够比较容易地成功融资。这类创业者没有过苦日子的经历，以为未来会一帆风顺，就开始大把“烧钱”，如租用奢侈的办公室，举办铺张的会议，乱砸市场费用；等等。一旦遇到困难，或者市场环境发生剧烈变化，这类公司就很容易倒闭。如果创业者平时没有成本意识，等遇到问题的时候就举步维艰。

2. 成本意识只有从老板开始，才有可能贯彻全员

如果老板不以身作则，不反复强调，不建立成本控制的体系，整个公司的成本管理一定非常混乱，这样的公司也不容易成功。比如李嘉诚，一块普通的手表一戴就是二十多年，李嘉诚公司的成本控制一定会非常出色。再比如联想，柳传志认为联想的成功在于把毛巾拧干，这就是说联想的成本控制也做得非常出色。

3. 省钱就是赚钱，省一块钱就是赚三块钱

遇到现金短缺的时候，所有管理者的方案都是增收节流。我们都知道增收和节流两手都要抓，但增收谈何容易，市场竞争如此激烈，短期见效的可能性不是太大。而节流则相对容易办到，只要自己努力，强化管理控制，成本是很容易就能降下来的。你可以告诉所有同事：省钱就是赚钱，每省一块钱至少相当于赚三块钱。原因很简单，一般企业赚来的钱需要支付销售成本、生产成本等，还需要交销售税等。控制成本的要领是：该花的钱一定要花，不该花的钱一分钱都不能花。省钱不是不花钱，不花钱可能造成更大的浪费，所以，该花的钱一定要花，这是不能打折的事情。比如，可以租用便宜的办公室，但不意味着办公室非常拥挤混乱。如果办公室非常不舒服，员工的工作效率低下，这是更大的浪费。不该花的钱一分钱不能花，要从每件小事做起，很多创业者觉得一起创业的员工很辛苦，在报销电话费、出租车费和请客吃饭费等方面非常大方，甚至基本不管。其实，回报员工的方式很多，比如给予更好的报酬或者更多的股票回报等，但不应该在成本管理上放松，而应该把费用分为固定费用和变动费用。企业的费用大致分两类，一类是固定费用，是每月都必须支付的费用，如人员费用、房租、水电费用、办公设备等；另一类是变动费用，如差旅费、电话费、招待费、市场费用等。

战略成本管理强调的是知己知彼，揭示企业同竞争对手相比的相对成本地位，并寻求成本持续降低的途径。可以说，企业是为了获得和保持企业持久竞争优势而进行成本管理。

战略成本管理盲区如下：

盲区一：质量和成本是一对矛盾

我们不要因为企业的成本管理能力不足，就把质量和成本就对立起来。今年外部环境如此多变，但那些绝冠全球的公司，把质量和成本兼顾得很好。一个企业同时拥有质量和成本两项能力时，便会更快、更长久地征服客户。

盲区二：夸大行业和业务的差异性，认为成本不重要

有一些企业的管理者认为公司的定位是中高端，有很强的品牌溢价能力，所以成本没有那么重要。但是同样的产品，企业的成本比竞争对手高。那么，最终在这个市场里，它的市场份额很可能会被竞争对手侵占，利润也比对手低。我们总是放大差异化，而忽略成本是企业必备的一项基本功。小米公司是互联网商业模式的创新者，但是小米公司总是把产品的成本放在非常重要的战略位置，证明极致成本管理与追求创新模式并不冲突，而且还同样重要。

通过以上两点，大家可以认清两个成本认知的误区：

首先，质量和成本其实不是一对矛盾，需要同时做好。其次，不要夸大了行业和业务的差异性。由于传统成本管理注重短期经营利润，忽视了企业的长久发展，所以战略成本管理的出现是企业为适应市场竞争环境所做出的必然选择。最后，战略成本管理是从企业整体宏观角度出发的成本管理方法，企业单方面注重某一生产环节已不足以帮助企业建立起长久的竞争优势，只有基于战略层次的管理方法，合理运用战略方法制度，才有助于企业高层管理者对企业进行准确的市场定位，并可以通过分析竞争对手的活动决策制定与之相对应的策略手段，从而更好、更快地抢占市场份额。

企业进行战略管理的主要目的是求得在持续发展中的增长和回报，也就是所谓的“向管理要效益”。作为战略管理的一个重要组成部分，战略成本管理已经替代传统的成本管理，成为企业加强成本管理、取得竞争优势的有力武器。

第一节　本量利分析法

一、本量利分析概述

利润是企业某一时期内经营成果的一个重要衡量指标，而企业利润的高低取决于成本和收入的多少，其中收入主要由售价和销售量来决定。企业想获得更多利润，必须尽可能地降低成本，提高售价，增加销售量。因此，成本、业务量和利润三者之间存在着密切关系。为了获得最大利润，企业必须客观分析这三者之间的内在规律，寻找三者之间的均衡点，为企业经营决策和目标控制提供有效的管理信息。

（一）本量利分析的含义

本量利分析，简称 CVP 分析（cost-volume-profit analysis），是指以成本性态分析和变

动成本法为基础，运用数学模型和图式，对成本、利润、业务量与单价等因素之间的依存关系进行分析，发现变动的规律性，为企业进行预测、决策、计划和控制等活动提供支持的一种方法。其中，“本”是指成本，包括固定成本和变动成本；“量”是指业务量，一般指销售量；“利”一般指营业利润。本量利分析主要包括盈亏平衡分析、目标利润分析、敏感性分析、边际分析等内容。

本量利分析作为一种完整的方法体系，在企业经营管理工作中应用十分广泛。运用本量利分析可以预测在盈亏平衡、保利条件下应实现的销售量或销售额；与风险分析相结合，可以为企业提供降低经营风险的方法和手段，以保证企业实现既定目标；与决策分析相联系，可以用于企业进行有关的生产决策、定价决策和投资项目的可行性分析，为全面预算、成本控制、责任会计应用等提供理论准备。

（二）本量利分析的基本假设

在本量利分析中，成本、业务量和利润之间的数量关系是建立在一系列假设基础上的。这些假设一方面有助于建立简单数学模型来反映成本、业务量和利润之间的关系；另一方面也使得本量利分析方法在实际运用中具有一定的局限性。一般来说，本量利分析主要基于以下四个假设前提：

1. 总成本由固定成本和变动成本两部分组成

该假设要求企业所发生的全部成本可以按其性态区分为变动成本和固定成本，并且变动成本总额与业务量呈正比例变动，固定成本总额保持不变。在进行本量利分析时，最常用的方法是依据业务量来规划目标利润，因为影响利润的诸多因素中，除业务量外，销售单价通常受市场供求关系的影响，而成本则是企业内部可以控制的因素。在相关范围内，固定成本总额和单位变动成本通常是与业务量大小无关的。因此，按成本性态划分成本是本量利分析的基本前提条件，否则，便无法判断成本的升降是由业务量规模变动引起的还是由成本水平本身升降引起的。

2. 销售收入与业务量呈完全线性关系

该假设要求销售收入必须随业务量的变化而变化，两者之间应保持完全线性关系。因此，当销售量在相关范围内变化时，产品的单价不会发生变化。而在现实中，销售收入是随着销售量的增长而增长的，但是随着销售量的进一步增长，销售收入的增长速度会放慢。这主要是因为扩大销售量，通常需要通过降价才能实现。

3. 产销平衡

假设当期产品的生产量与业务量相一致，不考虑存货变动对利润的影响，即假定每期生产的产品总量总是能在当期全部售出，实现产销平衡。假设产销平衡，主要是因为在盈亏平衡分析时不考虑存货的影响。因为盈亏平衡分析是一种短期决策，仅仅考虑特定时期全部成本的收回，而存货中包含了以前时期的成本，所以不在考虑范围之内。

4. 产品产销结构稳定

假设同时生产销售多种产品的企业，其销售产品的品种结构不变，即在一个生产与销售多种产品的企业，以价值形式表现的产品的产销总量发生变化时，原来各产品的产销额在全部产品的产销额中所占的比重不会发生变化。这是因为在产销多种产品的情况下，盈亏平衡点会受到多种产品贡献和产销结构的影响，只有在产销结构不变的基础上进行的盈亏平衡分析才是有效的。

（三）本量利分析的基本原理

本量利分析所考虑的相关因素主要包括销售量、单价、销售收入、单位变动成本、固定成本、营业利润等。这些因素之间的关系可以用下列基本公式来反映：

利润=销售收入-总成本

=销售收入-（变动成本+固定成本）

=销售量×单价-销售量×单位变动成本-固定成本

=销售量×（单价-单位变动成本）-固定成本

这个公式是明确表达本量利之间数量关系的基本关系式，它含有五个相互联系的变量，给定其中四个变量，便可求出另外一个变量的值。本量利分析的基本原理就是在假设单价、单位变动成本和固定成本为常量以及产销一致的基础上，将利润、产销量分别作为因变量与自变量，给定产销量便可以求出其利润，或者给定目标利润计算出目标产量。

二、盈亏平衡分析

所谓盈亏平衡分析（也称保本分析），是指分析、测定盈亏平衡点，以及有关因素变动对盈亏平衡点的影响等，是本量利分析的核心内容。盈亏平衡分析的原理是，通过计算企业在利润为零时处于盈亏平衡的业务量，分析项目对市场需求变化的适应能力等。当企业的业务量等于盈亏平衡点的业务量时，企业处于盈亏平衡状态；当企业的业务量高于盈亏平衡点的业务量时，企业处于盈利状态；当企业的业务量低于盈亏平衡点的业务量时，企业处于亏损状态。通常，盈亏平衡分析包括单一产品盈亏平衡分析和产品组合盈亏平衡分析。

（一）单一产品盈亏平衡分析

1. 盈亏平衡点

盈亏平衡分析的关键是盈亏平衡点的确定。盈亏平衡点（又称保本点），是指企业达到盈亏平衡状态的业务量或销售额，即企业一定时期的总收入等于总成本、利润为零时的业务量或销售额。

单一产品的盈亏平衡点有两种表现形式：一种是以实物量来表现，称为盈亏平衡点的业务量（也称保本销售量）；另一种是以货币单位表示，称为盈亏平衡点的销售额（也称保本销售额）。根据本量利分析基本关系式：利润=销售量×单价-销售量×单位变动成本-固定成本，当利润为零时，求出的销售量就是盈亏平衡点的业务量：

盈亏平衡点的业务量=固定成本÷（单价-单位变动成本）

=固定成本÷单位边际贡献

若用销售额来表示，则盈亏平衡点的销售额计算公式如下：

盈亏平衡点的销售额=盈亏平衡点的业务量×单价

或：

盈亏平衡点的销售额=固定成本÷（单价-变动成本率）

或：

盈亏平衡点的销售额=固定成本÷边际贡献率

盈亏平衡分析的主要作用在于使企业管理者在经营活动发生之前，对该项经营活动的盈亏临界情况做到心中有数。企业经营管理者总是希望企业的盈亏平衡点越低越好，盈亏平衡点越低，企业的经营风险就越小。从盈亏平衡点的计算公式可以看出，降低盈亏平衡点的途径主要有以下三个：

一是降低固定成本总额。在其他因素不变时，盈亏平衡点的降低幅度与固定成本的降低幅度相同。

二是降低单位变动成本。在其他因素不变时，企业可以通过降低单位变动成本来降低盈亏平衡点，但两者降低的幅度并不一致。

三是提高销售单价。在其他因素不变时，企业可以通过提高单价来降低盈亏平衡点。与降低单位变动成本一样，销售单价与盈亏平衡点的变动幅度也不一致。

【例 6-1】某企业销售甲产品，单价为 200 元/件，单位变动成本为 100 元，固定成本为 250 000 元，要求计算甲产品的边际贡献率、盈亏平衡点的业务量及盈亏平衡点的销售额。

边际贡献率＝单位边际贡献÷单价×100%＝（200－100）÷200×100%＝50%

盈亏平衡点的业务量＝固定成本÷（单价－单位变动成本）

＝250 000÷（200－100）

＝2 500（件）

盈亏平衡点的销售额＝固定成本÷边际贡献率＝250 000÷50%＝500 000（元）

或：盈亏平衡点的销售额＝盈亏平衡点的业务量×单价＝2 500×200＝500 000（元）

2. 盈亏平衡作业率

以盈亏平衡点为基础，我们还可以得到另一个辅助性指标，即盈亏平衡作业率，或称为保本作业率。盈亏平衡作业率是指盈亏平衡点的业务量（或销售额）占正常经营情况下的业务量（或销售额）的百分比，或者是盈亏平衡点的业务量（或销售额）占实际或预计业务量（或销售额）的百分比。其计算公式为：

$$盈亏平衡作业率=\frac{盈亏平衡点的业务量}{正常经营业务量(实际业务量或预计业务量)}\times100\%$$

＝盈亏平衡点的销售额÷正常经营销售额（实际销售额或预计销售额）×100%

由于企业通常应该按照正常的销售量来安排产品的生产，在合理库存的条件下，产品生产量与正常的销售量应该大体相同。所以，该指标也可以提供企业在盈亏平衡状态下对生产能力利用程度的要求。

【例 6-2】沿用【例 6-1】的资料及有关计算结果，并假定该企业正常经营条件下的销售量为 6 250 件。请计算该企业的盈亏平衡作业率。

盈亏平衡作业率＝2 500÷6 250×100%＝40%

或：盈亏平衡作业率＝500 000÷（6 250×200）×100%＝40%

计算结果表明，该企业盈亏平衡作业率为 40%，即正常销售量的 40%用于盈亏平衡，也即企业的生产能力利用程度必须达到 40%，方可达到盈亏平衡。

3. 本量利关系图

在进行本量利分析时，企业不仅可以通过数据计算出达到盈亏平衡状态时的销售量与销售额，还可以通过绘制本量利关系图的方法进行分析。在本量利关系图上，企业可以描绘出影响利润的因素：单价、销售量、单位变动成本、固定成本。因此，借助本量利关系图不仅可以得出达到盈亏平衡状态的销售量和销售额，还可以一目了然地观察到相关因素变动对利润的影响，从而有助于管理者进行各种短期经营决策。根据数据信息的差异和分析目的不同，本量利关系图有多种表现形式，按照数据的特征和目的可以分为传统式本量利关系图、边际贡献式本量利关系图和利量式本量利关系图三种图形。

（1）传统式本量利关系图。传统式本量利关系图是最基本、最常见的本量利关系图形。在直角坐标系中，以横轴表示销售量，以纵轴表示销售收入或成本，在纵轴上找出固定成本数值，即以（ O ，固定成本数值）为起点，绘制一条与横轴平行的固定成本线，以（ O ，固定成本数值）为起点，以单位变动成本为斜率，绘制总成本线；总成本线和销售收入线的交点就是盈亏平衡点，如图 6-1 所示。

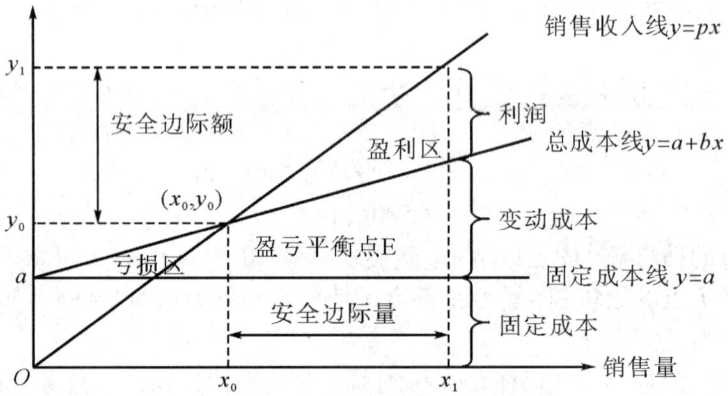

图 6-1　传统式本量利关系图

传统式本量利关系图表达的意义如下：

第一，固定成本与横轴之间的区域为固定成本值，它不因产量增减而变动，总成本线与固定成本线之间的区域为变动成本，与产量呈正比例变化。

第二，销售收入线与总成本线的交点是盈亏平衡点，通过图 6-1 可以直观地看出盈亏平衡点的业务量和盈亏平衡点的销售额（如【例 6-1】中甲产品的盈亏平衡点的业务量为 2 500 件，盈亏平衡点的销售额为 500 000 元）。

第三，在盈亏平衡点以上的销售收入线与总成本线相夹的区域为盈利区，盈亏平衡点以下的销售收入线与总成本线相夹的区域为亏损区。因此，只要知道销售数量或销售金额信息，就可以在图 6-1 上判明该销售状态下的结果是亏损还是盈利，直观方便，易于理解。

（2）边际贡献式本量利关系图。图 6-2 主要反映销售收入减去变动成本后形成的边际贡献，而边际贡献在弥补固定成本后形成利润。图 6-2 的主要优点是可以表示边际贡献的数值。边际贡献随销量增加而扩大，当其达到固定成本值时（即在盈亏平衡点），企业处于盈亏平衡状态；当边际贡献超过固定成本后企业进入盈利状态。

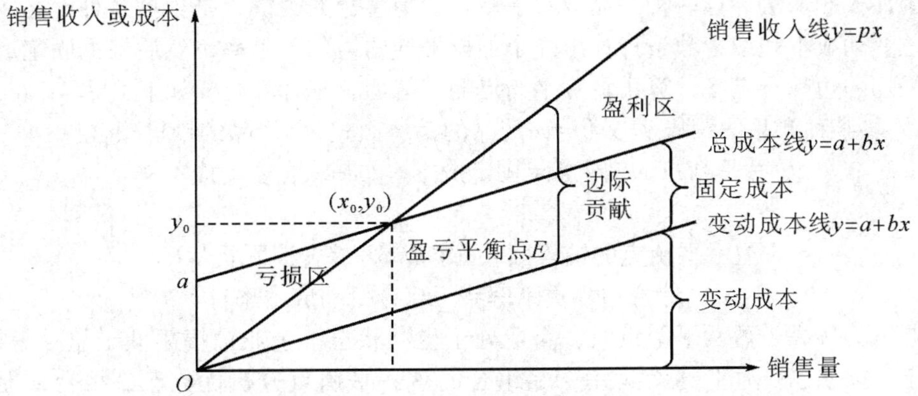

图 6-2 边际贡献式本量利关系图

(3) 利量式本量利关系图。利量式本量利关系图是反映利润与销售量之间依存关系的图形（见图6-3）。在直角坐标系中，以横轴代表销售量，以纵轴代表利润（或亏损）。在纵轴原点以下部分找到与固定成本总额相等的点（ O ，-固定成本数值），该点表示销售量等于零时，亏损额等于固定成本；从点（ O ，-固定成本数值）出发画出利润线，该线的斜率是单位边际贡献；利润线与横轴的交点即为盈亏平衡点的业务量。

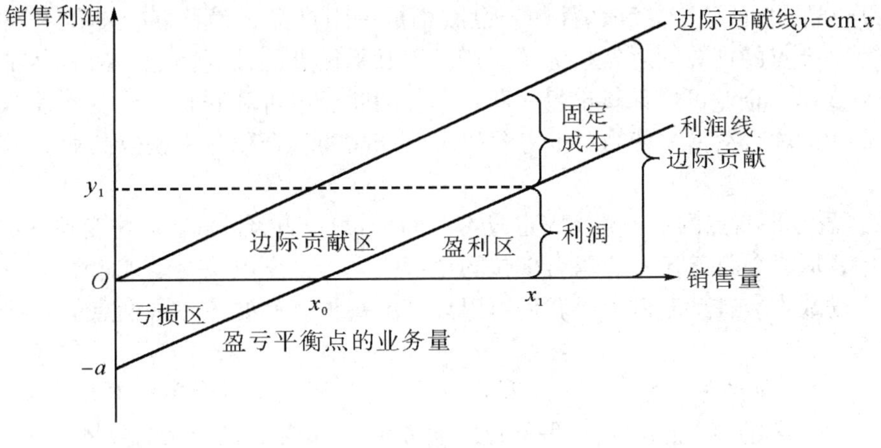

图 6-3 利量式本量利关系图

（二）产品组合盈亏平衡分析

在市场经济环境下，企业可能有多种产品，大多数企业都同时进行着多种产品的生产和经营。各种产品的销售单价、单位变动成本、固定成本不一样，从而造成各种产品的边际贡献或边际贡献率不一致。因此，对多种产品进行盈亏平衡分析，在遵循单一产品的盈亏平衡分析的基础上，应根据不同情况采用相应的方法来确定。目前，进行多种产品盈亏平衡分析的方法包括加权平均法、联合单位法、分算法、顺序法、主要产品法等。

1. 加权平均法

加权平均法是指在掌握每种单一产品的边际贡献率的基础上，按各种产品销售额的比重进行加权平均，据以计算综合边际贡献率，从而确定多产品组合的盈亏平衡点。

采用加权平均法计算多种产品盈亏平衡点的销售额的关键，是根据各种产品的销售单价、单位变动成本和销售数量计算出一个加权平均的边际贡献率，然后根据固定成本总额和加权平均的边际贡献率计算出盈亏平衡点的销售额。其计算公式如下：

某种产品的销售额权重=该产品的销售额÷各种产品的销售额合计

盈亏平衡点的销售额=固定成本÷（1-综合变动成本率）

或：

盈亏平衡点的销售额=固定成本÷综合边际贡献率

综合边际贡献率=1-综合变动成本率

企业销售额高于盈亏平衡点时，企业处于盈利状态；企业销售额低于盈亏平衡点时，企业处于亏损状态。企业通常运用产品组合的盈亏平衡点分析优化产品组合，提高获利水平。

2. 联合单位法

联合单位法是指在事先确定各种产品间产销实物量比例的基础上，将各种产品产销实物量的最小比例作为一个联合单位，确定每一联合单位的单价、单位变动成本，进行本量利分析的一种分析方法。

所谓联合单位，是指固定实物比例构成的一组产品。例如，企业同时生产甲、乙、丙三种产品，且三种产品之间的产销量长期保持固定的比例关系，产销量比为1∶2∶3。那么，1件甲产品、2件乙产品和3件丙产品就构成一组产品，简称联合单位。该方法将多种产品盈亏平衡点的计算问题转换为单一产品盈亏平衡点的计算问题。根据存在稳定比例关系的产销量比，企业可以计算出每一联合单位的联合单价和联合单位变动成本，并以此计算整个企业的联合盈亏平衡点的业务量以及各产品的联合盈亏平衡点的业务量。其计算公式如下：

联合盈亏平衡点的业务量=固定成本总额÷（联合单价-联合单位变动成本）

上式中，联合单价等于一个联合单位的全部收入，联合单位变动成本等于一个联合单位的全部变动成本。在此基础上，我们可以计算出每种产品的盈亏平衡点的业务量。其计算公式如下：

$$\text{某产品盈亏平衡点的业务量}=\text{联合盈亏平衡点的业务量}\times\text{一个联合单位中包含的该产品的数量}$$

3. 分算法

分算法是在一定条件下，将全部固定成本按一定标准在各种产品之间进行合理分配，确定每种产品应补偿的固定成本数额，然后再对每一种产品按单一品种条件下的情况分别进行本量利分析的方法。

该方法的关键是要合理地进行固定成本的分配。在分配固定成本时，对于专属于某种产品的固定成本应直接计入该产品的固定成本；对于应由多种产品共同负担的公共性固定成本，则应选择适当的分配标准（如销售额、边际贡献、工时、产品重量、长度、体积等）在各产品之间进行分配。鉴于固定成本需要由边际贡献来补偿，故按照各种产品的边际贡献比重分配固定成本的方法最为常见。

分算法可以提供各种产品计划与控制所需要的详细资料，故受到基层管理部门的重视与欢迎。但在选择分配固定成本的标准时，分算法容易出现问题，尤其在品种较多时较为烦琐。

4. 顺序法

顺序法是指按照事先确定的各品种产品销售顺序，依次用各种产品的边际贡献补偿整个企业的全部固定成本，直至全部由产品的边际贡献补偿完为止，从而完成本量利分析的一种方法。

该方法通常以事先掌握的各种产品的边际贡献和销售收入计划数为前提，并按照各种产品边际贡献率的高低来确定各种产品的销售顺序。由于人们对风险的偏好不同，在确定补偿顺序时会出现两种截然不同的结果：一种是乐观的排序，即按照各种产品的边际贡献率由高到低排序，边际贡献率高的产品先销售、先补偿，边际贡献率低的产品后出售、后补偿；另一种是悲观的排序，即假定各品种销售顺序与乐观排序相反。此外，产品的销售顺序也可按照市场实际销路是否顺畅来确定，但这种顺序的确定缺乏统一的标准，存在一定的主观性。

5. 主要产品法

在企业产品品种较多的情况下，如果存在一种产品是主要产品，它提供的边际贡献占企业边际贡献总额的比重较大，代表了企业产品的主导方向，则可以按该主要品种的有关资料进行本量利分析，视同于单一品种。确定主要品种应以边际贡献为标志，并只能选择一种主要产品。

主要产品法的依据是：主要产品是企业营运的重点，因此，固定成本应主要由该产品负担。这样分析的结果往往存在一些误差，但只要在合理的范围内就不会影响决策的正确性。主要产品法计算方法与单一品种的本量利分析相同。

【例 6-3】某公司生产销售 A、B、C 三种产品，销售单价分别为 10 元、15 元、20 元；预计销售量分别为 3 000 件、2 000 件、1 000 件（见表 6-1）；预计各产品的单位变动成本分别为 6 元、12 元、14 元；预计固定成本总额为 9 000 元。要求按加权平均法、联合单位法、分算法、顺序法等分析方法进行多种产品的本量利分析。

表 6-1　产品数据资料

项目	销售量/件 ①	单价/元 ②	单位变动成本/元 ③	销售收入/元 ④=①×②	各产品的销售比重/% ⑤=④÷∑④	边际贡献/元 ⑥=①×(②-③)	边际贡献率/% ⑦=⑥÷④
A 产品	3 000	10	6	30 000	37.5	12 000	40
B 产品	2 000	15	12	30 000	37.5	6 000	20
C 产品	1 000	20	14	20 000	25	6 000	30
合计				80 000	100	24 000	30

（1）加权平均法

从表 6-1 中可知，A、B、C 三种产品边际贡献率分别为 40%、20% 和 30%。

A 产品的销售比重＝30 000÷80 000×100%＝37.5%

B 产品的销售比重＝30 000÷80 000×100%＝37.5%

C 产品的销售比重＝20 000÷80 000×100%＝25%

综合边际贡献率＝40%×37.5%+20%×37.5%+30%×25%＝30%

综合盈亏平衡点的销售额＝9 000÷30%＝30 000（元）

A 产品盈亏平衡点的销售额＝30 000 × 37.5% ＝11 250（元）

B 产品盈亏平衡点的销售额＝30 000 × 37.5% ＝11 250（元）

C 产品盈亏平衡点的销售额＝30 000 × 25% ＝7 500（元）

用每种产品的盈亏平衡点的销售额分别除以该产品的单价，就可以求出它们盈亏平衡点的业务量：

A 产品盈亏平衡点的业务量＝22 500÷10＝2 250（件）

B 产品盈亏平衡点的业务量＝22 500÷15＝1 500（件）

C 产品盈亏平衡点的业务量＝15 000÷20＝750（件）

（2）联合单位法

产品销量比＝A∶B∶C＝3∶2∶1

联合单价＝10×3 +15×2 +20×1 ＝80（元）

联合单位变动成本＝6×3 +12×2 +14×1 ＝56（元）

联合盈亏平衡点的业务量＝9 000÷（80−56）＝375（联合单位）

各种产品盈亏平衡点的业务量计算：

A 产品盈亏平衡点的业务量＝375×3＝1 125（件）

B 产品盈亏平衡点的业务量＝375×2＝750（件）

C 产品盈亏平衡点的业务量＝375×1＝375（件）

各种产品盈亏平衡点的销售额计算：

A 产品盈亏平衡点的销售额＝1 125×10＝11 250（元）

B 产品盈亏平衡点的销售额＝750×15＝11 250（元）

C 产品盈亏平衡点的销售额＝375×20＝7 500（元）

（3）分算法

假设固定成本按边际贡献的比重分配，则有：

固定成本分配率＝9 000÷24 000＝ 0.375

分配给 A 产品的固定成本＝12 000 ×0.375＝4 500（元）

分配给 B 产品的固定成本＝6 000 ×0.375＝2 250（元）

分配给 C 产品的固定成本＝6 000 ×0.375＝2 250（元）

A 产品的盈亏平衡点的业务量＝4 500÷（10− 6）＝1 125（件）

A 产品的盈亏平衡点的销售额＝1 125×10＝11 250（元）

同理，B 产品和 C 产品的盈亏平衡点的业务量分别为 750 件、375 件，它们的盈亏平衡点的销售额分别为 11 250 元、7 500 元。

（4）顺序法

①按边际贡献率由高到低的顺序计算。我们根据已知数据资料编制顺序分析表(见表 6−2)。

表 6-2　产品顺序分析（降序）

顺序	品种	边际贡献率/%	销售收入/元	累计销售收入/元	边际贡献/元	累计边际贡献/元	固定成本补偿额/元	累计固定成本补偿额/元	累计损益/元
1	A	40	30 000	30 000	12 000	12 000	9 000	9 000	3 000
2	C	30	20 000	50 000	6 000	18 000	0	9 000	9 000
3	B	20	30 000	80 000	6 000	24 000	0	9 000	15 000

由表 6-2 可以看出，固定成本全部由 A 产品来补偿。企业要想达到盈亏平衡状态，A 产品的销售额和销售量需要达到以下条件：

销售额 = 9 000÷40% = 22 500（元）

销售量 = 22 500÷20 = 2 250（件）

当 A 产品销售额达到 22 500 元，即销售 2 250 件时，企业实现盈亏平衡。企业的盈亏平衡状态与 B 产品、C 产品无关。

②按边际贡献率由低到高的顺序计算。我们根据已知数据资料编制顺序分析表（见表 6-3）。

表 6-3　产品顺序分析（升序）

顺序	品种	边际贡献率（%）	销售收入/元	累计销售收入/元	边际贡献/元	累计边际贡献/元	固定成本补偿额/元	累计固定成本补偿额/元	累计损益/元
1	B	20	30 000	30 000	6 000	6 000	6 000	6 000	0
2	C	30	20 000	50 000	6 000	12 000	3 000	9 000	3 000
3	A	40	30 000	80 000	12 000	24 000	0	9 000	15 000

由表 6-3 可以看出，固定成本全部由 B、C 两种产品来补偿。企业要想达到盈亏平衡状态，B 产品的销售量需达到 2 000 件，此时销售额为 30 000 元。C 产品的销售额和销售量需要达到以下条件：

销售额 = 3 000÷30% = 10 000（元）

销售量 = 10 000÷20 = 500（件）

当 B 产品销售额达到 30 000 元，即销售 2 000 件，同时，C 产品销售额达到 10 000 元，即销售 500 件时，企业实现盈亏平衡。企业的盈亏平衡状态与 A 产品无关。

三、目标利润分析

盈亏平衡分析是假定企业在盈亏平衡、利润为零的状态下进行的本量利分析。虽然它有助于简化本量利分析的过程，了解企业最低生产条件以及评价企业经营的安全程度，并且为企业的经营决策提供有用的信息，但盈亏平衡并不是企业经营的最终目的。在竞争的市场经济中，企业经营的目的是追求利润最大化，在不断盈利中扩大自身规模，求生存空间、求发展机会。因此，企业不会满足于利润为零的盈亏平衡分析，更加注重于盈利条件下的本量利分析。

（一）目标利润分析基本原理

目标利润分析是指在本量利分析方法的基础上，计算为达到目标利润所需达到的业务量、收入和成本的一种利润规划方法，该方法应反映市场的变化趋势、企业战略规划目标以及管理层需求等。如果企业在经营活动开始之前，根据有关收支状况确定了目标利润，就可以计算为实现目标利润而必须达到的销售数量和销售金额。其计算公式如下：

目标利润=销售量×（单价-单位变动成本）-固定成本

实现目标利润销售量=（固定成本+目标利润）÷（单价-单位变动成本）

实现目标利润销售额=（固定成本+目标利润）÷边际贡献率

或：实现目标利润销售额=实现目标利润销售量×单价

【例 6-4】某企业生产和销售单一产品，产品的单价为 60 元，单位变动成本为 30 元，固定成本为 60 000 元。如果将目标利润定为 30 000 元，则有：

实现目标利润的销售量=（60 000+30 000）÷（60-30）=3 000（件）

实现目标利润的销售额=（60 000+30 000）÷50%=180 000（元）

应该注意的是，目标利润销售量公式只能用于单种产品的目标利润管理；而目标利润销售额既可用于单种产品的目标利润管理，又可用于多种产品的目标利润管理。产品组合的目标利润分析通常采用以下方法：在单一产品的目标利润分析基础上，依据分析结果进行优化调整，寻找最优的产品组合。

其基本分析公式如下：

实现目标利润的销售额=（综合目标利润+固定成本）÷（1-综合变动成本率）

实现目标利润率的销售额=固定成本÷（1-综合变动成本率-综合目标利润率）

企业在应用该工具方法进行优化产品产量结构的策略分析时，在既定的生产能力基础上，可以提高具有较高边际贡献率的产品的产量。

还应注意的是，上述公式中的目标利润一般是指息税前利润。实际上，从税后利润进行目标利润的规划和分析，更符合企业营运的需要。如果企业预测的目标利润是税后利润，则上述公式应作如下调整。

税后利润=（息税前利润-利息）×（1-所得税税率）

可得：

实现目标利润的销售量=［固定成本+税后目标利润÷（1-所得税税率）+利息］÷单位边际贡献

实现目标利润的销售额=［固定成本+税后目标利润÷（1-所得税税率）+利息］÷边际贡献率

（二）实现目标利润的措施

目标利润是本量利分析的核心要素，它既是企业经营的动力和目标，也是本量利分析的中心。如果企业在经营中根据实际情况规划了目标利润，那么为了保证目标利润的实现，需要对其他因素作出相应调整。通常情况下，企业要实现目标利润，在其他因素不变时，销售数量或销售价格应当提高，而固定成本或单位变动成本则应下降。

【例6-5】沿用【例6-4】的资料，现在假定该公司将目标利润定为48 000元。那么从单个因素来看，影响目标利润的四个基本要素该做怎样的调整？

调整措施可选择如下方案中的任意一种：

（1）实现目标利润的销售量=（固定成本+目标利润）÷单位边际贡献

=（60 000+48 000）÷（60−30）=3 600（件）

（2）实现目标利润的单位变动成本=单价−［（固定成本+目标利润）÷销售量］

=60−［（60 000+48 000）÷3 000］=24（元）

（3）实现目标利润的固定成本=边际贡献−目标利润

=（60−30）×3 000−48 000=42 000（元）

（4）实现目标利润的单价=单位变动成本+［（固定成本+目标利润）÷销售量］

=30+［（60 000+48 000）÷3 000］=66（元）

计算结果表明，该公司的目标利润为48 000元，比原来的目标利润增加18 000元。为确保现行目标利润的实现，从单个因素来看：销售数量应上升到3 600件，比原来的销售数量增加600件；或单位变动成本下降到24元，比原来的单位变动成本降低6元；或固定成本应下降到42 000元，比原来的固定成本降低18 000元；或销售单价上升为66元，比原来的售价增加6元。

四、敏感性分析

在计算盈亏平衡点时，假定单价、固定成本、单位变动成本等诸多因素均不变动，但实际上，这种静态平衡不可能维持很久，这些因素也往往会发生变化，如价格波动、成本升降等。所谓利润敏感性分析，就是研究本量利分析中影响利润的诸因素发生微小变化时，对利润的影响方向和程度。

本量利分析的基本内容是确定企业的盈亏平衡点，并规划目标利润。因此，基于本量利分析的利润敏感性分析主要应解决两个问题：一是各因素的变化对最终利润变化的影响程度；二是当目标利润要求变化时允许各因素的升降幅度。

（一）各因素对利润的影响程度

各相关因素变化都会引起利润的变化，但其影响程度各不相同。如有些因素虽然只发生了较小的变动，却导致利润很大的变动，利润对这些因素的变化十分敏感，这些因素被称为敏感因素。与此相反，有些因素虽然变动幅度很大，却有可能只对利润产生较小的影响，被称为不敏感因素。反映各因素对利润敏感程度的指标为利润的敏感系数，其计算公式如下：

敏感系数=利润变动百分比÷因素变动百分比

【例6-6】某企业生产和销售单一产品，计划年度内有关数据预测如下：销售量200 000件，单价40元，单位变动成本为30元，固定成本为1 000 000元。假设销售量、单价、单位变动成本和固定成本均分别增长了10%，要求计算各因素的敏感系数。

预计的目标利润=（40−30）×200 000−1 000 000=1 000 000（元）

（1）销售量的敏感程度。

销售量＝200 000×（1+10%）＝220 000（件）

利润＝（40−30）×220 000−1 000 000＝1 200 000（元）

利润变动百分比＝（1 200 000−1 000 000）÷1 000 000×100%＝20%

销售量的敏感系数＝20%÷10%＝2

可见，销售每变动10%，利润就会变动20%。当销售量增长时，利润会以更大的幅度增长，这是企业固定成本导致的。对销售量进行敏感性分析，实质上就是分析经营杠杆现象，利润对销售量的敏感系数其实就是经营杠杆系数。

（2）销售单价的敏感程度。

单价＝40×（1+10%）＝44（元）

利润＝（44−30）×200 000−1 000 000＝1 800 000（元）

利润变化的百分比＝（1 800 000−1 000 000）÷1 000 000×100%＝80%

单价的敏感系数＝80%÷10%＝8

可见，单价对利润的影响很大，从百分比来看，利润以8倍的速率随单价变化。涨价是提高盈利的有效手段，反之，价格下跌也将对企业构成很大威胁。经营者根据敏感系数分析可知，每降价1%，企业将失去8%的利润，必须予以格外关注。

（3）单位变动成本的敏感程度。

单位变动成本＝30×（1+10%）＝33（元）

利润＝（40−33）×200 000−1 000 000＝400 000（元）

利润变化的百分比＝（400 000−1 000 000）÷1 000 000×100%＝−60%

单位变动成本的敏感系数＝−60%÷10%＝−6

由此可见，单位变动成本对利润的影响比单价小，单位变动成本每上升1%，利润将减少6%。但是，敏感系数绝对值大于1，说明单位变动成本的变化会造成利润更大的变化，仍属于敏感因素。

（4）固定成本的敏感程度。

固定成本＝1 000 000×（1+10%）＝1 100 000（元）

利润＝（40−30）×200 000−1 100 000＝900 000（元）

利润变化的百分比＝（900 000−1 000 000）÷1 000 000×100%＝−10%

固定成本的敏感系数＝−10%÷10%＝−1

这说明固定成本每上升1%，利润将减少1%。

由【例6−6】可以看出，将四个因素按敏感系数的绝对值排列，其顺序依次是单价、单位变动成本、销售量、固定成本。也就是说，对利润影响程度最大的因素是单价，然后是单位变动成本、销售量和固定成本。上述各因素敏感系数的排序是在【例6−6】所设定的条件下得到的，如果条件发生变化，各因素敏感系数的排序也可能发生变化。

（二）目标利润要求变化时允许各因素的升降幅度

当目标利润有所变化时，只有通过调整各因素现有水平才能达到目标利润变动的要求。因此，对各因素允许升降幅度进行分析，实质上是各因素对利润影响程度分析的反向推算，在计算上表现为敏感系数的倒数。

五、边际分析

（一）边际贡献分析

边际贡献，又称为边际利润、贡献毛益等。边际贡献分析，是指通过分析销售收入减去变动成本总额之后的差额，衡量产品为企业贡献利润的能力。边际贡献分析主要包括边际贡献总额和边际贡献率两个指标。边际贡献总额是产品的销售收入扣除变动成本总额后给企业带来的贡献，进一步扣除企业的固定成本总额后，剩余部分就是企业的利润，相关计算公式如下：

边际贡献总额=销售收入-变动成本总额=销售量×单位边际贡献=销售收入×边际贡献率

单位边际贡献=单价-单位变动成本=单价×边际贡献率

边际贡献率，是指边际贡献在销售收入中所占的百分比，表示每 1 元销售收入中边际贡献所占的比重。

边际贡献率=边际贡献总额÷销售收入×100%

=单位边际贡献÷单价×100%

另外，还可以根据变动成本率计算边际贡献率：

变动成本率=变动成本总额÷销售收入×100%

边际贡献率=1-变动成本率

根据本量利基本关系，利润、边际贡献及固定成本之间的关系可以表示为

利润=边际贡献-固定成本

=销售量×单位边际贡献-固定成本

=销售收入×边际贡献率-固定成本

从上述公式可以看出，企业的边际贡献与营业利润有着密切的关系：边际贡献首先用于补偿企业的固定成本，只有当边际贡献大于固定成本时才能为企业提供利润，否则企业将亏损。

【例 6-7】某企业生产甲产品，售价为 50 元/件，单位变动成本 20 元，固定成本总额 130 000 元，当年产销量 22 000 件。试计算单位边际贡献、边际贡献总额、边际贡献率及利润。

单位边际贡献=单价-单位变动成本=50-20=30（元）

边际贡献总额=产销量×单位边际贡献=22 000×30=660 000（元）

边际贡献率=30÷50×100%=60%

或：边际贡献率=660 000÷（22 000×50）×100%=60%

利润=660 000-130 000=530 000（元）

（二）安全边际分析

盈亏平衡点是企业经营成果允许下降的下限。经营者总是希望企业在盈亏平衡的基础上获取更多利润。企业在经营活动开始前，要根据具体条件，通过分析制定出实现目标利润的销售量（销售额），形成安全边际。安全边际，是指实际销售量（销售额）或预期销售量（销售额）超过盈亏平衡点销售量（销售额）的差额，体现企业营运的安全程度。它表明销售量、销售额下降多少，企业仍不至于亏损。

安全边际分析，是指通过分析正常销售量（销售额）超过盈亏平衡点销售量（销售额）的差额，能够衡量企业在盈亏平衡的前提下承受因销售量（销售额）下降带来的不利影响的程度和企业抵御营运风险的能力。安全边际分析主要包括安全边际和安全边际率两个指标。有关公式如下：

安全边际=实际或预期销售量（销售额）-盈亏平衡点的销售量（销售额）

安全边际率，是指安全边际与实际销售量（销售额）或预期销售量（销售额）的比，其计算公式如下：

安全边际率=安全边际÷实际或预期销售量（销售额）×100%

安全边际主要用于衡量企业承受营运风险的能力，尤其是销售量（销售额）下降时承受风险的能力，也可以用于盈利预测。一般来讲，安全边际体现了企业在营运过程中的风险程度大小。盈亏平衡点是下限，所以，实际或预期销售量（销售额）与盈亏平衡点的销售量（销售额）差距越大，安全边际或安全边际率的数值越大，企业发生亏损的可能性越小，抵御营运风险的能力越强，盈利能力越大；反之则相反。

企业通常采用安全边际率这一指标来评价企业经营是否安全。表6-4为西方国家企业经营安全程度评价标准，该标准可以作为企业评价经营安全与否的参考标准。

表6-4　西方国家企业经营安全程度评价标准

安全边际率	40%以上	30%~40%	20%~30%	10%~20%	10%以下
经营安全程度	很安全	安全	较安全	值得注意	危险

【例6-8】沿用【例6-2】的资料，计算甲产品的安全边际及安全边际率。

安全边际量=实际销售量-盈亏平衡点的销售量=6 250-2 500=3 750（件）

安全边际额=实际销售额-盈亏平衡点的销售额=6 250×200-500 000=750 000（元）

安全边际率=安全边际量÷实际或预期销售量×100%=3 750÷6 250×100%=60%

或：安全边际率=安全边际额÷实际或预期销售额×100%=750 000÷（6 250×200）×100%=60%

（三）盈亏平衡作业率与安全边际率的关系

盈亏平衡作业率与安全边际率的关系可用图6-4表示。

根据图6-4可以看出，盈亏平衡点把销售量分为两部分：一部分是盈亏平衡点的销售量，另一部分是安全边际量。

盈亏平衡点的销售量+安全边际量=实际销售量

上述公式两端同时除以销售量，便得到：

盈亏平衡作业率+安全边际率=1

根据图6-4可以看出，只有安全边际才能为企业提供利润，而盈亏平衡点的销售额扣除变动成本后只为企业收回固定成本。安全边际销售额减去其自身变动成本后成为企业利润，即安全边际中的边际贡献等于企业利润。这个结论可以通过下式推出：

利润=边际贡献-固定成本=销售收入×边际贡献率-盈亏平衡点的销售额×边际贡献率

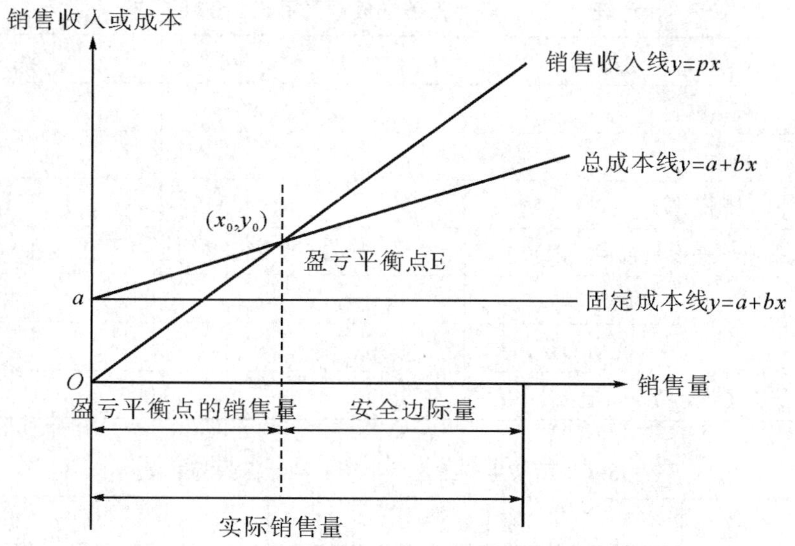

图 6-4　盈亏平衡作业率与安全边际率

所以：

利润=安全边际额×边际贡献率

若将上式两端同时除以销售收入，便得到：

销售利润率=安全边际率×边际贡献率

从上述关系式可以看出，要提高企业的销售利润率水平主要有两种途径：一是扩大现有销售规模，提高安全边际率；二是降低变动成本水平，提高边际贡献率。

六、本量利分析在经营决策中的应用

本量利分析在经营决策中得到大量的应用。它可以根据各个备选方案的成本、业务量与利润三者之间的相互依存关系，在特定情况下确定最优决策方案。

（一）生产工艺设备的选择

企业进行营运活动的最终目的是获取利润，企业管理者的各种经营决策也应围绕着这个目标，在分析时应考虑哪个方案能够为企业提供更多的边际贡献，能够在最大程度上弥补发生的固定成本，从而使企业获得更多利润。

【例 6-9】某公司在原有生产线使用年限到期之后，面临着更换生产线的选择：可以选择购买与原来一样的生产线，也可以购买一条自动化程度较高的生产线。原有生产线的价格为 200 000 元，而新的生产线的价格为 400 000 元，两种生产线的使用年限均为 5 年，无残值。两种生产线生产出来的产品型号、质量相同，市场售价为 60 元/件。两条生产线的成本费用数据资料如表 6-5 所示，两条生产线盈亏平衡点的计算分析过程如表 6-6 所示。

表 6-5　两条生产线的成本费用数据资料　　单位：元

项目		原生产线	新生产线
直接材料		18	18
直接人工		14	12
变动制造费用		12	12
固定制造费用（假设只包括折旧）		40 000	80 000
年销售费用	固定部分	20 000	
	变动部分	6	
年管理费用（假设全部为固定费用）		20 000	

表 6-6　两条生产线盈亏平衡点的计算分析过程

项目	原生产线	新生产线
单位产品售价/元	60	60
单位变动成本/元	18+14+12+6=50	18+12+12+6=48
单位边际贡献/元	10	12
年固定成本/元	40 000+20 000+20 000=80 000	80 000+20 000+20 000=120 000
盈亏平衡点/件	8 000	10 000

假设年产销量为 X，则两种生产方式下的年利润分别为

原生产线利润 $=10X-80\ 000$

新生产线利润 $=12X-120\ 000$

由 $10X-80\ 000=12X-120\ 000$，得到 $X=20\ 000$（件）

这说明当年产销量为 20 000 件时，使用两种生产线的年利润相等；当年产销量低于 20 000 件时，采用原来的生产线所获得利润较多；当年产销量高于 20 000 件时，采用新的生产线所获得的利润较多。虽然采用新的生产线后，盈亏平衡点变大了，风险增加了，但是如果年产销量能够超过 20 000 件，采用新的生产线会比使用原来的生产线创造更多的利润。因此，如何选择取决于对产销量的估计。

（二）新产品投产的选择

【例 6-10】沿用【例 6-9】的资料，假设该公司通过对产销量的估计决定采用新的生产线，并对原有的产品进行了研发，开发出新产品 A 和新产品 B。原有产品的产销量为 25 000件。企业面临投产决策，有以下三种方案可供选择：

方案一：投产新产品 A，A 产品将达到 10 000 件的产销量，并使原有产品的产销量减少 25%。

方案二：投产新产品 B，B 产品将达到 5 000 件的产销量，并使原有产品的产销量减少 20%。

方案三：A、B 两种新产品一起投产，由于相互之间的影响，产销量将分别为 12 000

件和 3 000 件，并使原有产品的产销量减少 60%。

另外，投产新产品 B 还需要增加额外的辅助生产设备，这将导致每年的固定成本增加 14 000 元。企业成本计算表如表 6-7 所示，计算分析过程如表 6-8 所示。

表 6-7　企业成本计算表

项目	原有产品	新产品 A	新产品 B
年销售量/件	25 000	12 000	5 000
售价/元	60	70	85
单位变动成本/元	48	55	60
单位边际贡献/元	12	15	25
年固定成本/元	12 000	—	14 000

表 6-8　计算分析过程

项目	投产新产品 A	投产新产品 B	投产新产品 A 和 B（视为联合单位，A 和 B 的比为 4：1）
年销售量/件	10 000	5 000	3 000
单位边际贡献/元	15	25	85
边际贡献总额/元	150 000	125 000	255 000
原有产品减少损失/元	75 000	60 000	180 000
增加的固定成本/元	0	14 000	14 000
投产新产品增加的息税前利润/元	75 000	51 000	61 000

因为新产品的投产将减少原有产品的产销量，所以原有产品因此而减少的边际贡献为投产新产品的机会成本，在决策时应予以考虑。

方案一：若投产 A 产品原有产品减少损失 = 25 000×12×25% = 75 000（元）

方案二：若投产 B 产品原有产品减少损失 = 25 000×12×20% = 60 000（元）

方案三：若两种产品一起投产原有产品减少损失 = 25 000×12×60% = 180 000（元）

由表 6-8 可知，只投产新产品 A 带来的利润较多，因此，该公司应选择投产 A 产品。

第二节　标准成本分析

一、标准成本控制与分析的相关概念

（一）标准成本及其分类

标准成本，是指在正常的生产技术水平和有效的经营管理条件下，企业经过努力应达到的产品成本水平。企业在确定标准成本时，可以根据自身的技术条件和经营水平，在以下类型中进行选择：

一是理想标准成本，这是一种理论标准，它是指在现有条件下所能达到的最优成本水平，即在生产过程无浪费、机器无故障、人员无闲置、产品无废品等假设条件下制定的成本标准。

二是正常标准成本，是指在正常情况下，企业经过努力可以达到的成本标准，这一标准考虑了生产过程中不可避免的损失、故障、偏差等。

通常来说，理想标准成本小于正常标准成本。由于理想标准成本要求异常严格，一般很难达到，而正常标准成本具有客观性、现实性、激励性等特点，所以，正常标准成本在实践中得到广泛应用。

标准成本法，是指企业以预先制定的标准成本为基础，通过比较标准成本与实际成本，核算和分析成本差异、揭示成本差异动因、实施成本控制、评价成本管理业绩的一种成本管理方法。

企业应用标准成本法的主要目标，是通过标准成本与实际成本的比较，揭示与分析标准成本与实际成本之间的差异，并按照例外管理的原则，对不利差异予以纠正，以提高工作效率，不断降低产品成本。

（二）标准成本控制与分析

标准成本控制与分析，又称标准成本管理，是以标准成本为基础，将实际成本与标准成本进行对比，揭示成本差异形成的原因和责任，进而采取措施，对成本进行有效控制的管理方法。标准成本法的流程一般应包括如下五个步骤：确定应用对象、制定标准成本、实施过程控制、成本差异计算与动因分析，以及标准成本的修订与改进。标准成本控制与分析流程如图 6-5 所示。

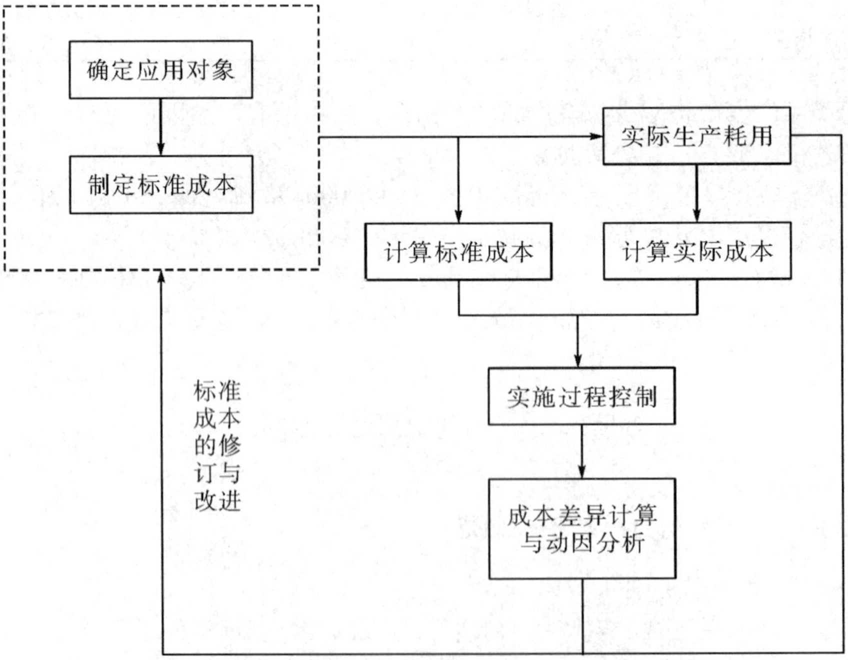

图 6-5　标准成本控制与分析流程

二、标准成本的制定

制定标准成本时，企业需要设立由采购、生产、技术、营销、财务、人事、信息等有关部门组成的跨部门临时性组织，采用“自上而下，自下而上”的模式，经由企业管理层审批后，制定出产品的标准成本。在制定标准成本时，企业一般应结合经验数据、行业标杆或实地测算的结果，运统计分析、工程试验等方法，首先，就不同的成本或费用项目分别确定消耗量标准和价格标准；其次，确定每一成本或费用项目的标准成本；最后，汇总不同成本项目的标准成本，确定产品标准成本。

产品标准成本通常由直接材料标准成本、直接人工标准成本和制造费用标准成本构成。每一成本项目的标准成本应分为用量标准（包括单位产品消耗量、单位产品人工小时等）和价格标准（包括原材料单价、小时工资率、小时制造费用分配率等）。

产品的标准成本=直接材料标准成本+直接人工标准成本+制造费用标准成本

（一）直接材料标准成本的制定

直接材料标准成本，是指直接用于产品生产的材料标准成本，包括标准单价和标准用量两方面。直接材料的标准单价通常采用企业编制的计划价格，它通常是以订货合同的价格为基础，并考虑到未来物价、供求等各种变动因素后按材料种类分别计算的。直接材料的标准用量，一般由生产部门负责，会同技术、财务、信息等部门，按照以下步骤进行：

首先，根据产品的图纸等技术文件进行产品研究，列出所需的各种材料以及可能的待用材料，并要说明这些材料的种类、质量以及库存情况。

其次，通过对过去用料的经验记录进行分析，采用平均值，或最高值与最低值的平均数，或最节省数量，或实际测定数据，或技术分析数据等，科学地制定标准用量。

最后，将单位产品的标准用量与材料的标准单价汇总得出直接材料标准成本。

其计算公式如下：

直接材料标准成本=∑（单位产品的材料标准用量×材料的标准单价）

【例 6-11】假定某企业 A 产品耗用甲、乙、丙三种直接材料，其直接材料标准成本的计算如表 6-9 所示。

表 6-9　A 产品直接材料标准成本

项目	标准		
	甲材料	乙材料	丙材料
标准单价①	50 元/千克	20 元/千克	35 元/千克
标准用量②	4 千克/件	8 千克/件	10 千克/件
标准成本③=②×①	200 元/件	160 元/件	350 元/件
单位产品直接材料标准成本④=∑③	710 元		

（二）直接人工标准成本的制定

直接人工标准成本，是指直接用于产品生成的人工标准成本，包括标准工时和标准工资率。制定直接人工的标准工时，一般由生产部门负责，会同技术、财务、信息等部门，在对产品生产所需作业、工序、流程、工时进行技术测定的基础上，考虑正常的工作间隙，并适当考虑生产条件的变化，生产工序、操作技术的改善，以及相关工作人员主观能动性的充分发挥等因素，合理确定单位产品的工时标准。

在制定直接人工的标准工资率时，一般由人事部门负责，根据企业薪酬制度以及国家有关职工薪酬制度改革的相关规定等制定。直接人工标准成本的计算公式如下：

直接人工标准成本＝单位产品的标准工时×小时标准工资率

小时标准工资率＝标准工资总额÷标准总工时

【例 6-12】沿用【例 6-11】中的资料，A 产品直接人工标准成本如表 6-10 所示。

表 6-10　A 产品直接人工标准成本

项目	标准
月标准总工时①	15 000 小时
月标准工资②	450 000 元
小时标准工资率③＝②÷①	30 元/小时
单位产品工时用量标准④	2 小时/件
直接人工标准成本⑤＝④×③	60 元/件

（三）制造费用标准成本的制定

制造费用的用量标准，即工时用量标准，其含义与直接人工用量标准相同。制造费用价格标准，即制造费用的分配率标准。其计算公式如下：

标准制造费用分配率＝标准制造费用总额÷标准总工时

制造费用标准成本＝工时用量标准×标准制造费用分配率

制造费用标准成本应区分变动制造费用项目和固定制造费用项目分别进行。前者随着产量的变动而变动；后者相对固定，不随产量波动。所以，制定制造费用标准时，也应分别制定变动制造费用和固定制造费用的标准成本。

变动制造费用，是指通常随产量变化而呈正比例变化的制造费用。变动制造费用项目的标准成本包括标准用量和标准价格。变动制造费用的标准用量可以是单位产量的燃料、动力、辅助材料等标准用量，也可以是产品的直接人工标准工时，或者是单位产品的标准机器工时。标准用量的选择需要考虑用量与成本的相关性，制定方法与直接材料的标准用量以及直接人工的标准工时类似。

变动制造费用的标准价格可以是燃料、动力、辅助材料等标准价格，也可以是小时标准工资率等。其制定方法与直接材料的价格标准以及直接人工的标准工资率类似。变动制造费用的计算公式如下：

变动制造费用项目标准成本＝变动制造费用项目的标准用量
×变动制造费用项目的标准价格

固定制造费用，是指在一定产量范围内，其费用总额不会随产量变化而变化，始终保持固定不变的制造费用。固定制造费用一般按照费用的构成项目实行总量控制；也可以根据需要，通过计算标准分配率，将固定制造费用分配至单位产品，形成固定制造费用的标准成本。固定费用标准制定，一般由财务部门负责，会同采购、生产、技术、营销、财务、人事、信息等有关部门，按照以下步骤进行：

（1）根据固定制造费用的不同构成项目的特性，充分考虑产品的现有生产能力、管理部门的决策以及费用预算等，测算确定各固定制造费用构成项目的标准成本。

（2）汇总各固定制造费用项目的标准成本，得到固定制造费用的标准总成本。

（3）确定固定制造费用的标准分配率，标准分配率可根据固定制造费用标准总成本与预算总工时的比率进行确定。

其中，预算总工时是指由预算产量和单位工时标准确定的总工时，可以依据相关性原则在直接人工工时或者机器工时之间作出选择。固定制造费用项目标准成本的计算顺序及公式如下：

固定制造费用项目标准成本＝固定制造费用项目预算

固定制造费用总成本＝∑固定制造费用项目标准成本

固定制造费用标准分配率＝固定制造费用标准总成本÷预算总工时

固定制造费用标准成本＝单位产品标准工时×固定制造费用标准分配率

【例 6-13】沿用【例 6-11】中的资料，A 产品制造费用的标准成本如表 6-11 所示。

表 6-11　A 产品制造费用的标准成本

项目		标准
工时	月标准总工时①	15 000 小时
	单位产品工时标准②	2 小时/件
变动制造费用	标准变动制造费用总额③	60 000 元
	标准变动制造费用分配率④＝③÷①	4 元/小时
	变动制造费费用标准成本⑤＝②×④	8 元/件
固定制造费用	标准固定制造费用总额⑥	150 000 元
	标准固定制造费用分配率⑦＝⑥÷①	10 元/小时
	固定制造费用标准成本⑧＝②×⑦	20 元/件
单位产品制造费用标准成本⑨＝⑤+⑧		28 元

三、成本差异的计算及分析

成本差异，是指实际成本与相应标准成本之间的差额。当实际成本高于标准成本时，形成超支差异；当实际成本低于标准成本，形成节约差异。企业应定期将实际成本与标准成本进行比较和分析，确定差异数额及性质，揭示差异形成的动因，落实责任中心，寻求可行的改进途径和措施。

从标准成本的制定过程可以看出，任何一项费用的标准成本都是由用量标准和价格标准两个因素决定的。因此，差异分析就应该从这两个方面进行。差异的计算公式如下：

总差异=实际产量下实际成本-实际产量下标准成本
=实际用量×实际价格-实际产量下标准用量×标准价格
=(实际用量-实际产量下标准用量)×标准价格+实际用量×(实际价格-标准价格)
=用量差异+价格差异

用量差异=（实际用量-实际产量下标准用量）×标准价格

价格差异=实际用量×（实际价格-标准价格）

（一）直接材料成本差异的计算分析

直接材料成本差异，是指直接材料实际成本与标准成本之间的差额，该项差异可分解为直接材料价格差异和直接材料数量差异。直接材料价格差异，是指在采购过程中，直接材料实际价格脱离标准价格所形成的差异；直接材料数量差异，是指在产品生产过程中，直接材料实际消耗量脱离标准消耗量所形成的差异。有关计算公式如下：

直接材料成本差异=实际成本-标准成本
=实际用量×实际单价-标准用量×标准单价
=直接材料数量差异+直接材料价格差异

直接材料数量差异=（实际用量-标准用量）×标准单价

直接材料价格差异=实际用量×（实际单价-标准单价）

直接材料的耗用量差异形成的原因是多方面的，有生产部门原因，也有非生产部门原因。如产品设计结构、原料质量、工人的技术熟练程度、废品率的高低等，都会导致材料耗用量的差异。材料耗用量差异的责任需要通过具体分析才能确定，但主要应由生产部门承担。

材料价格差异的形成受各种主客观因素的影响，较为复杂，如市场价格、供货厂商、运输方式、采购批量等的变动，都可能导致材料的价格差异。但这些因素与采购部门的关系更为密切，所以其差异应主要由采购部门承担责任。

【例 6-14】沿用【6-11】中的资料，A 产品甲材料的标准单价为 50 元/千克，标准用量为 4 千克/件。假定企业本月投产 A 产品 6 000 件，领用甲材料 30 000 千克，其实际价格为 45 元/千克。其直接材料成本差异计算如下：

直接材料成本差异=30 000×45-6 000×4×50=150 000（元）（超支）

其中：材料耗用量差异=（30 000-6 000×4）×50=300 000（元）（超支）

材料价格差异=30 000×（45-50）=-150 000（元）（节约）

通过以上计算可以看出，A 产品本月耗用甲材料发生 150 000 元超支差异。生产部门耗用材料超过标准，导致超支 300 000 元，应该查明材料耗用量超标的具体原因，以便改进工作，节约材料。从材料价格而言，材料价格降低节约了 150 000 元，从而抵销了一部分由于材料超标耗用而形成的成本超支。这是材料采购部门的工作成绩，应查明原因。

（二）直接人工成本差异的计算分析

直接人工成本差异，是指直接人工实际成本与标准成本之间的差额，该差异可分解为工资率差异和人工效率差异。

工资率差异，是指实际工资率脱离标准工资率形成的差异，计算时按实际工时计算确定；人工效率差异，是指实际工时脱离标准工时形成的差异，计算时按标准工资率计算确定。有关计算公式如下：

直接人工成本差异＝实际成本－标准成本
＝实际工时×实际工资率－标准工时×标准工资率
＝直接人工工资率差异＋直接人工效率差异

直接人工效率差异＝（实际工时－标准工时）×标准工资率

直接人工工资率差异＝实际工时×（实际工资率－标准工资率）

直接人工效率差异是用量差异，其形成原因也是多方面的，工人技术状况、工作环境和设备条件的好坏等，都会影响效率的高低，但其主要责任还是在生产部门。

工资率差异是价格差异，其形成原因比较复杂，工资制度的变动、工人的升降级、加班或临时工的增减等都将导致工资率差异。一般地，这种差异的责任不在生产部门，劳动人事部门更应对其承担责任。

【例 6-15】沿用【例 6-12】中的资料，A 产品标准工资率为 30 元/小时，标准工时为 2 小时/件，工资标准为 60 元/件。假定企业本月实际生产 A 产品 7 000 件，用工 9 000 小时，实际应付直接人工工资 360 000 元。其直接人工差异计算如下：

直接人工成本差异＝360 000－7 000×60＝－60 000（元）（节约）

其中：直接人工效率差异＝（9 000－7 000×2）×30＝－150 000（元）（节约）

直接人工工资率差异＝9 000×（360 000÷9 000－30）＝90 000（元）（超支）

通过以上计算可以看出，该产品的直接人工成本总体上节约 60 000 元。其中，人工效率差异节约 150 000 元，但工资率差异超支 90 000 元。工资率超过标准，可能是为了提高产品质量，调用了一部分技术等级和工资级别较高的工人，使小时工资率增加了 10 元（360 000÷9 000－30）。但也因此在提高产品质量的同时，提高了效率，使工时的耗用由标准的 14 000 小时（7 000×2）降低为 9 000 小时，节约工时 5 000 小时。可见生产部门在生产组织上的成绩是值得肯定的。

（三）变动制造费用成本差异的计算分析

变动制造费用项目的差异，是指变动制造费用项目的实际发生额与变动制造费用项目的标准成本之间的差额，该差异可分解为变动制造费用项目的价格差异和数量差异。变动制造费用项目的价格差异，是指燃料、动力、辅助材料等变动制造费用项目的实际价格脱离标准价格的差异；变动制造费用项目的数量差异，是指燃料、动力、辅助材料等变动制造费用项目的实际消耗量脱离标准用量的差异。变动制造费用项目成本差异的计算和分析原理与直接材料和直接人工成本差异的计算和分析相同。它可以分解为耗费差异和效率差异两部分。其计算公式如下：

变动制造费用成本差异＝总变动制造费用－标准变动制造费用
＝实际工时×实际变动制造费用分配率－标准工时×标准变动制造费用分配率
＝变动制造费用效率差异＋变动制造费用耗费差异

变动制造费用效率差异＝（实际工时－标准工时）×变动制造费用标准分配率

变动制造费用耗费差异＝实际工时×（变动制造费用实际分配率－变动制造费用标准分配率）

其中，效率差异是用量差异，耗费差异属于价格差异。变动制造费用效率差异的形成原因与直接人工效率差异的形成原因基本相同。

【例 6-16】沿用【例 6-13】中的资料，A 产品标准变动制造费用分配率为 4 元/小时，标准工时为 2 小时/件。假定企业本月实际生产 A 产品 8 000 件，用工 9 000 小时，实际发生变动制造费用 45 000 元。其变动制造费用成本差异计算如下：

变动制造费用项目成本差异 = 45 000 − 8 000×2×4 = −1 900（元）（节约）

其中：变动制造费用效率差异 =（9 000 − 8 000×2）×4 = −28 000（元）（节约）

变动制造费用耗费差异 = 9 000×（45 000÷9 000 − 4）= 9 000（元）（超支）

通过以上计算可以看出，A 产品变动制造费用节约 1 900 元，这是因为效率提高，工时由 16 000 小时（8 000×2）降为 9 000 小时。费用分配率由 4 元提高到 5 元（45 000÷9 000），使变动制造费用发生超支，从而抵销了一部分变动制造费用的节约额。

（四）固定制造费用成本差异的计算分析

固定制造费用项目成本差异，是指固定制造费用项目实际成本与其标准成本之间的差额。其计算公式如下：

$$\text{固定制造费用项目成本差异} = \text{固定制造费用项目实际成本} - \text{固定制造费用项目标准成本（预算）}$$

$$= \text{实际工时} \times \text{实际分配率} - \text{标准工时} \times \text{标准分配率}$$

标准分配率 = 固定制造费用标准成本总额（预算总额）÷预算总工时

由于固定制造费用相对固定，实际产量与预算产量的差异会对单位产品所应承担的固定制造费用产生影响。因此，固定制造费用成本差异的分析有其特殊性，分为两差异分析法和三差异分析法。

1. 两差异分析法

两差异分析法是指将总差异分为耗费差异和能量差异两部分的分析方法。其中，耗费差异是指实际固定制造费用与预算产量下标准固定制造费用之间的差额；而能量差异则是指预算产量下标准固定制造费用与实际产量下标准固定制造费用之间的差额。其计算公式如下：

耗费差异 = 实际固定制造费用 − 预算产量下标准固定制造费用
= 实际固定制造费用 − 标准工时×预算产量×标准分配率
= 实际固定制造费用 − 预算产量下标准工时×标准分配率

能量差异 = 预算产量下标准固定制造费用 − 实际产量下标准固定制造费用
= 预算产量下标准工时×标准分配率 − 实际产量下标准工时×标准分配率
=（预算产量下标准工时 − 实际产量下标准工时）×标准分配率

【例 6-17】沿用【例 6-13】中的资料，A 产品固定制造费用标准分配率为 10 元/小时，标准工时为 2 小时/件。假定企业 A 产品预算产量为 12 000 件，实际生产 A 产品 10 000件，用工 9 000 小时，实际发生固定制造费用 250 000 元。其固定制造费用的成本差异计算如下：

固定制造费用成本差异 = 250 000 − 10 000×2×10 = 50 000（元）（超支）

其中：耗费差异 = 250 000 − 12 000×2×10 = 10 000（元）（超支）

能量差异=（12 000×2-10 000×2）×10=40 000（元）（超支）

通过以上计算可以看出，该企业 A 产品固定制造费用超支 50 000 元，主要是因为生产能力利用不足，实际产量小于预算产量。

2. 三差异分析法

三差异分析法是将两差异分析法下的能量差异进一步分解为产量差异和效率差异，即将固定制造费用成本差异分为耗费差异、产量差异和效率差异三个部分。其中耗费差异的概念和计算与两差异分析法下一致。相关计算公式如下：

耗费差异=实际固定制造费用-预算产量下标准固定制造费用

=实际固定制造费用-预算产量×标准工时×标准分配率

=实际固定制造费用-预算产量下标准工时×标准分配率

产量差异=（预算产量下标准工时-实际产量下实际工时）×标准分配率

效率差异=（实际产量下实际工时-实际产量下标准工时）×标准分配率

【例 6-18】沿用【例 6-17】中的资料，其固定制造费用的成本差异计算如下：

固定制造费用成本差异=250 000-10 000×2×10=50 000（元）（超支）

其中：耗费差异=250 000-12 000×2×10=10 000（元）（超支）

产量差异=（12 000×2-9 000）×10=150 000（元）（超支）

效率差异=（9 000-10 000×2）×10=-110 000（元）（节约）

通过上述计算可以看出，采用三差异分析法能够更好地说明生产能力利用程度和生产效率高低所导致的成本差异情况，便于分清责任。

（五）分析结果的反馈

标准成本差异分析是企业规划与控制的重要手段。在成本差异的分析过程中，企业应关注各项成本差异的规模、趋势及其可控性。对于反复发生的大额差异，企业应进行重点分析与处理。通过差异分析，企业管理人员可以进一步揭示实际执行结果与标准不同的深层次原因。企业可将生成的成本差异信息汇总，定期形成标准成本差异分析报告，并有针对性地提供成本改进措施。为保证标准成本的科学性、合理性与可行性，企业应定期或不定期对标准成本进行修订与改进。一般情况下，标准成本的修订工作由标准成本的制定机构负责。企业应至少每年对标准成本进行一次定期测试，通过编制成本差异分析报表，确认是否存在因标准成本不准确而形成的成本差异。当该类差异较大时，企业应按照标准成本的制定程序对标准成本进行修订。除定期测试外，当组织机构、外部市场、产品品种、生产工艺等内外部环境发生较大变化时，企业也应该及时对标准成本进行修订与补充。

第三节 作业成本法和责任成本管理

一、作业成本法

（一）作业成本法的相关概念

作业成本法不仅是一种成本计算方法，而且将成本计算与成本管理有机结合起来。作业成本法以“作业消耗资源、产出消耗作业”为原则，按照资源动因将资源费用追溯或分配至各项作业，计算出作业成本，然后再根据作业动因将作业成本追溯或分配至各成本对象，最终完成成本计算的过程。企业每完成一项作业活动，就有一定的资源被消耗，同时通过一定量的产出转移到下一作业，如此逐一进行，直至最终形成产品。因此，作业成本法基于资源耗用的因果关系进行成本分配：即根据作业活动耗用资源的情况，将资源耗费分配给作业；再依照成本对象消耗作业的情况，把作业成本分配给成本对象。

在作业成本法下，成本分配时，首先根据作业中心的资源耗费情况，将资源耗费的成本分配到作业中心去，然后再将分配到作业中心的成本，根据作业活动的数量分配到各成本对象上去。要正确理解作业成本法，需要明确以下五个概念：

1. 资源费用

资源费用是指企业在一定期间内开展经济活动所发生的各项资源耗费。资源费用既包括各种房屋及建筑物、设备、材料、商品等各种有形资源的耗费，也包括信息、知识产权、土地使用权等各种无形资源的耗费，还包括人力资源耗费以及其他各种税费支出等。

2. 作业

作业是指企业基于特定目的重复执行的任务或活动，是连接资源和成本对象的桥梁。一项作业既可以是一项非常具体的任务或活动，也可以泛指一类任务或活动。作业贯穿产品生产经营的全过程，从产品设计、原材料采购、生产加工直至产品的发运销售。在这一过程中，每个环节、每道工序都可以视为一项作业。按消耗对象不同，作业可分为主要作业和次要作业。主要作业是指被产品、服务或顾客等最终成本对象消耗的作业。次要作业是指被原材料、主要作业等介于中间地位的成本对象消耗的作业。

3. 成本对象

成本对象是指企业追溯或分配资源费用、计算成本的对象物。成本对象可以是工艺、流程、零部件、产品、服务、分销渠道、客户、作业、作业链等需要计量和分配成本的项目。

4. 成本动因

成本动因也称成本驱动因素，是指诱导成本发生的原因，是成本对象与其直接关联的作业和最终关联的资源之间的中介。按其在资源流动中所处的位置和作用，成本动因可分为资源动因和作业动因。资源动因是引起作业成本变动的驱动因素，反映作业量与耗费之间的因果关系。资源动因被用来计量各项作业对资源的耗用。根据资源动因，企业可以将资源成本分配给各有关作业。按照作业成本计算法，作业量的多少决定着资源的耗用量，但资源耗用量的多少与最终的产品数量没有直接关系。

作业动因是引起产品成本变动的驱动因素，反映产品产量与作业成本之间的因果关系。作业动因计量各种产品对作业耗用的情况，并被用来作为作业成本的分配基础。例如，材料搬运作业的衡量标准是搬运的零件数量，生产调度作业的衡量标准是生产订单数量，加工作业的衡量标准是直接人工工时，自动化设备作业的衡量标准是机器作业小时数等。

5. 作业中心

作业中心又称成本库，是指构成一个业务过程的相互联系的作业集合，用来汇集业务过程及其产出的成本。换言之，按照统一的作业动因，将各种资源耗费项目归结在一起，便形成了作业中心。作业中心有助于企业更明晰地分析一组相关的作业，以便进行作业管理以及企业组织机构和责任中心的设计与考核。

（二）作业成本法的计算

作业成本法的具体步骤如下：

1. 资源识别及资源费用的确认与计量

资源识别及资源费用的确认与计量，是指识别出由企业拥有或控制的所有资源，遵循相关会计制度的规定，合理选择会计政策，确认和计量全部资源费用，编制资源费用清单，为资源费用的追溯或分配奠定基础。

资源识别及资源费用的确认与计量应由企业的财务部门负责，在基础设施管理、人力资源管理、研究与开发、采购、生产、技术、营销、服务、信息等部门的配合下完成，并编制资源费用清单。

2. 成本对象选择

在作业成本法下，企业应将当期所有的资源费用，遵循因果关系和受益原则，根据资源动因和作业动因，分项目经由作业追溯或分配至相关的成本对象，确定成本对象的成本。企业应根据财务会计制度的相关规定并考虑预算控制、成本管理、营运管理、业绩评价以及经济决策等方面的要求确定成本对象。

3. 作业认定

作业认定，是指企业识别由间接或辅助资源执行的作业集，确认每一项作业完成的工作以及执行该作业所耗费的资源费用，并据以编制作业清单的过程。作业认定的内容主要包括对企业每项消耗资源的作业进行识别、定义和划分，确定每项作业在生产经营活动中的作用、同其他作业的区别以及每项作业与耗用资源之间的关系。作业认定有以下两种形式：第一，根据企业生产流程，自上而下进行分解；第二，通过与企业每一部门负责人和一般员工进行交流，自下而上确定他们所做的工作，并逐一认定各项作业。

作业认定的具体方法一般包括调查表法和座谈法。调查表法，是指通过向企业全体员工发放调查表，并通过分析调查表来识别和确定作业的方法；座谈法，是指通过与企业员工的面对面交谈，来识别和确定作业的方法。

4. 作业中心设计

作业中心设计，是指企业将认定的所有作业按照一定的标准进行分类，形成不同的作业中心，作为资源费用的追溯或分配的对象的过程。作业中心可以是某一项具体的作业，也可以是由若干个相互联系的能够实现某种特定功能的作业的集合。企业可按照受益对象、层次和重要性，将作业分为五类并分别设计相应的作业中心。

（1）产量级作业，是指明确地为个别产品（或服务）实施的、使单个产品（或服务）受益的作业。该类作业的数量与产品（或服务）的数量呈正比例变动，包括产品加工、检验等。

（2）批别级作业，是指为一组（或一批）产品（或服务）实施的、使该组（该批）产品（或服务）受益的作业。该类作业的发生是由生产的批量数而不是单个产品（或服务）引起的，其数量与产品（或服务）的批量数呈正比例变动，包括设备调试、生产准备等。

（3）品种级作业，是指为生产和销售某种产品（或服务）实施的、使该种产品（或服务）的每个单位都受益的作业。该类作业用于产品（或服务）的生产或销售，但独立于实际产量或批量，其数量与品种的多少呈正比例变动，包括新产品设计、现有产品质量与功能改进、生产流程监控、工艺变换需要的流程设计、产品广告等。

（4）顾客级作业，是指为服务特定客户所实施的作业。该类作业保证企业将产品（或服务）销售给个别客户，但作业本身与产品（或服务）数量独立，包括向个别客户提供的技术支持活动、咨询活动、独特包装等。

（5）设施级作业，是指为提供生产产品（或服务）的基本能力而实施的作业。该类作业是开展业务的基本条件，其使所有产品（或服务）都受益，但与产量或销量无关，包括管理作业、针对企业整体的广告活动等。

5. 资源动因选择与计量

资源动因是引起资源耗用的成本动因，它反映了资源耗用与作业量之间的因果关系。资源动因选择与计量为将各项资源费用归集到作业中心提供了依据。首先，企业应根据不同的资源，选择合适的资源动因。如电力资源可以选择“消耗的电力度数”作为资源动因。其次，企业根据各项作业所消耗的资源动因数，将各资源库的价值分配到各作业中心。如“产品质量检验”作业消耗了 1 00 度电，每度电的成本为 0. 62 元。那么，“产品质量检验”作业中所含的“电力成本”为 62 元。当然，该项作业还会消耗其他资源，将该作业所消耗的所有资源的价值，按照相应的资源动因，分别分配到该作业中心，汇总后就会得到该作业的作业成本。如果某项作业所消耗的资源具有专属性，那么该作业所消耗的资源部分的价值可直接计入该作业的作业中心。如“产品质量检验”作业中检验人员的工资、专用设备的折旧费等成本，一般可以直接归属于检验作业。

6. 作业成本归集

作业成本归集，是指企业根据资源耗用与作业之间的因果关系，将所有的资源成本直接追溯或按资源动因分配至各作业中心，计算各作业总成本的过程。作业成本归集应遵循以下基本原则：①对于为执行某种作业直接消耗的资源，应直接追溯至该作业中心；②对于为执行两种或两种以上作业共同消耗的资源，应按照各种作业中心的资源动因量比例分配至各作业中心。

7. 作业动因选择与计量

作业动因是引起作业耗用的成本动因，它反映了作业耗用与最终产出的因果关系，是将作业成本分配到流程、产品、分销渠道、客户等成本对象的依据。当作业中心仅包含一种作业的情况下，所选择的作业动因应该是引起该作业耗用的成本动因；当作业中心由若干个作业集合而成的情况下，企业可采用回归分析法或分析判断法，分析比较各具体作业动因与该作业中心成本之间的相关性，选择相关性最大的作业动因，即代表性作业动因作为作业成本分配的基础。

作业动因需要在交易动因、持续时间动因和强度动因间进行选择。其中，交易动因，是指用执行频率或次数计量的成本动因，包括接受或发出订单数、处理收据数等；持续时间动因，是指用执行时间计量的成本动因，包括产品安装时间、检查小时等；强度动因，是指不易按照频率、次数或执行时间进行分配而需要直接衡量每次执行所需资源的成本动因，包括特别复杂产品的安装、质量检验等。如果企业每次执行所需要的资源数量相同或接近，应选择交易动因；如果每次执行所需要的时间存在显著的不同，应选择持续时间动因；如果作业的执行比较特殊或复杂，应选择强度动因。对于选择的作业动因，企业应采用相应的方法和手段进行计量，以取得作业动因量的可靠数据。

8. 作业成本分配

作业成本分配，是指企业将各作业中心的作业成本按作业动因分配至产品等成本对象，并结合直接追溯的资源费用，计算出各成本对象的总成本和单位成本的过程。主要作业是指被产品、服务或顾客等最终成本对象消耗的作业。次要作业是被原材料、主要作业等介于中间地位的成本对象消耗的作业。

二、责任成本管理

（一）责任成本管理的含义

责任成本管理，是指将企业内部划分成不同的责任中心，明确责任成本，并根据各责任中心的权、责、利关系来考核其工作业绩的一种成本管理模式。其中，责任中心也叫责任单位，是指企业内部具有一定权力并承担相应工作责任的部门或管理层次。责任成本管理流程如图 6-6 所示。

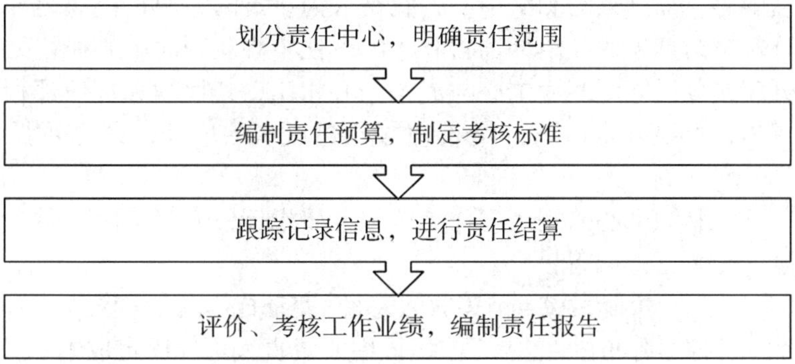

图 6-6　责任成本管理流程

（二）责任中心及其考核

责任中心是指企业内部独立提供产品（或服务）、资金等的责任主体。按照企业内部责任中心的权责范围以及业务活动的不同特点，责任中心一般可以划分为成本中心、利润中心和投资中心三类。每一类责任中心均对应着不同的决策权力及不同的业绩评价指标。

1. 成本中心

成本中心是指有权发生并控制成本的单位。成本中心一般不会产生收入，通常只计量考核发生的成本。成本中心是责任中心中应用最为广泛的一种形式，只要是对成本的发生负有责任的单位或个人都可以成为成本中心。例如，负责生产产品的车间、工段、班组等生产部门或确定费用标准的管理部门等。成本中心具有以下特点：

（1）成本中心不考核收入，只考核成本。一般情况下，成本中心不能形成真正意义上的收入，故只须衡量投入，而不衡量产出，这是成本中心的首要特点。

（2）成本中心只对可控成本负责，不负责不可控成本。可控成本是指成本中心可以控制的各种耗费，它应具备三个条件：第一，该成本的发生是成本中心可以预见的；第二，该成本是成本中心可以计量的；第三，该成本是成本中心可以调节和控制的。

凡不符合上述三个条件的成本都是不可控成本。可控成本和不可控成本的划分是相对的。它们与成本中心所处的管理层级别、管理权限与控制范围大小有关。对于一个独立企业而言，几乎所有的成本都是可控的。

（3）责任成本是成本中心考核和控制的主要内容。成本中心当期发生的所有可控成本之和就是其责任成本。

成本中心考核和控制主要使用的指标包括预算成本节约额和预算成本节约率。其计算公式如下：

预算成本节约额＝实际产量预算责任成本－实际责任成本

预算成本节约率＝预算成本节约额÷实际产量预算责任成本×100%

2. 利润中心

利润中心是指既能控制成本，又能控制收入和利润的责任单位。它不但有成本发生，而且还有收入发生。因此，它要同时对成本、收入以及收入成本的差额即利润负责。利润中心有两种形式：一是自然利润中心，它是自然形成的，直接对外提供劳务或销售产品以取得收入的责任中心；二是人为利润中心，它是人为设定的，通过企业内部各责任中心之间使用内部结算价格结算半成品内部销售收入的责任中心。利润中心往往处于企业内部的较高层次，如分店或分厂等。利润中心与成本中心相比，其权利和责任都相对较大，它不仅要降低绝对成本，更要寻求收入的增长使之超过成本的增长，即更要强调相对成本的降低。

在通常情况下，利润中心采用利润作为业绩考核指标，分为边际贡献、可控边际贡献和部门边际贡献。相关公式如下：

边际贡献＝销售收入总额－变动成本总额

可控边际贡献＝边际贡献－该中心负责人可控固定成本

部门边际贡献＝可控边际贡献－该中心负责人不可控固定成本

其中，边际贡献是将收入减去随生产能力的使用而变化的成本，反映了该利润中心的盈利能力，但它对业绩评价没有太大的作用。

可控边际贡献也称部门经理边际贡献，它衡量了部门经理有效运用其控制下的资源的能力，是评价利润中心管理者业绩的理想指标。但是，该指标有一个很大的局限，难以区分可控和不可控的与生产能力相关的成本。如果该中心有权处置固定资产，那么相关的折旧费是可控成本；反之，相关的折旧费用就是不可控成本。可控边际贡献忽略了应追溯但又不可控的生产能力成本，不能全面反映该利润中心对整个公司所做的经济贡献。

部门边际贡献，又称部门毛利，它扣除了利润中心管理者不可控的间接成本，因为对于公司最高层来说，所有成本都是可控的。部门边际贡献反映了部门为企业利润和弥补与生产能力有关的成本所做的贡献，它更多地用于评价部门业绩而不是利润中心管理者的业绩。

【例6-19】某企业内部乙车间是人为利润中心，本期实现内部销售收入300万元，变动成本为200万元，该中心负责人可控固定成本为30万元，不可控但应由该中心负担的固定成本 15 万元。那么。该利润中心的考核指标计算如下：

边际贡献=300-200=100（万元）

可控边际贡献=100-30=70（万元）

部门边际贡献=70-15=55（万元）

3. 投资中心

投资中心是指既能控制成本、收入和利润，又能对投入的资金进行控制的责任中心，如事业部、子公司等。其经理所拥有的自主权不仅包括制定价格、确定产品和生产方法等短期经营决策权，而且还包括投资规模和投资类型等投资决策权。投资中心是最高层次的责任中心，它拥有最大的决策权，也承担最大的责任。利润中心和投资中心的区别在于，利润中心没有投资决策权，而且在考核利润时也不考虑所占用的资产。

企业对投资中心的业绩进行评价时，不仅要使用利润指标，还需要计算、分析利润与投资的关系，主要包括投资收益率和剩余收益等指标。

（1）投资收益率。

投资收益率是投资中心获得的利润与投资额的比率，其计算公式如下：

投资收益率=息税前利润÷平均经营资产

平均经营资产=（期初经营资产+期末经营资产）÷2

其中，息税前利润是指扣减利息和所得税之前的利润。由于利润是整个期间内实现并累积形成的，属于期间指标，而经营资产属于时点指标，故取其平均数。

投资收益率主要说明了投资中心运用公司的每单位资产对公司整体利润贡献的大小。它根据现有的会计资料计算，所得结果比较客观，可用于部门之间以及不同行业之间的比较。然而，过于关注投资利润率也会引起短期行为的产生，追求局部利益最大化而损害整体利益最大化目标，导致经理人员为眼前利益而牺牲长远利益。

（2）剩余收益。

剩余收益是指投资中心的经营收益扣减经营资产按要求的最低投资收益率计算的收益额之后的余额。其计算公式如下：

剩余收益=息税前利润-（平均经营资产×最低投资收益率）

其中，最低投资收益率是根据资本成本来确定的，一般等于或大于资本成本，通常可以采用企业整体的最低期望投资收益率，也可以是企业为该投资中心单独规定的最低投资收益率。

剩余收益指标弥补了投资收益率指标会使局部利益与整体利益相冲突这一不足之处，但其是一个绝对指标，故而难以在不同规模的投资中心之间进行业绩比较。另外，剩余收益同样仅反映当期业绩，单纯使用这一指标也会导致投资中心管理者的短视行为。

【例 6-20】某公司的投资收益率如表 6-12 所示。

表 6-12　某公司的投资情况

投资中心	利润/万元	投资额/万元	投资收益率/%
A	300	2 000	15
B	100	1 000	10
全公司	400	3 200	12.5

假定 A 投资中心面临一个投资额为 1 000 万元的投资机会，可获利润 120 万元，投资收益率为 12%，假定公司整体的预期最低投资收益率为 10%。要求：评价 A 投资中心的这个投资机会。

解：若 A 投资中心接受该投资，则 A、B 投资中心的相关数据计算如表 6-13 所示。

表 6-13　某公司的投资情况

投资中心	利润/万元	投资额/万元	投资收益率/%
A	300+120=420	2 000+1 000=3 000	14
B	100	1 000	10
全公司	520	4 000	13

（1）用投资收益率指标衡量业绩。就全公司而言，接受投资后，投资收益率增加了 0.5%，应接受这项投资。然而，A 投资中心的投资收益率下降了 1%，A 投资中心可能不会接受这一投资。

（2）用剩余收益指标来衡量业绩。

A 投资中心接受新投资前的剩余收益=300-2 000×10%=100（万元）

A 投资中心接受新投资后的剩余收益=420-3 000×10%=120（万元）

以剩余收益作为评价指标，实际上是分析该项投资是否给投资中心带来了更多的超额收入，所以如果用剩余收益指标来衡量投资中心的业绩，投资后剩余收益增加了 20 万元（120-100），则 A 投资中心应该接受这项投资。

（三）内部转移价格的制定

内部转移定价是企业内部转移价格的制定和应用方法。内部转移价格，是指企业内部分公司、分厂、车间、分部等责任中心之间相互提供产品（或服务）、资金等内部交易时所采用的计价标准。内部转移价格直接关系不同责任中心的获利水平，其制定可以有效地防止成本转移引起的责任中心之间的责任转嫁，使每个责任中心都能够作为单独的组织单位进行业绩评价，并且可以作为一种价格信号使管理人员做出正确决策，保证局部利益与整体利益的一致。

企业绩效管理委员会或类似机构应根据各责任中心的性质和业务特点，分别确定适当的内部转移定价形式。内部转移定价通常分为价格型内部转移定价、成本型内部转移定价和协商型内部转移定价三种。

（1）价格型内部转移定价，是指以市场价格为基础制定的、由成本和毛利构成内部转移价格的方法，一般适用于内部利润中心。责任中心所提供的产品（或服务）经常外销且外销比例较大的，或所提供的产品（或服务）有外部活跃市场可靠报价的，可以外销价或活跃市场报价作为内部转移价格。

责任中心一般不对外销售且外部市场没有可靠报价的产品（或服务），或企业管理层和有关各方认为不需要频繁变动价格的，可以参照外部市场价或预测价制定模拟市场价作为内部转移价格。没有外部市场但企业出于管理需要设置为模拟利润中心的责任中心，可以在生产成本基础上加一定比例毛利作为内部转移价格。

（2）成本型内部转移定价，是指以标准成本等相对稳定的成本数据基础，制定内部转移价格的方法，是指所有的转移价格的方法，一般适用于内部成本中心。采用以成本为基础的转移定价是指所有的内部交易均以某种形式的成本价格进行结算，它适用于内部转移的产品或劳务没有市价的情况，包括完全成本、完全成本加成、变动成本以及变动成本加固定制造费用四种形式。以成本为基础的转移定价方法具有简便、客观的特点，但存在信息和激励方面的问题。金融企业内部转移资金，应综合考虑产品现金流及重定价特点、信息技术手段及管理需求等因素，分析外部金融市场环境，选择适当的资金转移定价和收益率曲线，获取收益率曲线中特定期限的利率，确定资金转移价格。资金转移定价的方法主要包括指定利率法、原始期限匹配法、重定价期限匹配法、现金流匹配定价法等。

（3）协商型内部转移定价，是指企业内部供求双方为使双方利益相对均衡，通过协商机制制定内部转移价格的方法，主要适用于分权程度较高的情形。协商价的取值范围通常较大，一般不高于市场价，不低于变动成本，即内部责任中心之间以正常的市场价格为基础，并建立定期协商机制，共同确定双方都能接受的价格作为计价标准。采用该价格的前提是中间产品存在非完全竞争的外部市场，在该市场内双方有权决定是否买卖这种产品。协商价格的上限是市场价格，下限则是单位变动成本。当双方协商陷入僵持时，公司高层会予以干预。

企业应及时对内部转移定价形成的结果进行汇总分析，并将其作为考核责任中心绩效的依规；同时，应监测内部转移定价体系运行情况，协调、裁决交易中的争议，保障内部转移定价体系运转顺畅。此外，企业应定期开展内部转移定价应用评价工作，根据内外部环境变化及时修订、调整定价策略。

思政元素

在降本增效上出实招

习近平总书记强调，要加大减税、降费、降低要素成本力度，让企业轻装上阵。优化营商环境，就是要在降本增效上出实招，千方百计让企业得到实惠。

要在优化要素配置上出实招，降低企业生产要素成本。帮助企业在用地、物流、用电等方面降本增效，着力破除阻碍要素自由流动的体制机制障碍，推动土地、劳动力、资本等传统要素的转移，重视技术和数据等新型要素的共享使用，加快要素自主有序流动。

要在优化政策供给上出实招，降低企业制度性交易成本。要集中清理规范相关文件，贯彻落实好我省稳经济系列政策举措，打通政策兑现“最后一公里”，让好政策直达企业，直击痛点，成为经营主体不断发展壮大的及时雨。围绕政策落地，不仅要免申即享，更要直达快享。

要在优化金融生态上出实招，降低企业融资成本。要发挥政府对投资基金的引导作用，做优融资担保，扩大直接融资规模，提升普惠金融服务能力，加强金融产品和服务创新，加快构建应急转贷服务体系，扩大信贷产品应用范围，促进企业融资增量、扩面、降率，实质性解决融资难、融资贵问题。

降本增效是降企业之负、增民生之福、保发展之稳的关键举措。把覆盖所有经营主体、兼具多个时间跨度的一系列减税降费政策，尽快从“纸上”落到“账上”，不仅能让经营主体的获得感更充分，也助于稳就业、促发展、保民生，让高质量发展的成色更足，底色更亮。

资料来源：北斗融媒．在降本增效上出实招[EB/OL].http：www.baijiahao.com/s？id=1761931760465035150&wfr=spider&for=pc.

专项练习

1. 甲公司生产销售A、B、C三种产品、采用联合单位法进行本量利分析。由2件A产品、1件B产品和2件C产品构成一个联合单位，已知固定成本总额为2 000元，产品产销量、单价和单位变动成本数据如表6-14所示。

表6-14　A、B、C产品产销量、单价和单位变动成本数据

项目	A产品	B产品	C产品
产销量/件	2 000	1 000	2 000
单价/元	60	90	75
单位变动成本/元	40	60	50

（1）计算联合单价。

（2）计算联合单位变动成本。

（3）计算联合盈亏平衡点的业务量。

（4）计算A产品盈亏平衡点的业务量。

（5）计三种产品的综合边际贡献率。

2. 甲公司是一家生产经营比较稳定的制造企业，假定只生产一种产品，并采用标准成本法进行成本计算分析。单位产品用料标准为6千克/件，材料标准单价为1.5元/千克。2019年1月份实际产量为500件，实际用料2 500千克，直接材料实际成本为5 000元。另外，直接人工实际成本为9 000元，实际耗用工时为2 100小时。经计算，直接人工效率差异为500元，直接人工工资率差异为-1 500元。要求：

（1）计算单位产品直接材料标准成本。

（2）计算直接材料成本差异、直接材料数量差异、直接材料价格差异。

（3）计算直接人工单位标准成本。

中英文专业术语

成本管理（cost management）

战略成本管理（strategic cost management）

作业成本法（activity-based costing）

作业管理（activity-based management）

实际成本（actual cost ）

实际成本法（actual costing）

收入中心（revenue center ）

利润中心（profit center ）

成本中心（cost center）
标准成本中心（standard center）
费用中心（expense center）
责任成本（responsibility cost）
可控成本（controllable cost）
非可控成本（uncontrollable cost）
本量利分析（cost-volume-profit analysis）
总成本（total costs）
税前利润（profit before tax）
边际贡献（marginal contribution）
单位边际贡献（marginal contribution per unit）
单价（unit-price）
单位变动成本（unit variable cost）
边际贡献率（contribution to sales ratio）
盈亏临界分析（break-even analysis）
盈亏临界点销售量（break-even point in sales volume）
固定成本（fixed costs）
现行标准成本（current standard cost）
基本标准成本（basis standard cost）
直接材料成本差异（direct material total variance）
实际数量（actual quantity）
实际价格（actual price）
标准价格（standard price）
直接材料价格差异（direct material price variance）
直接材料数量差异（direct material quantity variance）
直接人工成本差异（direct labor total variance）
直接人工工资率差异（direct labor wage rate variance）
直接人工效率差异（direct labor efficiency variance）
变动制造费用成本差异（variable overhead total variance）
固定制造费用成本差异（fixed overhead total variance）
变动制造费用耗费差异（variable overhead expenditure variance）
变动制造费用效率差异（variable overhead efficiency variance）
固定制造费用耗费差异（fixed overhead expenditure variance）
固定制造费用能量差异（fixed overhead volume variance）
固定制造费用效率差异（fixed overhead efficiency variance）
固定制造费用闲置能量（fixed overhead capacity variance）

第七章　收入分配管理

学习任务

1. 了解收入管理的基本理论
2. 理解销售预测分析、销售定价管理
3. 了解纳税管理的基本理论
4. 理解股利分配政策、股票分割、股票回购和股权激励

引入案例

2010年6月29日，中国神华能源股份有限公司（以下简称“中国神华”）发布派发2009年度末期股息公告，公告称派发现金股息，每股0.530元（含税），扣税后每股0.477元，股权登记日为2010年7月2日，除息日是2010年7月5日，股息发放日是2010年7月20日。

股息派发对象是截至2010年7月2日15：00时上海证券交易所收市后，在中国证券登记结算有限责任公司上海分公司登记在册的本公司全体A股股东。

股息派发的实施办法除神华集团的现金股息由本公司直接发放外，其他A股股东的现金股息委托中国证券登记结算有限责任公司上海分公司，通过其资金结算系统向股权登记日在册，并在上海证券交易所各会员单位办理了指定交易的股东派发。

请结合以上资料回答下列问题：

（1）2010年7月2日中国神华收盘价为21.69元，请你计算除息基准价是多少？

（2）2010年7月5日中国神华开盘价是21.05元，当天收盘价是20.75元，请你回答是贴权还是填权？

（3）中国神华2005—2009年股利分配情况如表7-1所示，请你分析中国神华股利分配政策的特点以及影响中国神华股利分配政策选择的因素。

表7-1　中国神华2005—2009年股利分配情况

年份	分配规则
2005年	10派0.125（含税）
2006年	10派0.34（含税）
2007年	10派1.8（含税）

表7-1(续)

年份	分配规则
2008年	10派4.6（含税）
2009年	10派5.3（含税）

分析提示：

（1）除息基准价=21.69-0.53=21.16元。

（2）开盘价和当天收盘价均低于21.16元，是贴权。

（3）中国神华2005—2009年的现金股利逐年增加，较为稳定。确定股利分配政策应考虑法律因素、股东因素、公司因素和其他因素，可结合中国神华的具体情况来展开分析。

第一节　收入管理

企业的业务收入包括销售收入、转让收入、投资收入等，销售收入是企业收入的主体。本节所指收入主要指销售收入，即企业在日常经营活动中，因销售产品、提供劳务等所形成的经济利益流入。

企业销售收入是企业简单再生产和扩大再生产的资金来源，是加速资金周转的前提，所以企业必须加强销售收入的管理。销售收入的制约因素主要是产品的销售数量和销售价格，因此，企业在经营管理过程中一定要做好销售预测分析以及销售定价管理。

一、销售预测分析

销售预测分析是指通过市场调查，以有关的历史资料和各种信息为基础，运用科学的预测方法或管理人员的实际经验，对企业产品在计划期间的销售量或销售额作出预计或估量的过程。企业在进行销售预测时，应充分研究和分析企业产品销售的相关资料，诸如产品价格、产品质量、售后服务、推销方法等；此外，企业也应对所处的市场环境、物价指数、市场占有率及经济发展趋势等情况也应进行研究分析。销售预测的方法有很多种，主要包括定性分析法和定量分析法。

（一）销售预测的定性分析法

定性分析法，即非数量分析法，是指由专业人员根据实际经验，对预测对象的未来情况及发展趋势作出预测的一种分析方法。它一般适用于预测对象的历史资料不完备或无法进行定量分析的情况，主要包括营销员判断法、专家判断法和产品寿命周期分析法。

1. 营销员判断法

营销员判断法又称意见汇集法，是由熟悉企业市场情况及相关变化信息的营销人员对市场进行预测，再将各种判断意见加以综合分析、整理，并得出预测结论的方法。企业营销人员能充分了解市场现状以及本企业的生产、销售情况，因此也就在一定程度上保证了预测的准确性。这种方法的优点在于用时短、成本低、比较实用。但是这种方法单纯靠营销人员的主观判断，具有较多的主观因素和较大的片面性。

2. 专家判断法

专家判断法是由专家根据他们的经验和判断能力对特定产品的未来销售量进行判断和预测的方法。专家判断法主要包括个别专家意见汇集法、专家小组法、德尔菲法等方法。

3. 产品寿命周期分析法

产品寿命周期分析法是利用产品销售量在不同寿命周期阶段上的变化趋势，进行销售预测的一种定性分析方法。它是对其他预测分析方法的补充。产品寿命周期是指产品从投入市场到退出市场所经历的时间，一般要经过推广期、成长期、成熟期和衰退期四个阶段。在这一发展过程中，产品销售量的变化呈一条曲线，这条曲线被称为产品寿命周期曲线。

判断产品所处的寿命周期阶段时，企业可根据销售增长率指标进行。一般地，推广期增长率不稳定，成长期增长率最大，成熟期增长率稳定，衰退期增长率为负数。了解产品所处的寿命周期阶段，有助于正确选择预测方法，比如，推广期历史资料缺乏，企业就可以运用定性分析法进行预测；成长期时，企业可运用回归分析法进行预测；成熟期销售量比较稳定，企业可以用趋势预测分析法。

（二）销售预测的定量分析法

定量分析法，也称数量分析法，是指在预测对象有关资料完备的基础上，运用一定的数学方法建立预测模型并进行预测。它一般包括趋势预测分析法和因果预测分析法。

1. 趋势预测分析法

趋势预测分析法主要包括算术平均法、加权平均法、移动平均法、指数平滑法等。

（1）算术平均法。算术平均法是指将若干历史时期的实际销售量或销售额作为样本值，求出其算术平均数，并将该平均数作为下期销售量的预测值。其计算公式如下：

$$Y = \frac{\sum x_i}{n}$$

式中，Y 表示预测值，x_i 表示第 i 期的实际销售量，n 表示期数。

算术平均法适用于每期销售量波动不大的产品的销售预测。

【例 7-1】某公司 2016—2023 年的产品销售量如表 7-2 所示。

表 7-2　某公司 2016—2023 年的产品销售量

项目	2016 年	2017 年	2018 年	2019 年	2020 年	2021 年	2022 年	2023 年
销售量/吨	3 450	3 300	3 550	3 650	3 400	3 500	3 550	3 600

要求：根据以上资料，用算术平均法预测公司 2024 年的销售量。

根据算术平均法的计算公式，公司 2024 年的预测销售量为

$$\begin{aligned}\text{预测销售量}(Y) &= \frac{\sum x_i}{n}\\ &= \frac{3\,450 + 3\,300 + \cdots + 3\,550 + 3\,600}{8}\\ &= 3\,500(\text{吨})\end{aligned}$$

（2）加权平均法。加权平均法是指将若干历史时期的实际销售量或销售额作为样本值，将各个样本值按照一定的权数计算得出加权平均数，并将该平均数作为下期销售量的预测值。一般地，由于市场变化较大，离预测期越近的样本值对其影响越大，而离预测期越远的则影响越小，所以权数的选取应遵循“近大远小”的原则。其计算公式如下：

$$Y = \sum_{i=1}^{n} W_i x_i$$

式中，Y 表示预测值，W_i 表示第 i 期的权数（$0 < W_i \le W_{i+1} < 1$，且 $W_i = 1$），x_i 表示第 i 期的实际销售量，n 表示期数。

加权平均法较算术平均法更为合理，计算也较方便，因而在实践中应用较多。

【例 7-2】沿用【例 7-1】中的资料，假设公司 2016—2023 年各期数据的权数如表 7-3所示。

表 7-3　公司 2016—2023 年各期数据的权数

项目	2016 年	2017 年	2018 年	2019 年	2020 年	2021 年	2022 年	2023 年
销售量/吨	3 450	3 300	3 550	3 650	3 400	3 500	3 550	3 600
权数	0.06	0.08	0.10	0.12	0.14	0.15	0.16	0.19

要求：根据上述资料，用加权平均法预测公司 2024 年的销售量。

根据加权平均法的计算公式，公司 2024 年的预测销售量为

$$\begin{aligned}\text{预测销售量}(Y) &= \sum_{i=1}^{n} W_i x_i \\ &= 3\,450 \times 0.06 + 3\,300 \times 0.08 + \cdots + 3\,550 \times 0.16 + 3\,600 \times 0.19 \\ &= 3\,517(\text{吨})\end{aligned}$$

（3）移动平均法。移动平均法是指从 n 期的时间数列销售量中选取 m 期（m 数值固定，且 $m < n/2$）数据作为样本值，求其 m 期的算术平均数，并不断向后移动计算观测其平均值，以最后一个 m 期的平均数作为未来第 $n+1$ 期销售预测值的一种方法。这种方法假设预测值主要受最近 m 期销售量的影响。其计算公式为

$$Y_{n+1} = \frac{x_{n-(m-1)} + x_{n-(m-2)} + \cdots + x_{n-1} + x_n}{m}$$

为了使预测值更能反映销售量变化的趋势，可以对上述结果按趋势值进行修正，其计算公式为

$$\overline{Y}_{n+1} = Y_{n+1} + (Y_{n+1} - Y_n)$$

由于移动平均法只选用了 n 期数据中的最后 m 期作为计算依据，故而代表性较差。此法适用于销售量略有波动的产品预测。

【例 7-3】沿用【例 7-1】中的资料，假定公司预测前期（即 2023 年）的预测销售量为 3 545 吨。

要求：分别用移动平均法和修正的移动平均法预测公司 2024 年的销售量（假设样本期为 3 期）。

①根据移动平均法的计算公式，公司 2024 年的预测销售量为

$$预测销售量(Y_{n+1})=\frac{x_{n-(m-1)}+x_{n-(m-2)}+\cdots+x_{n-1}+x_n}{m}$$

$$=\frac{3\ 500+3\ 550+3\ 600}{3}$$

$$=3\ 550(吨)$$

②根据修正的移动平均法计算公式，公司 2024 年的预测销售量为

$$修正后的预测销售量(\overline{Y}_{n+1})=Y_{n+1}+(Y_{n+1}-Y_n)$$

$$=3\ 500+(3\ 500-3\ 545)$$

$$=3\ 455(吨)$$

（4）指数平滑法。指数平滑法实质上是一种加权平均法，是以事先确定的平滑指数 a 及（$1-a$）作为权数进行加权计算，预测销售量的一种方法。其计算公式为

$$Y_{n+1}=ax_n+(1-a)Y_n$$

式中，Y_{n+1} 表示未来第 $n+1$ 期的预测值，Y_n 表示第 n 期的预测值，即预测前期的预测值，x_n 表示第 n 期的实际销售量，即预测前期的实际销售量，a 表示平滑指数，n 表示期数。

一般地，平滑指数的取值通常在 0.3~0.7，其取值大小决定了前期实际值与预测值对本期预测值的影响。采用较大的平滑指数，预测值可以反映样本值新近的变化趋势；采用较小的平滑指数时，预测值则反映了样本值变动的长期趋势。因此，在销售量波动较大或进行短期预测时，可选择较大的平滑指数；在销售量波动较小或进行长期预测时，可选择较小的平滑指数。

该方法运用比较灵活，适用范围较广，但在平滑指数的选择上具有一定的主观随意性。

【例 7-4】沿用【例 7-1】中的资料，2023 年实际销售量为 3 600 吨，假设原预测销售量为 3 545 吨，平滑指数 $a=0.6$。

要求：用指数平滑法预测公司 2024 年的销售量。

根据指数平滑法的计算公式，公司 2024 年的预测销售量为

$$预测销售量(Y_{n+1})=a\times_n+(1-a)Y_n$$

$$=0.6\times3\ 600+(1-0.6)\times3\ 545$$

$$=3\ 578(吨)$$

2. 因果预测分析法

因果预测分析法是指分析影响产品销售量（因变量）的相关因系（自变量）以及它们之间的函数关系，并利用这种函数关系进行产品销售预测的方法。因果预测分析法最常用的是回归分析法，本章主要介绍回归直线法。

回归直线法，也称一元回归分析法。它假定影响预测对象销售量的内系只有一个，根据直线方程式 $y=a+bx$，按照最小二乘法原理，来确定一条误差最小的、能正确反映自变量 x 和因变量 y 之间关系的直线，其常数项 a 和系数 b 的计算公式为：

$$b=\frac{n\sum xy-\sum x\sum y}{n\sum x^2-(\sum x)^2}$$

$$a=\frac{\sum y-b\sum x}{n}$$

待求出 a、b 的值后，代入 $y=a+bx$，结合自变量 x 的取值，即可求得预测对象 y 的预测销售量或销售额。

【例 7-5】沿用【例 7-1】中的资料，假定产品销售量只受广告费支出大小的影响，2024 年度预计广告费支出为 155 万元，公司 2016—2023 年的销售量及广告费如表 7-4 所示。

表 7-4　公司 2016—2023 年的销售量及广告费

项目	2016 年	2017 年	2018 年	2019 年	2020 年	2021 年	2022 年	2023 年
销售量/吨	3 450	3 300	3 550	3 650	3 400	3 500	3 550	3 600
广告费/万元	130	125	145	150	135	140	135	150

要求：用回归直线法预测公司 2024 年的产品销售量。

根据上述资料，列表计算结果如表 7-5 所示。

根据公式，有：

$$b=\frac{n\sum xy-\sum x\sum y}{n\sum x^2-(\sum x)^2}=\frac{8\times 3\ 891\ 500-1\ 110\times 28\ 000}{8\times 154\ 600-(1\ 110)^2}=11.06$$

$$a=\frac{\sum y-b\sum x}{n}=\frac{28\ 000-11.06\times 1\ 110}{8}=1\ 965.43$$

表 7-5　列表计算结果

年份	广告费支出（x）/万元	销售量（y）/吨	xy	x^2	y^2
2016 年	130	3 450	448 500	16 900	11 902 500
2017 年	125	3 300	412 500	15 625	10 890 000
2018 年	145	3 550	514 750	21 025	12 602 500
2019 年	150	3 650	547 500	22 500	13 322 500
2020 年	135	3 400	459 000	18 225	11 560 000
2021 年	140	3 500	490 000	19 600	12 250 000
2022 年	135	3 550	479 250	18 225	12 602 500
2023 年	150	3 600	540 000	22 500	12 960 000
$n=8$	$\sum x=1\ 110$	$\sum y=28\ 000$	$\sum xy=3\ 891\ 500$	$\sum x^2=154\ 600$	$\sum y^2=98\ 090\ 000$

将 a 、b 代入公式，得出结果：

$Y = a + bx = 1\ 965.43 + 11.06 \times = 1\ 965.43 + 11.06 \times 155 = 3\ 679.73$（吨）

二、销售定价管理

（一）销售定价管理的含义

销售定价管理是指在调查分析的基础上，选用合适的产品定价方法，为销售的产品制定最为恰当的售价，并根据具体情况运用不同价格策略，以实现经济效益最大化的过程。

企业销售各种产品都必须确定合理的产品销售价格。产品价格的高低直接影响销售量的大小，进而影响企业的盈利水平。单价水平过高，导致销售量降低，如果达不到盈亏平衡点，企业就会亏损；单价水平过低，虽然会起到促销作用，但单位毛利的降低，会使企业的盈利水平下降。因此，产品销售价格的高低，价格策略运用得恰当与否，都会影响企业正常的生产经营活动，甚至影响企业的生存和发展。进行良好的销售定价管理，可以使企业的产品更富有吸引力，扩大市场占用率，提高企业的相对竞争地位。

（二）影响产品价格的因素

1. 价值因素

价格是价值的货币表现，价值的大小决定着价格的高低，而价值量的大小又是由生产产品的社会必要劳动时间决定的。因此，提高社会劳动生产率、缩短生产产品的社会必要劳动时间，可以相对地降低产品价格。

2. 成本因素

成本是影响定价的基本因素。企业必须获得可以弥补已发生成本费用的足够多的收入，才能长期生存发展下去。虽然短期内的产品价格有可能会低于其成本，但从长期来看，产品价格应等于总成本加上合理的利润，即产品售价必须足以补偿全部的生产、管理、营销成本，并为企业提供合理的利润，否则企业无利可图，难以长久生存。

3. 市场供求因素

市场供求变动对价格的变动具有重大影响。当一种产品的市场供应关于需求时，就会对其价格产生向下的压力；而当其供应小于需求时，则会推动价格的提升。市场供求关系是永远矛盾的两方面，因此，产品价格也会不断地波动。

4. 竞争因素

市场竞争程度的不同，对定价的影响也不同。竞争越激烈，对价格的影响也越大。在完全竞争的市场上，企业几乎没有定价的主动权，只能接受市场价格。定价管理的核心是在产品价格既定的条件下，依据“边际收入与边际成本相等时，企业的利润最大化”的原则，决定预期实现最大化利润的产销水平；在不完全竞争的市场上，竞争的强度主要取决于产品生产的难易和供求形势。为了做好定价决策，企业必须充分了解竞争者的情况，最重要的是竞争对手的定价策略。

5. 政策法规因素

各个国家对市场物价的高低和变动都有限制和法律规定，同时国家会通过财政政策、货币政策等手段间接调节价格。企业在制定定价策略时一定要很好地了解本国及所在国有关方面的政策和法规。

（三）企业的定价目标

定价目标是指企业在一定的经营环境中，制定产品价格，通过价格效用实现企业预期的经营目标。要使销售定价管理卓有成效，企业必须制定与战略目标相匹配、切实可行的定价目标，以明确定价管理的方向，并用于指导选择适合的定价方法和价格运用策略。企业自身的实际情况及所面临的外部环境不同，企业的定价目标也多种多样。企业的定价目标主要有以下几个：

1. 实现利润最大化

企业通常会为产品制定一个较高的价格，从而提高产品单位利润率，最终实现企业利润最大化。实现利润最大化这一目标适用于在市场中处于领先或垄断地位的企业，或者在行业竞争中具有很强的竞争优势，并能长时间保持这种优势的企业。

2. 保持或提高市场占有率

市场占有率是指企业产品销售额在同类产品市场销售总额中所占的比重，其大小在一定程度上反映了企业的经营状况和竞争实力。企业以保持或提高市场占有率为定价目标，目的是使产品价格有利于销售收入的提高，企业利润得到有效保障，并且可以有效打击竞争对手，这是一种注重企业长期经营利润的做法。企业为了实现这一目标，其产品价格往往需要低于同类产品价格，以较低的价格吸引客户，逐步扩大市场份额，但在短期内可能要牺牲一定的利润空间。因此，这种定价目标要求企业具有潜在的生产经营能力，总成本的增长速度低于总销量的增长速度，商品的需求价格弹性较大，即适用于能够薄利多销的企业。

3. 稳定市场价格

为了长期稳定地占领市场，行业中能左右市场价格的一些大企业，往往希望价格稳定，在稳定的价格中获取稳定的利润。通常做法是由行业中的领导企业制定一个价格，其他企业的价格则与之保持一定的比例关系，无论是大企业，还是中小企业都不会随便降价。其优点是创造了一个相对稳定的市场环境，避免过度竞争产生两败俱伤的负面效应，减少风险，使企业能够以稳定的价格获得比较稳定的利润。这种定价方式通常适用于产品标准化的行业，如钢铁制造业等。

4. 应对和避免竞争

企业参照对市场有决定性影响的竞争对手的产品价格变动情况，随时调整本企业产品价格。当竞争对手维持原价时，企业也保持原价；竞争对手改变价格时，企业也相应地调整价格，但是企业不会主动调整价格。这种定价方法主要适用于中小型企业。在激烈的价格竞争中，中小型企业没有足够实力对价格进行干预，为了避免在竞争中被淘汰，必须与市场行情保持一致。

5. 树立企业形象及产品品牌

企业形象及产品品牌是企业在经营中创造的重要无形资产。而价格是企业竞争的一种手段，体现了企业产品的定位，在一定程度上能反映企业形象和产品形象。以树立企业形象及产品品牌为定价目标主要有两种情况：一是树立优质高价形象。某些品牌产品具有较高的质量的认知价值，会被某一客户群所认同和接受。企业在定价时，可以不拘泥于实际成本，而是制定一个较高的价格，产生一种品牌的增值效应。采用这种策略，不但可以使企业获得高额利润，而且还能够满足消费者的心理需求。二是树立大众化平价形象。企业通过大众化的平价定位树立较好的企业形象，吸引大量的普通消费者，以扩大销量，获得利润。

（四）产品定价方法

产品定价方法主要包括以成本为基础的定价方法和以市场需求为基础的定价方法两大类。

1. 以成本为基础的定价方法

在企业成本范畴中，基本上有三种成本可以作为定价基础，即变动成本、制造成本和全部成本费用。

变动成本是指在特定的业务量范围内，其总额会随业务量的变动而变动的成本。变动成本可以作为增量产量的定价依据，但不能作为一般产品的定价依据。

制造成本是指企业为生产产品或提供劳务等发生的直接费用支出，一般包括直接材料、直接人工和制造费用。由于它不包括各种期间费用，因此不能正确反映企业产品的真实价值消耗和转移。利用制造成本定价不利于企业简单再生产的继续进行。

全部成本费用是指企业为生产、销售一定种类和数量的产品所发生的所有成本和费用总额，包括制造成本和管理费用、销售费用及财务费用等各种期间费用。在全部成本费用基础上制定价格，既可以保证企业简单再生产的正常进行，又可以使劳动者为社会劳动所创造的价值得以全部实现。

（1）全部成本费用加成定价法

全部成本费用加成定价法就是在全部成本费用的基础上，加合理利润来定价的方法。合理利润在工业企业一般是根据成本利润率来确定的，而在商业企业一般是根据销售利润率来确定的。

在考虑税金的情况下，有关计算公式如下：

①成本利润率定价

$$成本利润率=\frac{预测利润总额}{预测成本总额}\times 100\%$$

$$单位产品价格=\frac{单位成本\times（1+成本利润率）}{1-适用税率}$$

②销售利润率定价

$$销售利润率=\frac{预测利润总额}{预测销售总额}\times 100\%$$

$$单位产品价格=\frac{单位成本}{1-销售利润率-适用税率}$$

上述公式中，单位成本是指单位全部成本费用，可以用单位制造成本加上单位产品负担的期间费用来确定。

【例 7-6】某企业生产甲产品，预计单位产品的制造成本为 125 元，计划销售 10 000 件，计划期的期间费用总额为 1 600 000 元，该产品适用的消费税税率为 5%。成本利润率必须达到 20%。根据上述资料，运用全部成本费用加成定价法测算的单位甲产品的价格应为

$$单位甲产品价格=\frac{\left(125+\dfrac{1\ 600\ 000}{10\ 000}\right)\times(1+20\%)}{1-5\%}=360（元）$$

全部成本费用加成定价法可以保证全部生产耗费得到补偿，但它很难适应市场需求的变化，往往导致定价过高或过低。并且，当企业生产多种产品时，间接费用难以准确分摊，从而导致定价不准确。

（2）保本点定价法

保本点定价法的基本原理，是按照刚好能够保本的原理来制定产品销售价格的方法。保本点定价法即能够保持既不盈利也不亏损的销售价格水平，采用这一方法确定的价格是最低销售价格。其计算公式如下：

$$单位产品价格=\frac{单位固定成本+单位变动成本}{1-适用税率}=\frac{单位完全成本}{1-适用税率}$$

【例 7-7】某企业生产乙产品，本期计划销售量为 10 000 件，应负担的固定成本总额为 300 000 元，单位变动成本为 84 元，适用的消费税税率为 5%。根据上述资料，运用保本点定价法测算的单位乙产品的价格应为

$$单位乙产品价格=\frac{\dfrac{300\ 000}{10\ 000}+84}{1-5\%}=120（元）$$

（3）目标利润法

目标利润是指企业在预定时期内应实现的利润水平。目标利润定价法是根据预期目标利润和产品销售量、产品成本、适用税率等因素来确定产品销售价格的方法。其计算公式如下：

$$单位产品价格=\frac{目标利润总额+完全成本总额}{产品销量\times(1-适用税率)}$$
$$=\frac{单位目标利润+单位完全成本}{1-适用税率}$$

【例 7-8】某企业生产丙产品，本期计划销售量为 10 000 件，目标利润总额为 380 000 元，完全成本总额为 570 000 元，适用的消费税税率为 5%。根据上述资料，运用目标利润法测算的单位丙产品的价格应为

$$单位丙产品价格=\frac{380\ 000+570\ 000}{10\ 000\times(1-5\%)}=100（元）$$

（4）变动成本定价法

变动成本定价法是指企业在生产能力有剩余的情况下增加生产一定数量的产品，这些增加的产品可以不负担企业的固定成本，只负担变动成本，在确定价格时产品成本仅以变动成本计算的方法。此处所指变动成本是指完全变动成本，包括变动制造成本和变动期间费用。其计算公式如下：

$$单位产品价格=\frac{单位变动成本\times(1+成本利润率)}{1-适用税率}$$

【例 7-9】某企业生产丁产品，设计生产能力为 12 000 件，计划生产 10 000 件，预计

单位变动成本为 90 元，计划期的固定成本费用总额为 1 000 000 元，该产品适用的消费税税率为 5%，成本利润率必须达到 20%。假定本年度接到一额外订单，订购 1 000 件丁产品，单价 200 元。请问：该企业计划内产品单位价格是多少？是否应接受这一额外订单？

根据上述资料，企业计划内生产的产品价格为

$$计划内单位丁产品价格=\frac{\left(\frac{1\ 000\ 000}{10\ 000}+90\right)\times(1+20\%)}{1-5\%}=240（元）$$

追加生产 1 000 件的单位变动成本为 90 元，则：

$$计划外单位丁产品价格=\frac{90\times(1+20\%)}{1-5\%}=114（元）$$

因为额外订单单价高于其按变动成本计算的价格，故应接受这一额外订单。

2. 以市场需求为基础的定价方法

以成本为基础的定价方法，主要关注企业的成本状况而不考虑市场需求状况，因而运用这种方法制定的产品价格不一定能满足企业销售收入或利润最大化的要求。最优价格应是企业取得最大销售收入或利润时的价格。以市场需求为基础的定价方法可以契合这一要求，主要有需求价格弹性系数定价法和边际分析定价法等。

（1）需求价格弹性系数定价法

产品在市场上的供求变动关系，实质上体现在价格的刺激和制约作用上。需求增加导致价格上升，刺激企业生产；而需求减少，则会引起价格下降，从而缩小企业的生产规模。从另一个角度看，企业也可以根据这种关系，通过价格的升降来作用于市场需求。在其他条件不变的情况下，某种产品的需求量随其价格的升降而变动的程度，就是需求价格弹性系数。其计算公式如下：

$$E=\frac{\Delta Q\div Q_0}{\Delta P\div P_0}$$

式中，E 表示某种产品的需求价格弹性系数，ΔP 表示价格变动量，ΔQ 表示需求变动量，P_0 表示基期单位产品价格，Q_0 表示基期需求量。

运用需求价格弹性系数确定产品的销售价格时，其基本计算公式如下：

$$P=\frac{P_0\,Q_0^{(1\div|E|)}}{Q^{(1\div|E|)}}$$

式中，P_0 表示基期单位产品价格，Q_0 表示基期销售数量，E 表示需求价格弹性系数，P 表示单位产品价格，Q 表示预计销售数量。

【例 7-10】某企业生产销售戊产品，2022 年前三个季度中，实际销售价格和销售数量如表 7-5 所示。若企业在第四季度要完成 5 000 件的销售任务，那么销售价格应为多少？

表 7-5　某企业戊产品 2022 年前三个季度销售价格和销售数量

项目	第一季度	第二季度	第三季度
销售价格/元	750	850	900
销售数量/件	4 232	4 317	4 788

根据上述资料，戊产品的销售价格的计算过程为

$$E_1=\frac{(4\ 317-4\ 232)\div 4\ 232}{(850-750)\div 750}=\frac{0.020\ 1}{0.133\ 3}=0.15$$

$$E_2=\frac{(4\ 788-4\ 317)\div 4\ 317}{(900-850)\div 850}=\frac{0.109\ 1}{0.058\ 8}=1.85$$

$$E=\frac{E_1+E_2}{2}=\frac{0.15+1.85}{2}=1$$

$$|E|=1$$

$$P=\frac{P_0\ Q_0^{(1\div|E|)}}{Q^{(1\div|E|)}}=\frac{900\times 4\ 788^{(1\div 1)}}{5\ 000^{(1\div 1)}}=861.84(\text{元})$$

即第四季度要完成 5 000 件的销售任务，其单位产品的销售价格为 861.84 元。

（2）边际分析定价法

边际分析定价法，是指基于微分极值原理，通过分析不同价格与销售量组合下的产品边际收入、边际成本和边际利润之间的关系，进行定价决策的一种定量分析方法。

边际是指每增加或减少一个单位所带来的差异。那么，产品边际收入、边际成本和边际利润就是指销售量每增加或减少一个单位所形成的收入、成本和利润的差额。按照微分极值原理，如果利润函数的一阶导数等于零，即边际利润等于零，边际收入等于边际成本，那么，利润将达到最大值。此时的价格就是最优销售价格。

当收入函数和成本函数均可微分时，直接对利润函数求一阶导数，即可得到最优售价；当收入函数或成本函数为离散型函数时，可以通过列表法，分别计算各种价格与销售量组合下的边际利润，那么，在边际利润大于或等于零的组合中，边际利润最小时的价格就是最优售价。

（五）价格运用策略

企业之间的竞争在很大程度上表现为企业产品在市场上的竞争。市场占有率的大小是衡量产品市场竞争能力的主要指标。除了提升产品质量之外，企业可以根据具体情况合理运用不同的价格策略，有效地提高产品的市场占有率和企业的竞争能力。其中，主要的价格运用策略有以下几种：

1. 折让定价策略

折让定价策略是指在一定条件下，以降低产品的销售价格来刺激购买者，从而达到扩大产品销售量的目的。价格的折让主要表现是价格折扣，主要有现金折扣、数量折扣、团购折扣、预购折扣、季节折扣等。现金折扣，是指企业为了提高结算保障，对在一定期限内付款的购买者给予的折扣，即购买方如果在企业规定的期限内付款，企业就给予购买方一定的折扣。数量折扣，是指企业对大量购买或集中购买本企业产品的购买方给予的一种折扣优惠。一般来讲，购买量越多、金额越大，折扣也越大。团购折扣，是指通过团购集合足够人数，便可以优惠价格购买或使用第三方公司的物品、优惠券或服务。预购折扣，是指对预先向企业订购或购买产品进行折扣。例如提前预订机票，提前预订旅游产品等。季节折扣是企业给予非季节性热销商品的购买者提供的一种价格优惠。

2. 心理定价策略

心理定价策略是指针对购买者的心理特点而采取的一种定价策略，主要有声望定价、尾数定价、双位定价和高位定价等。声望定价，是指企业按照其产品在市场上的知名度和消费者的信任程度来制定产品价格的一种方法。一般地，声望越高，价格越高，这就是产品的“名牌效应”。尾数定价，即在制定产品价格时，价格的尾数取接近整数的小数（如199.9元）或带有一定谐音的数（158元）等。它一般只适用于价值较小的中低档日用消费品定价。双位定价，是指在向市场以挂牌价格销售时，采用两种不同的标价来促销的一种定价方法。例如，某产品标明“原价158元，现促销价99元”。这种策略适用于市场接受程度较低或销路不太好的产品。高位定价，即根据消费者“价高质优”的心理特点实行高标价促销的方法。但高位定价的产品必须是优质产品，不能弄虚作假。

3. 组合定价策略

组合定价策略是针对相关产品组合所采取的一种方法。它根据相关产品在市场竞争中的不同情况，使互补产品价格有高有低，或使组合售价更加优惠。对于具有互补关系的相关产品，企业可以采取降低部分产品价格而提高互补产品价格的方式，以促进销售，提高整体利润，如便宜的整车与高价的配件等。对于具有配套关系的相关产品，企业可以对组合购买给予优惠，比如西服套装中的上衣和裤子等。组合定价策略可以扩大销售量、节约流通费用，有利于企业整体效益的提高。

4. 寿命周期定价策略

寿命周期定价策略是根据产品从进入市场到退出市场的生命周期，分阶段确定不同价格的定价策略。产品在市场中的寿命周期一般分为推广期、成长期、成熟期和衰退期。在推广期，产品需要获得消费者的认同，企业想要进一步占有市场，就应采用低价促销策略；在成长期，产品有了一定的知名度，销售量稳步上升，企业可以采用中等价格；在成熟期，产品市场知名度最大，企业可以采用高价促销，但由于市场需求接近饱和，竞争激烈，企业在定价时必须考虑竞争者的情况，以保持现有市场销售量；在衰退期，产品市场竞争力下降，销售量下滑，企业应该降价促销或维持现价并辅之以折扣等其他手段，积极开发新产品，保持企业的市场竞争优势。

第二节　纳税管理

一、纳税管理概述

（一）纳税管理

纳税管理，是指企业对其涉税业务和纳税实务所实施的研究和分析、计划和筹划、监控和处理、协调和沟通、预测和报告全过程管理行为。纳税管理的目标是规范企业纳税行为、合理降低税收支出、有效防范纳税风险。纳税管理贯穿于投资、筹资、营运和分配等财务管理各项活动中，成为现代财务管理的重要内容。

（二）纳税筹划

纳税筹划，是指在纳税行为发生之前，在不违反税法及相关法律法规的前提下，对纳税主体的投资、筹资、营运及分配行为等涉税事项作出事先安排，以实现企业财务管理目标的一系列谋划活动。纳税筹划的外在表现是降低税负和延期纳税。

（三）纳税筹划的原则

企业的纳税筹划必须遵循以下原则：

1. 合法性原则

合法性原则是纳税筹划必须坚持的首要原则。企业开展纳税筹划必须遵守国家的各项法律法规，这是纳税筹划与逃税、抗税和骗税等行为的本质区别。由于税收法律法规和各项优惠政策会随着社会经济发展变化而不断地进行调整和修订，为了保持纳税筹划的合法性，筹划者要时刻关注国家税收法律法规和税收优惠政策的变化情况。

2. 系统性原则

纳税筹划的系统性原则，也称为整体性原则、综合性原则。一方面，企业纳税筹划的方案设计必须遵循系统观念，要将筹划活动置于财务管理的大系统下，与企业的投资、筹资、营运及分配策略相结合。另一方面，企业需要缴纳的税种之间常常相互关联，一种税的节约可能引起另一种税的增加，纳税筹划要求企业必须从整体角度考虑纳税负担，在选择纳税方案时，要着眼于整体税负的降低。

3. 经济性原则

纳税筹划的经济性原则，也称成本效益原则。纳税筹划方案的实施，在为企业带来税收利益的简时，必然发生相应的成本支出。由于纳税筹划的目的是追求企业长期财务目标而非单纯的税负最轻，因此，企业在进行纳税筹划相关的决策时，必须进行成本效益分析，选择净收益最大的方案。

4. 先行性原则

纳税筹划的先行性原则，是指筹划策略的实施通常在纳税义务发生之前。在经济活动中，纳税人可以根据税法及相关法规对各种经济事项的纳税义务进行合理预测，从中选择有利的筹划策略。如果纳税义务已经发生，根据税收法定原则，相应的纳税数额和纳税时间已经确定，纳税筹划就失去了作用空间。因此，企业进行税务管理时，要对企业的筹资、投资、营运和分配活动等进行事先筹划和安排，尽可能减少应税行为的发生，降低企业的纳税负担，从而实现纳税筹划的目的。

（四）纳税筹划的方法

1. 减少应纳税额

税收由国家权力强制执行，对企业而言，纳税义务的产生必然会带来企业现金的流出和费用的增加，因此，纳税筹划的首要目的是在合法、合理的前提下减少企业的纳税义务。应纳税额的减少可以节约企业的费用和减少现金支出，从而提高企业的资本回报率和现金周转效率。企业可以通过利用税收优惠政策筹划法或转让定价筹划法来实现减少应纳税额的目标。

（1）利用税收优惠政策筹划法。利用税收优惠政策筹划法，是指纳税人凭借国家税法规定的优惠政策进行纳税筹划的方法。税收优惠政策是指税法对某些纳税人和征税对象给予鼓励和照顾的一种特殊规定。具体来说，税收优惠政策是指国家为了扶持某些特定产业、行业、地区、企业和产品的发展，或者为了对某些有实际困难的纳税人给予照顾，在税法中作出的某些特殊规定，例如，免除其应缴的全部或部分税款，或按照其缴纳税款的一定比例给予返还等，从而减轻其税收负担。

从税制构成角度来看，利用税收优惠进行纳税筹划主要是指利用免税政策、减税政策、退税政策、税收扣除政策、税率差异、分劈技术以及税收抵免等税收优惠政策。

（2）转让定价筹划法。转让定价筹划法，主要是指通过关联企业采用非常规的定价方式和交易条件进行的纳税筹划。

转让定价指在经济活动中，有经济联系的企业各方为了转移收入、均摊利润或转移利润而在交换或买卖过程中，不是依照市场买卖规则和市场价格进行交易，而是根据他们之间的共同利益或为了最大限度地维护他们之间的收入而进行的产品或非产品转让。在这种转让中，根据双方的意愿，产品的转让价格可高于或低于市场上由供求关系决定的价格，以达到少纳税甚至不纳税的目的。

为了保证利用转让定价进行纳税筹划的有效性，筹划时应该注意三点：一是要进行成本效益分析；二是价格的波动应在一定的范围之内，否则税务机关有权对转让价格进行合理调整；三是纳税人可以运用多种方法进行全方位的、系统的筹划安排。

2. 递延纳税

考虑到货币时间价值和通货膨胀因素，纳税筹划的另一个思路是递延纳税。递延纳税是指在合法、合理的情况下，纳税人将应纳税款推迟一定期限的方法。延期纳税虽然不会减少纳税人纳税的绝对总额，但由于货币具有时间价值，递延纳税法可以使应纳税额的现值减小。

采用有利的会计处理方法是企业实现递延纳税的一个重要途径，主要包括存货计价和固定资产折旧的方法选择等。

二、企业筹资纳税管理

按筹资来源划分，企业筹资可划分为内部筹资和外部筹资。内部筹资源于企业内部，以积累的留存收益为主；外部筹资源于企业外部，又可分为债务筹资和股权筹资。

（一）内部筹资纳税管理

企业通常优先使用内部资金来满足资金需求，内部资金是企业已经持有的资金，并且无须花费筹资费用，与外部股权筹资相比，其资本成本更低；与债务筹资相比，内部筹资降低了企业的财务风险。从税收角度来看，内部筹资虽然不能减少企业的所得税负担，但若将这部分资金以股利分配的形式发放给股东，股东会承担双重税负；若将这部分资金继续留在企业内部获取投资收益，投资者可以享受递延纳税带来的收益，股东也会因此受惠。

（二）外部筹资纳税管理

内部筹资一般不能满足企业的全部资金需求，因此，企业还需要通过增加债务或权益资金进行外部筹资，这涉及资本结构管理问题。关于资本结构的理论有很多，其中的权衡理论认为，有负债企业的价值是无负债企业价值加上抵税收益的现值，再减去财务困境成本的现值。其表达式如下：

$$V_L = V_U + PV(\text{利息抵税}) - PV(\text{财务困境成本})$$

式中，V_L 表示有负债企业的价值，V_U 表示无负债企业的价值，PV(利息抵税) 表示利息抵税的现值，PV(财务困境成本) 表示财务困境成本的现值。

在目标资本结构的范围内，企业会优先使用负债融资，这是因为企业价值由企业未来经营活动现金流量的现值决定，负债融资的利息可以在计算应纳税所得额时予以扣除，这就减轻了企业的纳税负担，减少了企业经营活动现金流出量，增加了企业价值。在债务利息率不变的情况下，企业财务杠杆越高，企业所取得的节税收益越大，但过高的财务杠杆可能会使企业陷入财务困境，出现财务危机甚至破产，从而带来企业价值的损失。纳税筹划的最终目的是企业财务管理目标的实现而非税负最小化。因此，企业在进行债务筹资纳税筹划时必须要考虑企业的财务困境成本，选择适当的资本结构。

对股东而言，采用债务筹资的好处不仅仅在于节税效应，更重要的是固定性融资成本所带来的财务杠杆效应。当且仅当总资产收益率（息税前）大于债务利息率时，负债筹资才能给股东带来正的财务杠杆效应，有利于股东财富的增加。当总资产收益率（息税前）小于债务利息率且大于零时，产权比率越大，节税收益越大，但股东财富的减少幅度也越大。因此，从股东财富最大化视角考虑，使用债务筹资进行纳税筹划必须满足总资产收益率（息税前）大于债务利息率的前提条件。

综上可知，使用债务筹资的确可以带来节税收益，增加企业价值，但出于财务管理目标的考虑，在采用债务筹资方式筹集资金时，企业不仅要将资本结构控制在相对安全的范围内，还要确保总资产收益率（息税前）大于债务利息率。

三、企业投资纳税管理

（一）直接投资纳税管理

按投资方向来划分，直接投资纳税管理可以划分为直接对外投资纳税管理和直接对内投资纳税管理。

1. 直接对外投资纳税管理

企业的直接对外投资，主要包括企业联营、合营和设立子公司等行为。这类投资规模较大，选择范围广，存在较为广阔的纳税筹划空间，纳税人可以在投资组织形式、投资行业、投资地区和投资收益取得方式的选择上进行筹划。

（1）投资组织形式的纳税筹划。

①公司制企业与合伙制企业的选择。目前我国对公司制企业和合伙制企业在所得税的纳税规定上有所不同，公司的营业利润在分配前课征企业所得税，当税后利润作为股息分配给个人股东时，股东还要缴纳个人所得税，因此，股东面临着双重税收问题。而合伙制企业不缴纳企业所得税，只课征各个合伙人分得收益的个人所得税。

②子公司与分公司的选择。企业发展到一定规模后，可能需要建立分公司或子公司。从税法上看，子公司需要独立申报企业所得税，分公司的企业所得税由总公司汇总计算并缴纳。根据企业分支机构可能存在的盈亏不均、税率差别等因素来决定分支机构的设立形式，能合法、合理地降低税收成本。

【例 7-11】甲公司为扩大市场份额，计划 2022 年在 A 地设立销售代表处。由于竞争对手众多，在未来 3 年内，A 销售代表处可能处于持续亏损状态，预计第一年将亏损 500

万元，同年总部将盈利 800 万元。要求计算并分析甲公司是设立分公司还是设立子公司对企业发展更有利。不考虑应纳税所得额的调整因素，企业所得税税率为 25%。

根据上述资料，分析如下：

第一种情况：设采取子公司形式设立 A 销售代表处，则 2020 年企业总部应缴所得税为 800×25%＝200（万元）。

A 分支机构当年亏损，所以不需要缴纳所得税，其亏损额需要留至下一年度税前弥补。

第二种情况：设采取分公司形式设立 A 销售代表处，则 2020 年企业总部应缴所得税为（−500+800）×25%＝75（万元）。

通过上述分析可知，如果将 A 销售代表处设立为分公司，则 A 销售代表处的亏损在发生当年就可以由公司总部弥补，与设立为子公司相比较，甲公司获得了提前弥补亏损的税收利益；如果将 A 销售代表处设立为子公司形式，则其经营初期的亏损只能由以后年度的盈余弥补。此外，由于预计在未来 3 年内，A 销售代表处可能都会面临亏损，如果将其设立为子公司，A 销售代表处面临着不能完全弥补亏损的风险，可能会失去弥补亏损的抵税收益。因此，将 A 销售代表处设立为分公司对甲公司更为有利。

（2）投资行业的纳税筹划。我国不同行业的税收负担不同，在进行投资决策时，应尽可能选择税收负担较轻的行业。

（3）投资地区的纳税筹划。由于世界各国以及我国不同地区的税负各有差异，企业在选择注册地点时，应考虑不同地区的税收优惠政策。

（4）投资收益取得方式的纳税筹划。企业的投资收益由股息红利和资本利得两部分组成，但这两种收益的所得税税务负担不同。企业卖出股份所取得的投资收益则需要缴纳企业所得税。因此，在选择回报方式时，投资企业可以利用其在被投资企业中的地位，使被投资企业进行现金股利分配，这样可以减少投资企业取得投资收益的所得税税务负担。

2. 直接对内投资纳税管理

直接对内投资，是指在本企业范围内的资金投放，用于购买和配置生产经营所需的生产资料，这里主要对长期经营资产进行纳税筹划。虽然长期经营性投资会涉及流转税和所得税，但固定资产投资由企业战略和生产经营的需要决定，且税法对固定资产的涉税事项处理均有详细的规定，在投资环节的纳税筹划较少。无形资产投资方面，为支持企业科技创新，2018 年 9 月财政部提高了研发费用税前加计扣除比例①，即企业开展研发活动中实际发生的研发费用，未形成无形资产计入当期损溢的，在按规定据实扣除的基础上，在 2018 年 1 月 1 日至 2020 年 12 月 31 日期间，再按照实际发生额的 75%在税前加计扣除；形成无形资产的，在上述期间按照无形资产成本的 175%在税前摊销。因此，企业在具备相应的技术和资金实力时，应该进行自主研发，从而享受加计扣除优惠。

（二）间接投资纳税管理

间接投资又称证券投资，是指企业用资金购买股票、债券、基金等金融资产，而不直接参与其他企业生产经营管理的一种投资活动。与直接投资相比，间接投资考虑的税收因

① 详见《关于提高研究开发费用税前加计扣除比例的通知》（财税〔2018〕99 号）。

素较少，但也有纳税筹划的空间。在投资金额一定时，证券投资决策的主要影响因素是证券的投资收益，不同种类证券所得的收益应纳所得税不同，在投资决策时，企业应该考虑其税后收益。因此，纳税人应该密切关注税收法规，及时利用税法在投资方面的优惠政策进行纳税筹划。

四、企业营运纳税管理

企业的营运活动主要是指企业的日常经营活动，通常包括采购环节、生产环节和销售环节，会产生流转税纳税义务。企业的营运活动会导致收入的实现，从而产生所得税纳税义务。因此，企业在进行纳税筹划时要综合考虑企业流转税和所得税，以实现企业价值最大化。在“营改增”背景下，增值税将成为最主要的流转税种，由于制造业企业营运活动覆盖范围更广，因此，这里以工业企业为例来说明生产经营活动中增值税和所得税的纳税管理。

（一）采购的纳税管理

采购主要影响流转税中的增值税进项税额，企业可以从以下四个方面进行纳税筹划：

1. 增值税纳税人的纳税筹划

增值税纳税人分为一般纳税人和小规模纳税人，我国税务机关对两类纳税人采用不同的增值税征收办法，由此会产生相应的税负差别。某些处于生产经营初期的纳税人，由于其经营规模较小，可以选择成为一般纳税人或小规模纳税人，故存在纳税人身份的纳税筹划问题。增值税一般纳税人以不含税的增值额为计税基础，小规模纳税人以不含税销售额为计税基础，在销售价格相同的情况下，税负的高低主要取决于增值率的大小。一般来说，增值税税率高的企业，适宜作为小规模纳税人；反之，适宜作为一般纳税人。当增值税税率达到某一数值时，两类纳税人的税负相同，这一数值被称为无差别平衡点增值率，其计算过程如下：

设 x 为增值率，S 为不含税销售额，P 为不含税购进额，假定一般纳税人适用的增值税税率为 a，小规模纳税人的征收率为 b，则：

$$\text{增值率 } x=(S-P)\div S$$

$$\text{一般纳税人应纳增值税 }=S\times a-P\times a=Sx\times a$$

$$\text{小规模纳税人应纳增值税 }=S\times b$$

令：$Sx\times a=S\times b$

得：$x=b\div a$

由以上计算可知，一般纳税人与小规模纳税人的无差别平衡点的增值率为 $b\div a$，当一般纳税人适用的增值税税率[①]为 13%，小规模纳税人增值税的征收率为 3%时，所计算出的无差别平衡点增值率为 23.08%。若企业的增值率等于 23.08%，选择成为一般纳税人或小规模纳税人在税负上没有差别，其应纳增值税额相同。若企业的增值率小于 23.08%，

① 按照《关于深化增值税改革有关政策的公告》规定，增值税一般纳税人（以下简称纳税人）发生增值税应税销售行为或者进口货物，原适用 16%税率的，税率调整为 13%；原适用 10%税率的，税率调整为 9%。

选择成为一般纳税人税负较轻；反之，选择小规模纳税人较为有利。

2. 购货对象的纳税筹划

企业从不同类型的纳税人处采购货物，所承担的税收负担也不一样。一般纳税人从一般纳税人处采购的货物，增值税进项税额可以抵扣。一般纳税人从小规模纳税人处采购的货物，增值税不能抵扣（由税务机关代开的除外）。为了弥补购货人的损失，小规模纳税人有时会在价格上给予优惠，在选择购货对象时，要综合考虑由于价格优惠所带来的成本的减少和不能抵扣的增值税带来的成本费用的增加。

【例 7-12】甲企业为生产并销售 A 产品的增值税一般纳税人，适用的增值税税率为 13%。现有 X、Y、Z 三家公司可以为其提供生产所需原材料，其中 X 为一般纳税人，且可以提供增值税专用发票，适用的增值税税率为 13%；Y 为小规模纳税人，可以委托税务机关开具增值税税率为 3%的发票；Z 为个体工商户，目前只能出具普通发票。X、Y、Z 三家公司提供的原材料质量无差别，所提供的每单位原材料的含税价格分别为 135. 60 元、125. 66 元和 119 元。A 产品的单位含税售价为 226 元，已知城市维护建设税税率为 7%，教育费附加税率为 3%，企业所得税税率为 25%。从利润最大化角度考虑，甲企业应该选择哪家公司作为原材料供应商?

A 产品的不含税单价＝226÷（1+13%）＝200（元）

每单位 A 产品的增值税销项税额＝200×13%＝26（元）

甲企业的购货方式不会影响企业的期间费用，所以在以下计算过程中省略期间费用。

（1）从 X 处购货。

单位成本＝135. 60÷（1+13%）＝120（元）

可以抵扣的增值税进项税额＝120×13%＝15. 60（元）

应纳增值税＝26－15. 60＝10. 40（元）

税金及附加＝10. 40×（7%+3%）＝1. 04（元）

单位产品税后利润＝（200－120－1. 04）×（1－25%）＝59. 22（元）

（2）从 Y 处购货。

单位成本＝125. 66÷（1+3%）＝122（元）

可以抵扣的增值税进项税额＝122×3%＝3. 66（元）

应纳增值税＝26－3. 66＝22. 34（元）

税金及附加＝22. 34×（7%+3%）＝2. 234（元）

单位产品税后利润＝（200－122－2. 234）×（1－25%）＝56. 824 5（元）

（3）从 Z 处购货。

单位成本＝119 元

可以抵扣的增值税进项税额＝0

应纳增值税＝26 元

税金及附加＝26×（7%+3%）＝2. 6（元）

单位产品税后利润＝（200－119－2. 6）×（1－25%）＝58. 8（元）

由上可知，在一般纳税人处购买原材料所获利润最大，所以应该选择 X 公司作为原材料供应商。

3. 结算方式的纳税筹划

结算方式包括赊购、现金、预付等。在价格无明显差异的情况下，采用赊购方式不仅可以获得推迟付款的好处，还可以在当期抵扣进项税额；采用预付方式时，不仅要提前支付货款，在付款的当期如果未取得增值税专用发票，相应的增值税进项税额不能被抵扣。因此，在购货价格无明显差异时，要尽可能选择赊购方式。在三种购货方式的价格有差异的情况下，需要综合考虑货物价格、付款时间和进项税额抵扣时间。

4. 增值税专用发票管理

根据进项税额抵扣时间的规定，对于取得防伪税控系统开具的增值税专用发票，纳税人应及时使用增值税发票选择确认平台确认需要抵扣的增值税发票电子信息①。购进的多用途物资应先进行网上确认再抵扣，待转为非应税项目时再作进项税额转出处理，以防止非应税项目物资转为应税项目时，由于超过发票确认时间而不能抵扣其进项税额。

（二）生产的纳税管理

企业生产过程实际上是各种原材料、人工工资和相关费用转移到产品的全过程，可以从以下三个方面进行纳税筹划：

1. 存货计价的纳税筹划

虽然从长期看来，存货的计价方法不会对应纳增值税总额产生影响，但纳税人可以通过采用不同的存货计价方法来改变销售成本，继而改变所得税纳税义务在时间上的分布来影响企业价值。

如果预计企业将长期盈利，则存货成本可以最大限度地在本期所得额中税前扣除，应选择使本期存货成本最大化的存货计价方法；如果预计企业将亏损或者企业已经亏损，选择的计价方法必须使亏损尚未得到完全弥补的年度的成本费用降低，尽量使成本费用延迟到以后能够完全得到抵补的时期，才能保证成本费用的抵税效果最大化。如果企业正处于所得税减税或免税期间，就意味着企业获得的利润越多，得到的减免税额越多，因此，应该选择减免税期间内存货成本最小化的计价方法，减少企业的当期摊入，尽量将存货成本转移到非税收优惠期间。相反，当企业处于非税收优惠期间时，应选择使存货成本最大化的计价方法，以达到减少当期应纳税所得额、延迟纳税的目的。

2. 固定资产的纳税筹划

推迟利润的实现以获取货币的时间价值并不是固定资产纳税筹划的最终目的，不同税收政策的企业、不同盈利状况的企业应该选取不同的纳税筹划方法。对于盈利企业，新增固定资产入账时，其账面价值应尽可能低，尽可能在当期扣除相关费用，在征得税务机关同意的情况下，尽量缩短折旧年限或采用加速折旧法。亏损企业和享受税收优惠的企业，应该合理预计企业的税收优惠期间或弥补亏损所需年限，进行适当的折旧安排，尽量在税

---

①《关于扩大小规模纳税人自行开具增值税专用发票试点范围等事项的公告》规定："扩大取消增值税发票认证的纳税人范围。将取消增值税发票认证的纳税人范围扩大至全部一般纳税人。一般纳税人取得增值税发票（包括增值税专用发票、机动车销售统一发票、收费公路通行费增值税电子普通发票，下同）后，可以自愿使用增值税发票选择确认平台查询、选择用于申报抵扣、出口退税或者代办退税的增值税发票信息。增值税发票选择确认平台的登录地址由国家税务总局各省、自治区、直辖市和计划单列市税务局确定并公布。"

收优惠期间和亏损期间少提折旧，以达到抵税收益最大化。

【例 7-13】B 公司为一家医药制造企业，为了维持生产经营，于 2019 年 12 月 31 日购进一台机器并立即投入使用，价格为 400 000 元，预计使用 5 年，残值率为 5%。该机器常年处于强腐蚀状态，根据税法的规定，可以缩短折旧年限或者采取加速折旧的方法。企业所得税税率为 25%。

（1）根据上述条件，分别采用直线法、双倍余额递减法、年数总和法和折旧年限缩短为 3 年的方法计算各年的折旧额及折旧所带来的抵税收益（计算结果保留整数，下同）。

（2）假设每年年末 B 公司都有足够多的征税收入来抵扣各扣除项目，请分析双倍余额递减法和缩短折旧年限的方法中哪一种对企业更为有利？（B 公司的加权平均资本成本为 10%）

分析如下：

（1）该机器各年折旧额和折旧抵税收益如表 7-6 和表 7-7 所示。

表 7-6　该机器各年折旧额　　单位：元

年限	直线法	双倍余额递减法	年数总和法	缩短折旧年限
1	76 000	160 000	126 666	126 666
2	76 000	96 000	101 334	126 666
3	76 000	57 600	76 000	126 668
4	76 000	33 200	50 666	0
5	76 000	33 200	25 334	0
合计	380 000	380 000	380 000	380 000

表 7-7　该机器各年折旧抵税收益　　单位：元

年限	直线法	双倍余额递减法	年数总和法	缩短折旧年限
1	19 000	40 000	31 666	31 666
2	19 000	24 000	25 334	31 666
3	19 000	14 400	76 000	31 668
4	19 000	8 300	19 000	0
5	19 000	8 300	12 666	0
合计	95 000	95 000	95 000	95 000

（2）由表 7-6 和表 7-7 可知，在公司盈利的情况下，采用不同的折旧计提方法不会对未来 5 年的利润总额产生影响，但是会影响应纳税额在时间上的分布，因此，要考虑折旧抵税对公司现金流量产生的影响。在双倍余额递减法与缩短折旧年限法中，固定资产的使用年限和残值都一样，唯一不同的地方在于折旧的时间分布，进而会影响所得税纳税义务的时间分布，故可以采用差额现金流量法进行分析，分析过程如表 7-8 所示。

表 7-8　差额现金流量法的分析过程　　单位：元

年限	双倍余额递减法	缩短折旧年限	抵税差额	折现系数	现值
1	40 000	31 666	8 334	0.909 1	7 576.439 4
2	24 000	31 666	−7 666	0.826 4	−6 335.182 4
3	14 400	31 668	−17 268	0.751 3	−12 973.448 4
4	8 300	0	8 300	0.683 0	5 668.9
5	8 300	0	8 300	0.620 9	5 153.47
合计	95 000	95 000			−910

由表 7-8 可知，采用缩短折旧年限的方法比双倍余额递减法可以获得更多的净现值。因此，企业应该采用缩短折旧年限的方法。

3. 期间费用的纳税筹划

企业在生产经营过程中所发生的费用和损失，只有部分能够计入所得税扣除项目，且有些扣除项目还有限额规定。例如，企业发生的招待费支出按照发生额的 60% 扣除，但最高不得超过当年销售收入的 5‰。因此，企业应该严格规划招待费的支出时间，对于金额巨大的招待费，争取在两个或多个会计年度分别支出，从而使扣除金额最多。

（三）销售的纳税管理

销售在企业经营管理中占有非常重要的地位，销售收入的大小不仅关系当期流转税额，也关系企业应纳税所得额，是影响企业税收负担的主要环节。企业销售过程中需要注意以下税收问题：

1. 结算方式的纳税筹划

不同销售结算方式中纳税义务的发生时间不同，这为企业进行纳税筹划提供了可能。销售结算方式的筹划是指在税法允许的范围内，尽量采取有利于本企业的结算方式，以推迟纳税时间，获得纳税期的递延。

2. 促销方式的纳税筹划

不同促销方式下，同样的产品取得的销售额有所不同，其应交增值税也有可能不一样。

在销售环节，常见的销售方式有销售折扣和折扣销售。销售折扣是指销货方在销售货物或提供应税劳务和应税服务后，为了鼓励购货方及早偿还货款而许诺给予购货方的一种折扣优待，又称为现金折扣。销售折扣不得从销售额中减除，不能减少增值税纳税义务，但是可以尽早收到货款，提高企业资金周转效率。折扣销售，是给予消费者购货价格上的优惠，如八折销售等。如果销售额和折扣额在同一张发票上注明，可以以销售额扣除折扣额后的余额作为计税金额，减少企业的销项税额。

在零售环节，常见的促销方式有折扣销售、实物折扣和以旧换新等。实物折扣，是指销货方在销售过程中，当购买方购买货物时配送、赠送一定数量的货物，实物款额不仅不能从货物销售额中减除，而且还需要按“赠送他人”计征增值税。以旧换新，一般应按新货物的同期销售价格确定销售额，不得扣减旧货物的收购价格。因此，从税负角度考虑，企业适合选择折扣销售方式。

【例 7-14】A 公司为一家从事产品经销的一般纳税人，为了吸引更多顾客，提高当地市场份额，决定拿出 10 000 件甲产品进行促销活动，现有两种促销方案：方案一是八折销售，且销售额和折扣额开在同一张发票上；方案二是买 4 件甲商品送 1 件甲商品（增值税发票上只列明 4 件甲商品的销售金额）。根据以往经验，无论采用哪种促销方式，甲产品都会很快被抢购一空，但是从纳税筹划角度上考虑，这两种方式可能面临不同的纳税义务。

要求：计算两种销售方式所产生的净现金流量并判断 A 公司应该采取何种促销方式。（A 公司采用现金购货和现金销售的方式，甲产品的不含税售价为每件 20 元，不含税进价为每件 10 元。增值税税率为 13%，企业所得税税率为 25%，不考虑城市维护建设税及教育费附加。）

方案一：八折销售。

应纳增值税 = 20×80%×10 000×13% − 10×10 000×13% = 7 800（元）

应纳税所得额 = 20×80%×10 000 − 10×10 000 = 60 000（元）

应交所得税 = 60 000×25% = 15 000（元）

净现金流量 = 20×80%×10 000×（1+13%）−10×10 000×（1+13%）−7 800 − 15 000
= 45 000（元）

方案二：买四送一方式销售。

企业销售的甲商品为 8 000 件，赠送的甲商品为 2 000 件，在增值税方面，如果销货者将自产、委托加工和购买的货物用于实物折扣的，且未在发票金额中注明，应按增值税条例“视同销售货物”中的“赠送他人”计征增值税，故 2 000 件赠品也应按售价计算增值税销项税额。《关于企业促销展业赠送礼品有关个人所得税问题的通知》规定，企业在向个人销售商品（产品）和提供服务的同时给予赠品时，不征收个人所得税，故不需要代扣代缴个人所得税。

应纳增值税 = 20×（8 000 +2 000）× 13% −10 × 10 000 × 13% = 13 000（元）

应纳税所得额 = 20 ×8 000 − 10 ×10 000 = 60 000（元）

应交所得税 = 60 000×25% = 15 000（元）

净现金流量 = 20 ×8 000 ×（1 +13%）−10 × 10 000 ×（1+13%）− 13 000 −15 000
= 39 800（元）

通过计算可知，在两种促销方式下，企业通过销售商品取得的现金流入量相同，但是，在八折销售的方式下，企业的净现金流量更大。这是因为增值税作为一种流转税，本该由产品的最终使用者负担，本身并不是企业的一项成本费用，但在买四赠一的销售方式下，消费者在取得赠品时，并未支付相应的增值税销项税额，而赠送的商品需要按“赠送他人”计征增值税，相当于企业为消费者负担了赠品的增值税销项税额，因此其净现金流量低于按八折销售的方式，并且二者的差额正好为赠送的 2 000 件商品的增值税销项税额。

由上可知，企业应该采取折扣方式销售货物，即打八折的销售方式。在实务中，公司在采取买四赠一销售方式时，可以按照折扣销售的方式开票，即在增值税专用发票上列明

10 000件甲商品，其销售金额为200 000元，折扣为40 000元，则增值税销项税额为20 800元，这样可以达到节税目的。

五、企业利润分配纳税管理

企业通过投资活动和营运活动取得的收入在弥补了相应的成本费用之后，便形成了企业的利润总额，由此进入了企业利润分配环节。利润分配纳税管理主要包括两个部分：所得税纳税管理和股利分配纳税管理。

（一）所得税纳税管理

为了保证股东分配的利润水平，在合法、合理的情况下，纳税人应该通过纳税筹划尽可能减少企业的所得税纳税义务或者递延缴纳所得税。基于税收法定原则，所得税的纳税金额和纳税时间在经济事项或交易发生之时就已经确定。利润分配环节的所得税纳税管理主要体现为亏损弥补的纳税筹划。

亏损弥补的纳税筹划，最重要的就是正确预估亏损弥补期限。税法规定，纳税人发生年度亏损，可以用下一纳税年度的所得弥补；下一年度的所得不足以弥补的，可以逐年延续弥补，但延续弥补期最长不得超过5年。但对于高新技术企业和科技型中小企业，自2018年1月1日起，亏损结转年限由5年延长至10年。值得注意的是，这里的亏损是指税法上的亏损，即应纳税所得额为负值。因此，当企业发生亏损后，纳税筹划的首要任务是增加收入或减少可抵扣项目，使应纳税所得额尽可能多，以尽快弥补亏损，获得抵税收益。例如，企业可以利用税法允许的资产计价和摊销方法的选择权，少列扣除项目和扣除金额，使企业尽早盈利以及时弥补亏损。

（二）股利分配纳税管理

由于股东面临双重税负，公司分配给投资者的股利并不是股东的最终收益。为了减少股东的纳税义务并使其分享到更多收益，公司有必要对股利分配进行纳税筹划。股利分配纳税筹划首要考虑的问题是企业是否分配股利。《中华人民共和国企业所得税法》和《中华人民共和国个人所得税法》对投资收益的税务处理规定不同，因此，对于不同类型股东，公司侧重于不同的股利政策。

1. 基于自然人股东的纳税筹划

对于自然人股东而言，从上市公司取得的股息红利收益和资本利得收益的纳税负担不同。根据《关于上市公司股息红利差别化个人所得税政策有关问题的通知》，个人从公开发行和转让市场取得的上市公司股票，持股期限超过1年的，股息红利所得暂免征收个人所得税。持股期限在1个月以内（含1个月）的，其股息红利所得全额计入应纳税所得额；持股期限在1个月以上至1年（含1年）的，暂减按50%计入应纳税所得额；上述所得统一适用20%的税率计征个人所得税。如果投资个人不是通过获取现金或股票股利，而是通过股票交易获得投资收益，对股票转让所得不征收个人所得税，即暂不征收资本利得税，但投资个人在股票交易时须承担成交金额的1‰的印花税。因此，当前法律制度下，对于上市公司自身而言，进行股利分配可以鼓励个人投资者长期持有公司股票，有利于稳定股价；对于自然人股东而言，如果持股期限超过1年，由于股票转让投资收益的税负（印花税）重于股息红利收益的税负（0税负），上市公司发放股利有利于长期持股的个人股东获得纳税方面的好处。

2. 基于法人股东的纳税筹划

这里的法人股东主要指具有独立法人人格的公司制企业。根据《中华人民共和国企业所得税法》规定，投资企业从居民企业取得的股息等权益性收益所得只要符合相关规定都可享受免税收入待遇，而不论该投资企业是否为居民企业。而投资企业通过股权转让等方式取得的投资收益需要计入应纳税所得额，按企业适用的所得税税率缴纳企业所得税。由此可知，如果被投资企业进行股利分配，则投资企业取得的股息红利收益不需要缴纳企业所得税；如果被投资企业不进行股利分配，投资企业直接以转让股权方式取得投资收益，则会导致原本可免征企业所得税的股息红利投资收益转化成股权转让收益缴纳企业所得税。因此，被投资企业进行股利分配有利于投资企业减轻税收负担。从法人股东的角度考虑，公司进行股利分配可以帮助股东减少纳税负担，增加股东收益。为了维持与股东的良好关系，保障股东利益，在财务状况允许的情况下，公司应该进行股利分配。

以上两点仅仅是从股东税负方面对股利分配政策进行筹划。在实际工作中，股利分配的制约因素有很多，包括法律因素、公司因素、股东因素等，合理避税仅仅是股东所考虑因素的一个方面，是一些获得高投资收益的股东所关心的问题。因此，在进行纳税筹划时，企业应该坚持系统性原则，综合考虑股利分配的各方面制约因素。这一环节的纳税筹划目标不仅仅是使股东税负最小，而且要选择有利于企业长远发展的筹划方案，这样更有利于增加股东财富。

六、企业重组纳税管理

在企业的生命周期中，除了筹资、投资和营运等日常活动外，有时候还会出现使企业法律结构或经济结构发生重大改变的交易，包括企业法律形式改变、债务重组、股权收购、资产收购、合并和分立等，这些交易可以统称为企业重组。企业重组对企业影响巨大，甚至能决定企业的生死存亡，而纳税筹划与企业重组关系密切：一方面，企业重组过程往往伴随着流转税和所得税纳税义务的产生，适当的纳税管理可以降低企业并购环节的税收负担，从而减少并购成本；另一方面，企业重组可能会给企业税负带来长期影响。

企业重组的纳税管理可以从以下两方面入手：

（1）通过重组事项，长期减少企业的各项纳税义务。在某些情况下，企业重组是减少企业纳税义务的手段。例如，将特定产品的生产部门分为独立的纳税主体，可能会获得流转税税负的降低。为了达到降低税负的目的，企业需要对重组对象进行筹划。

（2）减少企业重组环节的纳税义务。《关于企业重组业务企业所得税处理若干问题的通知》和《中华人民共和国企业所得税法》对资产重组规定了两类税务处理方法：一般性税务处理方法和特殊性税务处理方法。一般性税务处理方法强调重组交易中的增加值一定要缴纳企业所得税；特殊性税务处理方法规定股权支付部分可以免于确认所得，从而大大减少了企业重组环节的所得税支出。此外，特殊性税务处理可以部分抵扣相关企业的亏损，从中获得抵税收益。股权支付是对企业重组采取特殊性税务处理方法的必要条件。当企业符合特殊性税务处理的其他条件，譬如股权收购，收购企业购买的股权不低于被收购企业全部股权的 50%；或资产收购，受让企业收购的资产不低于转让企业全部资产的

50%，且股权支付金额不低于其交易支付总额的85%时，可以使用资产重组的特殊性税务处理方法。因此，在进行重组时，企业应该尽量满足特殊性税务处理条件，采用特殊性税务处理方法。

（一）企业合并的纳税筹划

会计上的企业合并包括吸收合并、新设合并和控股合并，而税法意义上的企业合并只包括吸收合并和新设合并，这里主要讨论税法意义上的企业合并。

1. 并购目标企业的选择

并购目标企业选择中的纳税筹划途径大致可以分为以下三个方面：

（1）并购有税收优惠政策的企业。《中华人民共和国企业所得税法》强调以产业优惠为主、区域优惠为辅的所得税优惠格局。因此，企业在选择并购目标时，应充分重视行业优惠因素和地区优惠因素，在同等条件下优先选择享有税收优惠政策的企业，可以使并购后企业整体的税务负担较小。

（2）并购亏损的企业。如果企业并购重组符合特殊性税务处理的规定，合并企业可以对被合并企业的亏损进行弥补，获得抵税收益，可由合并企业弥补的被合并企业亏损的限额等于被合并企业净资产公允价值乘以截至合并业务发生当年年末国家发行的最长期限的国债利率。因此，在综合考虑了其他条件之后，企业应该选择亏损企业作为并购目标，在亏损企业中，应该优先考虑法定最高亏损弥补额范围内亏损最大的企业。

（3）并购上下游企业或关联企业。并购可以实现关联企业或上下游企业流通环节的减少，减少流转税纳税义务。

2. 并购支付方式的纳税筹划

我国税法对不同并购支付方式对应的税务处理的规定存在差异，这为企业并购纳税筹划提供了可能的空间，常见的并购支付方式有股权支付、非股权支付。在支付时，企业可以单独使用其中一种方式或同时使用两种方式。

（1）股权支付。股权支付是指企业重组中购买、换取资产的一方支付的对价中，以本企业或其控股企业的股权、股份作为支付的形式。对并购公司而言，与现金支付相比，股权支付不会给企业带来融资压力，能够降低企业的财务风险。股权支付是对企业合并采取特殊性税务处理方法的必要条件。《关于企业重组业务企业所得税处理若干问题的通知》和《中华人民共和国企业所得税法》规定，当企业符合特殊性税务处理的其他条件且股权支付金额不低于其交易支付总额的85%时，企业可以使用资产重组的特殊性税务处理方法，这样可以相对减少合并环节的纳税义务，获得抵税收益。

（2）非股权支付。非股权支付是指在企业并购过程中，以本企业的现金、银行存款、应收款项、本企业或其控股企业股权和股份以外的有价证券、存货、固定资产、其他资产以及承担债务等作为支付的形式。非股权支付采用一般性税务处理方法，合并企业需要对被合并企业公允价值大于原计税基础的所得进行确认、缴纳所得税，并且不能弥补被合并企业的亏损。被合并企业的股东需要对资产转让所得缴纳所得税，因此，如果采用非股权支付方式，企业就要考虑目标公司股东的税收负担，这样势必会增加收购成本。

综上可知，当采用股权支付不会对并购公司控制权产生重大影响时，企业应该优先考虑股权支付，或者尽量使股权支付金额不低于其交易支付总额的85%，以争取达到特殊性税务处理的条件。

【例 7-15】A 公司拟吸收合并 B 公司，除了一项无形资产外，B 公司的所有资产和负债的计税基础都与公允价值一致，该无形资产计税基础为 0，公允价值为 2 000 万元，并且没有规定使用年限。B 公司未弥补的亏损为 300 万元，净资产的公允价值为 4 000 万元。截至合并业务发生当年年末，国家发行的最长期国债利率为 5.32%，A 公司适用的所得税税率为 25%。A 公司可以采用股权支付或非股权支付方式，该合并事项已经满足了特殊性税务处理的其他条件，如果选择股权支付，则可以对该合并业务采用特殊性税务处理方法。请分析 A 公司应该采用哪种支付方式。

（1）如果企业采用非股权支付方式，则适用一般性税务处理方法。

确认合并所得 = 2 000-0 = 2 000（万元）

被合并企业的亏损不得由合并企业弥补，因此有：

合并事项产生的所得税纳税义务 = 2 000 ×25% = 500（万元）

《中华人民共和国企业所得税法》规定，对无形资产的摊销应该采用直线法。对于企业受让的无形资产，法律、合同或企业申请书没有规定使用年限的，摊销年限不得少于 10 年。在接下来的 10 年中，企业无形资产每年可以摊销抵税 50 万元（200×25%）。10 年间，在不考虑货币时间价值的情况下，该项无形资产带来的抵税收益为 500 万元，相当于在并购年份无偿借出一笔金额为 500 万元的款项，然后分 10 年等额收回，这无疑会损害企业价值。

（2）如果企业采用股权支付方式，则可以采用特殊性税务处理方法。

由于全部采用股权支付形式，则不需要确认计税基础与公允价值的差额。

可由合并企业弥补的被合并企业亏损的限额 = 被合并企业净资产公允价值×截至合并业务发生当年年末国家发行的最长期限的国债利率

可以由 A 公司弥补的亏损 = 4 000 ×5.32% = 212.80（万元）

弥补亏损可节约的税收 = 212.80×25% = 53.20（万元）

通过比较可知，A 公司应该采取股权支付方式。

实际上，特殊性税务处理方法更有利于企业价值最大化，在企业重组的纳税筹划中，企业应该尽可能满足特殊性税务处理条件，采用特殊性税务处理方法。

（二）企业分立的纳税筹划

1. 分立方式的选择

企业分立可以分为新设分立和存续分立，企业应该根据实际情况进行选择。

（1）新设分立。新设分立是指原企业解散，分立出的各方分别设立为新的企业。企业可以通过新设分立，把一个企业分解成两个甚至更多个新企业，单个新企业应纳税所得额大大减少，使之适用小型微利企业，可以按照更低的税率征收所得税。企业还通过分立，使某些新设企业符合高新技术企业的优惠政策，所适用的税率也就相对较低，从而使企业的总体税收负担低于分立前的企业。

（2）存续分立。存续分立是指原企业存续，而其一部分分出设立为一个或数个新的企业。企业通过存续分立，可以将某个特定部门分立出去，获得流转税的税收利益。例如，消费税的课征只选单一环节，而消费品的流通还存在批发、零售等环节，企业可以将原来的销售部门分立为一个新的销售公司，在出售消费品给销售公司时，适当降低生产环节的销售价格（应当参照社会平均销售价格），从而降低消费税负担，销售公司再以正常价格出售，有利于整体税负的节约。此外，将销售部门分立为一个子公司，还可以增加产品在企业集团内部的销售环节，从而扩大母公司的销售收入，增加可在税前列支的费用数额（如业务招待费和广告费），从而达到节税的目的。

【例 7-16】M 公司的主要业务是生产和销售粮食白酒其生产的白酒，主要通过批发商销往全国各地，企业销售给批发商白酒的不含税价格为每箱 2 800 元。近几年来，随着产品知名度的提高，很多消费者直接到 M 公司购买白酒，平均每年由 M 公司的销售部门直接销售的白酒大约有 3 000 箱（每箱 12 瓶，每瓶 500 克），销售价格为 3 000 元/箱。M 公司的总经理认为，可以将 M 公司的经销部门分立出来，注册成为一个销售公司，M 公司按销售给批发商的价格销售给销售公司，销售公司再负责对消费者的直接销售，请计算并分析该方案是否可行（不考虑成立销售公司的费用，粮食白酒的比例税率为 20%，定额税率为 0.5 元/500 克）。

企业内部销售部门直接销售给消费者应交消费税如下：

$3\,000 \times 3\,000 \times 20\% + 12 \times 3\,000 \times 0.5 = 1\,818\,000$（元）

销售给销售公司的应交消费税如下：

$2\,800 \times 3\,000 \times 20\% + 12 \times 3\,000 \times 0.5 = 1\,698\,000$（元）

将销售部门分立出来成为销售公司之后，平均每年可以节约 120 000 元的消费税，故该方案可行。

2. 支付方式的纳税筹划

企业分立的支付方式有股权支付与非股权支付。股权支付是对企业分立采取特殊性税务处理方法的必要条件。《关于企业重组业务企业所得税处理若干问题的通知》和《中华人民共和国企业所得税法》规定，当企业符合特殊性税务处理的其他条件，且被分立企业股东在该企业分立发生时取得的股权支付金额不低于其交易支付总额的 85%时，可以使用企业分立的特殊性税务处理方法。这样不但可以相对减少分立环节的所得税纳税义务，而且被分立企业未超过法定弥补期限的亏损额可按分立资产占全部资产的比例进行分配，由分立企业继续弥补，分立企业可以获得抵税收益。因此，分立企业应该优先考虑股权支付，或者尽量使股权支付金额不低于其交易支付总额的 85%，争取达到企业分立的特殊性税务处理条件。

第三节　分配管理

一、股利政策与企业价值

股利政策是指在法律允许的范围内，企业是否发放股利、发放多少股利以及何时发放股利的方针及对策。

股利政策的最终目标是使公司价值最大化。股利往往可以向市场传递一些信息，如股利发放的多寡、是否稳定、是否增长等，往往是大多数投资者推测公司经营状况、发展前景优劣的依据。因此，股利政策关系公司在市场上、在投资者中间的形象，成功的股利政策有利于提高公司的市场价值。

（一）股利分配理论

企业的股利分配方案既取决于企业的股利政策，又取决于决策者对股利分配的理解与认识，即股利分配理论。股利分配理论是指人们对股利分配的客观规律的科学认识与总结，其核心问题是股利政策与公司价值的关系问题。在市场经济条件下，股利分配要符合财务管理目标。人们对股利分配与财务目标之间关系的认识存在不同的流派与观念，还没有一种被大多数人所接受的权威观点和结论。但主要有以下两种较流行的观点：

1. 股利无关论

股利无关论认为，在一定的假设条件限制下，股利政策不会对公司的价值或股票的价格产生任何影响，投资者不关心公司股利的分配。公司市场价值的高低，是由公司所选择的投资决策的获利能力和风险组合所决定的，而与公司的利润分配政策无关。

虽然公司对股东的分红可以采取派现或股票回购等不同的方式，但是在完全有效的资本市场上，股利政策的改变仅仅意味着股东的收益在现金股利与资本利得之间分配上的变化。如果投资者理性行事，这种改变不会影响公司的市场价值以及股东的财富。该理论是建立在完全资本市场理论之上的，假定条件包括：第一，市场具有强式效率，没有交易成本，没有任何一个股东的实力足以影响股票价格；第二，不存在任何公司或个人所得税；第三，不存在任何筹资费用；第四，公司的投资决策与股利决策彼此独立，即投资决策不受股利分配的影响；第五，股东对股利收入和资本增值之间并无偏好。

2. 股利相关理论

与股利无关理论相反，股利相关理论认为，企业的股利政策会影响股票价格和公司价值。

（1）“手中鸟”理论。“手中鸟”理论认为，用留存收益再投资给投资者带来的收益具有较大的不确定性，并且投资的风险会随着时间的推移进一步加大，因此，厌恶风险的投资者会偏好确定的股利收益，而不愿将收益留存在公司内部去承担未来的投资风险。该理论认为公司的股利政策与公司的股票价格是密切相关的，即当公司支付较高的股利时，公司的股票价格会随之上升，公司价值将得到提高。

（2）信号传递理论。信号传递理论认为，在信息不对称的情况下，公司可以通过股利政策向市场传递有关公司未来获利能力的信息，从而会影响公司的股价。一般来讲，预期未来获利能力强的公司，往往愿意通过相对较高的股利支付水平把自己同预期获利能力差的公司区别开来，以吸引更多的投资者。对于市场上的投资者来讲，股利政策的差异或许是反映公司预期获利能力的有价值的信号。如果公司连续保持较为稳定的股利支付水平，那么，投资者就可能对公司未来的盈利能力与现金流量抱有乐观的预期。另外，如果公司的股利支付水平在过去一个较长的时期内相对稳定，而现在却有所变动，投资者将会把这种现象看作公司管理当局将要改变公司未来收益率的信号，股票市价将会对股利的变动作出反应。

（3）所得税差异理论。所得税差异理论认为，由于普遍存在的税率以及纳税时间的差异，资本利得收益比股利收益更有助于实现收益最大化目标，公司应当采用低股利政策。一般来说，对资本利得收益征收的税率低于对股利收益征收的税率。同时，即使资本利得收益与股利收益没有税率上的差异，由于投资者对资本利得收益的纳税时间选择更具有弹性，投资者仍可以享受延迟纳税带来的收益差异。

（4）代理理论。代理理论认为，股利政策有助于减少管理者与股东之间的代理冲突，即股利政策是协调股东与管理者之间代理关系的一种约束机制。该理论认为，股利的支付能够有效地降低代理成本。首先，股利的支付减少了管理者对自由现金流量的支配权，这在一定程度上可以抑制公司管理者的过度投资或在职消费行为，从而保护外部投资者的利益；其次，较多的现金股利发放，减少了内部融资，导致公司进入资本市场寻求外部融资，接受资本市场上更多的、更严格的监督，这样便通过资本市场的监督减少了代理成本。因此，高水平的股利政策降低了企业的代理成本，但增加了外部融资成本，理想的股利政策应当使两种成本之和最小。

（二）股利政策

股利政策是由企业在不违反国家有关法律、法规的前提下，根据本企业具体情况制定的。股利政策既要保持相对稳定，又要符合公司财务目标和发展目标。在实际工作中，通常有以下几种股利政策可供选择：

1. 剩余股利政策

剩余股利政策是指公司在有良好的投资机会时，根据目标资本结构，测算出投资所需的权益资本额，先从盈余中留用，然后将剩余的盈余作为股利来分配，即净利润首先满足公司的权益资金需求，如果还有剩余，就派发股利；如果没有，则不派发股利。剩余股利政策的理论依据是股利无关理论。根据股利无关理论，在完全理想的资本市场中，公司的股利政策与普通股每股市价无关，因此股利政策只须随着公司投资、融资方案的制定而自然确定。因此，采用剩余股利政策时，公司要遵循如下四个步骤：

（1）设定目标资本结构，在此资本结构下，公司的加权平均资本成本将达最低水平。

（2）确定公司的最佳资本预算，并根据公司的目标资本结构预计资金需求中所需增加的权益资本数额。

（3）最大限度地使用留存收益来满足资金需求中所需增加的权益资本数额。

（4）留存收益在满足公司权益资本增加需求后，若还有剩余再用来发放股利。

【例 7-17】某公司 2022 年税后净利润为 2 000 万元，2023 年的投资计划需要资金 2 400万元，公司的目标资本结构为权益资本占 60%，债务资本占 40%。

按照目标资本结构的要求，公司投资方案所需的权益资本数额为：

$2\,400\times60\%=1\,440$（万元）

公司当年全部可用于分派的盈利为 2 000 万元，除了满足上述投资方案所需的权益资本数额外，还有剩余可用于发放股利。2023 年，公司可以发放的股利额为：

$2\,000-1\,440=560$（万元）

假设该公司当年流通在外的普通股为 1 000 万股，那么，每股股利为：

$560\div1\,000=0.56$（元/股）

剩余股利政策的优点如下：留存收益优先满足再投资需要的权益资金，有助于降低再投资的资金成本，保持最佳的资本结构，实现企业价值的长期最大化。

剩余股利政策的缺陷如下：若完全遵照执行剩余股利政策，股利发放额就会每年随着投资机会和盈利水平的波动而波动。在盈利水平不变的前提下，股利发放额与投资机会的多寡呈反方向变动；而在投资机会维持不变的情况下，股利发放额将与公司盈利呈同方向波动。剩余股利政策不利于投资者安排收入与支出，也不利于公司树立良好的形象，一般适用于公司初创阶段。

2. 固定或稳定增长的股利政策

固定或稳定增长的股利政策是指公司将每年派发的股利额固定在某一特定水平或是在此基础上维持某一固定比率逐年稳定增长。公司只有在确信未来盈余不会发生逆转时才会宣布实施固定或稳定增长的股利政策。在这一政策下，企业应首先确定股利分配额，而且该分配额一般不随资金需求的波动而波动。

固定或稳定增长股利政策的优点如下：①稳定的股利向市场传递着公司正常发展的信息，有利于树立公司的良好形象，增强投资者对公司的信心，稳定股票的价格。②稳定的股利额有助于投资者安排股利收入和支出，有利于吸引那些打算进行长期投资并对股利有很高依赖性的股东。③固定或稳定增长的股利政策可能会不符合剩余股利理论，但考虑到股票市场会受多种因素影响（包括股东的心理状态和其他要求），为了将股利或股利增长率维持在稳定的水平上，即使推迟某些投资方案或暂时偏离目标资本结构，也可能比降低股利或股利增长率更为有利。

固定或稳定增长股利政策的缺点如下：股利的支付与企业的盈利相脱节，即不论公司盈利多少，均要支付固定的或按固定比率增长的股利，这可能会导致企业资金紧缺、财务状况恶化。此外，在企业无利可分的情况下，若依然实施固定或稳定增长的股利政策，则会违反《中华人民共和国公司法》。

因此，采用固定或稳定增长的股利政策时，公司要对未来的盈利能力和支付能力作出准确的判断。一般来说，公司确定的固定股利额不宜太高，以免陷入无力支付的被动局面。固定或稳定增长的股利政策通常适用于经营比较稳定或正处于成长期的企业，但很难被长期采用。

3. 固定股利支付率政策

固定股利支付率政策是指公司将每年净利润的某一固定百分比作为股利分派给股东。这一百分比通常称为股利支付率，股利支付率一经确定，一般不得随意变更。在这一股利政策下，只要公司的税后利润一经计算确定，所派发的股利也就相应确定了。固定股利支付率越高，公司留存的净利润越少。

固定股利支付率政策的优点如下：①采用固定股利支付率政策时，股利与公司盈余紧密地配合，体现了"多盈多分、少盈少分、无盈不分"的股利分配原则。②由于公司的获利能力在年度间是经常变动的，因此，每年的股利也应当随着公司收益的变动而变动。采用固定股利支付率政策时，公司每年按固定的比例从税后利润中支付现金股利，从企业的支付能力的角度看，这是一种稳定的股利政策。

固定股利支付率政策的缺点如下：①大多数公司每年的收益很难保持稳定不变，导致年度间的股利额波动较大。由于股利的信号传递作用，波动的股利很容易给投资者带来经营状况不稳定、投资风险较大的不良印象，成为影响股价的不利因素。②容易使公司面临较大的财务压力。这是因为公司实现的盈利多，并不能代表公司有足够的现金流用来支付较多的股利额。③合适的固定股利支付率的确定难度比较大。

由于公司每年面临的投资机会、筹资渠道都不同，而这些都可以影响公司的股利分派，所以，一成不变地奉行固定股利支付率政策的公司在实际中并不多见，固定股利支付率政策只是较适用于那些处于稳定发展且财务状况也较稳定的公司。

【例 7-18】某公司长期以来用固定股利支付率政策进行股利分配，确定的股利支付率为 30%。2022 年税后净利润为 3 000 万元，如果仍然继续执行固定股利支付率政策，公司 2022 年度将要支付的股利为：3 000×30%＝900（万元）。

但公司 2023 年度有较大的投资需求，因此，公司准备 2022 年度采用剩余股利政策。如果公司 2023 年度的投资预算为 4 000 万元，目标资本结构为权益资本占 60%。按照目标资本结构的要求，公司投资方案所需的权益资本额为：4 000×60%＝2 400（万元）。

公司 2022 年度可以发放的股利为：3 000－2 400＝600（万元）。

4. 低正常股利加额外股利政策

低正常股利加额外股利政策，是指公司事先设定一个较低的正常股利额，每年除了按正常股利额向股东发放股利外，还在公司盈余较多、资金较为充裕的年份向股东发放额外股利。但是，额外股利并不固定化，不意味着公司永久地提高了股利支付额。每股股利的计算公式如下：

$$Y = a + bx$$

式中，Y 表示每股股利；x 表示每股收益；a 表示每股低正常股利；b 表示额外股利支付比率。

低正常股利加额外股利政策的优点如下：①赋予公司较大的灵活性，使公司在股利发放上留有余地，并具有较大的财务弹性。公司可根据每年的具体情况，选择不同的股利发放水平，以稳定和提高股价，进而实现公司价值的最大化。②使那些依靠股利度日的股东每年至少可以得到虽然较低但比较稳定的股利收入，从而吸引这部分股东。

低正常股利加额外股利政策的缺点如下：①各年度之间公司盈利的波动使得额外股利不断变化，造成分派的股利不同，容易给投资者造成收益不稳定的感觉。②当公司在较长时间持续发放额外股利后，可能会被股东误认为“正常股利”，一旦取消，传递出的信号可能会使股东认为这是公司财务状况恶化的表现，进而导致股价下跌。

相对来说，对那些盈利随着经济周期而波动较大的公司或者盈利与现金流量很不稳定的公司而言，低正常股利加额外股利政策也许是一种不错的选择。

二、利润分配制约因素

企业的利润分配涉及企业相关各方的切身利益，受众多不确定因素的影响，在确定分配政策时，应当考虑各种相关因素的影响。

（一）法律因素

为了保护债权人和股东的利益，法律法规就公司的利润分配作出了如下规定：

1. 资本保全约束

公司不能用资本（包括实收资本或股本和资本公积）发放股利，目的在于维持企业资本的完整性，防止企业任意降低资本结构中的所有者权益的比例，保护企业完整的产权基础，保障债权人的利益。

2. 资本积累约束

公司必须按照一定的比例和基数提取各种公积金，股利只能从企业的可供股东分配利润中支付。此处可供股东分配利润包含公司当期的净利润按照规定提取各种公积金后的余额和以前累积的未分配利润。另外，在进行利润分配时，企业一般应当贯彻“无利不分”的原则，即当企业出现年度亏损时，一般不进行利润分配。

3. 超额累积利润约束

资本利得与股利收入的税率不一致。如果公司为了股东避税而使得盈余的保留大大超过了公司目前及未来的投资需要，将被加征额外的税款。

4. 偿债能力约束

偿债能力是企业按时、足额偿付各种到期债务的能力。如果当期没有足够的现金派发股利，则不能保证企业在短期债务到期时有足够的偿债能力，这就要求公司考虑现金股利分配对偿债能力的影响，确定在分配后仍能保持较强的偿债能力，以维持公司的信誉和借贷能力，从而保证公司正常的资金周转。

（二）公司因素

公司基于短期经营和长期发展的考虑，在确定利润分配政策时，需要关注以下因素：

1. 现金流量

公司盈余与现金流量并非完全同步，净收入的增加不一定意味着可供分配的现金流量的增加。公司在进行利润分配时，要保证正常的经营活动对现金的需求，以维持资金的正常周转，使生产经营得以有序进行。

2. 资产的流动性

企业现金股利的支付会减少其现金持有量，降低资产的流动性，因此保持一定的资产流动性是企业正常运转的必要条件。

3. 盈余的稳定性

企业的利润分配政策在很大程度上会受盈利稳定性的影响。一般来讲，公司的盈余越稳定，其股利支付水平也就越高。盈利情况不稳定的公司可以采用低股利政策。

4. 投资机会

如果公司的投资机会多，对资金的需求量大，那么它就很可能会考虑采用低股利支付水平的分配政策；相反，如果公司的投资机会少，对资金的需求量小，那么它就很可能倾向于采用较高的股利支付水平的分配政策。此外，如果公司将留存收益用于再投资所得报酬低于股东个人单独将股利收入投资于其他投资机会所得的报酬时，公司就不应多留留存收益，而应多发放股利，这样有利于股东价值的最大化。

5. 筹资因素

如果公司具有较强的筹资能力，随时能筹集到所需资金，那么它会具有较强的股利支付能力。另外，留存收益是企业内部筹资的一种重要方式，它同发行新股或举债相比，不需要花费筹资费用，同时增加了公司权益资本的比重，降低了财务风险，便于以低成本取得债务资本。

6. 其他因素

由于股利的信号传递作用，公司不宜经常改变其利润分配政策，应保持一定的连续性和稳定性。此外，利润分配政策还会受其他因素的影响，如不同发展阶段、不同行业的公司的股利支付比例会有差异，这就要求公司在进行政策选择时要考虑发展阶段以及所处行业状况。

（三）股东因素

股东在控制权、收入和税负方面的考虑也会对公司的利润分配政策产生影响。

1. 控制权

现有股东往往将股利政策作为维持其控制地位的工具。公司支付较高的股利会导致留存收益减少，当公司为有利可图的投资机会筹集所需资金时，发行新股的可能性增大，新股东的加入必然稀释现有股东的控制权。所以，股东会倾向于较低的股利支付水平，以便从内部的留存收益中取得所需资金。

2. 稳定的收入

如果股东依赖现金股利维持生活，他们往往要求公司能够支付稳定的股利，而反对留存过多的利润。还有一些股东认为通过增加留存收益的方式使股价上涨而获得的资本利得是有风险的，而目前的股利是确定的，即便是现在较少的股利，也强于未来的资本利得，因此他们往往也要求较多的股利支付。

3. 避税

政府对企业利润征收所得税以后，还要对自然人征收个人所得税，股利收入的税率要高于资本利得的税率。一些高股利收入的股东出于避税的考虑，往往倾向于较低的股利支付水平。

（四）其他因素

1. 债务契约

一般来说，股利支付水平越高，留存收益越少，公司的破产风险越大，就越有可能损害债权人的利益。因此，为了保证自己的利益不受侵害，债权人通常都会在债务契约、租赁合同中加入关于借款公司股利政策的限制条款。

2. 通货膨胀

通货膨胀会带来货币购买力水平下降，导致固定资产重置资金不足，此时，企业往往不得不考虑留有一定的利润，以便弥补购买力下降而带来的固定资产重置资金缺口。因此，在通货膨胀时期，企业一般会采取偏紧的利润分配政策。

三、股利支付形式与程序

（一）股利支付形式

1. 现金股利

现金股利是以现金支付的股利，它是股利支付最常见的方式。公司选择发放现金股利除了要有足够的留存收益外，还要有足够的现金，而现金充足与否往往会成为公司发放现金股利的主要制约因素。

2. 财产股利

财产股利是以现金以外的其他资产支付的股利，主要是以公司所拥有的其他公司的有价证券，如债券、股票等，作为股利支付给股东。

3. 负债股利

负债股利是以负债方式支付的股利，通常以公司的应付票据支付给股东，有时也以发放公司债券的方式支付股利。财产股利和负债股利实际上是现金股利的替代，但这两种股利支付形式在我国公司实务中很少使用。

4. 股票股利

股票股利是公司以增发股票的方式所支付的股利，我国实务中通常也称其为“红股”。发放股票股利对公司来说，并没有现金流出企业，也不会导致公司的财产减少，而只是将公司的未分配利润转化为股本和资本公积。但股票股利会增加流通在外的股票数量，同时降低股票的每股价值。它不改变公司股东权益总额，但会改变股东权益的构成。

【例 7-19】某上市公司在 2022 年发放股票股利前，其资产负债表上的股东权益账户情况如表 7-9 所示。

表 7-9　2022 年发放股票股利前某上市公司的股东权益账户情况　　单位：万元

股本（面值 1 元，发行在外 4 000 万股）	4 000
资本公积	6 000
盈余公积	4 000
未分配利润	6 000
股东权益合计	20 000

假设该公司宣布发放 10% 的股票股利，现有股东每持有 10 股即可获赠 1 股普通股。若该股票当时市价为 10 元，那么随着股票股利的发放，需要从“未分配利润”项目划转出的资金为：4 000 × 10% ×10 =4 000（万元）。

由于股票面值（1 元）不变，发放 400 万股，“股本”项目应增加 400 万元，其余的 1 600万元（2 000-400）应作为股票溢价转至“资本公积”项目，而公司的股东权益总额并未发生改变，仍是 20 000 万元，股票股利发放后资产负债表上的股东权益账户情况如表 7-10所示。

表 7-10　某上市公司股票股利发放后股东权益账户情况　　单位：万元

股本（面值 1 元，发行在外 4 400 万股）	4 400
资本公积	7 600
盈余公积	4 000
未分配利润	4 000
股东权益合计	20 000

假设一位股东派发股票股利之前持有公司的普通股为20万股，那么，他所拥有的股权比例为：20÷4 000×100%＝0.5%。

派发股利之后，他所拥有的股票数量和股份比例如下：

20×（1+10%）＝22（万股）

22÷4 400×100%＝0.5%

可见，发放股票股利不会对公司股东权益总额产生影响，但会引起资金在各股东权益项目间的再分配。而且股票股利派发前后每一位股东的持股比例也不会发生变化。需要说明的是，本例中股票股利以市价计算价格的做法，是很多西方国家所通行的，但在我国，股票股利价格则是按照股票面值来计算的。

发放股票股利虽不直接增加股东的财富，也不增加公司的价值，但对股东和公司都有特殊意义。

对股东来讲，股票股利的优点主要如下：

（1）理论上，派发股票股利后，每股市价会与之成反比例下降，但实务中这并非必然结果。因为投资者普遍认为，发放股票股利往往预示着公司会有较好的发展前景，这样的信息传递会稳定股价或使股价下降比例减小甚至不降反升，股东便可以获得股票价值相对上升的好处。

（2）由于股利收入和资本利得税率的差异，如果股东把股票股利出售，还会给他们带来资本利得纳税上的好处。

对公司来讲，股票股利的优点主要如下：

（1）发放股票股利不需要向股东支付现金，在再投资机会较多的情况下，公司就可以为再投资提供成本较低的资金，从而有利于公司的发展。

（2）发放股票股利可以降低公司股票的市场价格，既有利于促进股票的交易和流通，又有利于吸引更多的投资者成为公司股东，进而使股权更为分散，有效地防止公司被恶意控制。

（3）股票股利的发放可以传递公司未来发展前景良好的信息，从而增强投资者的信心，在一定程度上稳定股票价格。

（二）股利支付程序

公司股利的发放必须遵守相关的要求，按照日程安排来进行。一般情况下，先由董事会提出分配预案，然后提交股东大会决议，股东大会决议通过方案才能进行分配。股东大会决议通过分配预案后，要向股东宣布发放股利的方案，并确定股利宣告日、股权登记日、除息日和股利发放日。

（1）股利宣告日，即股东大会决议通过并由董事会将股利支付情况予以公告的日期。公告中将宣布每股应支付的股利、股权登记日、除息日以及股利支付日。

（2）股权登记日，即有权领取本期股利的股东资格登记截止日期。凡是在此指定日期收盘之前取得公司股票，成为公司在册股东的投资者都可以作为股东享受公司本期分派的股利。在这一天之后取得股票的股东则无权领取本次分派的股利。

（3）除息日，即领取股利的权利与股票分离的日期。在除息日之前购买股票的股东才能领取本次股利，而在除息日当天或是以后购买股票的股东，则不能领取本次股利。由于失去了“收息”的权利，除息日的股票价格会下跌。除息日是股权登记的下一个交易日。

（4）股利发放日，即公司按照公布的分红方案向股权登记日在册的股东实际支付股利的日期。

【例7-20】某上市公司于2022年4月10日公布2021年度的最后分红方案，其公告如下：“2022年4月9日在北京召开的股东大会，通过了董事会关于每股分派0.15元的2021年股息分配方案。股权登记日为4月25日，除息日为4月26日，股东可在5月10日至25日之间通过深圳证券交易所按交易方式领取股息。特此公告。”

那么，该公司的股利支付程序如图7-1所示。

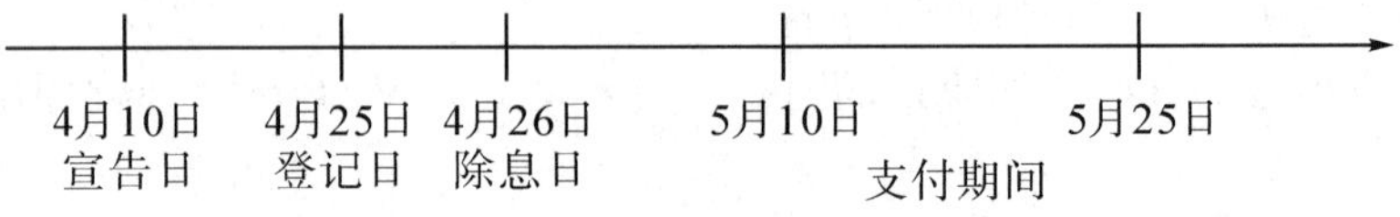

图7-1　某上市公司的股利支付程序

四、股票分割与股票回购

（一）股票分割

1. 股票分割的概念

股票分割，又称拆股，即将一股股票拆分成多股股票的行为。股票分割一般只会增加发行在外的股票总数，但不会对公司的资本结构产生任何影响。股票分割与股票股利非常相似，都是在不增加股东权益的情况下增加了股份的数量。所不同的是，股票股利虽不会引起股东权益总额的改变，但股东权益的内部结构会发生变化。而股票分割之后，股东权益总额及其内部结构都不会发生任何变化，变化的只是股票面值。

2. 股票分割的作用

（1）降低股票价格。股票分割会使每股市价降低，买卖该股票所需资金量减少，从而可以促进股票的流通和交易。流通性的提高和股东数量的增加，会在一定程度上加大对公司股票恶意收购的难度。此外，降低股票价格还可以为公司发行新股做准备，因为股价太高会使许多潜在投资者力不从心而不敢轻易对公司股票进行投资。

（2）向市场和投资者传递“公司发展前景良好”的信号，有助于提高投资者对公司股票的信心。

3. 反分割

与股票分割相反，如果公司认为其股票价格过低，不利于其在市场上的声誉和未来的再筹资时，为提高股票的价格，会采取反分割措施。反分割又称为股票合并或逆向分割，是指将多股股票合并为一股股票的行为。反分割显然会降低股票的流通性，提高公司股票投资的门槛，它向市场传递的信息通常是不利的。

【例7-21】某上市公司2022年末资产负债表上的股东权益账户情况如表7-11所示。

表 7-11　某上市公司 2022 年末资产负债表上的股东权益账户情况　　单位：万元

股本（面值 20 元，发行在外 2 000 万股）	40 000
资本公积	20 000
盈余公积	10 000
未分配利润	18 000
股东权益合计	88 000

（1）假设股票市价为 50 元，该公司宣布发放 10%的股票股利，即现有股东每持有 10 股即可获赠 1 股普通股。发放股票股利后，股东权益有何变化？每股净资产是多少？

（2）假设该公司按照 1：2 的比例进行股票分割。股票分割后，股东权益有何变化？每股净资产是多少？

根据以上资料可知：

（1）发放股票股利后股东权益情况如表 7-12 所示。

表 7-12　发放股票股利后股东权益情况　　单位：万元

股本（面值 20 元，发行在外 2 200 万股）	44 000
资本公积	24 000
盈余公积	10 000
未分配利润	10 000
股东权益合计	88 000

每股净资产为：88 000÷（2 000 +200）= 40（元/股）。

（2）股票分割后股东权益情况如表 7-13 所示。

表 7-13　股票分割后股东权益情况　　单位：万元

股本（面值 10 元，发行在外 4 000 万股）	40 000
资本公积	20 000
盈余公积	10 000
未分配利润	18 000
股东权益合计	88 000

每股净资产为：88 000÷（2 000 ×2） = 22（元/股）。

（二）股票回购

1. 股票回购的含义及方式

股票回购是指上市公司出资将其发行在外的普通股以一定价格购买回来予以注销或作为库存股的一种资本运作方式。《中华人民共和国公司法》规定，公司有下列情形之一的，可以收购本公司股份：

①减少公司注册资本；

②与持有本公司股份的其他公司合并；

③将股份用于员工持股计划或者股权激励；

④股东因对股东会作出的公司合并、分立决议持异议，要求公司收购其股份；

⑤将股份用于转换公司发行的可转换为股票的公司债券；

⑥上市公司为维护公司价值及股东权益所必需。

属于减少公司注册资本收购本公司股份的，应当自收购之日起 10 日内注销；属于与持有本公司股份的其他公司合并和股东因对股东大会作出的公司合并、分立决议持异议，要求公司收购其股份的，应当在6个月内转让或者注销；属于其余三种情形的，公司合计持有的本公司股份数不得超过本公司已发行股份总额的 10%，并应当在 3 年内转让或者注销。

上市公司将股份用于员工持股计划或者股权激励、将股份用于转换上市公司发行的可转换为股票的公司债券以及上市公司为维护公司价值及股东权益所必需情形收购本公司股票的，应当通过公开的集中交易方式进行。上市公司以现金为对价，采取要约方式、集中竞价方式回购股份的，视同上市公司现金分红，纳入现金分红的相关比例计算。

公司不得接受本公司的股票作为质押权的标的。

2. 股票回购的动机

在证券市场上，股票回购的动机多种多样，主要有以下几个：

（1）现金股利的替代。现金股利政策会对公司产生未来的派现压力，而股票回购不会。当有富余资金时，公司通过购回股东所持股票将现金分配给股东，这样，股东就可以根据自己的需要选择继续持有股票或出售以获得现金。

（2）改变公司的资本结构。无论是现金回购还是举债回购股份，都会提高公司的财务杠杆水平，改变公司的资本结构。公司认为权益资本在资本结构中所占比例较大时，为了调整资本结构而进行股票回购，可以在一定程度上降低整体资本成本。

（3）传递公司信息。由于信息不对称和预期差异，证券市场上的公司股票价格可能被低估，而过低的股价将会对公司产生负面影响。一般情况下，投资者会认为股票回购意味着公司认为其股票价值被低估而采取应对措施。

（4）基于控制权的考虑。控股股东为了保证其控制权不被改变，往往采取直接或间接的方式回购股票，从而巩固既有的控制权。另外，股票回购使流通在外的股份数变少、股价上升，从而可以有效地防止敌意收购。

3. 股票回购的影响

股票回购对上市公司的影响主要表现在以下五个方面：

（1）符合股票回购条件的多渠道回购方式允许公司选择适当时机回购本公司股份，将进一步提升公司调整股权结构和管理风险的能力，提高公司整体质量和投资价值。

（2）因实施持股计划和股权激励的股票回购，形成资本所有者和劳动者的利益共同体，有助于提高投资者回报能力；将股份用于转换上市公司发行的可转换为股票的公司债券实施的股票回购，也有助于拓展公司融资渠道，改善公司资本结构。

（3）当市场不理性，公司股价严重低于股票内在价值时，为了避免投资者损失，适时进行股份回购，减少股份供应量，有助于稳定股价，增强投资者信心。

（4）股票回购若用大量资金支付回购成本，一方面，容易造成资金紧张，降低资产流动性，影响公司的后续发展；另一方面，在公司没有合适的投资项目又持有大量现金的情况下，回购股份也能更好地发挥货币资金的作用。

（5）上市公司通过履行信息披露义务和公开的集中交易方式进行股份回购，有利于防止操纵市场、内幕交易等利益输送行为。

五、股权激励

随着资本市场的发展和公司治理的完善，公司股权日益分散化，管理技术日益复杂化。为了合理激励公司管理人员、创新激励方式，一些大公司纷纷推行了股票、期权等形式的股权激励机制。股权激励是一种通过经营者获得公司股权形式给予企业经营者一定的经济权利，使他们能够以股东的身份参与企业决策、分享利润、承担风险，从而勤勉尽责地为公司的长期发展服务的一种激励方法。现阶段，股权激励模式主要有：股票期权模式、限制性股票模式、股票增值权模式、业绩股票激励模式和虚拟股票模式等。下面主要介绍四种较为普遍的股权激励模式。

（一）股票期权模式

股票期权模式是指上市公司授予激励对象在未来一定期限内以预先确定的条件购买本公司一定数量股份的权利。激励对象获授的股票期权不得转让、不得用于担保或偿还债务。

股票期权实质上是公司给予激励对象的一种激励报酬，但能否取得该报酬取决于以经理人为首的相关人员是否通过努力实现公司的目标。在行权期内，如果股价高于行权价格，激励对象可以通过行权获得市场价与行权价格差带来的收益，否则，将放弃行权。《上市公司股权激励管理办法》规定股票期权授权日与获授股票期权首次可行权日之间的间隔不得少于 12 个月。股票期权有效期内，上市公司应当规定激励对象分期行权，每期时限不得少于 12 个月，后一行权期的起算日不得早于前一行权期的届满日。每期可行权的股票期权比例不得超过激励对象获授股票期权总额的 50%。

股票期权模式的优点在于能够降低委托-代理成本，将经营者的报酬与公司的长期利益绑在一起，实现了经营者与企业所有者利益的高度一致，使二者的利益紧密联系起来，并且有利于降低激励成本。另外，股票期权模式可以锁定期权人的风险。由于期权人事先没有支付成本或支付成本较低，如果行权时公司股票价格下跌，期权人可以放弃行权，几乎没有损失。

股票期权模式存在以下缺点：

（1）影响现有股东的权益。激励对象行权将会分散股权，改变公司的总资本和股本结构，会影响现有股东的权益，可能导致产权和经济纠纷。

（2）可能遭遇来自股票市场的风险。股票市场受较多不可控因素的影响，导致股票市场的价格具有不确定性，持续的牛市会产生“收入差距过大”的问题；在期权人行权但尚未售出购入的股票时，如果股价下跌至行权价以下，期权人将同时承担行权后纳税和股票跌破行权价的双重损失的风险。

(3) 可能带来经营者的短期行为。股票期权的收益取决于行权之日市场上的股票价格高于行权价格的差额，因而可能促使公司的经营者片面追求股价提升的短期行为，从而放弃有利于公司发展的重要投资机会。

股票期权模式比较适合那些初始资本投入较少、资本增值较快、处于成长初期或扩张期的企业，如互联网、高科技等风险较高的企业等。

（二）限制性股票模式

限制性股票在解除限售前不得转让、用于担保或偿还债务。公司为了实现某一特定目标，先将一定数量的股票赠与或以较低价格售予激励对象。只有当实现预定目标后，激励对象才可将限制性股票抛售并从中获利；若预定目标没有实现，公司有权将免费赠与的限制性股票收回或者将售出股票以激励对象购买时的价格回购。《上市公司股权激励管理办法》规定限制性股票授予日与首次解除限售日之间的间隔不得少于 12 个月。在限制性股票有效期内，上市公司应当规定分期解除限售，每期时限不得少于 12 个月，各期解除限售的比例不得超过激励对象获授限制性股票总额的 50%。

只有达到限制性股票所规定的限制性期限时，持有人才能拥有实在的股票，因此在限制期间公司不需要支付现金对价，便能够留住人才。但限制性股票缺乏一个能推动企业股价上涨的激励机制，即在企业股价下跌的时候，激励对象仍能获得股份，这样可能达不到激励的效果，并使股东遭受损失。

对于处于成熟期的企业，其股价的上涨空间有限，因此采用限制性股票模式较为合适。

（三）股票增值权模式

在股票增值权模式下，如果经营者努力经营企业，在规定的期限内，公司股票价格上升或业绩上升，经营者就可以按一定比例获得这种由股价上涨或业绩提升所带来的收益，收益为行权价与行权日二级市场股价之间的差价或净资产的增值额。激励对象不用为行权支付现金，行权后由公司支付现金、股票或股票和现金的组合。

股票增值权模式比较易于操作，股票增值权持有人在行权时，直接兑现股票升值部分。首先，这种模式审批程序简单，无须解决股票来源问题。但由于激励对象不能获得真正意义上的股票，激励的效果相对较差。其次，公司方面需要提取奖励基金，从而使公司的现金支付压力较大。因此，股票增值权模式较适合现金流量比较充裕且比较稳定的上市公司和现金流量比较充裕的非上市公司。

（四）业绩股票激励模式

业绩股票激励模式指公司在年初确定一个合理的年度业绩目标，如果激励对象经过努力后，在年末实现了公司预定的年度业绩目标，则公司给予激励对象一定数量的股票，或奖励其一定数量的奖金来购买本公司的股票。业绩股票在锁定一定年限以后才可以兑现。因此，这种激励模式是根据被激励者完成业绩目标的情况，以普通股作为长期激励形式支付给经营者的激励机制。

业绩股票激励模式能够激励公司高管人员努力完成业绩目标，激励对象获得激励股票后便成为公司的股东，与原股东有了共同利益，会更加努力地去提升公司的业绩，进而获得因公司股价上涨带来的更多收益。但公司的业绩目标确定的科学性很难保证，容易导致公司高管人员为获得业绩股票而弄虚作假。同时，激励成本较高，可能会造成公司支付现金的压力。

业绩股票激励模式只对公司的业绩目标进行考核，不要求股价的上涨，因此比较适合业绩稳定型的上市公司及其集团公司、子公司。

思政元素

促进收入分配更加公平合理

分配制度是促进共同富裕的基础性制度。党的十八大以来，我们党在收入分配、就业、教育、社会保障等方面推出一系列重大举措，努力建设体现效率、促进公平的收入分配体系，推动形成橄榄型分配格局，人民群众获得感、幸福感、安全感更加充实、更有保障、更可持续，共同富裕取得新成效。但同时也要看到，我国发展不平衡不充分问题仍然较为突出，城乡区域发展和收入分配差距仍然较大，收入分配制度改革仍需要从缩小收入分配差距、规范收入分配秩序等方面发力。

党的二十大报告围绕“增进民生福祉，提高人民生活品质”，对完善分配制度进行了重要部署，强调坚持按劳分配为主体、多种分配方式并存，构建初次分配、再分配、第三次分配协调配套的制度体系等。进一步改革完善收入分配制度，应聚焦当前收入分配领域的一些热点和难点问题，坚持和完善社会主义基本经济制度，在政策措施的针对性和实效性方面多想办法，有效消除收入差距中的分配不公因素。

马克思主义政治经济学原理告诉我们，生产资料公有制是社会主义区别于资本主义的主要标志，是解放生产力和发展生产力的重要保证，是缩小收入差距、促进分配公平、实现共同富裕的制度基础。

公有制为主体、多种所有制经济共同发展，按劳分配为主体、多种分配方式并存，既体现了社会主义制度优越性，又同我国社会主义初级阶段社会生产力发展水平相适应，是党和人民的伟大创造。实践证明，按劳分配为主体、多种分配方式并存的分配制度，有利于调动各方面积极性，有利于实现效率和公平有机统一。习近平总书记强调，要坚持和完善社会主义基本经济制度，毫不动摇巩固和发展公有制经济，毫不动摇鼓励、支持、引导非公有制经济发展。推动各种所有制取长补短、相互促进、共同发展，同时公有制主体地位不能动摇，国有经济主导作用不能动摇，这是保证我国各族人民共享发展成果的制度性保证，也是巩固党的执政地位、坚持我国社会主义制度的重要保证。在我国社会主义制度下，收入分配公平问题的解决，要坚持公有制主体地位，重视发挥国有经济的主导作用，坚持按劳分配为主体，完善按要素分配政策。要通过调整收入分配格局，维护社会公平正义，不断缩小收入差距，推动共同富裕取得更为明显的实质性进展。

生产资料所有制对生产、分配、交换和消费具有十分重要的作用。不同的生产资料所有制决定了收入分配的不同性质和形式，生产资料公有制构成了按劳分配的理论依据。

促进收入分配更加公平合理，需要注重维护按劳分配的主体地位。马克思主义基本原理与社会主义经济建设的实践经验表明，只有贯彻按劳分配原则，才能巩固生产资料公有制和国有经济的地位，保障收入分配公平，彰显社会主义制度的优越性。此外，保证居民收入在国民收入中的合理占比，逐步提高劳动报酬所占比重，要求给予劳动要素以充分的认可与足额的回报，如合理确定劳务费用的给付标准及增长幅度等。劳动是财富的源泉，也是幸福的源泉。实现奋斗目标根本上靠劳动、靠劳动者创造。习近平总书记强调，“无论时代条件如何变化，我们始终都要崇尚劳动、尊重劳动者，始终重视发挥工人阶级和广大劳动群众的主力军作用”。这实际上就是对广大人民群众在社会生产过程中、在促进共同富裕进程中的主体地位和作用的一种确认，是对人类社会发展客观规律的揭示。全社会都要贯彻尊重劳动、尊重知识、尊重人才、尊重创造的重大方针，维护和发展劳动者的利益，保障劳动者的权利。要坚持社会公平正义，排除阻碍劳动者参与发展、分享发展成果的障碍，努力让劳动者实现体面劳动、全面发展。

对政府和市场关系，我们一直在根据实践拓展和认识深化寻找新的科学定位。党的十八届三中全会提出了“使市场在资源配置中起决定性作用和更好发挥政府作用”的重大理论观点。我国实行的是社会主义市场经济体制，我们仍然要坚持发挥我国社会主义制度的优越性，发挥党和政府的积极作用。市场在资源配置中起决定性作用，并不是起全部作用。特别需要看到的是，坚持公有制为主体、多种所有制经济共同发展，按劳分配为主体、多种分配方式并存，努力提高居民收入在国民收入分配中的比重，提高劳动报酬在初次分配中的比重，通过市场机制的单一作用无法做到，必须更好发挥政府作用。要通过颁布和执行法律法规、政策措施及发展战略等，在提升宏观调控能力的同时，使政府履行好经济调节、市场监管、社会管理、公共服务、生态环境保护等方面职能；深化供给侧结构性改革，建立健全防范和化解产能过剩的长效机制，着力推动经济高质量发展，通过全国人民共同奋斗把“蛋糕”做大做好；构建初次分配、再分配、第三次分配协调配套的制度体系，通过合理的制度安排正确处理增长和分配关系，把“蛋糕”切好分好，着力遏制收入差距扩大趋势，达到分配公平的目标。

资料来源：郃丽华. 促进收入分配更加公平合理［N］. 经济日报，2023-02-09（5）.

专项练习

甲公司发放股票股利前，投资者张某持有甲公司普通股 20 万股，甲公司的股东权益账户情况如下：股本为 2 000 万元（发行在外的普通股为 2 000 万股，面值 1 元），资本公积为 3 000 万元，盈余公积为 2 000 万元，未分配利润为 3 000 万元。公司每 10 股发放 2 股股票股利，按市值确定的股票股利总额为 2 000 万元。

（1）计算股利发放后的“未分配利润”项目金额。

（2）计算股利发放后的“股本”项目金额。

（3）计算股利发放后的“资本公积”项目金额。

（4）计算股利发放后张某持有公司股份的比例。

中英文专业术语

股利（dividend）

股利支付率（dividend payout ratio）

股利政策（dividend policy）

现金股利（cash dividend）

股票股利（stock dividend）
股票分割（stock split）
股票回购（stock repurchase）
企业分配的对象（enterprise distribution object）
股利分配理论（dividend distribution ）
剩余股利政策（residual dividend policy）
公开市场购买（open market）
要约回购（tender offer）

第八章　预算管理

学习任务

1. 了解预算管理的基本理论
2. 理解预算编制的方法与程序
3. 掌握预算编制的方法
4. 了解预算的执行与考核

引入案例

企业如何做好全面预算

全面预算管理作为对现代企业成熟与发展起重大推动作用的管理系统，是企业内部管理控制的一种主要方法。全面预算管理在形式上以数量或货币为计量单位，涵盖企业经营活动、投资活动和财务活动。

理解全面预算管理的“全面”二字，可从以下五个方面着眼：

(1) 经济事项全面：公司的全部经济事项应纳入预算管理。

(2) 业务单元全面：公司的所有部门、单位应纳入预算管理。

(3) 参与人员全面：公司应全员参与预算管理。

(4) 整体过程全面：预算编制、执行、调整、考核过程完备。

(5) 数据期限全面：按月编制，年度汇总。

全面预算管理的本质是企业实现战略规划和经营目标，对预算期内经营活动、投资活动、财务活动进行管理的方法和工具。但是，很多企业在预算管理中还存在一些问题，这些问题主要有以下四点：

(1) 对全面预算管理认知不足，使其作用难以发挥。这种现象多数存在于中小企业或刚起步的企业中。企业管理层对全面预算管理没有充分、正确的认识，管理理念比较落后。企业即便实施全面预算管理，但对预算的重要性认识不足，存在预算目标不合理、工作目标与预算联系不紧密、编制不科学、预算缺乏刚性、预算执行不力、追加预算频繁、考核不严等现象，造成预算管理的作用得不到有效发挥。

(2) 管理体系不够完善，保障力度不够。企业对全面预算管理体系建设不重视或投入力度不足，难以从组织和制度层面给予必要的保障。有些企业虽然利用由财务部门主导、其他部门参与的模式进行全面预算管理，但由于主客体缺乏沟通，业财融合不充分，预算编制的科学性、合理性也难以保障，提高了执行的难度。有些企业不重视信息化管理的作用，使得信息化的优势得不到发挥。

（3）预算编制与企业发展战略和年度经营计划联系不紧密，可执行性不高。全面预算的编制应根据企业战略发展目标和经营计划编制，围绕企业发展的中心工作并考虑事业发展的实际需要。很多企业因为在预算重视程度、管理模式、编制方法、投入上等存在不足，造成预算编制与事业发展结合不够紧密，出现预算流于形式、预算与实际脱节、预算编制与预算执行相偏离等现象，预算管理与企业经营发展目标之间缺乏协调性，导致预算刚性不足、预算难以执行或执行不力、预算目标难以考核，不同程度上使得预算管理工作对企业经营目标实现的支撑力度不够，影响企业战略目标的实现，甚至造成企业资源浪费，制约企业的发展。

（4）绩效评价制度尚不健全，约束激励不足。预算绩效评价是全面预算管理内部控制的重要一环，对于营造积极的工作环境，提升全体人员工作的积极性、主动性、创造性，规范预算管理，严格履行管理职责具有重要的引导作用。许多企业对于预算绩效评价工作不重视，未能从预算编制的源头开始实施绩效目标控制；评价的指标不明确、不科学；评价考核意识不强，考核流于形式；缺乏绩效评价的分析、通报、反馈机制；缺乏预算责任追究制度，经济责任制形同虚设；绩效评价与部门、个人激励机制不挂钩或激励不足，严重削弱了激励的作用。

那么，企业该如何做好全面预算呢？

1. 树立全面预算的基本观念

（1）计划观念。企业的全面预算管理应该以各部门的各种计划为基础，这些计划包括各部门的工作计划、采购计划、业务发展计划、专项计划等。预算是工作计划的量化体现，同时也能使工作计划目标更加明确并且相互衔接。

（2）责任观念。部门在充分协商的基础上，编制预算并认可公司正式下发的整体预算，负责本部门的预算执行和控制。财务部汇总各部门的预算，编制最后的预算报表，负责上报及下发整体预算和执行中的各种分析报告。稽核部根据预算的执行状况和其他因素组织绩效考评工作。

（3）整体观念。预算编制以公司的发展战略目标和企业在各具体方面的基本策略为编制原则。各部门的预算必须与其他部门相互配合，明确相互之间的权责关系。

2. 完善全面预算管理体系

企业在对企业的管理、业务、财务情况有充分了解的基础上，设计全面预算管理解决方案的各个流程。预算管理的主要流程包括明确责任中心的权责、界定预算目标、编制预算、汇总、复核与审批、预算执行与管理、业绩报告及差异分析、预算指标考核。

企业的内部管理系统不仅强调流程的管理，更加注重量化各项指标，特别是对财务状况影响重大的指标，在执行预算的过程中就能够达到这项要求。成本、费用与相应的成本动因相匹配，使成本与费用的支出更加合理，财务部门监督与信息稽核更加有依据，同时也减少了财务部门与业务部门之间的矛盾。预算为企业绩效考核提供了依据，有利于建立公平合理的绩效考核和薪酬体系。

完善企业预算基础体系以及预算考核和评价体系，可以让预算有章可循、有框可控。

那么，财务预算该由谁来做呢？不少人觉得理所当然是财务部。要真这么想就麻烦了。因为一是高估了财务部的能力，包括领导能力、组织能力和协调能力；二是在未来预算调整与考核时，会把财务部架到火上烤。编制预算时，财务部是组织者和数据汇总者，但不是决策者，也非执行者。

资金紧张的企业与资金充裕的企业，谁更需要预算呢？很多人会说，当然是资金紧张的企业，钱少才要规划好了再花，不能花冤枉钱。资金充裕的企业更应关注预算，因为钱多乱花的可能性更大。钱少时，所有项目一眼就能看出轻重缓急；钱多了，盲目扩张往往会迷住双眼。

计划与预算是什么关系？任正非说，“计划是龙头，制订计划的人一定要明白业务。地区部要成立计划、预算与核算部，要让明白业务的人来做头。只有计划做好了，后面的预算才有依据通过核算来修正、考核计划与预算。”确实，计划是方向，预算是量化，核算是校验，三者互相促进。关键是做计划的人要懂业务。

费用预算编制有以下三种模式：

（1）各部门编制自己的预算。这种模式适合通用性的费用预算，如交通费、办公用品费、招待费等。

（2）各部门提出预算需求，由某一部门总括预算。这种模式适用专项费用预算，如人力资源部负责各部门培训预算。

（3）由某一部门直接做全公司的费用预算。这种模式适用折旧、摊销等费用预算。

古代行军打仗讲求：兵马未动，粮草先行。其中就包含了预算的思想，一次重大军事行动需要消耗大量的人力、物力，良好的后勤补给才能保证前方战士的物资需求，因此预算管理是企业发展的重要保障，少一些后顾之忧，多一些前瞻远瞩。

第一节　预算的编制方法与程序

一、预算的编制方法

企业一般按照分级编制、逐级汇总的方式，采用自上而下、自下而上、上下结合或多维度相协调的流程编制预算。预算编制流程与编制方法的选择应与企业现有管理模式相适应。常见的预算编制方法主要包括增量预算法与零基预算法、固定预算法与弹性预算法、定期预算法与滚动预算法。

（一）增量预算法与零基预算法

按其出发点特征的不同，编制预算的方法可分为增量预算法和零基预算法两大类。

1. 增量预算法

增量预算法，是指以历史期实际经济活动及其预算为基础，结合预算期经济活动及相关影响因素的变动情况，通过调整历史期经济活动项目及金额形成预算的预算编制方法。增量预算法以过去的费用发生水平为基础，不需要在预算内容上作较大的调整，它的编制遵循如下假定：

第一，企业现有业务活动是合理的，不需要进行调整。

第二，企业现有各项业务的开支水平是合理的，在预算期予以保持。

第三，以现有业务活动和各项活动的开支水平，确定预算期各项活动的预算数。

增量预算法的缺陷是无效费用开支可能无法得到有效控制，使得不必要开支合理化，造成预算上的浪费。

2. 零基预算法

零基预算法，是指企业不以历史期经济活动及其预算为基础，以零为起点，从实际需要出发分析预算期经济活动的合理性，经综合平衡后形成预算的预算编制方法。零基预算法适用于企业各项预算的编制，特别是不经常发生的预算项目或预算编制基础变化较大的预算项目。零基预算法的应用程序如下：

第一，明确预算编制标准。企业应搜集和分析对标单位、行业等外部信息，结合内部管理需要形成企业各预算项目的编制标准，并在预算管理过程中根据实际情况不断分析评价、修订完善预算编制标准。

第二，制订业务计划。预算编制责任部门应依据企业战略、年度经营目标和内外环境变化等安排预算期经济活动，在分析预算期各项经济活动合理性的基础上制订详细、具体的业务计划，并将其作为预算编制的基础。

第三，编制预算草案。预算编制责任部门应以相关业务计划为基础，根据预算编制标准编制本部门相关预算项目，并报预算管理责任部门审核。

第四，审定预算方案。预算管理责任部门应在审核相关业务计划合理性的基础上，逐项评价各预算项目的目标、作用、标准和金额等，按战略相关性、资源限额和效益性等进行综合分析和平衡，汇总形成企业预算草案，上报企业预算管理委员会等专门机构审议后报董事会等机构审批。

零基预算法的优点表现在：一是以零为起点编制预算，不受历史期经济活动中的不合理因素影响，能够灵活应对内外环境的变化，预算编制更贴近预算期企业经济活动需要；二是有助于提高预算编制透明度，有利于进行预算控制。

其缺点主要体现在：一是预算编制工作量较大、成本较高；二是预算编制的准确性受企业管理水平和相关数据标准准确性影响较大。

（二）固定预算法与弹性预算法

编制预算的方法按其业务量基础的数量特征不同，可分为固定预算法和弹性预算法。

1. 固定预算法

固定预算法又称静态预算法，是指以预算期内正常的、最可实现的某一业务量（是指企业产量、销售量、作业量等与预算项目相关的弹性变量）水平为固定基础，不考虑可能发生的变动的预算编制方法。

固定预算法的缺点表现在以下两个方面：

一是适应性差。因为编制预算的业务量基础是事先假定的某个业务量。在这种方法下，不论预算期内业务量水平实际可能发生哪些变动，都只按事先确定的某一个业务量水平作为编制预算的基础。

二是可比性差。当实际的业务量与编制预算所依据的业务量发生较大差异时，有关预算指标的实际数与预算数就会因业务量基础不同而失去可比性。例如，某企业预计业务量为销售 120 000 件产品，按此业务量给销售部门的预算费用为 6 000 元。如果该销售部门实际销售量达到 140 000 件，超出了预算业务量，固定预算下的费用预算仍为 6 000 元。

2. 弹性预算法

弹性预算法又称动态预算法，是指企业在分析业务量与预算项目之间数量依存关系的基础上，分别确定不同业务量及其相应预算项目所消耗资源的预算编制方法。

理论上，弹性预算法适用于编制全面预算中所有与业务量有关的预算，但实务中主要用于编制成本费用预算和利润预算，尤其是成本费用预算。

编制弹性预算，要选用一个最能代表生产经营活动水平的业务量计量单位。例如，以手工操作为主的车间，就应选用人工工时；制造单一产品或零件的部门，可以选用实物数量；修理部门可以选用直接修理工时等。

弹性预算法所采用的业务量范围，视企业或部门的业务量变化情况而定，务必使实际业务量不至于超出相关的业务量范围。一般来说，可定在正常生产能力的 70%~110%，或以历史上最高业务量和最低业务量为其上下限。弹性预算法编制预算的准确性，在很大程度上取决于成本性态分析的可靠性。

与按特定业务量水平编制的固定预算法相比，弹性预算法的主要优点是考虑了预算期可能的不同业务量水平，更贴近企业经营管理实际情况。弹性预算法的主要缺点：一是编制工作量大；二是市场及其变动趋势预测的准确性、预算项目与业务量之间依存关系的判断水平等会对弹性预算的合理性造成较大影响。

企业应用弹性预算法时，一般按照以下程序进行：

第一步，确定弹性预算适用项目，识别相关的业务量并预测业务量在预算期内可能存在的不同水平和弹性幅度。

第二步，分析预算项目与业务量之间的数量依存关系，确定弹性定额。

第三步，构建弹性预算模型，形成预算方案。

第四步，审定预算方案并上报企业预算管理委员会等专门机构审议后，报董事会等机构审批。

弹性预算法又分为公式法和列表法两种具体方法。

（1）公式法。

公式法是运用总成本性态模型，测算预算期的成本费用数额并编制成本费用预算的方法。根据成本性态，成本与业务量之间的数量关系可用公式表示为

$$y = a + bX$$

式中，y 表示某项预算成本总额，a 表示该项成本中的固定基数，b 表示与业务量相关的弹性定额，X 表示预计业务量。

【例 8-1】某企业制造费用中的修理费用与修理工时密切相关。经测算，预算期修理费用中的固定修理费用为 50 000 元，单位工时的变动修理费用为 20 元；预计预算期的修理工时为 2 500 小时。运用公式法测算出预算期的修理费用总额为：50 000+20×2 500=100 000（元）。

因为任何成本都可用公式“ $y = a + bX$ ”来近似地表示，所以只要在预算中列示 a（固定成本）和 b（单位变动成本），便可随时利用公式计算任一业务量（ X ）的预算成

本（y）。

【例 8-2】A 企业经过分析得出某种产品的制造费用与人工工时密切相关，采用公式法编制的制造费用预算如表 8-1 所示。

表 8-1　采用公式法编制的制造费用预算

业务量范围	400~720（人工工时）	
费用项目	固定费用（元/月）	变动费用（元/人工工时）
运输费用		1.5
电力费用		8
材料费用		2
修理费用	900	10
油料费用	1 000	1
折旧费用	2 900	
人工费用	1 100	
合计	5 900	22.5
备注	当业务量超过 600 工时后，修理费中的固定费用将由 900 元上升为 1 900 元	

本例中，针对制造费用而言，在业务量为 400~600 人工工时的情况下，$y = 5\ 900 + 22.5X$；在业务量为 600~700 人工工时的情况下，$y = 6\ 900 + 22.5X$。如果业务量为 520 人工工时，则制造费用预算为 5 900+22.5×520=17 600（元）；如果业务量为 620 人工工时，则制造费用预算为 6 900+22.5×620=20 850（元）。

公式法的优点是便于在一定范围内计算任何业务量的预算成本，可比性和适应性强，编制预算的工作量相对较小。缺点是按公式进行成本分解比较麻烦，对每个费用子项目甚至细目逐一进行成本分解，工作量很大。另外对于阶梯成本和曲线成本只能先用数学方法修正为直线，才能应用公式法。必要时，还需要在“备注”中说明适用不同业务量范围的固定费用和单位变动费用。此外，应用公式法编制预算时，相关弹性定额可能仅适用于一定业务量范围内。当业务量变动超出该适用范围时，应及时修正、更新弹性定额，或改为列表法编制。

（2）列表法。

列表法是指企业通过列表的方式，在业务量范围内依据已划分出的若干个不同等级，分别计算并列示该预算项目与业务量相关的不同预算方案的方法。

应用列表法编制预算，首先要在确定的业务量范围内，划分出若干个不同水平，然后分别计算各项预算值，汇总列入一个预算表格。

列表法的优点是：不管实际业务量多少，不必经过计算即可找到与业务量相近的预算成本；混合成本中的阶梯成本和曲线成本，可按总成本性态模型计算填列，不必用数学方法修正为近似的直线成本。但是，在评价和考核实际成本时，运用列表法编制预算，往往需要使用插值法来计算“实际业务量的预算成本”，比较麻烦。

【例 8-3】根据表 8-1，A 企业采用列表法编制的 2025 年 6 月制造费用预算如表 8-2 所示。

表 8-2　A 企业采用列表法编制的 2025 年 6 月制造费用预算　　金额单位：元

业务量（直接人工工时）/小时	400	480	560	640	720
占正常生产能力百分比/%	60	70	80	90	100
变动成本：					
运输费用（$b=1.5$）	600	720	840	960	1 080
电力费用（$b=8$）	3 200	3 840	4 480	5 120	5 760
材料费用（$b=2$）	800	960	1 120	1 280	1 440
合计	4 600	5 520	6 440	7 360	8 280
混合成本：					
修理费用	4 900	5 700	6 500	7 300	8 100
油料费用	1 400	1 480	1 560	1 640	1 720
合计	6 300	7 180	8 060	8 940	9 820
固定成本：					
折旧费用	2 900	2 900	2 900	2 900	2 900
人工费用	1 100	1 100	1 100	1 100	1 100
合计	4 000	4 000	4 000	4 000	4 000
总计	14 900	16 700	18 500	20 300	22 100

表 8-2 分别列示了五种业务量水平的成本预算数据（根据企业情况，也可以按更多的业务量水平来列示）。这样，无论实际业务量达到何种水平，都有适用的一套成本数据来发挥控制作用。

如果固定预算法是按 640 小时编制的，则成本总额为 20 300 元。在实际业务量为 500 小时的情况下，不能用 20 300 元去评价实际成本的高低，也不能按业务量变动的比例调整后的预算成本 15 859.375 元（20 300×500÷640）去考核实际成本，因为并不是所有的成本都一定同业务量呈正向变动关系。

如果企业采用弹性预算法，就可以根据各项成本与业务量的不同关系，采用不同方法确定“实际业务量的预算成本”，去评价和考核实际成本。如果实际业务量为 500 小时，运输费等各项变动成本可用实际工时数乘以单位业务量变动成本来计算，即变动总成本为 5 750 元（500×1.5+500×8+500×2）。固定总成本不随业务量变动，仍为 4 000 元。混合成本可用插值法逐项计算：500 小时处在 480~560 小时之间，修理费应该在 5 700~6 500 元之间，设实际业务的预算修理费为 X 元，则：

$$(500-480)\div(560-480)=(X-5\ 700)\div(6\ 500-5\ 700)$$
$$X=5\ 900\text{元}$$

油料费用在480小时和560小时分别为1 480元和1 560元，用插值法计算500小时应为1 500元。可见：

500小时预算成本＝（1.5+8+2）×500+5 900+1 500+4 000＝17 150（元）

这样计算出来的预算成本比较符合成本的变动规律，可以用来评价和考核实际成本，比较确切，且容易被考核人接受。

（三）定期预算法与滚动预算法

编制预算的方法按其预算期的时间特征不同，可分为定期预算法和滚动预算法两大类。

1. 定期预算法

定期预算法是指在编制预算时，以固定会计期间（如日历年度）作为预算期的一种预算编制方法。这种方法的优点是能够使预算期间与会计期间相对应，便于将实际数与预算数进行对比，也有利于对预算执行情况进行分析和评价。但这种方法以固定会计期间（如1年）为预算期，在执行一段时期之后，往往使管理人员只考虑剩下时间的业务量，缺乏长远打算，导致一些短期行为的出现。

2. 滚动预算法

滚动预算法是指企业根据上一期预算执行情况和新的预测结果，按既定的预算编制周期和滚动频率，对原有的预算方案进行调整和补充、逐期滚动、持续推进的预算编制方法。

按照预算编制周期的不同，滚动预算可以分为中期滚动预算和短期滚动预算。中期滚动预算的预算编制周期通常为3年或5年，以年度作为预算滚动频率。短期滚动预算通常以1年为预算编制周期，以月度、季度作为预算滚动频率。短期滚动预算通常使预算期始终保持12个月，每过1个月或1个季度，立即在期末增列1个月或1个季度的预算，逐期往后滚动，因而在任何一个时期都使预算保持为12个月的时间长度。这种预算能使企业各级管理人员对未来始终保持整整12个月时间的考虑和规划，从而保证企业的经营管理工作能够稳定而有序地进行。

（1）逐月滚动。

逐月滚动是指在预算编制过程中，以月份为预算的编制和滚动单位，每个月调整一次预算的方法。如在2024年1月至12月的预算执行过程中，需要在1月月末根据当月预算的执行情况修订2月至12月的预算，同时补充下年1月的预算；到2月月末可根据当月预算的执行情况，修订3月至2025年1月的预算，同时补充2025年2月的预算；以此类推。逐月滚动预算方式如图8-1所示。

按照逐月滚动方式编制的预算比较精确，但工作量较大。

图 8-1　逐月滚动预算方式

（2）逐季滚动。

逐季滚动是指在预算编制过程中，以季度为预算的编制和滚动单位，每个季度调整一次预算的方法。逐季滚动编制的预算比逐月滚动的工作量小，但精确度较低。

【例 8-4】某公司甲车间采用滚动预算方法编制制造费用预算。已知 2024 年分季度的制造费用预算如表 8-3 所示（其中间接材料费用忽略不计，间接人工费用预算工时分配率为 50 元/小时，水电与维修费用预算工时分配率为 30 元/小时）。

表 8-3　2024 年分季度的制造费用预算　　金额单位：元

项目	第一季度	第二季度	第三季度	第四季度	全年
直接人工预算总工时/小时	53 000	5 000	5 000	4 700	20 000
变动制造费用：					
间接人工费用	206 000	205 000	205 000	190 000	806 000
水电与维修费用	120 000	125 000	125 000	121 000	491 000
小计	326 000	330 000	330 000	311 000	1 297 000
固定制造费用：					
设备租金	200 000	200 000	200 000	200 000	800 000
管理人员工资	70 000	70 000	70 000	70 000	280 000
小计	270 000	270 000	270 000	270 000	1 080 000
制造费用合计	596 000	600 000	600 000	581 000	2 377 000

2024 年 3 月 31 日，公司在编制 2024 年第二季度至 2025 年第一季度滚动预算时，发现未来的 4 个季度中将出现以下情况：

①间接人工费用预算工时分配率将上涨 10%，即上涨为 55 元/小时。

②原设备租赁合同到期，公司新签订的租赁合同中设备年租金将降低 30%，即降低为 560 000 元。

③2024 年第二季度至 2025 年第一季度预计直接人工总工时分别为 5 000 小时、4 900 小时、4 400 小时和 5 600 小时。

则 2024 年第二季度至 2025 年第一季度制造费用预算如表 8-4 所示。

表 8-4 2024 年第二季度至 2025 年第一季度制造费用预算 金额单位：元

项目	2024 年			2025 年	合计
	第二季度	第三季度	第四季度	第一季度	
直接人工预算总工时/小时	5 000	4 900	4 400	5 600	19 900
变动制造费用：					
间接人工费用	275 000	269 500	242 000	308 000	1 094 000
水电与维修费用	150 000	147 000	132 000	168 000	597 000
小计	425 000	416 500	374 000	476 000	1 691 000
固定制造费用：					
设备租金	140 000	140 000	140 000	140 000	560 000
管理人员工资	70 000	70 000	70 000	70 000	280 000
小计	210 000	210 000	210 000	210 000	840 000
制造费用合计	635 000	626 500	584 000	686 000	2 531 000

（3）混合滚动。

混合滚动是指在预算编制过程中，同时以月份和季度作为预算的编制和滚动单位的方法。这种预算方法的理论依据是：人们对未来的了解程度具有对近期的预计把握较大、对远期的预计把握较小的特征。混合滚动预算方式如图 8-2 所示。

图 8-2 混合滚动预算方式

滚动预算的主要优点：通过持续滚动预算编制、逐期滚动管理，实现动态反映市场、建立跨期综合平衡，从而有效指导企业营运，强化预算的决策与控制职能。滚动预算的主要缺点：一是预算滚动的频率越高，对预算沟通的要求越高，预算编制的工作量越大；二是过高的滚动频率容易增加管理层的不稳定感，导致预算执行者无所适从。

二、预算的编制程序

企业编制预算，一般应按照“上下结合、分级编制、逐级汇总”的程序进行。

（一）下达目标

企业董事会或经理办公会根据企业发展战略和预算期经济形势的初步预测，在决策的基础上，提出下一年度企业预算目标，包括销售或营业目标、成本费用目标、利润目标和现金流量目标，并确定预算编制的政策，由预算管理委员会下达至各预算执行单位。

（二）编制上报

各预算执行单位按照企业预算管理委员会下达的预算目标和政策，结合自身特点以及预算的执行条件，提出本单位详细的预算方案，上报企业财务管理部门。

（三）审查平衡

企业财务管理部门对各预算执行单位上报的财务预算方案进行审查、汇总，提出综合平衡的建议。在审查、平衡过程中，预算管理委员会应当进行充分协调，对发现的问题提出初步调整意见，并反馈给有关预算执行单位予以修正。

（四）审议批准

企业财务管理部门在有关预算执行单位修正调整的基础上，编制出企业预算方案，报企业预算管理委员会讨论。对于不符合企业发展战略或者预算目标的事项，企业预算管理委员会应当责成有关预算执行单位进一步修订、调整。在讨论、调整的基础上，企业财务管理部门正式编制企业年度预算草案，提交董事会或经理办公会审议批准。

（五）下达执行

企业财务管理部门对董事会或经理办公会审议批准的年度总预算，一般在次年3月月底以前分解成一系列的指标体系，由预算管理委员会逐级下达至各预算执行单位执行。

第二节　预算编制

企业应建立和完善预算编制的工作制度，明确预算编制依据、编制内容、编制程序和编制方法，确保预算编制依据合理、内容全面、程序规范、方法科学，确保形成各层级广泛接受的、符合业务假设的、可实现的预算控制目标。

一、经营预算的编制

（一）销售预算

销售预算是指在销售预测的基础上根据销售计划编制的，用于规划预算期销售活动的一种经营预算。销售预算是整个预算的编制起点，其他预算的编制都以销售预算作为基础。表 8-5 是 M 公司的销售预算（为方便计算，本章均不考虑增值税）。

销售预算的主要内容是销量、单价和销售收入。销量是根据市场预测或销货合同并结合企业生产能力确定的，单价是通过价格决策确定的，销售收入是两者的乘积，在销售预算中计算得出。

表 8-5　M 公司的销售预算　　金额单位：元

项目	第一季度	第二季度	第三季度	第四季度	全年
预计销售量/件	900	1 400	1 900	1 700	5 900
预计销售单价	3 000	3 000	3 000	3 000	3 000
销售收入	2 700 000	4 200 000	5 700 000	5 100 000	17 700 000
预计现金收入：					
上年应收账款	680 000				680 000
第一季度（销货 2 700 000 元）	1 620 000	1 080 000			2 700 000
第二季度（销货 4 200 000 元）		2 520 000	1 680 000		4 200 000
第三季度（销货 5 700 000 元）			3 420 000	2 280 000	5 700 000
第四季度（销货 5 100 000 元）				3 060 000	3 060 000
现金收入合计	2 300 000	3 600 000	5 100 000	5 340 000	16 340 000

销售预算通常要分品类（或品种）、分月份、分销售区域、分推销员来编制。为了简化，本例只划分了季度销售数据。

销售预算中通常还包括预计现金收入的计算，其目的是为编制资金预算提供必要的资料。第一季度的现金收入包括两部分，即上年应收账款在本年第一季度收到的货款以及本季度销售中可能收到的货款。本例中，假设每季度销售收入中，本季度收到现金 60%，另外的 40%的现金要到下季度才能收到。

（二）生产预算

生产预算是为规划预算期生产规模而编制的一种经营预算，它是在销售预算的基础上编制的，并可以作为编制直接材料预算和产品成本预算的依据。其主要内容有销售量、期初和期末产成品存货、生产量。生产预算，只涉及实物量指标，不涉及价值量指标。表 8-6是 M 公司的生产预算。

表 8-6　M 公司生产预算　　单位：件

项目	第一季度	第二季度	第三季度	第四季度	全年
预计销售量	800	1 200	1 900	1 500	5 400
加：预计期末产成品存货	120	190	150	200	200
合计	920	1 390	2 050	1 700	5 600
减：预计期初产成品存货	100	120	190	150	100
预计生产量	820	1 270	1 860	1 550	5 500

通常，企业的生产和销售不宜做到“同步同量”，需要设置一定的存货，以保证能在发生意外需求时按时供货，并可均衡生产，节省赶工的额外支出。期末产成品存货数量通常按下期销售量的一定百分比确定，本例按10%安排期末产成品存货。年初产成品存货是编制预算时预计的，年末产成品存货根据长期销售趋势来确定。本例假设年初有产成品存货100件，年末留存200件。

生产预算的“预计销售量”来自销售预算，其他数据在表8-6中计算得出。

预计期末产成品存货 = 下季度销售量 × 10%

预计期初产成品存货 = 上季度期末产成品存货

预计生产量 = 预计销售量 + 预计期末产成品存货 − 预计期初产成品存货

生产预算在实际编制时是比较复杂的，产量受到生产能力的限制，产成品存货数量受到仓库容量的限制，只能在此范围内来安排产成品存货数量和各期生产量。此外，有的季度可能销量很大，可以用赶工方法增产，为此要多付加班费。如果提前在淡季生产，企业会因增加产成品存货而多付资金利息。因此，企业要权衡两者得失，选择成本最低的方案。

（三）直接材料预算

直接材料预算是为了规划预算期直接材料采购金额的一种经营预算。直接材料预算以生产预算为基础编制，同时要考虑原材料存货水平。

表8-7是M公司本年的直接材料预算。其主要内容有材料的单位产品用量、生产需用量、期初和期末存量等。“预计生产量”的数据来自生产预算，“单位产品材料用量”的数据来自标准成本资料或消耗定额资料，“生产需用量”是上述两项的乘积。年初和年末的材料存货量，是根据当前情况和长期销售预测估计的。各季度“期末材料存量”根据下季度生产需用量的一定百分比确定，本例按20%计算。各季度“期初材料存量”等于上季度的期末材料存量。预计各季度“采购量”根据下式计算确定：

预计采购量 = 生产需用量 + 期末存量 − 期初存量

表8-7　M公司本年的直接材料预算

项目	第一季度	第二季度	第三季度	第四季度	全年
预计生产量/件$^{-1}$	820	1 270	1 860	1 550	5 500
单位产品材料用量/千克·件$^{-1}$	15	15	15	15	15
生产需用量/千克	12 300	19 050	27 900	23 250	82 500
加：预计期末存量/千克	3 810	5 580	4 650	5 000	5 000
减：预计期初存量/千克	3 600	3 810	5 580	4 650	3 600
预计材料采购量/千克	12 510	20 820	26 970	23 600	83 900
单价/元·千克$^{-1}$	60	60	60	60	60
预计采购金额/元	750 600	1 248 000	1 618 200	1 416 000	5 034 000
预计现金支出/元：					

表8-7(续)

项目	第一季度	第二季度	第三季度	第四季度	全年
上年应付账款	300 000				300 000
第一季度（采购 750 600 元）	375 300	375 300			750 600
第二季度（采购 1 248 000 元）		624 000	624 000		1 248 000
第三季度（采购 1 618 200 元）			809 100	809 100	1 618 200
第四季度（采购 1 416 000 元）				708 000	708 000
合计	675 300	999 300	1 433 100	1 517 100	4 624 800

为了便于以后编制资金预算，企业通常要预计材料采购各季度的现金支出。每个季度的现金支出包括偿还上期应付账款和本期应支付的采购货款。本例假设材料采购的货款有50%在本季度内付清，另外 50%在下季度付清。这个百分比一般是根据经验确定的。如果材料品种很多，则需要单独编制材料存货预算。

（四）直接人工预算

直接人工预算是一种既要反映预算期内人工工时消耗水平，又要规划人工成本开支的经营预算。直接人工预算也是以生产预算为基础编制的。其主要内容有预计生产量、单位产品工时、人工总工时、每小时人工成本和人工总成本。“预计产量”数据来自生产预算，单位产品人工工时和每小时人工成本数据来自标准成本资料，人工总工时和人工总成本是在直接人工预算中计算出来的。由于人工工资都需要使用现金支付，所以，不需要另外预计现金支出，可直接参加资金预算的汇总。M 公司全年的直接人工预算如表 8-8 所示。

表 8-8　M 公司全年的直接人工预算

项目	第一季度	第二季度	第三季度	第四季度	全年
预计生产量/件	820	1 270	1 860	1 550	5 500
单位产品工时/小时・件$^{-1}$	15	15	15	15	15
人工总工时/小时	12 300	19 050	27 900	23 250	82 500
每小时人工成本/元・小时$^{-1}$	40	40	40	40	40
人工总成本/元	492 000	762 000	1 116 000	930 000	3 300 000

（五）制造费用预算

制造费用预算通常分为变动制造费用预算和固定制造费用预算两部分。变动制造费用预算是以生产预算为基础来编制的。如果有完善的标准成本资料，用单位产品的标准成本与产量相乘，即可得到相应的预算金额。如果没有标准成本资料，就需要逐项预计计划产量需要的各项制造费用。固定制造费用，需要逐项进行预计，通常与本期产量无关，按每季度实际需要的支付额预计，然后求出全年数。表 8-9 是 M 公司全年的制造费用预算。

表 8-9　是 M 公司全年的制造费用预算　　单位：元

项目	第一季度	第二季度	第三季度	第四季度	全年
变动制造费用：					
间接人工	22 960	35 560	52 080	43 400	154 000
间接材料	16 400	25 400	37 200	31 000	110 000
修理费	19 680	30 480	44 640	37 200	132 000
水电费	14 760	22 860	33 480	27 900	99 000
小计	73 800	114 300	167 400	139 500	495 000
固定制造费用：					
修理费	12 000	13 000	19 000	20 000	64 000
折旧	105 000	105 000	105 000	105 000	420 000
管理人员工资	110 000	120 000	125 000	125 000	480 000
保险费	16 000	18 800	20 200	28 000	83 000
财产税	6 375	6 375	6 375	6 375	25 500
小计	249 375	263 175	275 575	284 375	1 072 500
合计	323 175	377 475	442 975	423 875	1 567 500
减：折旧	105 000	105 000	105 000	105 000	420 000
现金支出	218 175	272 475	337 975	318 875	1 147 500

为了便于以后编制产品成本预算，需要计算小时费用率。

变动制造费用小时费用率＝495 000÷82 500＝6（元/小时）

固定制造费用小时费用率＝1 072 500÷82 500＝13（元/小时）

为了便于以后编制资金预算，需要预计现金支出。制造费用中，除折旧费外都需支付现金，所以根据每个季度制造费用数额扣除折旧费后，即可得出“现金支出的费用”。

（六）产品成本预算

产品成本预算，是销售预算、生产预算、直接材料预算、直接人工预算、制造费用预算的汇总。其主要内容是产品的单位成本和总成本。单位产品成本的有关数据，来自直接材料预算、直接人工预算和制造费用预算。生产量、期末存货量来自生产预算，销售量来自销售预算。生产成本、存货成本和销货成本等数据，根据单位成本和有关数据计算得出。表 8-10 是 M 公司本年的产品成本预算。

表 8-10　M 公司本年的产品成本预算

项目	单位成本			生产成本/元	期末存货/元	销货成本/元
	单价/元	单耗（千克或小时）	成本/元	5 500 件	200 件	5 400 件
直接材料	60	15	900	4 950 000	180 000	4 860 000
直接人工	40	15	600	3 300 000	120 000	3 240 000
变动制造费用	6	15	90	495 000	18 000	486 000
固定制造费用	13	15	195	1 072 500	39 000	1 053 000
合计			1 785	9 817 500	357 000	9 639 000

（七）销售及管理费用预算

销售费用预算是指为了实现销售预算所需要支付的费用预算。它以销售预算为基础，根据费用计划编制。编制该预算时要求分析销售收入、销售利润和销售费用的关系，力求实现销售费用的最有效使用。在安排销售费用时，企业要利用本量利分析方法，费用的支出应能获取更多的收益。在草拟销售费用预算时，企业要对过去的销售费用进行分析，分析过去销售费用支出的必要性和效果。销售费用预算应和销售预算相配合，应按品种、按地区、按用途的具体预算数额列示。

管理费用是搞好一般管理业务所必需的费用。随着企业规模的扩大，一般管理职能日益重要，其费用也相应增加。在编制管理费用预算时，企业要分析业务成绩和一般经济状况，务必做到费用合理化。管理费用多属于固定成本，所以，一般是以过去的实际开支为基础，按预算期的可预见变化来调整。更重要的是，企业必须充分考察每种费用是否必要，以便提高费用使用效率。表 8-11 是 M 公司本年的销售及管理费用预算。

表 8-11　M 公司本年的销售及管理费用预算　　单位：元

项目	金额
销售费用：	
销售人员工资	310 000
广告费	520 000
包装费、运输费	310 000
保管费	280 000
折旧	105 000
管理费用：	
管理人员薪金	390 000
福利费	90 000
保险费	70 000

表8-11(续)

项目	金额
办公费	130 000
折旧	155 000
合计	2 360 000
减：折旧	260 000
每季度支付现金	520 000

二、专门决策预算的编制

专门决策预算主要是长期投资预算（又称资本支出预算），通常是指与项目投资决策相关的专门预算，它往往涉及长期建设项目的资金投放与筹集，并经常跨越多个年度。编制专门决策预算的基础资料是项目财务可行性分析资料以及企业筹资决策资料。

专门决策预算的要点是准确反映项目资金投资支出与筹资计划，它同时也是编制资金预算和预计资产负债表的依据。表 8-12 是 M 公司本年的专门决策预算。

表 8-12　M 公司本年的专门决策预算　　单位：元

项目	第一季度	第二季度	第三季度	第四季度	全年
投资支出预算	6 000 000	—	—	6 000 000	12 000 000
借入长期借款	4 000 000	—	—	6 000 000	10 000 000

三、财务预算的编制

（一）资金预算

资金预算是以经营预算和专门决策预算为依据编制的，专门反映预算期内预计现金收入与现金支出，以及为满足理想现金余额而进行筹资或归还借款等的预算。资金预算由可供使用现金、现金支出、现金余缺、现金筹措与运用四部分构成。M 公司本年的资金预算如表 8-13 所示。

表 8-13　M 公司本年的资金预算　　单位：元

项目	第一季度	第二季度	第三季度	第四季度	全年
期初现金余额	1 000 000	364 525	300 750	306 675	1 000 000
加：现金收入（表 8-5）	2 300 000	3 600 000	5 100 000	5 340 000	16 340 000
可供使用现金	3 300 000	3 964 525	5 400 750	5 646 675	17 340 000
减：现金支出					
直接材料（表 8-7）	675 300	999 300	1 433 100	1 517 100	4 624 800
直接人工（表 8-8）	492 000	762 000	1 116 000	930 000	3 300 000

表8-13(续)

项目	第一季度	第二季度	第三季度	第四季度	全年
制造费用（表 8-9）	218 175	272 475	337 975	318 875	1 147 500
销售及管理费用（表 8-11）	520 000	520 000	520 000	520 000	2 080 000
所得税费用	140 000	110 000	240 000	230 000	720 000
购买设备（表 8-12）	6 000 000			6 000 000	12 000 000
股利				1 000 000	1 000 000
现金支出合计	8 045 475	2 663 775	3 647 075	10 515 975	24 872 300
现金余缺	−4 745 475	1 300 750	1 753 675	−4 869 300	−8 907 300
现金筹措与运用：					
借入长期借款（表 8-12）	4 000 000			6 000 000	10 000 000
取得短期借款	1 600 000				1 600 000
归还短期借款		510 000	970 000		1 480 000
短期借款利息（年利 10%）	40 000	40 000	27 250	3 000	110 250
长期借款利息（年利 12%）	450 000	450 000	450 000	630 000	1 980 000
期末现金余额	364 525	300 750	306 675	497 700	497 700

计算公式如下：

可供使用现金=期初现金余额+现金收入

可供使用现金−现金支出=现金余缺

现金余缺+现金筹措−现金运用=期末现金余额

式中，“期初现金余额”是在编制预算时预计的，下一季度的期初现金余额等于上一季度的期末现金余额，全年的期初现金余额指的是年初的现金余额，所以等于第一季度的期初现金余额，在本题中为已知条件。

“现金收入”的主要来源是销货取得的现金收入，销货取得的现金收入数据来自销售预算。

“现金支出”部分包括预算期的各项现金支出。“直接材料”“直接人工”“制造费用”“销售及管理费用”“购买设备”的数据分别来自前述有关预算。此外，还包括所得税费用、股利分配等现金支出，有关的数据分别来自另行编制的专门预算（本教材略）。

财务管理部门应根据现金余缺与理想期末现金余额的比较，并结合固定的利息支出数额以及其他的因素，来确定预算期现金运用或筹措的数额。本例中理想的现金余额是300 000元，如果资金不足，可以取得短期借款，银行的要求是借款额必须是100 000元的整数倍。本例中借款利息按季度支付，作资金预算时假设新增借款发生在季度的期初，归还借款发生在季度的期末（如果需要归还借款，先归还短期借款，归还的数额为10 000元的整数倍）。本例中，M公司上年末的长期借款余额为11 000 000元（见表8-15），所以，第一季度、第二季度、第三季度的长期借款利息均为（11 000 000+4 000 000）×12%

÷4＝450 000（元），第四季度的长期借款利息＝（11 000 000 +4 000 000 +6 000 000）×12%÷4＝630 000（元）。

由于第一季度的长期借款利息支出为450 000元，理想的现金余额是300 000元，所以，“现金余缺+借入长期借款”（4 000 000元）的结果只要小于750 000元，就必须取得短期借款，而第一季度的现金余缺是-4 745 475元，所以，需要取得短期借款，本例中M公司上年年末不存在短期借款，假设第一季度需要取得的短期借款为W元，则根据理想的期末现金余额要求可知：-4 745 475+4 000 000+ W - W×10%/4-450 000＝300 000（元），解得：W ＝1 533 820.5元，由于按照要求必须是100 000元的整数倍，所以，第一季度需要取得1 600 000元的短期借款，支付1 600 000×10%/4＝40 000（元）短期借款利息，期末现金余额＝-4 745 475+4 000 000+1 600 000-40 000-450 000＝364 525（元）。

第二季度的现金余缺是1 300 750元，还需要支付40 000元的短期借款利息和450 000元的长期借款利息，期末现金余额为810 750元（1 300 750-40 000-450 000）。如果归还借款，必须保证期末理想的现金余额是300 000元，且还款额必须是10 000元的整数倍，所以，本期可以还款510 000元。期末现金余额为300 750元。

第三季度的现金余缺是1 753 675元，利息支出为477 000元［（1 600 000-510 000）×10%÷4+450 000］，所以，按照理想的现金余额是300 000元的要求，最多可以归还短期借款1 753 675-477 000-300 000＝976 675（元），由于必须是10 000元的整数倍，所以，可以归还短期借款970 000元，期末现金余额＝1 753 675-477 000-970 000＝306 675（元）。

第四季度的现金余缺是-4 869 300元，利息支出为633 000元［（1 600 000-510 000-970 000）×10%÷4+（450 000+6 000 000×12%÷4）］，第四季度的现金余缺+借入的长期借款＝-4 869 300+6 000 000＝1 130 700（元）大于933 000元（固定的利息支出633 000+理想的现金余额300 000），所以，不需要取得短期借款。期末现金余额为497 700元（-4 869 300+6 000 000-633 000）。

全年的期末现金余额指的是年末的现金余额，即第四季度末的现金余额，所以，应该是497 700元。

（二）预计利润表的编制

预计利润表用来综合反映企业在计划期的预计经营成果，是企业最主要的财务预算表之一。通过编制预计利润表，企业可以了解预期的盈利水平。如果预算利润与最初编制方针中的目标利润有较大差距，就需要调整部门预算，设法达到目标，或者经企业领导同意后修改目标利润。编制预计利润表的依据是各经营预算、专门决策预算和资金预算。表8-14是M公司本年的利润表预算，它是根据上述各有关预算编制的。

表8-14　M公司本年的预计利润表预算　　单位：元

项目	金额
销售收入（表8-5）	17 700 000
销售成本（表8-10）	9 639 000

表8-14(续)

项目	金额
毛利	8 004 000
销售及管理费用（表 8-11）	2 360 000
利息（表 8-13）	2 090 250
利润总额	3 553 750
所得税费用（估计）	641 550
净利润	2 912 200

其中，“销售收入”项目的数据来自销售预算；“销售成本”项目的数据来自产品成本预算；“毛利”项目的数据是前两项的差额；“销售及管理费用”项目的数据来自销售及管理费用预算；“利息”项目的数据来自资金预算。

另外，“所得税费用”项目是在利润规划时估计的，并已列入资金预算。它通常不是根据“利润总额”和所得税税率计算出来的，因为有诸多纳税调整的事项存在。此外，从预算编制程序上看，如果根据“利润总额”和税率重新计算所得税，就需要修改“资金预算”，引起信贷计划修订，进而改变“利息”，最终又要修改“利润总额”，从而陷入数据的循环修改。

（三）预计资产负债表的编制

预计资产负债表用来反映企业在计划期末预计的财务状况。编制预计资产负债表的目的，在于判断预算反映的财务状况的稳定性和流动性。如果通过预计资产负债表的分析时发现某些财务比率不佳，企业在必要时可修改有关预算，以改善财务状况。预计资产负债表的编制需要以计划期开始日的资产负债表为基础，结合计划期间各项经营预算、专门决策预算、资金预算和预计利润表进行编制。它是编制全面预算的终点。表 8-15 是 M 公司本年的预计资产负债表。

表 8-15　M 公司本年的预计资产负债表　　单位：元

资产	年初余额	年末余额	负债和股东权益	年初余额	年末余额
流动资产：			流动负债：		
货币资金（表 8-13）	1 000 000	497 700	短期借款	0	120 000
应收账款（表 8-5）	680 000	2 040 000	应付账款（表 8-7）	300 000	708 000
存货(表 8-7、表 8-10)	394 500	657 000	流动负债合计	300 000	828 000
流动资产合计	2 074 500	3 194 700	非流动负债：		
固定资产	4 000 000	3 320 000	长期借款	11 000 000	21 000 000
在建工程	10 000 000	22 000 000	非流动负债合计	11 000 000	21 000 000
非流动资产合计	14 000 000	25 320 000	负债合计	11 300 000	21 828 000

表8-15(续)

资产	年初余额	年末余额	负债和股东权益	年初余额	年末余额
			股东权益:		
			股本	2 000 000	2 000 000
			资本公积	1 000 000	1 000 000
			盈余公积	800 000	1 091 220
			未分配利润	974 500	2 595 480
			股东权益合计	4 774 500	6 686 700
资产合计	16 074 500	28 514 700	负债和股东权益合计	16 074 500	28 514 700

其中，“货币资金”的数据源于表 8-13 中的“现金”的年初和年末余额。

“应收账款”的年初余额 680 000 元来自表 8-5 的“上年应收账款”，年末余额 2 040 000元［5 100 000-3 060 000 或 5 100 000×（1-60%）］。

“存货”包括直接材料和产成品，直接材料年初余额=3 600×60=216 000（元），年末余额=5 000×60=300 000（元）；产成品成本年初余额=（200+5 400-5 500）×1 785=178 500（元），年末余额=200×1 785=357 000（元）。存货年初余额=216 000+178 500=394 500（元），年末余额=300 000+357 000=657 000（元）。

“固定资产”的年末余额 3 320 000 元（4 000 000-680 000），其中的 680 000 元（420 000+105 000+155 000）指的是本年计提的折旧，数字源于表 8-9 和表 8-11。

“在建工程”的年末余额 22 000 000 元（10 000 000+12 000 000），本年的增加额 12 000 000元源于表 8-12（项目本年未完工）。

“固定资产”“在建工程”的年初余额源于 M 公司上年末的资产负债表（略）。

“短期借款”本年的增加额 120 000 元（1 600 000-510 000-970 000），源于表 8-13。

“应付账款”的年初余额 300 000 元源于表 8-7 的“上年应付账款”，年末余额 708 000元［1 416 000-708 000 或 1 416 000×（1-50%）］。

“长期借款”本年的增加额 10 000 000 元源于表 8-12；“短期借款”“长期借款”的年初余额源于 M 公司上年年末的资产负债表。

“未分配利润”本年的增加额 1 620 980 元=本年的净利润 2 912 200 元（见表 8-14）-本年的股利 1 000 000 元（见表 8-13）-本年计提的法定盈余公积 291 220 元；股东权益各项目的期初余额均源于 M 公司上年末的资产负债表。各项预算中都没有涉及股本和资本公积的变动，所以股本和资本公积的余额不变。M 公司没有计提任意盈余公积，计提的法定盈余公积=2 912 200×10%=291 220（元），所以，盈余公积的年末余额=800 000+291 220=1 091 220（元）。

第三节 预算的执行与考核

预算编制完成后，应按照相关法律法规及企业章程的规定报经企业预算管理决策机构审议批准，以正式文件形式下达执行。预算审批包括预算内审批、超预算审批、预算外审批等。预算内审批事项，应简化流程，提高效率；超预算审批事项，应执行额外的审批流程；预算外审批事项，应严格控制，防范风险。

一、预算的执行

企业预算一经批复下达，各预算执行单位就必须认真组织实施，将预算指标层层分解，从横向到纵向落实到内部各部门、各单位、各环节和各岗位，形成全方位的预算执行责任体系。

预算执行一般按照预算控制、预算调整等程序进行。

（一）预算控制

预算控制，是指企业以预算为标准，通过预算分解、过程监督、差异分析等促使日常经营不偏离预算标准的管理活动。

企业应建立预算授权控制制度，强化预算责任，严格预算控制。企业应建立预算执行的监督、分析制度，提高预算管理对业务的控制能力。企业应将预算目标层层分解至各预算责任中心。预算分解应按各责任中心权、责、利相匹配的原则进行，既公平合理，又有利于企业实现预算目标。

企业应当将预算作为预算期内组织、协调各项经营活动的基本依据，将年度预算细分为月份和季度预算，以便分期实施预算控制，确保年度预算目标的实现。

企业应当强化现金流量的预算管理，按时组织预算资金的收入，严格控制预算资金的支付，调节资金收付平衡，控制支付风险。

对于预算内的资金拨付，企业应当按照授权审批程序执行；对于预算外的项目支出，企业应当按预算管理制度规范支付程序；对于无合同、无凭证、无手续的项目支出，企业不予支付。

对于预算编制、执行和考评过程中的风险，企业应当采取一定的防控措施来对风险进行有效管理。必要时，企业可以建立负责日常预算管理需求的部门，加强员工风险意识，以个人为预算风险审查对象，并形成相应的奖惩机制，通过信息技术和信息管理系统控制预算流程中的风险。

企业应当严格执行销售、生产和成本费用预算，努力完成利润指标。在日常控制中，企业应当完善凭证记录，健全各项管理规章制度，严格执行生产经营月度计划和成本费用的定额、定率标准，加强适时监控。对预算执行中出现的异常情况，企业有关部门应及时查明原因，提出解决办法。

企业应通过信息系统展示、会议、报告、调研等多种途径及形式，及时监督、分析预算执行情况，分析预算执行差异的原因，提出对策建议。

企业财务管理部门应当利用财务报表监控预算的执行情况，及时向预算执行单位、企业预算管理委员会、董事会或经理办公会提供财务预算的执行进度、执行差异及其对企业预算目标的影响等财务信息，确保企业完成预算目标。

（二）预算调整

年度预算经批准后，原则上不作调整。企业应在制度中严格明确预算调整的条件、主体、权限和程序等事宜，当内外战略环境发生重大变化或突发重大事件等，或导致预算编制的基本假设发生重大变化时，企业可进行预算调整。

企业应当建立内部弹性预算机制，对于不影响预算目标的经营预算、资本支出预算、筹资预算之间的调整，企业可以按照内部授权批准制度执行，鼓励预算执行单位及时采取有效的经营管理对策，保证预算目标的实现。

企业调整预算，应当由预算执行单位逐级向企业预算管理委员会提出书面报告，阐述预算执行的具体情况、客观因素变化情况及其对预算执行造成的影响程度，提出预算指标的调整幅度。

企业财务管理部门应当对预算执行单位的预算调整报告进行审核分析，集中编制企业年度预算调整方案，提交预算管理委员会、企业董事会或经理办公会审议批准，然后下达执行。

对于预算执行单位提出的预算调整事项，企业进行决策时一般应当遵循以下原则：

（1）预算调整事项不能偏离企业发展战略。

（2）预算调整方案应当在经济上能够实现最优化。

（3）预算调整重点应当放在预算执行中出现的重要的、非正常的、不符合常规的关键性差异方面。

二、预算的分析与考核

企业应当建立预算分析制度，由预算管理委员会定期召开预算执行分析会议，全面掌握预算的执行情况，研究、解决预算执行中存在的问题，纠正预算的执行偏差。

企业管理部门及各预算执行单位应当充分收集有关财务、业务、市场、技术、政策、法律等方面的信息资料，根据不同情况分别采用比率分析、比较分析、因素分析、平衡分析等方法，从定量与定性两个层面充分反映预算执行单位的现状、发展趋势及其存在的潜力。

针对预算的执行偏差，企业财务管理部门及各预算执行单位应当充分、客观地分析产生的原因，提出相应的解决措施或建议，提交董事会或经理办公会研究决定。

企业预算管理委员会应当定期组织预算审计，纠正预算执行中存在的问题，充分发挥内部审计的监督作用，维护预算管理的严肃性。

预算审计可以采用全面审计或者抽样审计的方式。在特殊情况下，企业也可组织不定期的专项审计。审计工作结束后，企业内部审计机构应当形成审计报告，直接提交预算管理委员会、董事会或经理办公会，作为预算调整、改进内部经营管理和财务考核的一项重要参考。

预算年度终了，预算管理委员会应当向董事会或者经理办公会报告预算执行情况，并依据预算完成情况和预算审计情况对预算执行单位进行考核。

预算考核主要针对定量指标进行考核，是企业绩效考核的重要组成部分。企业应建立健全的预算考核制度，并将预算考核结果纳入绩效考核体系，切实做到有奖有惩、奖惩分明。预算考核主体和考核对象的界定应坚持上级考核下级、逐级考核、预算执行与预算考核职务相分离的原则。

企业内部预算执行单位上报的预算执行报告，应经本部门、本单位负责人按照内部议事规范审议通过，作为企业进行财务考核的基本依据。企业预算按调整后的预算执行，预算完成情况以企业年度财务会计报告为准。

预算考核以预算完成情况为考核依据，通过预算执行情况与预算目标的比较，确定差异并查明产生差异的原因，进而据以评价各责任中心的工作业绩，并通过与相应的激励制度挂钩，促进其与预算目标相一致。

思政元素

凡事预则立，不预则废

2020年8月24日，习近平总书记在中南海主持召开经济社会领域专家座谈会，听取专家代表就“十四五”规划编制等提出的意见和建议，并发表重要讲话。他强调：“‘十四五’时期是我国全面建成小康社会、实现第一个百年奋斗目标之后，乘势而上开启全面建设社会主义现代化国家新征程、向第二个百年奋斗目标进军的第一个五年，我国将进入新发展阶段。凡事预则立，不预则废。我们要着眼长远、把握大势，开门问策、集思广益，研究新情况、作出新规划。”

“凡事预则立，不预则废”典出《礼记·中庸》。鲁哀公请教孔子为政之道，孔子提出为政的根本在于选贤任能，修身以仁。他为鲁哀公广说修身治天下之道，阐发“五达道”与“三达德”。在讲明行“九经”之法后，孔子说：“凡事豫则立，不豫则废。言前定则不跲，事前定则不困，行前定则不疚，道前定则不穷。”“豫”同“预”，二者均有预先计划、准备之义，此言旨在强调完善的规划对于国家发展的重要意义。在孔子看来，做任何事情，预先有规划才能做到有的放矢，稳扎稳打，最终取得成功，反之则会一事无成。比如，讲话前有所准备就能言之有据，不然就会理屈词穷站不住脚；做事前有所准备就能水到渠成，不然就会陷入困境；行动前有所准备就能及时化解风险，不然就会追悔莫及。同样，一个国家、一个民族只有对自身的长期发展有所规划，才能沿着正确的道路前进，无往而不胜。

《周易·系辞传》有言：“生生之谓易。”世间万物总是处于发展变化之中，这种变动不居、大化流行的“生生之道”正是凡事应有谋划的逻辑起点。面对天道运行不止所带来的未知性，处在天地间的人就要效法天道，循理而动，谋于未然之前。《周易·象传》言“既济”卦为“君子以思患而豫防之”正是此义。孔子曾说：“人无远虑，必有近忧。”人应该计深虑远，防患于未然。荀子也讲：“先患虑患谓之豫，豫则祸不生。”在祸患发生之前就要有应对之策，做到有备无患。虽然时空环境不同，但先哲们所讲的道理在今天仍然具有启发意义。在瞬息万变的当今时代，要想掌握推动全面发展的主动权，就必须未雨绸缪。对于“十四五”期间的发展来讲，更是如此。新时代，我国面临新机遇、新挑战，唯有以深谋远虑的洞察，形成完善的设计与规划，才能准确把握未来的发展态势，从而在“百年未有之大变局”中站稳脚跟、求得先机。

朱熹在《中庸章句》中讲：“豫，素定也”“言凡事皆欲先立乎诚”；在《朱子语类》中又说：“‘素定’，是指先立乎诚可知”。在他看来，“豫”有预先确定的意思，而这一动机产生的根源则在于内心之“诚”。朱熹以“真实无妄”释“诚”，也就是说，“诚”是一种真实可靠、毫不荒谬、表里如一的品质。全心全意为人民服务是我们党的根本宗旨，让人民过上好日子是我们党一切工作的出发点和落脚点。正是出于这种执政为民的诚心，从1953年开始，我国先后编制实施了13个五年规划（计划），有力推动了经济社会发展、综合国力提升、人民生活改善，创造了经济持续快速发展、社会长期稳定的奇迹。《中庸》说：“唯天下至诚，为能经纶天下之大经，立天下之大本。”前贤之论实非虚言！

事业不仅在于谋划，更要实干。“道虽迩，不行不至。事虽小，不为不成。”可以说，“行”是“预”与“立”之间必不可少的环节。中华民族历来强调知行合一、经世致用。孔子说：“好学近乎知，力行近乎仁，知耻近乎勇。”在他看来，成就仁德，离不开勉力而行。孔子弟子子路同样重视践行，《论语》记载：“子路有闻，未之能行，惟恐有闻。”他总是将自己所学尽快付诸实践，可谓雷厉风行，干净利落。我们所需要的不只是可预见性，更重要的是在规划的指导下真抓实干，让规划变成现实。历史经验一再表明，“世界上的事情都是干出来的，不干，半点马克思主义都没有。”在“十四五”的新征程，改革发展的任务越艰巨、前景越广阔，就越要“撸起袖子加油干”，增进民生福祉，不断实现人民对美好生活的向往。

资料来源：房伟. 凡事预则立，不预则废［N］. 光明日报，2020-12-08（2）.

专项练习

丙企业2014年有关预算资料如下：

（1）2月至7月的销售收入分别为300 000元、400 000元、500 000元、600 000元、700 000元和800 000元。每月的销售收入中，当月收到现金60%，下月收到现金30%，下下月收到现金10%。

（2）各月直接材料采购金额按下一个月销售收入的60%计算。所购材料款于当月支付现金50%，下月支付现金50%。

（3）4月至6月的制造费用分别为40 000元、45 000元和70 000元，其中包括非付现费用每月10 000元。4月至6月的销售费用分别为25 000元、30 000元和35 000元，每月的非付现销售费用均为5 000元。4月至6月份的管理费用均为50 000元，其中非付现费每月为20 000元。

（4）4月份购置固定资产，需要现金15 000元。

（5）在现金不足时，向银行借款（借款为1 000元的倍数）；在现金有多余时，归还银行借款（还款也为1 000元的倍数）。借款在期初，还款在期末，借款年利率为12%，每季末支付利息。

（6）该企业月末现金余额范围为6 000~7 000元。

丙企业的其他财务数据见表8-16。

表 8-16 丙企业的其他财务数据

单位：元

财务指标	4 月	5 月	6 月
(1) 期初现金余额	6 300		
(2) 经营现金收入			
(3) 直接材料采购支出			
(4) 支付直接人工	70 000	95 000	109 000
(5) 支付制造费用			
(6) 支付销售费用			
(7) 支付管理费用			
(8) 预交所得税	8 000	8 000	8 000
(9) 预分股利	5 000	5 000	5 000
(10) 购置固定资产			
(11) 现金余缺			
(12) 向银行借款			
(13) 归还银行借款			
(14) 支付借款利息			
(15) 期末现金余额			

要求：根据以上资料，完成丙企业 2014 年 4 月至 6 月现金预算的编制工作。

中英文专业术语

短期预算（short-term budgeting）
全面预算（overall budget）
销售预算（sales budget）
生产预算（production budget）
增量预算法（incremental budgetary system）
零基础预算法（zero-based budgetary system）
固定预算法（fixed budgetary system）
弹性预算法（flexible budgetary system）
定期预算法（periodic budgetary system）
滚动预算法（rolling budgetary system）
业绩评价（performance measurement）